Lucia Floridi
Edilo, *Epigrammi*

TEXTE UND KOMMENTARE

Eine altertumswissenschaftliche Reihe

Herausgegeben von

Michael Dewar, Karla Pollmann, Ruth Scodel,
Alexander Sens

Band 64

De Gruyter

Edilo, *Epigrammi*
Introduzione, testo critico, traduzione e commento

di

Lucia Floridi

De Gruyter

ISBN 978-3-11-077739-0
e-ISBN (PDF) 978-3-11-063000-8
e-ISBN (EPUB) 978-3-11-063097-8
ISSN 0563-3087

Library of Congress Control Number: 2019955083

Bibliographic information published by the Deutsche Nationalbibliothek
The Deutsche Nationalbibliothek lists this publication in the Deutsche
Nationalbibliografie; detailed bibliographic data are available in the Internet
at http://dnb.dnb.de.

© 2021 Walter de Gruyter GmbH, Berlin/Boston
This volume is text- and page-identical with the hardback published in 2020.
Satz: Michael Peschke, Berlin
Druck und Bindung: CPI books GmbH, Leck
www.degruyter.com

Premessa

Nel proemio della sua *Corona*, pubblicata intorno al 100 a.C., Meleagro di Gadara associa il nome di Edilo a quello di Posidippo di Pella e di Asclepiade di Samo (*AP* 4.1.45–46 = *HE* 3970–3971), due tra i più celebri epigrammisti della prima età ellenistica. Quanto sopravvive della loro produzione poetica consente in effetti di ricostruire, almeno a grandi linee, il loro importante ruolo nello sviluppo dell'epigramma in una fase cruciale della sua storia – quando si andava cioè verificando il passaggio dalla pietra al libro, con conseguente allargamento dello spettro tematico di un genere originariamente legato alla comunicazione di messaggi epigrafici. Non altrettanto, invece, si può dire di Edilo. Sfuggente è la sua biografia, così come sfuggente è la sua fisionomia poetica. Solo 14 i componimenti conservati, due dei quali di paternità dubbia e altri due per lo più considerati spuri, contro i circa 50 tramandati sotto il nome di Asclepiade e i circa 150 attribuiti complessivamente a Posidippo dopo la pubblicazione, nel 2001, del P.Mil.Vogl. VIII 309. Meno di 80 versi (peraltro piuttosto corrotti), ai quali è dedicato questo lavoro, che costituisce la prima monografia sull'autore.

Se gli epigrammi di Edilo hanno infatti potuto beneficiare delle cure testuali ed esegetiche di Gow-Page, *HE*, non sono però mai stati oggetto di un lavoro monografico, forse anche in ragione dell'esiguità del *corpus*. Uno studio di più ampio respiro su Edilo mi è sembrato oggi opportuno, e non solo alla luce della fioritura di edizioni critiche, commenti e saggi monografici dedicati, negli ultimi anni, ai principali epigrammisti greci, ma anche in considerazione delle recenti pubblicazioni papiracee e delle informazioni che si sono andate progressivamente accumulando sull'epigramma ellenistico, sulle sue caratteristiche formali, sulle tipologie e i temi più praticati, prima che la selezione meleagrea fissasse una sorta di "canone" destinato a imporsi e a condizionare la storia del genere nei secoli successivi.

Due gli obiettivi che mi sono posta: fornire un testo critico aggiornato della produzione di Edilo, fondato su un riesame della tradizione e su un vaglio, per quanto possibile esaustivo, dell'attività filologica svolta sui testi in età moderna; approfondire la poetica dell'autore, per chiarire il ruolo svolto da Edilo nello sviluppo del genere epigrammatico, e in particolare della tipologia scoptica, spesso considerata un prodotto tipico dell'età neroniana, ma che sembrerebbe in realtà affondare anch'essa, come molte altre, le sue radici proprio in età ellenistica.

Ringrazio l'editore per aver accolto il volume in TuK e in particolare Katharina Legutke per averne seguito la lavorazione con precisione e competenza. Grazie a Francesca Angiò, Federico Condello, Regina Höschele, Enrico Magnelli, Francesca Maltomini, Francesco Pelliccio, Marco Pelucchi, che hanno letto in anteprima questo lavoro, in tutto o in parte, consentendomi di migliorarlo in più punti. A Francesco Valerio sono debitrice, oltre che di un'attenta lettura, di un'amicizia e di un sostegno che vanno ben oltre il comune interesse per l'*Anthologia*. Di singole questioni ho potuto discutere con alcuni tra i miei interlocutori più assidui, Andrea Capra, Matteo Cadario e Giuseppe Ucciardello. La mia gratitudine va anche a Aude Cohen-Skalli, che mi ha permesso di utilizzare i suoi dati di collazione per il testo di Edilo tramandato da Strabone nel libro 14, e a Maria Kanellou, che ha messo a mia disposizione suoi lavori ancora inediti. Gli errori che restano sono tutti miei.

Questo volume è dedicato a chi non lo leggerà: alle mie amiche Brutte e Ciccione, che mi avrebbero voluto per sempre redattrice; a Christian, che tollera la mia insoddisfazione perenne; a Lia, che per non essere come sua madre non studierà mai il greco.

Bologna–Firenze, 15 settembre 2019

Indice

Premessa v

Introduzione 1
  I   La vita e l'opera 1
  II   Edilo e i suoi contemporanei 10
     II.1 Edilo e Asclepiade 10
     II.2 Edilo e Posidippo 11
     II.3 Edilo e Callimaco 12
  III Le fonti 15
     III.1 Edilo nell'*Anthologia Graeca* 15
       III.1.1 P 15
       III.1.1.1 La storia di P e i suoi apografi 17
       III.1.2 Pl 21
       III.1.2.1 L'apografo Q 23
       III.1.3   Edilo e le "Sillogi Minori" 24
     III.2 La tradizione indiretta 24
       III.2.1   Ateneo 24
       III.2.2   Altre citazioni indirette 28
     III.3 Edilo, l'epigramma scoptico greco e
            la tematica tolemaica 29
     III.4 Il "Vienna Epigrams Papyrus" (CPR XXXIII) 32
  IV L'epigramma di Edilo 34
     IV.1 I temi 34
     IV.2 I protagonisti 37
     IV.3 Libro e simposio 38
     IV.4 Forma e struttura 40
     IV.5 Lingue e stile 42
     IV.6 Lunghezza degli epigrammi e ordine delle parole 43
  V   Prosodia e metrica 45
     V.1 Realizzazioni di verso nell'esametro 45
     V.2 Incisioni e leggi metriche 48
     V.3 Prosodia 53
     V.4 Conclusioni 54

Criteri della presente edizione 56

Conspectus siglorum 58

Testimonia 59

Testo e commento 61
   1 *HE* (1825–1830) = *AP* 6.292 61
   2 *HE* (1831–1836) = *AP* 5.199 72
   3 *HE* (1837–1842) = Athen. 11.486a–b 85
   4 *HE* (1843–1852) = Athen. 11.497d–e 97
   5 *HE* (1853–1856) = Athen. 11.472f–473a 113
   6 *HE* (1857–1862) = Athen. 11.473a–b 123
   7 *HE* (1863–1864) = Athen. 8.344f 132
   8 *HE* (1865–1870) = Athen. 8.344f–345a 137
   9 *HE* (1871–1876) = Athen. 8.345a–b 143
   10 *HE* (1877–1886) = Athen. 4.176c-d 150
   11 *HE* (1887–1890) = *AP* 11.123 160
   12 *HE* (1891–1892) = *AP* 11.414 167
   Dubia 171
   *****13** = Asclep. *HE* 40 (996–1001) = *AP* 5.161 171
   *****14** = *SH* 459 = Strab. 14.6.3 (683c) 181

Auctarium lectionum 189

Appendix coniecturarum 189

Bibliografia 191
   I   Opere di consultazione e abbreviazioni 191
   II Edizioni, commenti e traduzioni 193
       II.1 *Anthologia Palatina* 193
       II.2 Ateneo ed Epitome 194
   III Altre opere citate 195

Index verborum 233

Index locorum 239

Index nominum et rerum notabilium 242

Carta geografica 250

Introduzione

I La vita e l'opera

Poco si sa della vita di Edilo. La nostra fonte principale è Ateneo, che in 7.297b (**T1**) lo definisce "Samio o Ateniese". Nello stesso passo lo dice figlio di Edile, autrice di un'elegia erotica su Glauco e Scilla, a sua volta figlia di Moschine, giambografa attica[1].

Come per primo notò Wilamowitz 1924, I, p. 146, n. 1, l'oscillazione nell'indicazione dell'etnico potrebbe essere dovuta a una ragione storica. Atene stabilì una cleruchia a Samo dopo il 365: gli abitanti dell'isola furono costretti a emigrare e a lasciare le loro terre, che vennero distribuite ai cittadini ateniesi. Solo nel 322 gli antichi abitanti poterono fare ritorno in patria[2]. Edilo potrebbe essere appartenuto a una famiglia di origini ateniesi (la nonna, Moschine, è d'altronde esplicitamente detta da Ateneo Ἀττική) e i suoi avi potrebbero essere stati tra i cleruchi inviati nell'isola: è possibile pertanto che il poeta sia nato a Samo da genitori ateniesi (anche se, in assenza di precisi riscontri per questa ipotesi, la possibilità di una nascita ad Atene non può essere esclusa[3]).

---

1 Per la biografia di Edilo vd. Gow-Page 1965, II, p. 289; Galli Calderini 1983; Gutzwiller 1998, pp. 170–171. Sulla *Scilla* di Edile, Vox 1991, pp. 218–220; Plant 2004, pp. 53–55; Floridi 2018–2019. Sul nome di Edile, in relazione a quello di Edilo, cfr. *infra*, n. *ad* **5.2**.

2 Sulla cleruchia ateniese a Samo cfr. Landucci Gattinoni 2010. Sens 2011, p. xxxi ha analogamente connesso la biografia di Asclepiade con questo evento storico, anche se la situazione da lui prospettata è speculare rispetto a quella ipotizzata per Edilo: la famiglia di Asclepiade, di Samo, sarebbe stata costretta a riparare in Sicilia in seguito all'arrivo dei cleruchi ateniesi; di qui il soprannome di "Sicelida" per Asclepiade.

3 Essa era data per certa ad esempio da Rostagni 1916, p. 241, n. 20, secondo il quale Edilo e altri intellettuali «a Samo [...] convenivano da varii paesi per farvi i loro studii»; vd. anche Galli Calderini 1983, p. 365. Va peraltro notato che quella di riportare attribuzioni etniche alternative è, per Ateneo, un'abitudine consolidata: cfr. 2.58c (Φύλαρχος ὁ Ἀθηναῖος ἢ Ναυκρατίτης), 6.234d (Πολέμων ... εἴτε Σάμιος ἢ Σικυώνιος εἴτ' Ἀθηναῖος; per una discussione dei diversi etnici attribuiti al Periegeta dalle fonti cfr. Capel Badino 2018, pp. 7-10), 6.241f (Μάχων ὁ κωμῳδιοποιὸς ὁ Κορίνθιος μὲν ἢ Σικυώνιος, ma in 14.664a è solo Σικυώνιος), 7.283d (Ἀπολλώνιος δ' ὁ Ῥόδιος ἢ Ναυκρατίτης), 7.321f (τὸν Λοκρὸν ἢ Κολοφώνιον Μνασέαν), 13.590b (Νικαινέτου τοῦ Σαμίου ἢ Ἀβδηρίτου), 15.682e (Δημοδάμας ... ὁ Ἁλικαρνασσεὺς ἢ Μιλήσιος). Quando è possibile una verifica con altre fonti, il primo etnico parrebbe corrispondere al luogo di residenza, non a quello di nascita: così sembrerebbe essere ad esempio per Apollonio, nato verosimilmente ad Alessandria, ma detto "Rodio" dalla sua successiva sede; Niceneto, nato ad Abdera secondo Steph. Byz. 15.7, α 6, I.18 Billerbeck, s.v. Ἄβδηρα, ma vissuto a Samo (cfr. Gow-Page 1965, II, p. 417).

La notizia della sua origine samia non è confermata da nessun'altra fonte: l'etnico non compare né nei lemmi dell'*Anthologia* che riportano il suo nome né in altri luoghi. I dati ricavabili dai suoi versi conservati sono scarsi e offrono pochi appigli per una ricostruzione biografica.

6.4 menziona Asclepiade in termini elogiativi e questo dato è stato spesso interpretato come una conferma dell'origine samia dell'autore, che invocherebbe un suo celebre compatriota come paradigma di dolcezza poetica. Ma in realtà la menzione di Asclepiade non ci dice nulla su una possibile relazione etnica tra i due, né ci assicura che Edilo sia stato attivo a Samo: indica solo che il poeta conosceva Asclepiade, indubbia *auctoritas* nel genere epigrammatico, così come lo conosceva il siracusano Teocrito, che lo menziona in 7.37–41 (ricorrendo peraltro allo stesso soprannome di Sicelida utilizzato da Edilo nel suo epigramma: cfr. n. *ad* **6**.4 Σικελίδου). Anche i legami intertestuali tra gli epigrammi di Edilo e di Asclepiade (vd. Sens 2011, p. lxi; *infra*, II.1) testimoniano di un contatto, ma nulla ci assicura che esso sia avvenuto a Samo. Edilo probabilmente frequentò Alessandria, come pare potersi dedurre, *in primis*, da **4**, un epigramma su una dedica nel tempio di Afrodite-Arsinoe a Zefirio (la familiarità con la corte tolemaica potrebbe essere confermata, inoltre, dalla menzione di Glauce, citarista attiva all'epoca di Tolomeo II, in **10**), e anche Asclepiade potrebbe aver trascorso parte della sua vita alla corte tolemaica, come molti dei suoi contemporanei[4]. Punti di contatto, d'altronde, sono ravvisabili con altri autori presumibilmente coevi: il macedone Posidippo e il cirenaico Callimaco, anch'essi attivi ad Alessandria. Come Posidippo, Edilo scrisse epigrammi sui ghiottoni (cfr. *infra*, II.2; n. intr. *ad* **7**); il componimento sul tempio di Afrodite-Arsinoe trova a sua volta riscontri tematici in epigrammi di Posidippo – e di Callimaco (cfr. *infra*, II.2 e II.3; n. intr. *ad* **4**). Affinità con Callimaco mostrano anche **5** e **6**, nei quali compare una terminologia critico-letteraria di solito associata al poeta di Cirene, a cui Edilo sembrerebbe contrapporre la propria visione estetica (cfr. *infra*, II.3).

Degli epigrammi di Callimaco, inoltre, Edilo potrebbe aver curato un'edizione critica o un commento: i lessici fanno riferimento a una sua opera, di natura forse critico-filologica, Εἰς τὰ ἐπιγράμματα Καλλιμάχου (**T2**)[5], nella

---

Questa tendenza non può tuttavia essere considerata naturalmente una regola, data l'impossibilità di una verifica sistematica.

4 Vd. Guichard 2004, pp. 12–14; Sens 2011, pp. xxxi–xxxii.
5 La dicitura è poco perspicua: εἰς probabilmente indica in modo neutro l'argomento su cui verteva la trattazione (i.e. gli epigrammi di Callimaco), senza alcuna implicazione di ostilità o critica (questo, almeno, è l'uso attestato per la preposizione quando compare nei lemmi epigrammatici: un generico "su" piuttosto che "contro". Il valore non sarebbe insomma troppo distante da quello assunto dalla preposizione περί in titoli come il Περὶ ἐπιγραμμάτων di Neottolemo di Pario, collocabile forse nella prima metà del III sec. a.C., o il Περὶ τῶν κατὰ πόλεις ἐπιγραμμάτων di Pole-

quale avrebbe utilizzato il doppio lambda nel sostantivo indicante una sorta di ufficiale ai giochi olimpici, l'ἀλ(λ)ύτης[6]. È stato anche suggerito, se pure in via del tutto ipotetica, che si possa intravedere il nome di Edilo tra i Telchini elencati dagli scoli fiorentini al prologo degli *Aitia*[7].

Per quanto possa dunque essere suggestiva (e in sé verosimile) l'ipotesi che Edilo, come Asclepiade, sia stato attivo a Samo, nel clima intellettuale promosso da Duride[8], in linea di principio non si può escludere che il poeta sia venuto in contatto con Asclepiade non a Samo, ma ad Alessandria[9] – dove presumibilmente conobbe anche altri contemporanei, come Callimaco e forse Posidippo[10].

Anche la fissazione di precisi limiti cronologici per Edilo è resa impossibile dall'esiguità dei dati in nostro possesso: il solo epigramma databile con un buon margine di sicurezza è **4**, sul tempio di Afrodite-Arsinoe a capo Zefirio, eretto poco prima della morte della sovrana, avvenuta nel 268, per iniziativa di Callicrate di Samo, navarco di Tolomeo II[11]. Se Edilo era attivo alla corte di Alessandria intorno al 270, si può postulare una sua data di

---

mone di Ilio, II sec. a.C.; entrambe le opere, più che vere e proprie antologie, erano verosimilmente dei trattati, in cui gli epigrammi venivano commentati, o comunque utilizzati in qualche modo: cfr. Floridi-Maltomini 2014, p. 41 e n. 97, con bibliografia).

6 L'Edilo qui menzionato sarebbe, secondo Reitzenstein 1893, p. 101 e Pfeiffer *ad Call*. T45, solo un più tardo omonimo del poeta (vd. anche *infra*, n. intr. *ad* **12**); buoni argomenti a favore dell'identificazione con l'epigrammista sono stati però addotti da Cameron 1993, pp. 370–371 e 1995, pp. 224–225. Nessun seguito ha avuto invece l'ipotesi di Schneider 1873, p. 43, secondo il quale l'opera di Edilo sarebbe stata un carme polemico contro Callimaco: cfr. Galli Calderini 1983, p. 370 e n. 33.

7 Lehnus 2002, pp. 11–12 = 2016, pp. 174–175. La lettura è però molto dubbia, e Lehnus stesso opta piuttosto per Cleone di Curio, presentato in *SH* 339A come un critico dello stile callimacheo; sarà invece appena il caso di menzionare la proposta di Gallavotti 1933, p. 232, n. 3, Ἰδ(ίωνι). Lasserre 1959 ha inoltre suggerito di integrare il nome di Edilo in P.Petr. II 49*a* (P.Lond.Lit. 60 = *SH* 961), ma cfr. *infra*.

8 Su cui vd. Cozzoli 2015; Prioux 2015; su Duride cfr. in generale almeno Barron 1962; Kebric 1977; Pédech 1989; Landucci Gattinoni 1997.

9 Si è talora sostenuto (cfr. e.g. Galli Calderini 1983, pp. 368–371) che Edilo abbia conosciuto Posidippo a Samo, ma gli indizi relativi a un possibile soggiorno di quest'ultimo nell'isola sono estremamente labili: secondo Prioux 2015, la concezione della storia dell'arte che Posidippo esprime nei suoi *andriantopoiikà* mostrerebbe punti di contatto con quella contenuta nell'opera teorica di Duride e questo ben si accorderebbe con un soggiorno del poeta a Samo. La studiosa ipotizza che Posidippo si sia fermato alla corte di Duride al ritorno da un viaggio in Asia Minore, ma mancano sicuri appigli per poterlo sostenere (a mostrare la familiarità del poeta con la regione asiatica non mi pare sufficiente, *pace* Prioux 2015, p. 93, n. 8, la menzione, in 34 A.–B., di un indovino di Telmesso, in Licia, ai confini con la Caria).

10 Cfr. e.g. Fraser 1972, I, p. 559; Fernández-Galiano 1987, pp. 15–16.

11 Se Edilo era effettivamente di Samo, la celebrazione di un'opera architettonica la cui costruzione era stata patrocinata da un celebre compatriota sarebbe particolarmente significativa; va però rilevato che nel carme di Edilo non vi è alcuna menzione di

nascita a cavallo tra IV e III sec., mentre non si può fare alcuna ipotesi sulla data di morte[12].

Il legame tra Edilo, Posidippo e Asclepiade è confermato anche da Meleagro, che nel proemio della sua *Corona* (**T3**) associa i tre epigrammisti, a testimonianza di una prossimità cronologica e artistica (oltre che, eventualmente, etnico-geografica, se Edilo e Asclepiade erano in effetti entrambi di Samo, o in qualche modo collegabili all'ambiente samio)[13].

Da tutte queste testimonianze si deduce che Edilo, Asclepiade e Posidippo furono poeti – *grosso modo* – della stessa generazione; operarono in un ambiente simile e coltivarono interessi analoghi. La menzione congiunta dei tre autori da parte di Meleagro, unita ad alcuni casi di doppia attribuzione (*****13**, alternativamente ascritto a Edilo e ad Asclepiade[14]; sei i casi di doppia attribuzione a Posidippo e Asclepiade: cfr. Sens 2011, pp. xciv–xcv), indusse Reitzenstein 1893, pp. 89–102 a ipotizzare che i componimenti dei tre epigrammisti circolassero in un'edizione collettiva, curata da loro stessi e sprovvista di chiare indicazioni autoriali. Reitzenstein pensò anche di poter identificare questa ipotetica raccolta pluriautoriale con un libro menzionato negli scholl. *ad Il.* 11.101a, il Σωρός, dove si afferma che Aristarco trovava una certa lezione di Posidippo "non, come ora, negli epigrammi, ma nel *Soros*" (μὴ ἐμφέρεσθαι δέ φησιν ὁ Ἀρίσταρχος νῦν ἐν τοῖς Ποσειδίππου Ἐπιγράμμασι τὸν "Βήρισον" [un nome che gioca con il nesso omerico βῆ ῥ' Ἴσον], ἀλλ' ἐν τῷ λεγομένῳ Σωρῷ [fr. 5 Schott] εὑρεῖν). Poiché Σωρός significa, letteralmente, "mucchio, cumulo", Reitzenstein ne dedusse che doveva trattarsi di una raccolta pluriautoriale, contrapposta al libello monoautoriale di Posidippo, indicato, invece, dalla dicitura ἐν τοῖς Ποσειδίππου Ἐπιγράμμασι, che indica spesso l'esistenza di una raccolta epigrammatica circolante sotto il nome di un determinato autore[15]. La teoria di Reitzenstein è stata in parte rivista da Cameron 1993, pp. 369–376, secondo il quale il Σωρός sarebbe stato un libro di epigrammi prodotto dal solo Edilo, che avrebbe affiancato ai suoi componimenti quelli di Posidippo e di

---

Callicrate, a differenza di quello che avviene in alcuni degli epigrammi di Posidippo sul tema, come 39, 116 e 119 A.–B. (cfr. anche *infra*, II.2 e n. intr. *ad* **4**).

12 Galli Calderini 1983, p. 369.
13 Gutzwiller 2019, p. 352 pone invece piuttosto l'accento sul ruolo di Asclepiade, Edilo e Posidippo come modelli per la poesia erotica di Meleagro: "By this association Meleager signals the importance of the three, especially Posidippus and Asclepiades, as models for his own erotic compositions, although he may also be alluding to some personal or literary connection among them".
14 Ricorre poi una seconda volta in **P** ed è attribuito a Simonide, come in **Pl**: cfr. n. intr. *ad loc.*
15 Sulla formula "nome dell'autore + ἐν (τοῖς) Ἐπιγράμμασι(ν)" come segnale dell'esistenza di un *libellus* monoautoriale (o di una specifica sezione epigrammatica all'interno dell'opera complessiva di un autore), cfr. Argentieri 1998, p. 5 e n. 29; Gutzwiller 1998, pp. 16–20.

Asclepiade. Come argomentato da Gutzwiller 1998, pp. 18–19 e 155–156, tuttavia, non ci sono affatto prove che il Σωρός contenesse epigrammi di autori diversi da Posidippo[16]. Anche se in linea di principio non è inverosimile che i componimenti di Edilo, Posidippo e Asclepiade (e forse anche di altri contemporanei) circolassero in raccolte pluriautoriali, non esiste alcun elemento a supporto della teoria che si trattasse di edizioni curate da loro stessi (o da uno solo di loro).

È difficile anche stabilire se tali raccolte pluriautoriali prevedessero o meno, di norma, l'indicazione dell'autore e, se sì, in quale forma (i lemmi autoriali accompagnavano cioè i singoli componimenti, o c'era un'indicazione collettiva all'inizio, tale da agevolare la successiva confusione nell'attribuzione dei testi presupposta dalla teoria di Reitzenstein?). Lemmi che precisano la paternità di epigrammi di poeti diversi si trovano nei seguenti papiri:

(1) P.Oxy. IV 662 (*SH* 42–44), databile al I sec. a.C./I sec. d.C., che contiene sette componimenti di autori ellenistici (tre di Leonida di Taranto, due di Antipatro di Sidone, due di Aminta)[17];

(2) P.Tebt. I 3 (*SH* 988), del I sec. a.C., che conserva quattro (forse cinque) epigrammi (uno di essi, *AP* 9.588 = *HE* 106 ss., è di Alceo di Messene; vi si leggono inoltre i finali di lemma]ίππου e]άδου, integrabili, rispettivamente, con i nomi di Posidippo e di Asclepiade)[18];

(3) BKT V 1 75–76 + V 2 146 (I sec. d.C.), in cui è stato riconosciuto un estratto della *Corona* di Meleagro[19].

---

16 Sul Σωρός, vd. anche Lloyd-Jones 2003; Bing 2017; Gutzwiller 2019, pp. 353–354; Maltomini 2019, pp. 213–214.
17 I testi sono, nell'ordine: epitafi per una donna di nome Prexò composti rispettivamente da Leon. *AP* 7.163 = *HE* 2395 ss., Ant. Sid. *AP* 7.164 = *HE* 302 ss. e Aminta (*FGE* 13 ss.); un epigramma di Aminta sulla presa di Sparta da parte di Filopemene nel 188 a.C. (*FGE* 21 ss.), due dediche a Pan da parte di un certo Glenis, rispettivamente di Leonida (*HE* 2277 ss.) e Antipatro (*HE* 490 ss.); segue l'inizio di un altro epigramma di Leonida. Si è discusso se il papiro rappresenti un estratto della *Corona* di Meleagro o un'antologia indipendente, costruita secondo analoghi criteri di raggruppamento tematico: cfr. Gutzwiller 1998, pp. 34–35. In particolare, Wifstrand 1926, pp. 33–39 formulò l'ipotesi, poi ripresa da Argentieri 1998, pp. 15–16, che il papiro contenesse una collezione epigrammatica assemblata da Aminta, da considerarsi pertanto il più antico antologista greco del cui nome ci resti traccia (sulla base dell'epigramma sulla presa di Sparta da parte di Filopemene, l'autore può essere infatti collocato nella seconda metà del II sec. a.C.).
18 Sens 2011, pp. cii, 334–335. I componimenti che si accompagnano ai rispettivi lemmi sono stampati come Posidipp.? *HE* 3196 ss. = 117 A.–B. (ma non si può escludere che si debba integrare il nome di Egesippo) e Asclep. *HE* 1030 ss. = *48 Sens. Per una descrizione del contenuto degli epigrammi conservati nel papiro, vd. Argentieri 1998, p. 14; Gutzwiller 1998, p. 34.
19 Il papiro ha fornito una prova decisiva del fatto che nella *Corona* non esisteva alcuna distinzione fra epigrammi etero- e omosessuali: cfr. Wifstrand 1926, pp. 10–13; Cameron 1993, p. 11.

Nell'elenco può forse essere incluso anche P.Freib. 4 (*SH* 973), anch'esso del I sec. a.C., interessato da una lacuna che impedisce di leggere i lemmi, ma nel quale si osservano spazi tra gli epigrammi compatibili con l'ipotesi che vi fossero indicazioni autoriali (non si può escludere, tuttavia, che gli spazi da soli fungessero da separazione fra i testi, né che fossero occupati da sintetici lemmi di contenuto)[20].

Discussa è poi la natura di un altro testimone di solito citato per supportare l'ipotesi che in età ellenistica circolassero edizioni pluriautoriali accompagnate da una specificazione degli autori, il P.Petr. II 49*a* (P.Lond.Lit. 60 = *SH* 961), nel quale si legge il titolo Σύμμεικτα ἐπιγράμματα: Reitzenstein proponeva di riconoscere nel papiro una copia del Σωρός e più di recente la raccolta in esso conservata è stata definita un esempio di «autoedizione collettiva», realizzata da un gruppo di poeti di corte[21], ma non è affatto chiaro se al titolo generico Σύμμεικτα ἐπιγράμματα seguissero epigrammi del solo Posidippo[22], o di Posidippo e di altri. La presenza di un *index auctorum*, in cui il genitivo Ποσειδίππου era seguito dai nomi di altri poeti, data per certa da Lasserre 1959 (che proponeva peraltro di leggere, subito sotto, Ἡδύλ[ου)[23], è ammessa anche da Lloyd-Jones e Parsons in *SH*[24] (che tuttavia non confermano la presenza dei nomi di Anite e Leonida individuati da Lasserre, né tantomeno sposano la sua proposta di integrare nel papiro il nome di Edilo)[25]. Guido Bastianini ha però rilevato che la mano che ha apposto il genitivo Ποσειδίππου è diversa da quella che ha vergato la titolazione Σύμμεικτα ἐπιγράμματα, così che le due scritte, pur nella difficoltà di stabilirne la successione cronologica, sembrerebbero tra loro irrelate. Se questo è vero, viene a cadere «la ragione stringente per considerare P.Petr. II 49*a*

---

20 Cfr. Maltomini 2016, soprattutto pp. 188–189.
21 Cfr. Argentieri 1998, p. 9.
22 In questo caso, il titolo Σύμμεικτα sarebbe particolarmente interessante: indicherebbe epigrammi "mescolati", in opposizione, e.g., agli epigrammi suddivisi per categorie tematiche di raccolte organizzate come il "nuovo" Posidippo (una simile ipotesi potrebbe restare valida anche se si trattasse di un'antologia, ma in questo caso sussisterebbe naturalmente il dubbio che il titolo rinvii alla pluralità degli autori).
23 Si tratta, per Lasserre 1959, p. 225, di «une bonne conjecture», anche se «la seule lettre à peu près certaine est la seconde, encore qu'on ne puisse se prononcer entre δ et α». Lo studioso non esclude peraltro la possibilità della lettura alternativa Παγκ[ράτους, autore citato da Meleagro nel proemio della *Corona* (*AP* 4.1.18 = *HE* 3943).
24 «[…] voluit igitur librarius non Epigrammata varia Posidippi, sed Epigrammata varia: Posidippi…», p. 464.
25 Secondo i due studiosi, le tracce di scrittura dietro le quali Lasserre riconosceva i nomi dei due epigrammisti sarebbero semplici macchie, inchiostro trasferitosi da altro papiro («nos nihil nisi atramenti maculas videmus, quae ex altera charta adhaesisse possunt», p. 465).

come un'antologia di poeti diversi»[26] e il papiro potrebbe conservare epigrammi del solo Posidippo[27].

D'altro canto, gli studiosi tendono a considerare monoautoriali alcuni papiri che non recano alcuna indicazione di paternità, in base all'argomento *ex silentio* che l'assenza di indicazioni circa il cambio di autore tra un epigramma (o un gruppo di epigrammi) e l'altro equivalga a garantire che i componimenti debbano essere attribuiti tutti a uno stesso poeta[28]. Questo criterio formale non è però del tutto affidabile: si pensi almeno al P.Petr. II 49*b* (III sec. a.C.), che conserva nove epigrammi di argomento omogeneo (tutti i testi hanno a che fare con opere teatrali) e che potrebbe essere un esempio di repertorio pluriautoriale in cui i nomi dei poeti non venivano citati perché la loro identità era ignota, o non era sentita come importante[29] (e potrebbe essere questa, in ultima analisi, una delle cause per cui molti epigrammi sono tramandati come adespoti nella *Palatina*)[30].

Un qualche supporto all'idea che esistessero, nel III sec. a.C., antologie di epigrammi pluriautoriali prive di indicazioni di paternità viene poi dalla lista di 226 *incipit* epigrammatici conservata dal CPR XXXIII: solo uno dei testi sembra coincidere con un epigramma già noto, Asclep. *AP* 12.46 = *HE* 876 ss. = 15 Sens, e gli editori principi sono giustamente cauti circa la possibilità che tutti gli epigrammi siano da ricondurre all'autorità di Asclepiade[31]. Il papiro viennese è per molti aspetti un *unicum*: nondimeno, l'assenza di indicazioni autoriali ci ricorda che stabilire la paternità di un testo può non essere stato un interesse prioritario in un'epoca ancora in parte permeata di cultura orale[32]. Gli epigrammi di Edilo potevano circolare insieme a quelli di altri autori coevi e lo stesso papiro viennese potrebbe contenere *incipit* di componimenti

---

26 Bastianini 2002, p. 4.
27 Vd. in proposito Gutzwiller 2005b, pp. 6–7. In generale, sul titolo del papiro, Caroli 2007, pp. 133–141.
28 Il caso più celebre è il P.Mil.Vogl. VIII 309 (III sec. a.C.), che gli studiosi sono oggi concordi nel ritenere opera di un unico autore, Posidippo; cfr. però anche P.Oxy. LXIV 3725 (I–II sec. d.C.) e P.Oxy. LXVI 4501–4502 (I–II sec. d.C.), dove si sono riconosciuti epigrammi di Nicarco, e P.CtYBR inv. 4000 (IV sec. d.C.), presentato, nella *princeps*, come "nuovo" Pallada (Wilkinson 2012). Discussa la natura di P.Oxy. XLVII 3324 (I sec. a.C.–I sec. d.C.), contenente quattro epigrammi attribuiti, nella *Palatina*, a Meleagro: secondo Cameron 1993, p. 27 conterrebbe un estratto della *Corona*, mentre sarebbe, secondo Gutzwiller 1998, pp. 31–33, il frammento di un'edizione di epigrammi del solo poeta di Gadara.
29 Cfr. Maltomini 2001.
30 Sulla questione dei lemmi autoriali nell'*Anthologia Graeca*, vd. in generale Gow 1958.
31 «The objection is obvious: in a list of 226 incipits, would we not expect to find more than one of the 45 epigrams transmitted (33 unequivocally, 12 alternatively) under the name of Asclepiades?» (Parsons-Maehler-Maltomini 2015, pp. 16–17; si cita da p. 17).
32 Cfr. le lucide osservazioni di Parsons-Maehler-Maltomini 2015, p. 13.

edilei (cfr. *infra*, III.4); ma non c'è alcuna prova di un'edizione pluriautoriale curata da Edilo, o da Edilo insieme ad Asclepiade e Posidippo, e tantomeno vi è alcuna prova che questa ipotetica raccolta avesse il titolo di Σωρός.

Sotto il nome di Edilo sono tramandati in tutto 13 epigrammi, di cui uno attribuito alternativamente ad Asclepiade. Di questi, ben otto sono conservati esclusivamente da Ateneo; solo cinque sono nell'*Anthologia Palatina* (e della paternità di due di essi la critica ha spesso dubitato), quattro dei quali trasmessi anche dall'*Anthologia Planudea* (nessun epigramma, invece, è nelle "Sillogi Minori": cfr. *infra*, III.1.3). Un altro componimento (o parte di esso) è poi noto grazie a Strabone (**T4**; cfr. *infra*).

Il numero di testi complessivamente conservati è dunque piuttosto esiguo, rispetto all'importanza che a Edilo attribuisce Meleagro nel proemio della sua *Corona* (**T3**). Pare lecito dedurne che molti dei componimenti antologizzati dal Gadarese non siano entrati nelle successive compilazioni bizantine, per ragioni che possiamo solo tentare di indovinare: erano troppo corrotti, o per qualche motivo non incontrarono il gusto dei successivi antologisti? Difficile inoltre stabilire se gli epigrammi conservati dal solo Ateneo fossero anch'essi, in origine, nello Στέφανος o se fossero stati esclusi da Meleagro e l'autore dei *Deipnosofisti* li ricavasse da altre fonti[33]. Questa seconda ipotesi è però forse la più probabile: la dicitura ἐν (τοῖς) Ἐπιγράμμασι(ν) con cui sono introdotte le citazioni dei componimenti del poeta da Ateneo fa infatti pensare al ricorso a un *libellus* monoautoriale o, per lo meno, a una sezione epigrammatica all'interno dell'opera di un autore[34]; anche gli epigrammi di altri autori citati da Ateneo nel corso dei *Deipnosofisti* sono assenti da **P** e **Pl**[35], indizio forte del possibile ricorso a fonti altre rispetto a quelle poi

---

33 In generale, quello delle fonti di Ateneo è un problema molto dibattuto dalla critica: cfr. le osservazioni di Jacob 2001, pp. LVII–LXX. Contributi sulle fonti dell'autore dei *Deipnosofisti* in relazione ai singoli generi si trovano nel volume curato da Braund-Wilkins 2000: vd. in particolare Bowie 2000, su elegia e giambo.
34 Cfr. *supra* e n. 15.
35 In Ateneo sono introdotti dalla formula ἐν (τοῖς) Ἐπιγράμμασι(ν) anche Mnasalc. *HE* 2667 ss. (4.163a), Call. *HE* 1337s. = fr. 394 Pfeiffer (7.284c e 327a), Posidipp. *HE* 3126 ss. (10.412d) e *HE* 3134 ss. (10.414d), Phalaec. *HE* 2935 ss. (10.440d), Rhian. *HE* 3246 ss. (11.499d), Nicaen. *HE* 2703 ss. (15.673b). Per l'età ellenistica, nei *Deipnosofisti* sono citati in tutto 19 epigrammi, nessuno dei quali presente anche nelle compilazioni maggiori (una lista in Gow-Page 1965, I, p. 262). Edilo, con otto epigrammi, è il poeta di gran lunga più rappresentato. Altri 24 epigrammi citati da Ateneo, anch'essi assenti dalla tradizione bizantina dell'*Anthologia Graeca*, adespoti o attribuiti ad autori come Simonide, Platone, Sofocle, Euripide, ma anche Erodico, Re Giuba, Dorieo, Pitea, Parrasio, sono inclusi da Page in *FGE* (una lista a p. 595). In generale, va osservato che lo *Stephanos* di Meleagro senz'altro oscurò le raccolte epigrammatiche precedenti, destinandole progressivamente all'oblio, ma il processo di antologizzazione è connaturato all'epigramma fin dai primordi della sua storia («The epigram was in fact destined by its very nature to be anthologized», come rilevato da Cameron 1993, p. 4), per cui è tutt'altro che inverosimile che all'e-

confluite nella successiva tradizione bizantina dell'*Anthologia*; significativa, infine, la "specializzazione tematica" dei testi di Edilo selezionati da Ateneo: si tratta infatti, per lo più, di epigrammi con una vena scoptica molto marcata, mentre la scelta meleagrea è orientata prevalentemente in senso erotico-simposiale (cfr. *infra*, III.3).

Edilo quasi certamente non scrisse solo epigrammi (e la stessa formula utilizzata da Ateneo per introdurre i suoi componimenti potrebbe essere interpretata come una conferma della natura diversificata della sua produzione poetica: la precisazione ἐν [τοῖς] Ἐπιγράμμασι[ν] potrebbe avere valore distintivo, e implicare che il poeta fosse autore anche di testi di altra natura): il suo componimento su Glauco e Melicerte, di cui ci informa Ateneo (**T1**), sarà stato, verosimilmente, un epillio mitologico, o un'elegia di tema mitico, come la *Scilla* della madre Edile. Abbiamo inoltre notizia di un ἐλεγεῖον relativo al passaggio a nuoto di un gruppo di cerve dalla Cilicia a Cipro (***14**), criticato da Strab. 14.6.3 (**T4**) per la sua inaccuratezza geografica. I versi sono attribuiti a Edilo con un buon margine di dubbio; ma anche se ne accettiamo l'autenticità, resta incerta la natura del componimento. Il termine ἐλεγεῖον – utilizzato da Strabone solo qui[36] – potrebbe infatti riferirsi tanto a un epigramma, indicato tramite la sua forma metrica *par excellence*[37], quanto a una narrazione più estesa, di tipo appunto elegiaco (per quanto l'ipotesi che si tratti di un epigramma votivo è forse la più probabile: cfr. n. intr. *ad loc.*).

---

poca di Ateneo fosse ancora disponibile, sul mercato librario, una varietà di fonti da cui attingere per l'epigramma di età ellenistica. Per una panoramica delle raccolte epigrammatiche precedenti a Meleagro, cfr. Argentieri 1998; in generale, per le raccolte epigrammatiche e per la loro organizzazione, dagli albori della storia del genere fino ad Agazia e oltre, cfr. Floridi-Maltomini 2014, pp. 40–56; Maltomini 2019.

36 Sono invece attestati, per indicare la poesia elegiaca, il femminile ἐλεγεία (Strab. 8.4.10, 13.1.48, 13.4.8, 14.1.28) e il neutro plurale τὰ ἐλεγεῖα (Strab. 8.4.10); per il significato dei termini ἔλεγος, ἐλεγεῖον ed ἐλεγεία, e per la relazione tra di essi, cfr. Bartol 1993, pp. 18–30.

37 Come noto, il distico elegiaco è sempre più utilizzato nelle iscrizioni a partire dalla metà del VI sec., fino a soppiantare quasi completamente, già intorno al V, altri metri, come l'esametro stichico e il giambo (cfr. e.g. West 1974, p. 2. Una maggiore varietà metrica per l'epigramma della prima età ellenistica è testimoniata dal CPR XXXIII: cfr. Parsons-Maehler-Maltomini 2015, pp. 13–15; Floridi-Maltomini 2014, soprattutto pp. 36–39; sulle forme metriche utilizzate per l'epigramma, vd. anche Morgan 2019). Ἐλεγεῖον è termine che già in Thuc. 1.132.2 indica un'iscrizione metrica ed è inoltre attestato in una delle rare epigrafi "firmate" del IV sec., Ione di Samo *CEG* 819 (vd. Garulli 2012, pp. 25–27; per l'uso di ἐλεγεῖον in relazione all'epigramma, vd. anche Gutzwiller 1998, pp. 47–49; Bing-Bruss 2007b, p. 1, n. 4; Citroni 2019, pp. 24–25).

II Edilo e i suoi contemporanei

A prescindere dai tentativi, necessariamente congetturali, di tracciare la biografia di Edilo e di stabilire le coordinate cronologiche e geografiche del suo rapporto con Posidippo e Asclepiade da un lato e con Callimaco dall'altro, la produzione superstite indica vari punti di contatto con questi tre autori. Tali punti di contatto saranno analizzati nel corso del commento; per comodità, vengono qui riassunti nelle loro linee essenziali.

II.1 Edilo e Asclepiade

Vari epigrammi di Edilo mostrano legami intertestuali con componimenti di Asclepiade:

- **2**, una dedica ad Afrodite da parte di una fanciulla che, dopo un simposio, ha perduto la verginità concedendosi a un giovane di nome Nicagora, presenta affinità con Asclep. *AP* 12.135 = *HE* 894 ss. = 18 Sens, dove i molti calici di vino consumati da un personaggio con lo stesso nome rivelano agli altri simposiasti la sua malattia d'amore. Anche se la cronologia relativa dei due testi non può essere stabilita con sicurezza, è probabile che sia Edilo a fornire una variazione su un epigramma del suo celebre collega, altrove additato come paradigma di dolcezza poetica (**6**). Entrambi gli epigrammi iniziano con lo stesso termine, οἶνος; entrambi hanno per protagonista Nicagora; entrambi menzionano le προπόσεις (Hedyl. v. 1 ~ Asclep. v. 2) ed ἔρως (Hedyl. v. 2 ~ Asclep. v. 1). La situazione è però diversa: se Asclepiade ritrae il giovane triste e malato d'amore, Edilo ne celebra un successo erotico. L'epigramma di Edilo sembrerebbe pertanto finalizzato a "controbilanciare" quello di Asclepiade, descrivendo un momento positivo[38] della vita sentimentale di Nicagora e suggerendo così indirettamente le alterne vicende a cui sono sottoposti gli amanti (cfr. n. intr. *ad loc.*). La rappresentazione di un successo amoroso da parte di Edilo è in linea con la vena gioiosa e scanzonata che caratterizza i suoi epigrammi.
- **5**, una professione di poetica in cui Edilo associa gli ideali di novità, raffinatezza e dolcezza all'elevato consumo di vino, presenta punti di contatto con Asclep. *AP* 12.50 = *HE* 880 ss. = 16 Sens: entrambi gli epigrammi si aprono con un invito a bere (Hedyl. v. 1 Πίνωμεν ~ Asclep. v. 1 Πῖν'); entrambi contengono una σφραγίς, tramite un'allocuzione in seconda

---

[38] Precedente o successivo a quello rappresentato da Asclepiade: gli eventi descritti da Edilo possono essere immaginati «as either a precursor or a sequel to the moment at which Nicagoras' feelings are exposed to his drinking companions» (Sens 2011, p. 122).

persona che permette di inserire nel componimento il nome del poeta (cfr. Hedyl. vv. 3–4 "παῖζε, / Ἡδύλε" ~ Asclep. v. 1 Πῖν', Ἀσκληπιάδη). Ma ancora una volta il tono malinconico dell'epigramma di Asclepiade, intriso della consapevolezza della fragilità della condizione umana, alla quale il vino appare come unico rimedio, lascia il posto a una gioiosa esortazione a ubriacarsi, perché solo così è possibile comporre buona poesia. Analogamente, il nesso del v. 4, μισῶ ζῆν, sembrerebbe richiamare un altro epigramma asclepiadeo, Asclep. *AP* 12.46.1 = *HE* 876 = 15.1 Sens Οὐκ εἴμ' οὐδ' ἐτέων δύο κείκοσι καὶ κοπιῶ ζῶν, a cui parrebbe nuovamente offerta una risposta ironica: l'"odio" per la vita, nell'epigramma di Edilo, non è la pensosa *saudade* della *persona loquens* asclepiadea, ma l'insofferenza nei confronti di un'esistenza priva di eccessi etilici (cfr. *infra ad loc.*). **5** presenta anche legami intertestuali con **6**, dove Asclepiade è nominato esplicitamente come paradigma di dolcezza poetica (v. 4); il componimento, dove occorrono termini pregnanti sul piano dell'estetica letteraria, come λεπτόν e μελιχρόν (**5**.2), pone inoltre il problema del rapporto con Callimaco, i cui ideali poetici sembrerebbero in qualche modo "corretti" dall'allusione ad Asclepiade (cfr. *infra*, II.3). Come che sia, la menzione di Asclepiade come simbolo di μελιχρότης in **6**.4 situa concretamente Edilo in un determinato ambito letterario, dominato dalla figura dell'epigrammista di Samo, considerato un'indubbia *auctoritas* del genere (cfr. anche *supra*, I).

II.2 Edilo e Posidippo

L'associazione tra Edilo e Posidippo, esplicitata da Meleagro nel proemio della sua *Corona* (**T3**), è confermata, se non da precisi legami intertestuali, da alcuni punti di contatto tematici: il tema dell'ὀψοφάγος, al quale Edilo dedica almeno tre componimenti (**7–9**), trova confronto, nell'epigramma ellenistico, solo in Posidippo, *HE* 3126 ss. = 120 A.–B., su una statua dell'atleta Teagene, e *HE* 3134 ss. = 121 A.–B., sul parassita Firomaco (entrambi i testi, come quelli di Edilo, sono tramandati da Ateneo). Inoltre, stando ad Athen. 10.415a–b, Posidippo (143 A.–B.) avrebbe scritto anche un epigramma su una ghiottona di nome Aglaide, nota anche, come la Callistio di Edilo (**3**), per la resistenza all'alcol (cfr. n. *ad* **3**.2 τρεῖς χόας). Edilo infine, come Posidippo, compose un epigramma sul tempio di Afrodite-Arsinoe a Zefirio (**4**): cfr. Posidipp. 36–39 A.–B., *HE* 3110 ss. = 116 A.–B., *HE* 3120 ss. = 119 A.–B. (non tutti i componimenti di Posidippo nominano esplicitamente il tempio, ma la menzione di Arsinoe sembra sufficiente a ipotizzare che a questo ci si riferisse: cfr. n. intr. *ad* **4**). Da notare che Edilo, a differenza di Posidippo, nel suo epigramma non insiste sulla "grecità" della dinastia lagide e sui suoi legami con la madrepatria, ma enfatizza piuttosto gli aspetti interculturali, sottolineando il sincretismo greco-egizio, in linea con il programma politico di Callicrate di Samo, navarco di Tolomeo II e responsabile della costruzione del tempio (anche se Callicrate non viene esplicitamente menzionato da Edilo, mentre il suo nome ricorre in Posidipp. 39.3–4 A.–B., *HE* 3114 = 116.5 A.–B., *HE* 3123 = 119.4 A.–B.). D'altro canto, le posizioni estetiche di Edilo, quali emergono dall'epigramma, fortemente connotato in termini metapoetici (Sens 2015; *infra*, II.3), sembrano più vicine a quelle di Posidippo che a quelle di Callimaco: se la poetica callimachea prevedeva l'opposizione binaria tra le nozioni di "piccolo" e di "grande", Edilo tenta piuttosto la via della conciliazione, attraverso il confronto tra il "piccolo" Bes raffigurato sul ῥυτόν dedicato nel tempio e il "grande" Nilo, che con la sua piena assicura prosperità e abbondanza. Sotto questo punto di vista, Edilo può essere avvicinato a Posidippo, nei cui *andriantopoiikà*, tramandati da P.Mil.Vogl. VIII 309, epigrammi su statue miniaturizzate si alternano ad altri su monumenti di dimensioni colossali, al fine di stimolare una riflessione sulla nozione di "misura" e di suggerire una conciliazione tra i due opposti ideali di λεπτότης e σεμνότης, cardini dell'estetica alessandrina (Prioux 2007, pp. 107–124; *infra ad loc.*).

Come che sia, le affinità tematiche, anche in connessione con la celebrazione tolemaica, mostrano la condivisione di uno stesso clima storico-culturale.

II.3 Edilo e Callimaco

Punti di contatto con Callimaco sono rivelati soprattutto da **5** e **6**, professioni di poetica in cui ricorre una terminologia critico-letteraria di solito associata al poeta di Cirene, a cui Edilo sembrerebbe però contrapporre la propria visione estetica, sostanziata anche dall'allusione al "Telchino" Asclepiade (**5**) e dall'esplicita menzione di quest'ultimo come esempio di μελιχρότης poetica in **6**. In **5** Edilo dichiara che una forte ispirazione dionisiaca è l'unica a garantire il conseguimento dell'ideale estetico della λεπτότης, tradizionalmente associato a Callimaco. In particolare, il nesso edileo λεπτὸν καί τι μελιχρὸν ἔπος (v. 2) ricorda da vicino luoghi come Call. *AP* 9.507.2–4 = *HE* 1298–1300 = 27.2–4 Pfeiffer μελιχρότατον / τῶν ἐπέων ... λεπταὶ / ῥήσιες (sui *Fenomeni* di Arato) e il *Prologo* degli *Aitia*, v. 16 ἀ[ηδονίδες] δ' ὧδε μελιχρ[ό]τεραι e vv. 23–24 ἀοιδέ, τὸ μὲν θύος ὅττι πάχιστον / θρέψαι, τὴ]ν Μοῦσαν δ' ὠγαθὲ λεπταλέην. Si è molto discusso sul significato di questa coincidenza terminologica, anche alla luce della difesa, da parte di Edilo, di una forte ispirazione bacchica, che appare in contrasto con gli ideali di moderazione etilica, dalle profonde implicazioni simboliche, patrocinati da Callimaco (quella tra bevitori d'acqua e bevitori di vino è, come noto, un'opposizione molto connotata in termini di poetica; la rappresentazione di Callimaco come irriducibile ὑδροπότης è forse una distorsione parodica di età successiva, ma le immagini "acquatiche" giocano un ruolo importante nella sua poesia: cfr. n. intr. *ad loc.*). Secondo alcuni critici, Edilo, vicino ai "Telchini" Asclepiade e Posidippo, sarebbe in aperta polemica con Callimaco: si approprierebbe dello stesso linguaggio utilizzato dal poeta di Cirene per sostenere ideali estetici di segno opposto (e l'opposizione sarebbe ancora più marcata se in **6**.5 si potesse cogliere, come suggerito da una proposta di correzione di Cameron 1993, p. 370 e 1995, pp. 486–487, un riferimento alla *Lide* di Antimaco, opera che fu al centro di un acceso dibattito e per la quale anche Edilo, come Asclepiade e Posidippo e a differenza di Callimaco, esprimerebbe il proprio apprezzamento; non si tratta però che di un'ipotesi: cfr. n. *ad loc.*). Anche altrove Edilo utilizza immagini associate all'estetica callimachea, per esprimere predilezioni letterarie di segno diverso. **4**, sul ῥυτόν in forma di Bes progettato dall'ingenere Ctesibio e dedicato nel tempio di Arsinoe (tempio sul quale anche Callimaco compone un epigramma: *HE* 1109 ss. = 5 Pfeiffer), è costruito intorno a una serie di immagini pregnanti (Sens 2015; *infra ad loc.*): (a) il bere vino puro (il poeta si rivolge, in *incipit*, agli ζωροπόται, e si è proposto di connettere l'epigramma con Call. *Aet.* fr. 178 Pfeiffer = Harder = 89 Massimilla, in part. vv. 11 ss., dove Teogene, appena giunto dalla Grecia, partecipa a un banchetto in cui si pratica lo ζωροποτεῖν, condannato da Callimaco come un costume barbaro e approvato invece da Edilo: cfr. *infra ad loc.*); (b) la dialettica vino (contenuto nel ῥυτόν) *vs* acqua (le acque del Nilo) e "piccolo" (Bes) *vs* "grande" (il Nilo), che in Edilo non viene però presentata in termini di opposizione, ma di conciliazione (vd. anche *supra*, II.2); (c) il motivo del fiume che scorre torrenziale (il Nilo), legato, in Callimaco, alla sfera dei disvalori estetici (cfr. il finale dell'*Inno ad Apollo*, dove al fiume che porta con sé detriti e scorie è opposta la sorgente piccola e pura) e qui invece connotato in termini positivi (le acque del Nilo sono simbolo di fertilità e abbondanza).

C'è, inoltre, una precisa corrispondenza terminologica tra l'*explicit* del v. 3 λιγὺν ἦχον e l'*explicit* di Call. *Aet.* fr. 1.29 Pfeiffer = Massimilla = Harder (vd. *infra ad loc.*), che si lascia ancora una volta interpretare in termini di *oppositio in imitando* (in Callimaco il nesso indica il frinire della cicala, opposto al raglio dell'asino, in un contesto dalle forti connotazioni simboliche; Edilo definisce λιγὺν ἦχον il suono che esce dalla tromba di Bes, i.e. uno strumento di solito associato con lo stile roboante e tronfio della cattiva poesia). Edilo sembra insomma appropriarsi di immagini e termini callimachei per esprimere un programma poetico diverso da quello del poeta di Cirene, anche se – come si evince soprattutto da **5** – sostanzialmente finalizzato a perseguire ideali analoghi di "raffinatezza" (λεπτότης) e "dolcezza" (μελιχρότης). Troppo poco è rimasto della produzione di Edilo perché possiamo farci un'idea più chiara del modo in cui questi ideali venivano realizzati nella pratica, ma non è forse necessario pensare a una vera e propria polemica letteraria tra il nostro poeta e Callimaco.

Come si è visto (cfr. *supra*, I), degli epigrammi di Callimaco Edilo potrebbe aver curato un'edizione o un commento (**T2**) – una notizia che, se fosse confermata, dimostrerebbe l'interesse di Edilo per la poesia del Cirenaico (per quanto ovviamente non sia dato sapere se il lavoro fosse impostato in termini parzialmente critici o polemici). I diversi ideali estetici patrocinati dai due autori non implicano necessariamente disistima reciproca e neanche la vicinanza di Edilo ai presunti "Telchini" Asclepiade e Posidippo comporta una posizione decisamente anticallimachea. Non ci sono prove sicure del fatto che Edilo possa essere annoverato tra i Telchini lui stesso (cfr. *supra*, I), ma, anche se lo fosse, questo non escluderebbe la possibilità di un rapporto complesso e sfaccettato, fatto anche di emulazione e apprezzamento, oltre che di opposizione. Come ben illustrato da Sens 2011, pp. lv–lvi, infatti, nonostante la (presunta) rivalità tra Asclepiade e Callimaco, il secondo doveva ammirare gli epigrammi del primo, a cui allude con una certa frequenza[39]. Asclepiade, a sua volta, almeno in un caso potrebbe aver imitato un passo degli *Aitia* (*AP* 12.163 = *HE* 916 ss. = 24 Sens sembrerebbe indebitato con Call. *Aet.* fr. 67.1 Pfeiffer = Harder = 166.1 Massimilla e 75.30–31 Pfeiffer = Harder = 174.30–31 Massimilla: cfr. Sens 2011, pp. lvi–lvii e *ad loc.*). Anche il rapporto tra Edilo e Callimaco potrebbe essere stato improntato a equilibri analoghi: il disaccordo su singole scelte estetiche non implica necessariamente una totale contrapposizione[40].

I dati di cui disponiamo sono molto incerti, ma, in aggiunta ai punti di contatto segnalati più sopra, potrebbe esserci almeno un esempio di ripresa emulativa di Callimaco da parte di Edilo: le affinità tra alcune espressioni presenti in **2** e Cat. 66.13–14, traduttore della *Chioma di Berenice* callimachea, hanno indotto Gutzwiller 1993 a supporre che Edilo stesse qui riprendendo Callimaco. Un concorrente passo di Agazia – *Callimachus strenuus imitator*, nelle parole di Schneider 1873, p. 658 – complica il quadro dei rapporti intertestuali, da cui però Edilo difficilmente potrà essere escluso (cfr. *infra ad loc.*).

Per completezza, segnaliamo infine altri due punti di convergenza: il nesso <σὺ> σάου di Hedyl. **1**.5 (il pronome è integrato, ma l'integrazione può dirsi sicura) trova confronto in Call. *AP* 6.347.2 = *HE* 1150 = 33.2 Pfeiffer σὺ … σάου – una concomitanza formale che non necessariamente implica

---

39 Per la (presunta) polemica tra Callimaco e i "Telchini", e per il ruolo svolto da Asclepiade e Posidippo, vd. anche Guichard 2004, pp. 19–30.
40 Nella pratica versificatoria di Edilo, per esempio, non sembra possibile ravvisare prese di posizione decisamente "anticallimachee": cfr. *infra*, V.4.

imitazione; il nome di Callistio, utilizzato da Edilo in **3**.1, compare anche in Call. *AP* 6.148.1 = *HE* 1125 = 37.1 Pfeiffer (entrambi gli epigrammi sono dediche, ma di tono sostanzialmente differente).

III Le fonti

Prima di tentare una qualsiasi interpretazione letteraria della figura di Edilo a partire dai pochi versi pervenuti sotto il suo nome, è opportuno presentare le fonti che li tramandano e riflettere su di esse: la nostra percezione della produzione del poeta è infatti inevitabilmente condizionata dalle scelte in esse operate. A differenza di quanto accade per buona parte degli altri epigrammisti greci, per Edilo l'*Anthologia Graeca* non è la nostra fonte principale. È pertanto utile operare un confronto tra i materiali contenuti in essa e quelli tramandati da Ateneo, al fine di individuare i diversi criteri di selezione adottati e provare a trarne delle conclusioni in relazione a quella che doveva essere la fisionomia complessiva della produzione del poeta[41].

III.1 Edilo nell'*Anthologia Graeca*

III.1.1 P

A dispetto del rilievo attribuito da Meleagro a Edilo nel proemio della sua *Corona* (**T3**), solo cinque epigrammi sono trasmessi sotto il nome dell'autore nel codice Heid. Pal. gr. 23 (**P**)[42], contenente la raccolta di epigrammi greci denominata *Anthologia Palatina* e sostanzialmente basata sull'antologia curata all'inizio del X sec., o nell'ultimo decennio del IX[43], da Costantino Cefala, ricordato come protopapa del Sacro Palazzo di Costantinopoli nel 917[44]. Su basi paleografiche il codice è datato intorno al terzo quarto del X sec.[45] È suddiviso in due blocchi: il primo (pp. 1–452) è scritto principal-

---

41 Alcune delle riflessioni qui svolte sono anticipate in Floridi 2019a.
42 Il cui secondo blocco, di dimensioni più ridotte rispetto al primo (pp. 615–709 *vs* 1–614), è conservato a Parigi, dove è siglato come Paris. suppl. gr. 384 (sulla storia di P e sulle vicende che hanno portato al suo smembramento, vd. *infra*, III.1.1.1); non ci interessa però in questa sede poiché non contiene epigrammi di Edilo.
43 Questa l'opinione di Lauxtermann 2003, pp. 86–87.
44 Sull'antologia di Cefala, vd. Cameron 1993, pp. 121–159; Lauxtermann 2007; Maltomini 2011a; Valerio 2014, pp. 41–43.
45 Cfr. Diller 1974, pp. 520–521; Irigoin 1975–1976; Wilson 1996², p. 138 e soprattutto Agati 1984, p. 69. Non ha sostanzialmente avuto seguito la proposta di Aubreton 1968, pp. 46–47 e 1969, p. 459 di posticiparne la datazione alla seconda metà dell'XI sec.

mente dal copista A, il secondo dai copisti B, B² e B³. Un qualche ruolo di supervisione fu svolto da J (identificato da Alan Cameron con Costantino di Rodi)[46], che scrisse di propria mano la parte iniziale e finale del manoscritto, redasse l'indice iniziale, aggiunse lemmi marginali e fece correzioni all'intero lavoro. Secondo Cameron 1993, pp. 97–120, J avrebbe coordinato la copiatura; diversamente, secondo van Dieten 1993–1994, gli scribi di **P** non avrebbero lavorato contemporaneamente, ma in due fasi distinte: J, redattore del volume, sarebbe entrato in possesso di un segmento mutilo dell'antologia di Cefala, i.e. il blocco scritto da B, B² e B³, e, insieme ad A, lo avrebbe completato e arricchito. Come che sia, il codice fu poi senz'altro preso in mano da C, il "corrector", che fece a sua volta aggiunte e correzioni basandosi su una copia di Cefala da lui stesso identificata con quella trascritta da Michele ὁ χαρτοφύλαξ, probabilmente un contemporaneo di Cefala[47]. Il contributo di C si ferma dopo *AP* 9.563 e interessa dunque solo tre degli epigrammi di questa edizione (**1, 2** e ***13**)[48].

Come noto, **P** è suddiviso in 14 libri tematici (fittizio è invece il cosiddetto libro 15, contenente poesia miscellanea: esso raccoglie i materiali aggiunti in **P** all'antologia di Cefala, secondo una prassi editoriale invalsa a partire da Jacobs 1813–1817)[49]. All'interno di essi, i cinque epigrammi di Edilo sono così distribuiti:

- due compaiono nel libro 5 (epigrammi erotici), vergato da A: si tratta di *AP* 5.199 (**1** in questa edizione) e di *AP* 5.161 (***13**), alternativamente attribuito ad Asclepiade;
- uno (*AP* 6.292 = **2**) è nel libro 6 (epigrammi anatematici), anch'esso vergato da A; l'epigramma è molto simile, per tema e struttura, ad *AP* 5.199 e sarebbe stato senz'altro possibile qualificarlo come erotico (o,

---

46 Cameron 1993, pp. 300–328. L'ipotesi è accolta da van Dieten 1993–1994, p. 348, n. 34, p. 351, n. 45; Lauxtermann 2003, p. 84 e n. 6 e 2007, p. 196, n. 5; De Stefani 2008, p. 396, n. 2 e 2011, p. VIII; James-Vassis 2012, p. 132; *contra*, Orsini 2000.
47 Sulla struttura di **P**, vd. la prefazione di Preisendanz 1911 alla riproduzione fototipica del manoscritto; Gow-Page 1965, I, pp. XXXIII–XXXVIII; Cameron 1993, pp. 97–120.
48 Per un prospetto dettagliato del contenuto di **P**, con riferimento a fascicoli, pagine, mani e testi, vd. Valerio 2014, pp. 44–45.
49 1: epigrammi cristiani; 2: ἐκφράσεις di Cristodoro di Copto; 3: epigrammi provenienti dal tempio di Apollonide a Cizico; 4: proemi delle raccolte epigrammatiche di Meleagro, Filippo e Agazia; 5: epigrammi erotici; 6: epigrammi anatematici; 7: epigrammi funerari; 8: epigrammi di Gregorio di Nazianzo; 9: epigrammi epidittici ed ecfrastici; 10: epigrammi protrettici; 11: epigrammi simposiali e satirici; 12: epigrammi omoerotici; 13: epigrammi in metri vari (e qui si conclude il tomo conservato a Heidelberg); 14: problemi aritmetici, enigmi, oracoli. Ciascun libro è introdotto da un titolo che ne illustra il contenuto (vd. le trascrizioni in Preisendanz 1911, pp. XXXIII–XLII).

viceversa, sarebbe stato possibile includere *AP* 5.199 tra gli anatematici, dal momento che anch'esso ha forma di dedica);
- due (*AP* 11.123 = **11** e *AP* 11.414 = **12**) sono tra gli scoptici del libro 11, che occupa le pp. 507, l. 5–568 di **P**. Le pp. 507–517 sono vergate da B (epp. 1–66.3), al quale subentra B², che prosegue l'opera di copiatura fino a p. 524, l. 21 (epp. 66.4–118.1), per poi lasciare a B il compito di riprendere il lavoro (è dunque B a copiare i due epigrammi che ci interessano, *AP* 11.123 e *AP* 11.414, i quali si trovano, rispettivamente, a p. 525 e a p. 566 del codice)[50]. B esegue anche una verifica del lavoro fatto da B², aggiungendo alcuni lemmi marginali.

III.1.1.1 La storia di P e i suoi apografi

Il codice **P** fu "scoperto" a Heidelberg tra la fine del 1500 e l'inizio del 1600[51]. La sua storia prima di quella data è sostanzialmente avvolta nel mistero. Non sappiamo quando e per opera di chi giunse in Occidente, ma è certo che tra la fine del 1400 e l'inizio del 1500 fu in Italia, dove qualche studioso ebbe la possibilità di esaminarlo, almeno per breve tempo. All'inizio del XVI sec. poté essere consultato dal nobile senese Lattanzio Tolomei (1487–1543): il Vat. gr. 1169, ff. 66–91, da lui vergato[52], testimonia inequivocabilmente l'utilizzo di **P** in merito a lezioni, attribuzioni, interi epigrammi. Dove e quando Lattanzio poté consultare **P** resta incerto: Roma, secondo Mioni 1975, pp. 296 ss., dove il codice si sarebbe trovato all'inizio del XVI sec.; Padova, secondo Cameron 1993, pp. 181 ss., dove sarebbe stato intorno al 1507; da lì sarebbe passato, un paio di anni dopo, in Inghilterra, probabilmente tramite Erasmo[53], dove fu nella biblioteca del medico e umanista John Clement († 1572) tra il 1550 ca. e il 1572. La tappa "patavina" della ricostruzione di Cameron è stata contestata da Meschini 2002, p. 578, n. 2, secondo la quale Clement poté vedere **P** a Siena, dove studiò tra il 1522 e

---

50 B è a sua volta sostituito da B³ a p. 622, in corrispondenza con *AP* 14.49.5.
51 Cfr. van Miert 2011, soprattutto pp. 244–256.
52 Vd. Meschini 1982. Sul manoscritto aveva già richiamato l'attenzione Mioni 1975, pp. 296–307.
53 Erasmo lo avrebbe dato a Thomas More, la cui familiarità con **P** sarebbe testimoniata dalla traduzione, databile ai primi anni del XVI sec., di un componimento assente nella tradizione planudea, ma presente in Σπ (viene così denominato l'insieme dei componimenti vergati da una mano del XII–XIII sec. in vari punti di **P**, probabilmente per arricchirne il contenuto: vd. Maltomini 2008, pp. 97–100), Sim. 1.25.1 Cougny = *FGE* 908–909. Clement avrebbe poi ereditato il manoscritto proprio da More. Il trasferimento dall'Italia all'Inghilterra, dove il manoscritto sarebbe rimasto tra il 1509 e il 1572, spiegherebbe perché «early Renaissance scholars in Italy knew something of *AP* [...]; but also why they knew no more» (Cameron 1993, pp. 185–186).

il 1525 (la stessa Meschini nega però che Clement possa aver ricevuto il manoscritto direttamente da Lattanzio Tolomei, date le rigide disposizioni testamentarie di quest'ultimo in merito alle sorti della sua biblioteca)[54]. Come che sia, fu presso il medico inglese che Henri Estienne (Stephanus, 1528–1598) poté consultare un manoscritto, concordemente identificato con **P**, dal quale attinse alcuni epigrammi del libro 14 (*AP* 14.52, 56–58, 60, 62) e le *Anacreontiche*, di cui pubblicò la *princeps* nel 1554[55]. Come il codice sia giunto a Heidelberg non è chiaro, ma sappiamo che alla fine del XVI sec. entrò a far parte della biblioteca personale di Friedrich Sylburg (1536–1596) e poi, dopo la morte dello studioso, della Biblioteca Palatina, di cui dal 1602 fu bibliotecario Jan Gruter (1560–1627). Nel 1623, con la presa di Heidelberg da parte delle truppe della Lega Cattolica, durante la guerra dei Trent'anni, fu trasferito a Roma, dove restò per circa un secolo e mezzo (e fu probabilmente in seguito a questi eventi che il codice fu suddiviso negli attuali due tomi). Nel 1797, con il Trattato di Tolentino, passò in Francia, insieme ad altri manoscritti vaticani. Dopo Waterloo, il primo dei due tomi fu restituito alla Biblioteca Palatina di Heidelberg, mentre l'altro, forse per una svista, restò a Parigi, dove ancora si trova[56].

L'entusiasmo con cui fu salutata la "scoperta" del codice Palatino a Heidelberg è testimoniato dal gran numero di copie che ne furono ricavate per iniziativa dei dotti di tutta Europa, a partire da Sylburg stesso, il quale ne trasse un apografo parziale (vd. *infra*). Gli studiosi, interessati soprattutto agli "inediti", ovvero agli epigrammi che non erano già noti grazie all'*Anthologia Planudea*, si limitarono infatti per lo più a eseguire trascrizioni parziali di **P**, destinate a un uso personale[57]. Queste trascrizioni, note con il nome di

---

54 Un qualche rapporto con **P** o con un suo derivato sembrerebbe dimostrato anche dal cod. Ricc. 25, un manoscritto prodotto in ambiente fiorentino nella seconda metà del XV sec. e contenente varie opere di Luciano, al cui f. IIIv una mano recenziore (ma non successiva alla fine del XV sec.) ha aggiunto una breve antologia epigrammatica, attribuendola esplicitamente al Samosatense. Alcune coincidenze con **P** (o con Σπ) dimostrano che ancora due secoli dopo la compilazione di **Pl**, e proprio a Firenze, dove l'11 agosto del 1494 sarebbe uscita la *princeps* della *Planudea*, per opera di Giano Lascaris, era possibile reperire copie (o estratti) di Cefala diversi da **Pl** e più vicini a **P** (se non da **P** direttamente derivati). Cfr. Floridi 2014b.
55 Tra i materiali poetici miscellanei aggiunti da J all'originaria antologia di Cefala figurano appunto le *Anacreontiche*.
56 Sulle intricate vicende di **P** tra la fine del XV e l'inizio del XVII sec. cfr. soprattutto Gallavotti 1960, pp. 16–23; Mioni 1975, pp. 296 ss.; Aubreton 1980, pp. 1–5; Meschini 1982, pp. 56–62; Cameron 1993, pp. 178–201 (le cui tesi erano già state in parte anticipate in Cameron 1987); McDonald 2013; Valerio 2014, pp. 54–57; Gandini 2018, pp. 113 ss.; Beta 2017.
57 Copie complete di **P** sono invece l'*Apographon Gothanum*, così definito perché acquistato dal duca di Gotha, realizzato nel 1776 dall'abate Giuseppe Spalletti, *scriptor* vaticano (vd. Gandini 2016; su questo manoscritto è basata la prima edizione completa di *AP*, a opera di Jacobs 1813–1817), e il Paris. suppl. gr. 4, eseguito tra il

"apografi", costituiscono un importante documento per la storia degli studi e spesso risultano preziose anche ai fini della costituzione del testo: conservano infatti traccia del lavoro critico dei loro dotti possessori, sia nella forma di congetture inserite direttamente nel testo, sia nella forma di note marginali. Gli studi di Aubreton[58] hanno permesso di distinguere due tradizioni: la tedesco-olandese, che ruota intorno alle recensioni di Sylburg e Joseph Scaliger (1540–1609), e la francese, di poco posteriore alla precedente, legata a personaggi come François Guyet (1575–1655) e Jean Bouhier (1673–1746). Gli apografi di **P** viaggiarono estesamente per tutta Europa, secondo percorsi intricati e a tratti oscuri e arricchendosi, di volta in volta, di ulteriori interventi, talora con contaminazione delle diverse tradizioni. Ne consegue che l'attribuzione delle congetture è quanto mai incerta e particolarmente difficile è rintracciare il contributo di Claude de Saumaise (Salmasius, 1588–1653), tante volte citato in relazione all'*Anthologia*. Sappiamo che **P** gli fu segnalato da Gruter; Salmasius ne iniziò una trascrizione nel 1607 allo scopo di preparare un'edizione dell'intera antologia epigrammatica, come testimoniato dalla fitta corrispondenza con il suo maestro Isaac Casaubon (1559–1614) e con Sylburg[59]. Tale edizione, tuttavia, non vide mai la luce[60].

Si citano qui gli apografi principali, indicando con un asterisco quelli che è stato possibile collazionare o direttamente o su riproduzioni. Tra i codici della tradizione tedesco-olandese, si segnalano i seguenti:
- *Leid. B.P.G. 34B, *Apographon Scaligerianum* (**Ap.S**): apografo redatto da Scaliger all'inizio del XVII sec. sulla base delle trascrizioni di **P** inviategli da Gruter e Salmasius[61].
- *Lips. Rep. I.4.55, *Apographon Lipsiense* (**Ap.L**): copia del Leidensis di Scaliger, forse eseguita da Gruter. Il codice è servito da modello a Johann Jacob Reiske (1716–1774) per la sua edizione parziale dell'*Anthologia* (Reiske 1754, 1766)[62].
- *Leid. Voss. gr. O. 8, *Apographon Vossianum* (**Ap.V**): tradizionalmente considerato l'apografo tratto da Sylburg direttamente da **P**, oggi si ritie-

---

1787 e il 1792 da Elia Baldi, altro *scriptor* vaticano, su commissione di Chardon de la Rochette (vd. Canfora 2003, pp. 28–30, 48–49).
58 Aubreton 1980 e 1981.
59 Sulle epistole di Casaubon e Scaliger a Salmasius, cfr. Preisendanz 1911, pp. CXLVI–CXLVII; Hutton 1946, pp. 156–157; Aubreton 1980, pp. 39–44, 50–52. Merito di van Miert 2011 quello di aver individuato, in due manoscritti della British Library (Burn. 366 e Harl. 4935), le lettere inviate da Salmasius, rispettivamente, a Casaubon e Scaliger.
60 Vd. Hutton 1946, pp. 180–184; Aubreton 1980, pp. 45–49 e 1981, pp. 1, 4–8.
61 Vd. Aubreton 1980, pp. 20–23 (e in generale, per la collaborazione tra Scaliger e Salmasius, pp. 35–50); Cameron 1993, p. 196. Da esso sono derivati il Lips. Rep. I.4.55 (vd. *infra*), il Leninopol. 148 (vd. Aubreton 1980, pp. 27–31) e i cosiddetti codici "misti" (vd. *infra*).
62 Vd. Aubreton 1980, pp. 24–27.

ne che sia piuttosto un discendente dell'originario apografo di Sylburg, andato perduto[63].

- Leid. B.P.G. 87, *Apographon Ruhnkenianum* (**Ap.R**): acquistato in Francia nel 1756 da David Ruhnken (1723–1798), fu da lui donato a Johann Pierson (1731–1759); successivamente fu nelle mani di Johannes Schrader (1722–1783), Peter Fonteine († 1788) e Hieronymus de Bosch (1740–1811)[64].

I principali codici della tradizione francese sono invece i seguenti:
- *Paris. gr. 2742, *Apographon Guietianum* (**Ap.G**): appartenuto a Guyet, ma non da lui scritto, nonostante la nota informativa che precede il libro 12 lo asserisca esplicitamente. Può essere datato con sicurezza, grazie alla filigrana, intorno al 1650. Il manoscritto è provvisto di un vero e proprio apparato critico, fatto di scoli in greco e in latino e di glosse esplicative. Si ritiene che Guyet si sia in buona parte basato sul lavoro di Salmasius. I punti di contatto con la recensione dello Scaliger sono d'altro canto piuttosto numerosi, e poiché Guyet viaggiò molto si può ipotizzare che vi sia stato un contatto diretto[65].
- *Paris. suppl. gr. 886: strettamente legato al precedente, di cui condivide in larga parte le note marginali. Vi si fa menzione di un *codex Gaulmini* (Gilbert Gaulmin, 1585–1665) e di un *codex Tarini* (il gesuita J. Tarin, 1586–1660), non ancora identificati con sicurezza, ma da cui provengono lezioni per lo più erronee e inaccurate, e di un *codex Guieti*, i.e. il Paris. gr. 2742, da cui derivano le lezioni che Guyet parrebbe aver ricavato dal lavoro di Salmasius (cfr. *supra*).
- *Paris. suppl. gr. 557, *Apographon Buherianum* (**Ap.B**): posteriore al Paris. suppl. gr. 886, presenta analoghi riferimenti ai *codices* di Gaulmin e di Tarin, e ha anch'esso note di Salmasius e Guyet, annunciate programmaticamente nel titolo (*Anthol. Graec. epigramm. inedita cum notis Claudii Salmasii et Francisci Guyeti*). Da segnalare che Richard François Philippe Brunck (1729–1803), per i suoi *Analecta Veterum Poetarum Graecorum* (Brunck 1772–1776), utilizzò una copia di questo manoscritto, eseguita per lui da Johann Gottlob Schneider (1750–1822), il Gott. phil. 3.

---

63 Vd. Aubreton 1980, pp. 5–9. Da questo codice sono a loro volta derivati alcuni apografi, come il Berol. Spanh. 44 (su cui vd. Aubreton 1980, pp. 10–14) e i cosiddetti codici "misti" (vd. *infra*).
64 Vd. Aubreton 1980, p. 13, n. 2, 33, n. 3; Id. 1981, pp. 42–44. Il codice è strettamente legato al Leid. B.P.G. 67J (su cui vd. Aubreton 1981, 40–42); entrambi, inoltre, mostrano contatti con gli apografi della tradizione francese.
65 Vd. Hutton 1946, pp. 186–187; Aubreton 1981, pp. 29–34.

Tra i "codici misti", in cui le due recensioni risultano mescolate, va menzionato almeno il Leid. B.P.G. 88, *Apographon Lennepianum* (**Ap.Ln**), compilato nel 1748 da Jan Daniel van Lennep (1724–1761) sulla base di **Ap.S** e **Ap.V**. Appartenne poi a Johannes Schrader, Peter Fonteine e Hieronymus de Bosch (già menzionati *supra*, in relazione al Leid. B.P.G. 87), ciascuno dei quali aggiunse note, osservazioni e nuovi epigrammi.

Il contributo degli apografi al testo di Edilo è sostanzialmente nullo: a comparire tanto nei manoscritti della tradizione francese, quanto in quelli della tradizione tedesco-olandese, è l'unico epigramma, tra i cinque presenti in **P**, che sia assente da **Pl**, *AP* 5.199 = **2**. Non si registra però alcun intervento significativo sul testo. Nella tradizione francese c'è anzi un errore banale, prontamente corretto a margine (al v. 1 in luogo di προπόσεις si legge πρόποσις, per itacismo[66]; sempre al v. 1, in **Ap.G**, si trova inoltre κατεκοίμησαν in luogo di κατεκοίμισαν, ma η è corretto in ι direttamente nel testo, con un diverso inchiostro. L'errore non si ripete negli altri apografi). Neanche le note marginali degli apografi francesi apportano elementi di peso (le si cita comunque nel comm. *ad loc.*, per rendere conto dell'attività esegetica svolta sul testo).

III.1.2 Pl

Il Venet. Marc. gr. 481 (**Pl**), ultimato tra il 1299 e il 1301[67], è la copia autografa dell'*Anthologia Planudea* compilata da Massimo Planude (1265–1305 ca.), che costituiva l'*Anthologia Graeca par excellence* prima della "scoperta" del codice Palatino a Heidelberg intorno al 1600, o almeno della sua circolazione ufficiale[68]. L'antologia di Planude è anch'essa basata sulla raccolta di Cefala[69], ma, per iniziativa del monaco, il materiale al suo interno è organizzato diversamente che in **P**. Come chiarito dalla nota prefatoria (f. 2r), Planude si premurò di dare un ordine più razionale agli epigrammi, che erano disposti, nel suo antigrafo, in modo "confuso e rimescolato" (χύδην ... καὶ ἀναμίξ). All'interno dei libri tematici, i componimenti di tema affine sono pertanto disposti in capitoli (κεφάλαια), a loro volta organizzati in base

---

66 Si segnala, come pura curiosità, che lo stesso errore di itacismo è commesso in **P** in relazione ad Asclep. *AP* 12.135.2 = *HE* 895 = 18.2 Sens, un epigramma che con Hedyl. **2** mostra chiare relazioni intertestuali (cfr. Introduzione II.1; comm. *ad loc.*).
67 Cfr. Cameron 1993, pp. 160 ss., che propende per una datazione al 1301; vd. inoltre Maltomini 2008, pp. 11–12, n. 2.
68 Cfr. Mioni 1975.
69 Circa la derivazione di **P** e **Pl** da Cefala, cfr. Cameron 1993, pp. 97–99; ulteriore bibliografia in Maltomini 2008, p. 12, n. 3.

all'ordine alfabetico del titolo assegnato a ciascuno da Planude[70]. Anche la selezione operata è talora differente. In particolare, risultano assenti molti degli epigrammi erotici di **P**, omessi *verecundiae causa*, per esplicita dichiarazione di Planude[71]. Per converso, sono molti i componimenti noti solo da **Pl**: nella sua antologia si trovano ben 381 epigrammi ecfrastici in più rispetto a **P**, probabilmente per una lacuna materiale che venne a interessare il codice in corrispondenza del libro 9 (forse nel punto di sutura tra i componimenti epidittici ed ecfrastici)[72]. Presso gli editori moderni[73] è quindi invalso il criterio di stampare gli epigrammi noti dal solo Planude in coda all'*Anthologia Palatina*, di cui essi rappresentano un artificiale libro 16, spesso indicato (anche nella presente edizione) come *Appendix Planudea* (*APl*).

Pl è costituito di due blocchi: Pl^a, che contiene sette libri di epigrammi (1a–4a + 5–7) ordinati per temi[74], e Pl^b, che aggiunge ai precedenti altri quattro libri (1b–4b), organizzati secondo lo stesso ordine tematico di 1a–4a. Come lo stesso Planude dichiara (f. 81v), una volta completata la stesura di Pl^a egli ebbe infatti a disposizione un secondo antigrafo grazie a cui poté ampliare la sua compilazione. Il monaco lasciò pertanto indicazione, alla fine di Pl^a, di unificare le due sezioni nelle copie che sarebbero state tratte dal suo manoscritto. I libri 1–4 e 6 sono a loro volta organizzati in capitoli (κεφάλαια) dedicati a un tema specifico e disposti alfabeticamente. Un'indicazione come Pl Ia.6.68 (è la posizione di **1** in Planude) significa dunque che l'epigramma è nel primo libro del primo blocco planudeo, dove è il sessantottesimo componimento del sesto κεφάλαιον[75].

---

70 Ἰστέον ὡς ἐν τοῖς ἔχουσι κεφάλαια τμήμασι κατ' ἀλφάβητον ταῦτα ἐκτέθειται, ἡμῶν πρὸς τοῦτο φιλοπονησάντων· χύδην γὰρ ἦν καὶ ἀναμὶξ ἅπαντα ἐν τῷ ἀντιγράφῳ κἀντεῦθεν οὐ ῥᾳδία τῷ ζητοῦντι ἡ ἑκάστου τῶν κεφαλαίων εὕρεσις ἦν· νῦν δὲ ῥᾳδία τῇ τάξει τῶν στοιχείων ἐφεπομένῳ (la nota prefatoria compare scritta, oltre che nel margine inferiore del f. 2r, nel margine superiore dello stesso foglio, in una forma *brevior*).

71 Argum. (f. 68v) ἐν τῷδε τῷ ἑβδόμῳ τμήματι περιέχεται ἑταιρικά τινα ἀποφθέγματα τὰ μὲν ὡς ἐγκώμια, τὰ δ' ὡς ἐπιστολαί, τὰ δ' ὡς ἂν ἕκαστον ἔτυχεν, ὅσα μὴ πρὸς τὸ ἀσεμνότερον καὶ αἰσχρότερον ἀποκλίνει· τὰ γὰρ τοιαῦτα πολλὰ ἐν τῷ ἀντιγράφῳ ὄντα παρελίπομεν. A questa volontà censoria sarà forse da addebitare l'assenza, in **Pl**, di **2** = *AP* 5.199 – l'unico tra i cinque epigrammi edilei di **P** a non comparire in Planude (cfr. *infra*).

72 Cfr. Wifstrand 1926, pp. 76–86; Cameron 1993, pp. 105–106, 219–220; Lauxtermann 1998, pp. 526–527; Valerio 2014, pp. 84–86.

73 A partire da Dübner 1864–1890, anche se la numerazione ancora oggi seguita fu data per la prima volta da Jacobs 1813–1817.

74 1a: epigrammi epidittici e dimostrativi; 2a: epigrammi scoptici e conviviali; 3a: epigrammi sepolcrali; 4a: epigrammi ecfrastici; 5: il poemetto di Cristodoro di Copto sulle statue dello Zeuxippo; 6: epigrammi anatematici; 7: epigrammi erotici.

75 Uno specchio illustrativo dell'organizzazione della *Planudea*, con indicazione delle concordanze con *AP*, si trova in Beckby 1965²–1967², IV, pp. 576–586. Lo studioso (p. 580) ha tuttavia omesso per errore il titolo del cap. 9, come rilevato da Aubreton

III Le fonti

Pl ha quattro dei cinque epigrammi edilei di **P**:

- tre (**1, 11** e ***13**) si trovano nel primo blocco, Pl[a], con indicazione di paternità (ma ***13**, alternativamente tramandato come di Asclepiade la prima volta che occorre in **P** [P[a]], è attribuito da **Pl** a Simonide, come in P[b])[76];
- un quarto (**12**) si trova nel secondo blocco, Pl[b], senza lemma autoriale – un dato che non stupisce, dal momento che Pl[b] è notoriamente carente in materia di lemmi.

In generale, rispetto al testo trasmesso da **P**, si registra una tendenza alla normalizzazione, che porta ora ad appiattire il dialetto sulle forme più comuni (cfr. **1.5**, dove **P** ha Πριάπῳ, mentre **Pl** ha Πριήπῳ *ex* Πριάπῳ – e la forma ionica è quella preferita in poesia)[77], ora a eliminare quanto è percepito come anomalia morfologica (cfr. **11.3**, dove **P** ha il nom. masch. ἀκόνιτος, mentre in **Pl** si legge la forma neutra ἀκόνιτον, più "regolare"). In un paio di casi, inoltre, **Pl** presenta errori banali non condivisi da **P**[78], ma accade anche il contrario: la lezione migliore è conservata dal testimone planudeo almeno in **1.6**, dove esso ha, in accordo con Suid., προχόην, da preferire a προχοήν di **P**[79].

III.1.2.1 L'apografo Q

A differenza di **P**, che – come si è visto – restò sconosciuto agli studiosi fino agli anni a cavallo tra XVI e XVII sec. e i cui epigrammi divennero oggetto di un'intensa attività esegetica solo a partire da quella data, l'autografo di Planude fu sin da subito molto copiato, generando un gran numero di apografi. Il primo e più importante – e l'unico che sarà citato nel corso di questo lavoro – è BL Add. 16409 (**Q**), eseguito per iniziativa di Planude stesso e sotto il suo diretto controllo. **Q** concorda ora con **Pl** *ante correctionem*, ora con **Pl** *post correctionem*, mentre in altri casi ancora presenta la stessa correzione di **Pl**, a opera di una mano che sembrerebbe quella di Planude,

---

1967, p. 349, n. 3 e 1972, p. 6, n. 1; vd. anche Mioni 1985, pp. 276–283. Per uno specchio illustrativo dell'organizzazione del manoscritto, vd. Valerio 2014, pp. 62 ss.

76 Il testo di **Pl** si mostra vicino a quello di P[b] anche in altri punti (vv. 3 e 6: cfr. nn. *ad locc.*).

77 Come notato da Cameron 1993, pp. 353–355, questa tendenza è tipica soprattutto di Pl[a]: quando un componimento è conservato da entrambi i blocchi, infatti, Pl[a] tende a regolarizzare il dialetto, mentre Pl[b] mantiene le forme diverse dallo ionico-attico. Per il problema dei dialetti in *AP*, vd. in generale Gow-Page 1965, I, pp. XLV–XLVII.

78 In **1.6**, ad esempio, **Pl** ha νευρίδα in luogo di νεβρίδα, per uno scambio vuoi paleografico, vuoi fonetico.

79 E forse anche in **1.2**, dove λήρων potrebbe essere superiore rispetto a ληρῶν di **P**, che pur si mantiene a testo: cfr. n. *ad loc.*

per cui si può parlare di due manoscritti realizzati, sostanzialmente, in contemporanea[80].

In relazione ai quattro epigrammi di Edilo che esso contiene, non presenta dati significativi (vi sono anzi alcuni errori singolari, riportati nell'*Auctarium lectionum*): lo si cita però in apparato a **1**.5, dove è interessante rilevare che esso concorda con **Pl** ante correctionem, che ha Πριάπῳ (come **P**) vs Πριήπῳ di **Pl** post correctionem.

III.1.3 Edilo e le "Sillogi Minori"

Nessuno degli epigrammi di Edilo è contenuto nelle "Sillogi Minori" (definite in questo modo per distinguerle dalle compilazioni maggiori, **P** e **Pl**), o almeno non in quelle che siano rilevanti per la *constitutio textus*[81].

11 compare infatti nella Silloge Σ (Σ30), una compilazione tardoquattrocentesca conservata in quattro testimoni, due dei quali parziali: i due manoscritti che contengono Σ nella sua interezza, il Laur. 57.29 (fine XV sec.) e il Paris. gr. 1773 (fine XV sec.) sono entrambi firmati da Bartolomeo Comparini da Prato. Si tratta però di una raccolta di cui è stata dimostrata la derivazione planudea[82], per cui non ha alcun peso dal punto di vista della tradizione. Non sarà pertanto inclusa tra i testimoni dell'epigramma.

III.2 La tradizione indiretta

III.2.1 Ateneo

Otto epigrammi di Edilo sono noti grazie ad Ateneo (II sec. d.C.), che cita un componimento del nostro nel libro 4 dei *Deipnosofisti* (**10**), tre nell'8 (**7, 8, 9**) e quattro nell'11 (**3, 4, 5, 6**).

Si tratta, in linea con gli interessi di Ateneo, di epigrammi di argomento simposiale: **3**, in cui sono ricordate le prodezze etiliche di una certa Callistio,

---

80 Il manoscritto fu scoperto da Young 1955 nel corso delle sue ricerche sulla tradizione manoscritta di Teognide (e fu da lui siglato come **X**; la sigla **Q**, seguita dagli editori dell'*Anthologia*, si deve invece a Aubreton 1968, p. 82); cfr. poi almeno Turyn 1972–1973, pp. 417–419, 424 e n. 2; Mioni 1975; Cameron 1993, pp. 345–350; Lauxtermann 2009, pp. 47–48 e 64; Valerio 2014, pp. 69–72. A quest'ultimo va il merito di aver fatto chiarezza sulla presenza di due mani correttrici, accanto a quella di Q, lo scriba principale: Q^2 (identificato da Daniele Bianconi, *ap.* Valerio 2014, p. 70 e n. 112, con Q stesso, intervenuto in un secondo momento con un diverso inchiostro) e Q^3 (nel quale è probabilmente da riconoscere la *summa manus* di Massimo Planude).
81 Sulle "Sillogi Minori", vd. Maltomini 2008 e 2011b.
82 Su Σ vd. Maltomini 2008, pp. 61–77, con bibliografia precedente.

viene citato in relazione a un tipo di coppa, il λέσβιον; **4** riguarda un'altra coppa, un ῥυτόν progettato da Ctesibio e dotato di un particolare congegno meccanico che determina l'emissione di un suono quando viene versato il vino; **5** e **6** sono insieme precetti simposiali e dichiarazioni di poetica, poiché contengono l'invito a bere vino in grande quantità, unica garanzia di ispirazione; **7**, **8** e **9** riguardano la figura, tipicamente simposiale, del ghiottone; **10** è un epitafio per un suonatore di flauto, citato in relazione a un problema terminologico (la sinonimia fra i termini μόναυλος e καλαμαύλης) e anch'esso legato alla tematica simposiale (il testo è molto corrotto, ma il defunto è celebrato per la sua attività di intrattenitore ed è ricordato per il repertorio lascivo e avvinazzato, consono al tipo di simposio descritto altrove da Edilo).

L'opera di Ateneo, come noto, è trasmessa dal Venet. Marc. gr. 447 (**A**)[83], un manoscritto in minuscola antica, di grande formato (mm 400 x 270), nei cui margini e nel cui intercolumnio è presente un ricco apparato di *marginalia*[84]. Il codice, vergato da Giovanni il Calligrafo tra l'895 e il 917[85], fu portato a Venezia da Costantinopoli nel dicembre del 1423 da Giovanni Aurispa e poi acquistato dal cardinale Bessarione († 1472) nel 1468 o nel 1472. **A** è una copia mutila dell'opera: mancano i primi due libri e l'inizio del terzo, alcuni passi del libro 11 (466d–466e, 502b–502c) e la parte finale (molto lacunosa è la sezione 699f–702c), per un danno materiale probabilmente intervenuto quando il codice si trovava ancora a Costantinopoli.

Dei *Deipnosofisti* esiste anche la cosiddetta Epitome[86], realizzata in ambiente bizantino a cavallo tra XI e XII sec. e che sopravvive completa in quattro copie: *terminus ante quem* per la sua datazione è costituito da Eustazio di Tessalonica, che attinse a piene mani al testo epitomato per commentare alcuni passi dell'*Iliade* e dell'*Odissea*. Maas 1935 suggerì che fosse stato proprio Eustazio a realizzare l'Epitome, ma questa ipotesi non ha avuto seguito[87]. Si è molto discusso circa la fonte di questo testo abbreviato: l'opinione oggi prevalente è che esso sia stato realizzato a partire direttamente da **A**[88], prima che il manoscritto fosse danneggiato, molto probabilmente a

---

83 Per un'ottima sintesi della storia della trasmissione del testo di Ateneo, con attenzione anche alle prime edizioni a stampa, vd. Arnott 2000; su **A** cfr. inoltre Mioni 1985, pp. 221–222.
84 Pubblicato da Cipolla 2015.
85 L'identificazione del copista è dovuta a Wilson 1962.
86 Per il cui testo cfr. Peppink 1937–1939.
87 Cfr. già Peppink 1937–1939, I, pp. IX ss. Che Eustazio attingesse all'Epitome, e non a un'altra versione del testo di Ateneo, è comunque sicuro: cfr. Lorenzoni 1998, pp. 69–70.
88 Così per primo Cobet 1847, pp. 104 ss.; vd. inoltre Maas 1952, p. 1 (il quale peraltro notava che in 12.525c **A** presenta uno scolio che è citato anche dall'Epitome); Letrouit 1991; per un recente *status quaestionis*, e per i criteri seguiti dall'epitomatore nella sua opera di riduzione, cfr. Louyest 2012.

Costantinopoli. L'Epitome è un sostituto prezioso di **A** laddove questo risulti mutilo o danneggiato. In alcuni casi, inoltre, presenta un testo migliore del Marciano, che, secondo molti critici, non sarebbe frutto di congettura bizantina; sembra se ne debba concludere che il copista abbia avuto a disposizione almeno un altro manoscritto, privo degli errori di **A**[89].

I quattro testimoni conservati dell'Epitome sono i seguenti:
- Paris. suppl. gr. 841 (**C**), copiato da Demetrio Damilas (fine prima metà XV sec.-*post* 1506)[90] probabilmente tra il 1476 e il 1506;
- Laur. plut. 60.2 (**E**), copiato verosimilmente da Jacob Aurelius Questenberg (1460 ca.–1527 ca.)[91] intorno al 1490 a Roma da un manoscritto perduto della Biblioteca Vaticana;
- British Library, Royal 16 D X (**H**), manoscritto noto come *Hoeschelianus* dal nome del suo possessore, David Hoeschel (1556–1617). Il copista è stato identificato con Michele Damasceno (1530 ca.–1593), che lo avrebbe copiato nel primo quarto del XVI sec.[92], probabilmente da **E**[93];
- Erbacensis 4 (**R**), copiato da J.A. Questenberg poco dopo il 1490: è anch'esso, probabilmente, un apografo di **E**[94].

Dato che **H** e **R** assai verosimilmente derivano, dunque, da **E**, per questa edizione sono stati utilizzati i soli **C** ed **E**[95].

Degli otto epigrammi di Edilo conservati da Ateneo, sono contenuti anche nell'Epitome **7**, **8** e **9** (quest'ultimo limitatamente ai vv. 4–6); di **5** è riportata solo una parte del v. 3. Le varianti testuali rispetto ad **A** non sono molte, dato anche l'esiguo numero di versi: il suo testo è palesemente inferiore rispetto a quello del Marciano in **8.5** (omissione di τοιαῦτα) e **8.6** (χρυσορρ-, ametrico, *vs* χρυσορ-), superiore in **9.5** (λιθούμεθα πάντες *vs* λιθούμεθ' ἄπαντα, anche se poi l'Epitome presenta lacuna, di fronte a testo evidentemente inintelligibile) e **9.6** (γόγγρου *vs* γόγγροι), sostanzialmente equivalente in **7.1** (sia φύκη di **CE** sia φύκει' di **A** sembrano presupporre un errore di itacismo). Le lezioni migliori rispetto ad **A**, per Edilo, non sono tali da configurare un diverso ramo di tradizione, ma possono facilmente spiegarsi come correzioni (vd. comm. *ad locc.*).

---

89 Vd. Collard 1969 e Arnott 1996, pp. 38–39, con bibliografia.
90 Canart 1977–1979, pp. 287–289; più precisamente, 1502 o 1503, secondo Di Lello-Finuoli 2000, p. 144. Demetrio Damilas è anche il copista del Laur. plut. 60.1 (= **B**), un apografo del Marciano che ne colma la lacuna iniziale e parte del libro 15 tramite il testo dell'Epitome (cfr. Di Lello-Finuoli 2000, p. 145; per l'identificazione del copista con Damilas, Canart 1977–1979, p. 90).
91 L'identificazione è dovuta ad Aldick 1928, p. 4.
92 Cfr. Harlfinger in Canart 1977–1979, p. 290, n. 3; Gamillscheg-Harlfinger 1981, nr. 279; Pattie-McKendrick 1999, p. 245.
93 Lavoro 2016.
94 Aldick 1928, pp. 6–7.
95 Come anche per le edizioni di Peppink 1937–1939 e Kaibel 1887–1890.

Per quanto riguarda le prime edizioni a stampa dei *Deipnosofisti*, la *princeps*, cioè l'Aldina di Musuro (Venezia 1514), fu approntata a partire da un apografo corrotto di **A**, integrato con l'Epitome per le parti mutile[96]; una seconda edizione, basata sull'Aldina, apparve a Basilea a opera di Jacobus Bedrotus e Christianus Herlinus (1535); una terza, infine, più volte ristampata (Heidelberg o Ginevra 1597–1598[1], Lione 1612[2], 1657[3]), fu realizzata da Isaac Casaubon a partire dall'edizione di Basilea, integrata con alcuni apografi di **A** e con lo *Hoeschelianus* dell'Epitome (la paginatura dell'edizione di Casaubon è quella ancora utilizzata per citare i *Deipnosofisti*). Molte delle congetture di Casaubon sono inoltre affidate alle sue *Animadversiones in Athenaei Deipnosophistas* (Lione 1600[1], 1621[2], 1664[3]). La prima edizione basata sul Marciano (integrato con **C**) fu quella di Jean (o Johann) Schweighäuser, i cui cinque volumi di testo (Strasburgo 1801–1805) sono accompagnati da otto di *Animadversiones* e da uno di indici (1801–1807); la collazione di **A** fu effettuata, in modo non sempre impeccabile, dal figlio del filologo alsaziano, Gottfried Schweighäuser, a Parigi, dove il manoscritto si trovava in quel periodo[97]. Si segnalano poi le edizioni, entrambe in tre volumi, di Karl Wilhelm Dindorf (Lipsia 1827) e di August Meineke (Lipsia 1858–1859), quest'ultima seguita dagli *Analecta critica ad Athenaei Deipnosophistas* (1867). Sia Dindorf sia Meineke rinunciarono però a rivedere la tradizione manoscritta, pur consapevoli del fatto che la collazione del Marciano effettuata da Gottfried Schweighäuser era in più punti inaffidabile. Su un riesame di **A**, insieme a una collazione (parziale) dei testimoni dell'Epitome, è invece basata l'edizione, anch'essa in tre volumi, di Georg Kaibel (Lipsia 1887–1890), che rappresenta ancora oggi l'edizione di riferimento, in attesa del completamento della nuova teubneriana a cura di S. Douglas Olson, di cui è per ora uscito un solo volume (Olson 2019, che non contiene però libri in cui compaiano epigrammi di Edilo)[98].

---

[96] Non è possibile stabilire con sicurezza se l'integrazione dei primi libri, noti solo grazie all'Epitome, sia da imputare all'iniziativa di Musuro o se non fosse già presente nel codice da lui utilizzato: sulla questione, cfr. Irigoin 1967; Di Lello-Finuoli 2000, p. 146.

[97] **A** fu acquistato dai Francesi nel 1797; tornò a Venezia nel 1815, per volontà degli Austriaci.

[98] Lo studioso è già autore di una nuova traduzione Loeb dei *Deipnosofisti* (Olson 2006–2012). L'edizione intrapresa per Les Belles Lettres da Alexandre Marie Desrousseaux non è invece andata oltre il I volume (Parigi 1956), a causa della morte dell'autore. Comprende quindi soltanto i primi due libri. Per le edizioni a stampa di Ateneo, vd. anche le panoramiche di Arnott 1996, pp. 39–41; Degani 2010, pp. XII–XIV.

III.2.2 Altre citazioni indirette

Due degli epigrammi di Edilo sono citati, in forma parziale, anche da alcuni lessici. **1** compare nella *Suda* sotto varie voci[99]: l'*incipit*, fino al primo piede del v. 2, una prima volta in α 1357 Adler, s.v. ἁλουργά, una seconda volta in μ 1136 Adler, s.v. μίτρα, con una piccola variante testuale e con l'aggiunta dei primi quattro piedi del v. 3; il solo nesso τοί τε Λάκωνες / πέπλοι è poi citato di nuovo in λ 63, s.v. λακωνικαί, nella forma τοί τε Λάκωνες / εὔπεπλοι (che ci si riferisca proprio a questo passo è garantito, oltre che dalla peculiarità del nesso, dalla dicitura ἐν Ἐπιγράμμασι con cui è introdotta la citazione). Il v. 2, a partire dal secondo piede (e quindi esattamente da dove si interrompe la citazione negli altri casi), in λ 468 Adler, s.v. ληρεῖς ἔχων; gli ultimi due piedi del v. 3 e tutto il v. 4 sono citati una prima volta in α 1539 Adler, s.v. ἀμβρόσιον, e una seconda volta in θ 12 Adler, s.v. θαλέεσσι; i vv. 5–6, infine, sono citati dapprima per esteso in κ 241 Adler, s.v. καλλιστεῖα, poi, a partire dall'*explicit* del v. 5, in π 2936 Adler, s.v. προχόῳ. I vv. 3–4 dello stesso epigramma compaiono inoltre in [Zon.], s.v. θάλλος (anche se in un ordine diverso da quello di *AP*). È poi ancora la *Suda* a citare i vv. 3–4 di **2** (μ 1377 Adler, s.v. μυδῶντες). La citazione dei versi di Edilo è preceduta dalla dicitura generica ἐν Ἐπιγράμμασι, senza indicazioni specifiche di paternità, quattro volte (λ 63, λ 468, μ 1377 e π 2936 Adler) su nove (è questa la formula comunemente utilizzata dal lessico per introdurre le citazioni epigrammatiche). I due epigrammi citati sono entrambi in *AP* e non presentano varianti testuali significative rispetto alla tradizione dell'*Anthologia*. Se ne può dedurre che le citazioni derivino da un canale cefalano, anche se la copia di Cefala utilizzata dall'estensore del lessico non sembra coincidere perfettamente né con quella utilizzata da **P** né con quella utilizzata da **Pl**[100]. La densità di citazioni lessicografiche è in ogni caso significativa sul piano stilistico, perché ci dà la misura di quanto il linguaggio di Edilo fosse sentito come raro e prezioso, e almeno in parte "tecnico" (la *Suda* cita i versi di Edilo, in particolare, in relazione a termini che designano capi di vestiario).

Un epigramma di Edilo è inoltre riportato da Eust. *ad Od.* 4.401, p. 1503.5–6, che cita, senza indicare il nome dell'autore, **8**.1–3; non ci sono varianti testuali rispetto al testo di Ateneo (e non potrebbero esserceni: possiamo infatti facilmente immaginare che Eustazio, appassionato lettore dei *Deipnosofisti*, che leggeva nella versione epitomata – cfr. *supra*, III.2.1 – abbia ricavato i versi proprio da Ateneo).

---

[99] L'epigramma è una dedica, ed è stato notato che la *Suda* ha una predilezione per gli anatematici: dei 358 componimenti di *AP* 6, ben 225 sono citati dal lessico, alcuni più di una volta (Cameron 1993, p. 281).

[100] Cameron 1993, pp. 278–282. In **1** il testo della *Suda* coincide ora con quello di **Pl**, ora con quello di **P**: cfr. apparato *ad loc.* In **2**, presente in **P** ma non in **Pl**, Suid. non è perfettamente coincidente con **P**: cfr. apparato *ad loc.*

Va rilevato, infine, che *14 (quale che sia la sua natura, in termini di genere letterario: cfr. *supra*, I; *infra ad loc.*) è noto grazie alla citazione di Strabone (**T4**).

III.3 Edilo, l'epigramma scoptico greco e la tematica tolemaica

Della produzione di Edilo restano dunque solo degli scampoli, e ancora meno sarebbe sopravvissuto se non fosse stato per Ateneo[101]. Dal poco che è rimasto possiamo comunque farci almeno un'idea di quelle che dovevano essere le caratteristiche distintive della sua produzione epigrammatica. A questo proposito, sarà utile svolgere qualche considerazione sui criteri di selezione adottati, rispettivamente, da Meleagro e da Ateneo.

I due epigrammi sicuramente edilei trasmessi in *AP* 5 e 6 (**1** e **2**) sono di tipo erotico-simposiale e hanno la forma di una dedica (si tratta quindi di due epigrammi anatematici, a dispetto della loro inclusione in due libri diversi); sono, cioè, epigrammi del tipo privilegiato da Meleagro, che nel suo *Stephanos* operò una selezione fortemente orientata in senso erotico-simposiale ma diede anche grande spazio alle tipologie tradizionali, di ascendenza epigrafica, includendo molti epigrammi di tipo funerario e anatematico[102] (veri o fittizi che fossero), o comunque memori di queste strutture[103]. Alla tipologia erotica appartiene anche *****13**, di dubbia attribuzione.

Di diverso tenore i due componimenti inclusi nel libro 11 (**11** e **12**), σκώμματα rivolti contro bersagli specifici (rispettivamente un medico e la podagra, malattia associata, nel mondo antico, a eccessi erotico-simposiali), di cui la critica ha talora messo in dubbio la paternità, considerandoli troppo diversi rispetto agli altri epigrammi noti di Edilo per essere autentici. Va però rilevato che il libro 11 contiene, in generale, pochissimi materiali meleagrei: la ragione verosimilmente non va cercata – come pur si è sostenuto – nel fatto che all'epoca di Meleagro l'invettiva fosse appannaggio di altri

---

[101] Si può qui ricordare l'affermazione del primo traduttore Loeb dei *Deipnosofisti*, Gulick 1927–1941, I, p. XV, che ha definito l'opera di Ateneo «a work the loss of which would have wrought incalculable harm to our knowledge of Greek literature».

[102] Secondo un'ipotesi di Cameron 1993, pp. 19–33, Meleagro avrebbe addirittura ordinato la sua raccolta in quattro libri, corrispondenti ai diversi generi epigrammatici (erotici, anatematici, funerari ed ecfrastici-epidittici).

[103] Gli epigrammi erotici di età ellenistica in particolare, svincolati, fin dall'origine, da un referente monumentale, si mostrano bisognosi di sottolineare la propria appartenenza a una specifica tradizione e pertanto spesso mutuano forme, temi e stilemi dell'epitafio o della dedica per esprimere contenuti altri; su questo gusto per la "contaminazione di genere" nell'epigramma erotico, cfr. in particolare Magini 2000; Gutzwiller 2007; Sens 2011, pp. xxxiv–xlii e 2019, pp. 340–344.

generi, come il giambo[104], ma nelle predilezioni tematico-tipologiche dello stesso Meleagro, che pare aver avuto un interesse molto limitato per gli epigrammi puramente scoptici. I pochi epigrammi scommatici di età ellenistica a noi noti sono per lo più tramandati per via indiretta: non a caso, i componimenti di Edilo citati da Ateneo sono caratterizzati, per la maggior parte, da un tono scoptico molto marcato (e anche di altri autori, come Posidippo, Ateneo tramanda epigrammi scommatici, che non sono presenti in *AP*[105]). La differenza sostanziale che separa gli epigrammi edilei di *AP* 5 e 6 (frutto, dunque, della selezione meleagrea) da quelli citati da Ateneo riguarda proprio la natura scommatica dei testi: sia gli epigrammi di *AP* sia quelli di Ateneo hanno per lo più ambientazione simposiale, o sono legati a personaggi e situazioni tipici del simposio. Meleagro, però, seleziona gli epigrammi riconducibili alla tematica erotica, mentre Ateneo preferisce quelli che hanno a che fare con il cibo e il vino, senza che la menzione dell'eros sia un requisito necessario alla selezione. D'altro canto, gli epigrammi tramandati da Ateneo mostrano l'influsso della commedia sulla produzione edilea: i due epigrammi di *AP* 11, a loro volta, affrontano temi che hanno almeno dei precedenti comici. Ateneo costituisce, sotto un certo punto di vista, il *trait d'union* tra l'Edilo "meleagreo" di *AP* 5 e 6 e quello "scommatico" di *AP* 11, giunto in *AP*, presumibilmente, per via diversa[106]. La comune ambientazione simposiale degli epigrammi di Edilo selezionati da Meleagro e da Ateneo è determinata dagli interessi dei due antologisti, che in questo caso convergo-

---

104 Così Cameron 1993, pp. 14–15, secondo il quale «[t]here was probably very little Hellenistic invective that Meleager would have counted as epigram».
105 Cfr. in part. i due epigrammi posidippei sui ghiottoni, Athen. 10.412d–e = *HE* 3126 ss. = 120 A.–B. e 10.414d–e = *HE* 3134 ss. = 121 A.–B., tema caro anche a Edilo, e quello di Faleco sulla eccezionale bevitrice Cleo (Athen. 10.440d–e = *HE* 2935 ss.), personaggio che si è voluto identificare con l'omonima mangiatrice protagonista di **9** (cfr. *infra ad loc.*).
106 È opinione comune che i materiali inclusi nel libro 11 della *Palatina* derivino da fonti post-meleagree: si è in particolare ipotizzato che Cefala si sia basato su un'antologia della prima età imperiale, ordinata alfabeticamente e identificata, su basi del tutto ipotetiche, con l'*Anthologion* di Diogeniano, un grammatico vissuto sotto Adriano, o nato sotto il suo regno (Cameron 1993, pp. 84–96). Non si può però escludere che questa fonte ordinata κατὰ στοιχεῖον fosse integrata con altre (cfr. e.g. Aubreton 1972, pp. 28–38; in generale, per la complessa questione della genesi di *AP* 11 e per la debolezza delle basi su cui poggia l'identificazione della fonte alfabetica del libro con l'*Anthologion*, vd. Floridi 2014a, pp. 68–75, con ulteriore bibliografia). La parte scoptica del libro 11 sembra il risultato dell'accostamento di due blocchi distinti: il primo (*AP* 11.65–255) è costituito da una lunga sequenza organizzata, *grosso modo*, in serie tematiche; il secondo (*AP* 11.256–436) ha carattere più miscellaneo ma presenta alcune serie alfabetiche (*AP* 11.388–398, 11.399–413, 11.417–436). I due epigrammi di Edilo sono uno nella parte ordinata tematicamente (*AP* 11.123), uno nella parte "disorganizzata", e al di fuori delle tre serie alfabetiche (*AP* 11.414), segno forse di una loro derivazione da fonti diverse.

no: ma ci sono buone probabilità che anche i due componimenti di *AP* 11 siano autentici (uno dei due, peraltro, mostra a sua volta una connessione con le tematiche simposiali), tanto più che l'attribuzione al nostro non era ovvia. Essi lasciano intravedere, per Edilo, uno spettro tematico più ampio rispetto a quello testimoniato da Meleagro e da Ateneo[107].

Vale la pena notare che nella produzione edilea c'è un altro *unicum*: **4**, sulla dedica di un ῥυτόν nel tempio di Afrodite-Arsinoe a Zefirio, un componimento di ambientazione tolemaica tramandato da Ateneo, grazie al quale si può presumere con buona verosimiglianza che il poeta sia stato attivo ad Alessandria (cfr. *supra*, I)[108]. Il "nuovo" Posidippo (P.Mil.Vogl. VIII 309) ci ha già dimostrato che un autore fino ad allora noto soprattutto per la sua produzione erotico-simposiale[109] aveva in realtà una personalità poetica ben più sfaccettata: molti dei testi del papiro milanese rivelano, in particolare, una connessione con la dinastia lagide che la produzione precedentemente nota lasciava solo timidamente intravedere (e solo grazie a fonti diverse da *AP*: componimenti come quello sul faro di Alessandria, o come i due epigrammi sul tempio di Afrodite Zefiritide, sono infatti noti solo grazie ai papiri o ad Ateneo[110]). Edilo, insomma, avrà probabilmente scritto un numero ben maggiore di epigrammi tolemaici rispetto a quanto non sia possibile ricostruire, e avrà verosimilmente composto anche un numero maggiore di epigrammi scoptici, del tipo testimoniato da *AP* 11.123.

Sulla base dei testi in nostro possesso, si può affermare che Edilo fu poeta simposiale dalla vena scoptica molto marcata; che nei suoi epigrammi prende di mira specifici bersagli, alcuni dei quali già fatti oggetto di σκῶμμα in commedia, ponendosi tra i primi rappresentanti di un sottogenere che

---

107 Propensa a ritenere fondata l'attribuzione a Edilo dei due componimenti è anche Galli Calderini 1983, p. 374, secondo la quale «il fatto stesso che siano stati attribuiti a Edilo epigrammi di tal sorta prova indirettamente che la fama di questi era legata nell'antichità al suo spirito beffardo e mordace».

108 E all'ambito tolemaico ci riporta in qualche modo anche la menzione, in **10**.7, di Glauce, citarista attiva alla corte di Tolomeo II, che da sola non sarebbe stata però sufficiente a suggerire la presenza di Edilo ad Alessandria: la fama del personaggio poteva infatti aver valicato i confini dell'Egitto, dal momento che ancora Plut. *Mor.* 397a, secoli dopo, ne fa un termine di paragone di dolcezza musicale – τάχα δὴ μεμψόμεθα τὴν Πυθίαν, ὅτι Γλαύκης οὐ φθέγγεται τῆς κιθαρῳδοῦ λιγυρώτερον.

109 La prevalenza degli epigrammi di Posidippo in *AP* è inclusa nei libri 5 e 12. Sulle differenze tra "vecchio" e "nuovo" Posidippo vd. ora Gutzwiller 2019. Garulli 2019, pp. 279–280 ha opportunamente posto l'accento su come la pubblicazione del papiro milanese abbia definitivamente dimostrato l'artificiosità sottesa alla classificazione in tre "scuole" (fenicia, alessandrina e peloponnesiaca) della produzione epigrammatica ellenistica proposta da Reitzenstein 1893, pp. 121–123.

110 *HE* 3100 ss. = 115 A.–B. e *HE* 3110 ss. = 116 A.–B., rispettivamente sul faro di Alessandria e sul tempio di Arsinoe, sono tramandati da P.Louvre 7172; *HE* 3120 ss. = 119 A.–B., un altro epigramma sul tempio di Arsinoe, è noto grazie ad Athen. 7.318d.

avrebbe conosciuto la sua fioritura più sistematica qualche secolo dopo, in età neroniana[111]. La produzione nota mostra, in generale, una predilezione per le tematiche bacchiche e giocose, anche se non è detto che solo a queste fosse confinato il repertorio del poeta. Se la notizia tramandata da Ateneo è attendibile, Edilo aveva per esempio cantato le vicende di Glauco, verosimilmente in un epillio o in un'elegia di tema erotico-mitologico (**T1**), e anche *14, se effettivamente riconducibile alla sua paternità, apparirebbe di tipo un po' diverso rispetto agli altri componimenti tramandati sotto il suo nome (anche se un qualche punto di contatto è ravvisabile con **4**: in entrambi i casi, sembrerebbe esservi un riferimento a oggetti dedicati all'interno di un tempio). Il componimento, che riguarda l'attraversamento a nuoto di un ampio tratto di mare da parte di un gruppo di cerve, rivela un'attenzione per le "meraviglie" della natura e del mondo animale riconducibile, da un lato, all'interesse paradossografico tipico dell'età ellenistica (e che trova riscontro anche in **3** e **4**), e che sembra però anticipare, dall'altro, l'epigramma "epidittico"[112] incentrato sull'aneddoto curioso e paradossale, caro soprattutto ai poeti dell'età della seconda *Corona* e pertanto considerato, di solito, un genere tipico dell'età filippea (cfr. *infra*, n. intr. *ad loc.*). Pochi scampoli, dunque, di una produzione che lascia però intravedere uno spettro tematico ben più ampio rispetto a quello ricostruibile grazie ad *AP*, e che ci ricorda, ancora una volta, quanto parziale sia la nostra conoscenza dell'epigramma nel suo sviluppo storico e quanto essa sia condizionata dalle scelte degli antologisti, i cui gusti e la cui discrezionalità determinarono inevitabilmente l'imposizione di "normalizzazioni" e la fissazione di "canoni".

III.4 Il "Vienna Epigrams Papyrus" (CPR XXXIII)

Nessuno degli epigrammi di Edilo è noto per via papiracea, a differenza di quanto accade, per esempio, per Posidippo o Asclepiade. Vale però qui la pena menzionare il cosiddetto "Vienna Epigrams Papyrus", pubblicato nel 2015 da Parsons, Maehler e Maltomini, che contiene una lista di *incipit* epigrammatici selezionati per andare a costituire un'antologia a partire da una precedente raccolta organizzata in (almeno) quattro libri. Il papiro sembra infatti offrire una preziosa conferma del fatto che il genere scoptico, nella prima età ellenistica, era coltivato in misura più significativa di quanto la selezione meleagrea non lasci intravedere: anche se dei testi è citato solo il

---

111 Sull'epigramma scoptico greco vd. in generale Longo 1967; Blomqvist 1998; Nisbet 2003 (da usarsi però con cautela: cfr. e.g. Gutzwiller 2005c; Magnelli 2005); Floridi 2014a, pp. 9–37.
112 Su questa definizione, probabilmente anacronistica, cfr. Lauxtermann 1998 (con le precisazioni di Rossi 2002).

primo verso (e spesso neanche nella sua interezza), molti dei componimenti sembrano riconducibili a una tematica scoptica.

Il papiro non reca indicazioni autoriali, ma uno degli *incipit*, come si è visto (cfr. *supra*, I), sembra coincidere con quello di un epigramma di Asclepiade, *AP* 12.46 = *HE* 876 ss. = 15 Sens (per i cui legami intertestuali con **5.**4, cfr. *supra*, II.1; *infra ad loc.*). Gli editori principi mettono giustamente in guardia contro la tentazione di attribuire tutti gli epigrammi ad Asclepiade e propendono, ragionevolmente, per l'ipotesi che la collezione sia piuttosto un'antologia pluriautoriale, in cui convergono, presumibilmente, i componimenti dello stesso Asclepiade e di altri contemporanei (il papiro è datato, su basi paleografiche, al III sec. a.C., e riflette, assai probabilmente, l'opera di autori attivi in quegli anni e nei decenni immediatamente precedenti). Tra questi potrebbe esserci, naturalmente, lo stesso Edilo, anche se, in assenza di prove positive, qualsiasi ipotesi attribuzionistica sarebbe pura speculazione.

Ci sono, in effetti, alcuni punti di contatto tra gli *incipit* viennesi e la produzione edilea nota, che saranno via via evidenziati nel corso del commento. Per comodità, se ne offre qui un elenco:

- due dei nomi selezionati da Edilo per i protagonisti dei suoi epigrammi compaiono anche nel papiro: Nicagora (col. VII, r. 8), presente in **2**; Callistio (col. V, r. 23), ricordata, in **3**, come eccezionale bevitrice. I due nomi, nell'epigramma, non sono però esclusivi di Edilo (cfr. nn. *ad locc.*), per cui non se ne possono trarre conclusioni sulla paternità dei due testi;
- l'*incipit* della col. V, r. 22, Εὔφρων καὶ Θ̣ . . . . δύ' ἀδελφεοί, mostra forti somiglianze con *****13.**1 Εὐφρὼ καὶ Θαῒς καὶ Βοίδιον, alternativamente attribuito ad Asclepiade (e, in parte della tradizione, a Simonide: cfr. *infra ad loc.*); i due epigrammi potrebbero essere stati concepiti come *companion pieces* da uno stesso poeta, o essere l'uno una variazione dell'altro, da parte di un diverso autore (cfr., per questa dinamica emulativa, il rapporto intertestuale tra Hedyl. **2** e Asclep. *AP* 12.135 = *HE* 894 ss. = 18 Sens)[113];
- sul piano tematico, il motivo del galateo simposiale infranto dagli ὀψοφάγοι, caro a Edilo (**7–9**), parrebbe essere attestato nell'*incipit* della col. IV, r. 16 μὴ βούλου τρωγε . [, che contiene un invito a non mangiare in un certo modo (forse senza lasciare nulla agli altri, o come un animale, o senza aspettare che anche gli altri convitati siano arrivati/si siano messi a tavola)[114]. La tematica culinaria compare anche alla col. VI, r. 22, dove sono menzionati "avanzi di agnello" (εἴχομ[εν] ἀρνὸς ἕωλα καὶ ἦν τὰ μὲν ἐφθά) e dove è peraltro utilizzato un aggettivo, ἐφθά, che trova

---

113 Questa seconda ipotesi è forse da preferire, perché in qualche modo spiegherebbe l'incertezza dell'attribuzione.
114 Parsons-Maehler-Maltomini 2015, p. 61.

confronto in Hedyl. **8**.1 Ἐφθὸς ὁ κάλλιχθυς, mentre la possibile menzione del vomito nell'epigramma su Callistio (col. V, r. 23 μὴ λέγε εζεμετος Καλλίστιον) autorizza forse l'ipotesi che il componimento sviluppasse il tema degli eccessi etilici, come **3**. Un medico (ἰατρός) parrebbe poi comparire alla col. VII, r. 7, il che potrebbe supportare la paternità edilea di *AP* 11.123 = **11**, su un medico incompetente, se è lecito ipotizzare che l'epigramma il cui *incipit* è conservato dal papiro sviluppasse la tematica scoptica della satira verso l'incompetenza professionale (ma altre ipotesi sono sicuramente possibili); la paternità edilea di **11**, infatti, è stata negata da parte della critica principalmente in base all'argomento che il tema del medico mortifero sarebbe attestato solo più tardi nella storia dell'epigramma greco (vd. *infra ad loc.*).

IV L'epigramma di Edilo

IV.1 I temi

I temi affrontati da Edilo sono prevalentemente di tipo scommatico: dei suoi 12, forse 13 epigrammi, almeno sei sono sicuramente riconducibili a questa tipologia (**3, 7, 8, 9, 11, 12**). Si tratta di componimenti di ambientazione simposiale su beoni (**3**) e ingordi (**7, 8, 9**), figure già messe alla berlina dai poeti comici e presenti anche nel repertorio di altri epigrammisti del primo ellenismo, come Posidippo. All'ambiente del convito riconducono inoltre **1** e **2**, epigrammi anatematici legati all'ambito erotico e al consumo di vino: **1** è la dedica di una coppa d'oro da parte di una fanciulla che è risultata vincitrice, presumibilmente, in un concorso di bellezza (da notare che anche **3**, sulla beona Callistio, riguarda l'"eccellenza" di un personaggio femminile in un contesto simposiale), mentre **2** ricorda la perdita della verginità di un'altra ragazza dopo una notte di bagordi. Simposiali sono **5** e **6**, professioni di poetica che inneggiano al binomio "elevato consumo alcolico/ispirazione letteraria", e all'ambiente del simposio rimanda anche **12**, sulla podagra, malattia comunemente imputata, nel mondo antico, alle intemperanze etiliche ed erotiche. Anche **4**, di tema tolemaico, fa riferimento al vino e al canto e in qualche modo precisa le professioni di poetica contenute in **5** e **6**, inquadrando il programma edileo nel dibattito estetico coevo (anche questo epigramma, come **5** e **6**, fa uso di immagini e di termini critico-estetici che sono di solito associati a Callimaco, dal quale però Edilo sembra volersi differenziare: cfr. *supra*, II.3; *infra ad loc.*). Contenuti analoghi pare possibile cogliere in **10**, di forma epitafica: il componimento è molto corrotto, ma sembra contenere anch'esso l'elogio di quelle qualità estetiche (un'ispirazione gioiosa e "avvinazzata") che altrove Edilo rivendica come tratti distintivi della propria poesia. *13, di incerta attribuzione, riguarda infine tre rapaci prostitute, che lasciano sul lastrico i loro clienti: la fitta rete di allusioni mitologiche, l'umorismo sottile che permea l'intero carme richiama alla mente componimenti come **8** e **9**, dove lo σκῶμμα si esprime, analogamente, attraverso paragoni mitici.

Edilo sembrerebbe anche uno dei primi autori di epigrammi a rivolgere la satira contro specifiche categorie professionali: **7** riguarda un ghiottone che è però anche uno ψάλτης; l'epigramma è pervenuto in forma corrotta e frammentaria, ma il *Witz* sembra incentrato su un *double entendre* legato proprio al mestiere esercitato dall'ὀψοφάγος. Alla luce di questo epigramma, appare forse meno aberrante rispetto al resto della produzione edilea **11**, della cui paternità si è dubitato (cfr. anche *supra*, III.4): il componimento riguarda infatti un medico inetto, *target* privilegiato dell'epigramma scoptico della prima età imperiale. Ma figure di medici comparivano già nella commedia di IV sec.: Edilo può essere stato tra i primi autori a trattare un tema che avrà poi particolare fortuna, in ambito epigrammatico, nei secoli successivi.

La contiguità tra σκῶμμα e simposio è antica e ben documentata. La derisione e lo scherno sono componenti essenziali dell'occasione conviviale[115]: cataloghi in prosa di "prodezze" simposiali circolavano tra IV e III sec., a dimostrazione di un interesse per questa tematica che travalica i limiti del genere epigrammatico (e a cui il genere epigrammatico potrebbe anzi essersi ispirato, attingendo materiali). Linceo di Samo, ad esempio, fratello di Duride, raccolse una serie di aneddoti e di massime di etere e parassiti (cfr. n. intr. *ad* **7**); Edilo offre a sua volta una descrizione dei personaggi che frequentano i simposi, passandone in rassegna i comportamenti, specie quando questi si segnalano per la loro eccezionalità, o perché contrastano con le regole del buon vivere civile (in questo senso si lasciano interpretare **7**, **8** e **9**, dove l'atteggiamento degli ὀψοφάγοι che si avventano sul cibo si pone come infrazione dell'etica conviviale), o perché si configurano come veri e propri θαύματα, degni di essere ammirati (cfr. soprattutto **3**, che, per descrivere la *performance* della beona nei termini di un prodigio, prende in prestito il linguaggio della paradossografia – un genere letterario che proprio tra IV e III sec. cominciava a diffondersi e ad affermarsi, anche in connessione con la passione tolemaica per la collezione di παράδοξα viventi e meraviglie automatizzate: vd. n. intr. *ad* **4**; ma cfr. anche **6**, dove la straordinaria resistenza all'alcol di un personaggio di nome Socle gli merita la palma della vittoria

---

115 Cfr. e.g. Pellizer 1983; Bremmer 1997; Hansen 1998, pp. 272–273; Andreassi 2004, pp. 19–25; Halliwell 2008, pp. 100–154; con specifica attenzione all'epigramma, Gutzwiller 1998, pp. 171–172; Nisbet 2003, pp. 25–28; Schatzmann 2012, pp. 71–88. Non sarà d'altronde un caso che il libro 11 della *Palatina*, dove sono appunto raccolti gli epigrammi satirici, sia suddiviso nelle due sezioni, evidentemente percepite come complementari, dei συμποτικά e degli σκωπτικά.

in un confronto ideale con Asclepiade, additato come termine di paragone di dolcezza poetica).

Accanto alle tematiche scommatiche, è rappresentata anche la tipologia eulogistica: **4**, un epigramma di tema tolemaico, a sua volta testimonianza del gusto del παράδοξον rivelato da alcuni dei componimenti di tema scoptico (vi viene celebrata una meraviglia automatizzata, il ῥυτόν progettato dall'ingegnere Ctesibio), mostra la capacità di Edilo di fare propri i temi della propaganda lagide. Nel componimento il poeta promuove una politica "interculturale", di integrazione tra Greci ed Egizi, che lo distingue in modo piuttosto netto da Posidippo di Pella, il quale, nei suoi epigrammi di tema tolemaico, sottolinea soprattutto, non senza orgoglio patriottico, il carattere macedone della dinastia regnante, tacendo quasi completamente gli aspetti legati all'Egitto. La nuova patria dei Tolomei non viene sostanzialmente nominata, né vi sono accenni alla cultura locale, mentre è ribadita la "grecità" dei sovrani e il loro legame con la madrepatria (cfr. e.g. 31 A.–B., un presagio di vittoria per i "re Argeadi", Ἀργεάδαις βα[cιλε]ῦcιν, v. 3, che tira in ballo anche Atena, la dea greca per eccellenza, o la serie di componimenti sulle vittorie equestri, ambientati nelle sedi panelleniche dei giochi e volti a sottolineare lo stretto legame della casa regnante con la madrepatria – e.g. 88.4 Ἐορδαία γέννα)[116]. Altri epigrammi di Edilo che ben si integrano con l'ambiente di Alessandria sono **1**, dove la dedica a Priapo e il probabile riferimento al ruolo svolto dalla divinità in ambito misterico è in linea con la diffusione ad Alessandria del suo culto in età tolemaica (cfr. *infra ad loc.*; da notare, nell'epigramma, anche la presenza del nome Niconoe, che potrebbe trovare una particolare giustificazione "etnica" in area egizia: cfr. n. *ad* 1.3), e **10**, dove è menzionata la già citata Glauce. ***14** infine, se effettivamente suo, potrebbe dimostrare un legame con la dinastia tolemaica in virtù della sua ambientazione cipriota e delle sue probabili connessioni con il santuario di Apollo Hylates presso Curio: Cipro era infatti sotto il dominio dei Tolomei e sono state rinvenute dediche ad Apollo Hylates da parte di personaggi di spicco del mondo tolemaico (cfr. *infra ad loc.*). Il testo, inoltre, che narra della traversata a nuoto di un gruppo di cerve per un ampio tratto di mare, con il suo gusto per il θαῦμα e il παράδοξον, può essere messo in relazione, proprio sotto il profilo tematico, con gli interessi della corte. Di altri epigrammi è impossibile stabilire l'ambientazione, ma sarà opportuno ribadire che, per quanto l'ipotesi possa essere suggestiva, non ci sono prove che essi presuppongano Samo e la corte di Duride, e che Edilo abbia qui fatto parte, insieme ad Asclepiade e a Posidippo, di una sorta di circolo letterario[117].

---

116 Su questo aspetto vd. soprattutto Stephens 2005.
117 Come si è spesso ripetuto sulla scorta di Reitzenstein 1893: cfr. e.g. Galli Calderini 1984, che interpreta gli epigrammi simposiali di Edilo come registrazione autobiografica di quanto avveniva nei simposi di Samo.

IV.2 I protagonisti

Si è discusso circa l'identità delle figure di volta in volta citate da Edilo nei suoi epigrammi. Molti studiosi ritengono che l'autore si riferisca a personaggi contemporanei, noti al poeta e al suo pubblico, e in effetti alcuni elementi sembrano puntare in questa direzione. Un personaggio come Socle (**6**), ad esempio, elogiato attraverso una sorta di comparazione iperbolica per l'elevata qualità della sua poesia, è altrimenti ignoto, ma l'epigramma acquista senso solo se si immagina che sia riferito a un contemporaneo, che i fruitori del testo erano in grado di riconoscere e identificare (così come erano in grado di riconoscere e identificare il "Sicelida" menzionato al v. 4, i.e. Asclepiade). Una donna di nome Clio – la ghiottona di **9** – compare anche in Phalaec. *HE* 2935 ss., dove è ricordata per le sue prodezze etiliche, e ancora in Ael. *VH* 2.41, sempre con riferimento a una *performance* simposiale (cfr. n. *ad* **3**.1–2 Ἡ διαπινομένη ... / κοὔ ψευδές): si è ragionevolmente supposto che possa trattarsi della stessa persona, vale a dire di una figura femminile nota, all'epoca, per la sua allegra partecipazione ai simposi. Una qualche consistenza biografica potrebbe avere anche la Callistio di **3**, nome che fu portato da una celebre etera e che compare in altri epigrammi (cfr. n. *ad* **3**.1 Καλλίστιον)[118], così come l'auleta Teone di **10**: anche se l'antroponimo è troppo comune perché si possano proporre identificazioni prosopografiche convincenti (cfr. n. *ad* **10**.1 Θέων), il carme sembrerebbe un epitafio destinato a commemorare una persona reale. Figure sicuramente storiche sono poi, oltre al "Sicelida" di **6**, Ctesibio, di cui è celebrata un'invenzione idraulica (**4**), e la suddetta Glauce (**10**).

D'altro canto, si nota il ripetersi degli stessi antroponimi in relazione a personaggi chiaramente diversi (Agide in **8** è un ghiottone – forse anche per influsso di alcune figure con questo nome, variamente legate all'ambiente dei *gourmands*: cfr. n. *ad* **8**.2 Ἆγις – in **11** un medico e in ***13** uno dei clienti messi sul lastrico da tre avide cortigiane); questo può far supporre che già a quest'altezza cronologica fosse operante la tendenza, che sarà poi tipica dell'epigramma scoptico successivo, a utilizzare antroponimi comuni per indicare un *quidam*, generico depositario di un vizio (cfr. e.g. l'uso che farà il neroniano Lucillio di nomi come Μάρκος o Αὖλος, tra i più diffusi nell'ono-

---

[118] È nota d'altronde l'esistenza di raccolte di massime e aneddoti di personaggi realmente esistiti, come quella realizzata da Linceo di Samo, ricordata più sopra (IV.1), di cui ancora poteva disporre Ateneo (McLure 2003) e da cui anche Edilo potrebbe aver attinto materiali (vd. anche *infra*, n. intr. *ad* **7**). In questo caso, a prescindere dalla verità storica di quanto narrato nei singoli epigrammi, sarebbe naturale pensare a nomi divenuti in qualche modo antonomastici di una certa tipologia umana in virtù della notorietà dei personaggi che li portarono, come appunto la famigerata Callistio.

mastica della prima età imperiale[119]). In altri casi, più rari, il nome presenta un possibile nesso con il tema dell'epigramma (cfr. Nicagora e Aglaonice in **2**, un componimento che celebra la "vittoria" erotica del primo sulla seconda; forse correlato al tema dell'epigramma anche il nome di Niconoe, vincitrice in una gara di bellezza, in **1**). Sorge il sospetto che possa trattarsi di nomi parlanti, evocativi della caratteristica per cui un certo individuo viene menzionato, anche se questo non implica necessariamente che il *nomen* sia *fictum* (può essere infatti proprio il nome a suggerire le modalità dell'elogio o, viceversa, della presa in giro[120]; una Niconoe compare peraltro anche in due epigrammi di Posidippo e non si è mancato di ipotizzare che possa trattarsi della stessa donna: cfr. n. *ad* **1.3**; se così fosse, per **1** si dovrebbe appunto pensare a un sottile gioco onomastico ispirato a un nome reale).

Connesso a quello della storicità dei personaggi evocati è il problema relativo al loro *status*, specie per quanto riguarda le figure femminili: la Aglaonice protagonista di **2** è esplicitamente definita un'etera dal lemma di **P** (εἰς Ἀγλαονίκην ἑταίραν), e ci sono buone ragioni per supporre che in effetti di un'etera si tratti, nonostante lo scetticismo di buona parte della critica (il fatto che l'epigramma commemori la perdita della verginità da parte della fanciulla ha indotto a ipotizzare che si tratti di una donna di stato libero, ma anche le etere venivano iniziate al sesso, quando intraprendevano la loro attività: cfr. n. intr. *ad loc.*). Analogamente, sembrerebbe una cortigiana la Niconoe di cui in **1** è esaltata la bellezza, in un contesto di eccitazione bacchica (cfr. n. intr. *ad loc.*). Anche in altri casi sembrano celebrate le "prodezze" conviviali di cortigiane: tali sembrerebbero essere tanto la Callistio di **3** – il cui nome, come si è già detto, ricorda quello di una nota etera – quanto la Clio di **9**.

IV.3 Libro e simposio

L'ambientazione simposiale di buona parte della poesia di Edilo ripropone il problema, più volte dibattuto, del rapporto tra oralità e scrittura nel primo ellenismo, quando si stava affermando la cultura del libro e si andavano conseguentemente modificando le modalità della composizione e della fruizione letteraria. L'epigramma segue per certi aspetti un percorso opposto rispetto a quello degli altri generi letterari, legati, in origine, alla dimensione pragmatica dell'oralità performativa e poi piegati alle esigenze della nuova cultura libresca: esso nasce infatti come *scrittura* nella forma della stele votiva o funeraria (è «the first known written genre in the Greek tongue»,

---

119 Floridi 2014a, pp. 27–28.
120 Cfr. Floridi 2014a, p. 29, con documentazione e bibliografia.

per citare Bruss 2005, p. 168), per poi allargare il proprio spettro tematico e prestarsi anche a essere recitato a simposio.

Il principale sostenitore della destinazione simposiale di tutta la poesia epigrammatica degli autori del primo ellenismo – in particolare di Edilo, Posidippo e Asclepiade, menzionati da Meleagro congiuntamente nel proemio della sua *Corona* (**T3**), come si è già ricordato (cfr. *supra*, I) – fu Reitzenstein, secondo il quale questi poeti avrebbero fatto parte di uno stesso circolo letterario e avrebbero composto i loro epigrammi durante le medesime occasioni conviviali, rispondendosi l'un l'altro, secondo le modalità dell'interazione simposiale note per l'età arcaica e classica[121]. Se non c'è ragione di dubitare che gli epigrammi fossero recitati a simposio e, occasionalmente, anche composti *ex tempore* nel corso di esso, come accadeva per l'elegia e per gli *skolia* in età arcaica e classica[122], la critica è ormai concorde nel ritenere che questi componimenti siano, nella forma in cui ci sono pervenuti, il prodotto di una cultura letteraria[123]. Gli epigrammi simposiali di Edilo non devono essere letti come una sorta di registrazione diaristica di reali situazioni conviviali, ma come rappresentazioni letterarie del simposio e dei suoi protagonisti[124]. Tra le prove di un uso della scrittura come veicolo di composizione può d'altronde essere annoverato l'invito a scrivere poesia, formulato da Edilo in **6.6**: qui l'uso di γράφω indica inequivocabilmente quale idea avessero il poeta e i suoi contemporanei delle modalità della produzione poetica (cfr. *infra ad loc.*).

La destinazione libresca degli epigrammi del primo ellenismo – anche di quelli di ambientazione simpotica – oggi non è quindi più messa in discussione; recitazione/improvvisazione simposiale e composizione scritta, con circolazione formalizzata all'interno di libri poetici, non si escludono a

---

121 Reitzenstein 1893, soprattutto pp. 87–96. La destinazione simposiale degli epigrammi è stata "rilanciata" anche da Cameron 1995, pp. 76–84 e – soprattutto in relazione all'epigramma scoptico – da Nisbet 2003 (ma cfr. almeno le obiezioni di Gutzwiller 2005c).
122 Cfr., e.g., l'aneddoto su Simonide attribuito da Athen. 3.125c a Callistrato: Καλλίστρατος ἐν ζ Συμμίκτων φησὶν ὡς ἑστιώμενος παρά τισι Σιμωνίδης ὁ ποιητὴς κραταιοῦ καύματος ὥρᾳ καὶ τῶν οἰνοχόων τοῖς ἄλλοις μισγόντων εἰς τὸ ποτὸν χιόνος, αὐτῷ δὲ οὔ, ἀπεσχεδίασε τόδε τὸ ἐπίγραμμα κτλ.
123 Gutzwiller 1998 (cfr. in part. pp. 115–182 per una discussione della teoria di Reitzenstein. Come lucidamente osservato dalla studiosa, «Reitzenstein's fundamental mistake was to confuse the representation of a speech act with the speech act itself» [si cita da pp. 115–116]).
124 «Hedylus' poems are stylized representations of literary culture rather than accurate representations of poetic practice» (Sens 2011, p. xxxvii).

vicenda, ma sono modalità complementari di fruizione letteraria[125], secondo una dinamica destinata a sopravvivere fino all'età imperiale e oltre[126].

IV.4 Forma e struttura

All'interno della produzione edilea si riconoscono componimenti riconducibili alle tradizionali tipologie epigrafiche: alcune dediche (**1, 2, 3, 4,** forse ***14**, per quanto siano incerti sia lo statuto del componimento, sia la sua paternità) e un epitafio (**10**).

In un'epoca in cui l'epigramma andava allargando il proprio spettro tematico, per acquisire uno statuto puramente letterario, svincolandosi dall'originaria destinazione iscrizionale, anche Edilo, come altri autori del tempo[127], fa degli esperimenti con le forme epigrafiche, le recupera per veicolare contenuti nuovi, proponendo una sorta di commistione di generi: la forma tradizionale della dedica serve ora a commemorare un'avventura erotica (**2**) o a eternare il ricordo di una *performance* femminile che ha come cornice il simposio (**1, 3**).

1, 2 e **3**, pur nel diverso contesto referenziale, presentano punti in comune: tutti e tre riguardano personaggi femminili; tutti e tre hanno sei versi e una chiara struttura tripartita, per cui a ogni distico corrisponde un nucleo (variabile) di informazioni. Tutti gli elementi tipici delle dediche sono presenti: il nome della divinità destinataria dell'offerta, espressa "regolarmente" in dativo; la specificazione dell'oggetto dedicato e delle ragioni della dedica; il nome della dedicante. Pur all'interno di questa struttura tradizionale, i componimenti di Edilo presentano però una certa originalità: **1** si apre con una elencazione catalogica di indumenti (vv. 1–2), che il lettore a cui sono familiari i moduli anatematici è in un primo momento indotto a interpretare come gli oggetti della dedica; procedendo nella lettura scopre, con effetto di ἀπροσδόκητον, che gli indumenti sono in realtà i premi ricevuti dalla dedicante in un concorso; **3** rinnova la forma anatematica tradizionale prendendo in prestito il linguaggio della paradossografia, genere letterario che si andava affermando proprio tra IV e III sec., con la compilazione delle prime raccolte di *mirabilia*; la *performance* della dedicante, che si segnala per la resistenza all'alcol, è descritta come vero e proprio θαῦμα (v. 1), degno di essere ammirato.

---

125 Cfr. e.g. Guichard 2004, pp. 47–57; Sens 2011, p. xxxvii.
126 Per le modalità della circolazione dell'epigramma a Roma nella prima età imperiale vd. almeno Citroni 1988; Höschele 2010, pp. 49 ss.; Floridi 2014a, pp. 25–27.
127 *In primis* Asclepiade, tra i primi rappresentanti dell'epigramma erotico (se non, come spesso si è ripetuto, il suo *inventor*): cfr. Guichard 2004, pp. 31–71; Sens 2011, pp. xxxiv–l e 2019, pp. 340–344.

Non se ne deve però necessariamente dedurre che il poeta si sia limitato a comporre epigrammi fittizi, destinati a circolare nella sola forma-libro: troppo poco della produzione complessiva di Edilo è sopravvissuto per poter raggiungere conclusioni definitive in proposito, ma l'autore, come altri suoi contemporanei[128], potrebbe aver composto anche carmi autenticamente iscrizionali. Se **1**, **2** e **3** sono infatti probabilmente dediche fittizie, dove la forma anatematica serve a veicolare contenuti erotici e/o simposiali, l'unico epitafio che ci sia pervenuto sotto il suo nome, **10**, nonostante le molte corruttele che lo oscurano, non presenta elementi tali da poterne escludere la destinazione epigrafica (cfr. *infra ad loc.*). Una destinazione autenticamente iscrizionale, inoltre, potrebbe aver avuto ***14**, se coglie nel segno l'ipotesi di Cairns 2016, pp. 101–114, secondo il quale si tratterebbe di un carme commissionato dalle autorità di Curio per accompagnare la dedica di un oggetto all'interno del tempio di Apollo Hylates (cfr. n. intr. *ad loc.*).

In altri epigrammi, l'ampliamento dello spettro tematico porta ad adottare forme nuove, svincolate dalle convenzioni epigrafiche ed ereditate, in ultima analisi, da generi come l'elegia, il giambo, la commedia.

In alcuni testi il poeta interpella un interlocutore alla seconda persona, rivolgendogli esortazioni espresse all'imperativo. Si tratta spesso di un "tu" anonimo: un compagno di simposio (**5**) o un non meglio precisato "amico" (**6**), nella cui genericità è lecito cogliere, oltre che un implicito coinvolgimento del destinatario dell'epigramma, un riferimento al "pubblico interno", alla compagnia di simposiasti al cui cospetto il poeta immagina di recitare i suoi componimenti. Anonimo è anche il "tu" destinatario dell'allocuzione in **8**, un epigramma che ripropone una situazione da commedia: la seconda persona a cui ci si rivolge può essere qui forse identificata con il servo a cui vengono impartite una serie di istruzioni legate, *lato sensu*, all'ambito culinario. In **9** è invece presente una struttura tipica della poesia scoptica: la vittima dello σκῶμμα, individuata dal nome proprio, è interpellata direttamente con un tono apparentemente simpatetico, che rende la critica inattesa, e quindi più sferzante[129]. Una forma narrativa si riconosce in **11**, e forse in **7** (trasmesso però in forma parziale e corrotta: a rigore, non si può escludere che un'allocuzione in seconda persona comparisse nella parte di testo non conservata), mentre presenta movenze innodiche **4**, che contiene un'esortazione rivolta ai "giovani" (v. 10), "bevitori di vino puro" (v. 1), ad ammirare il ῥυτόν di Ctesibio nel tempio di Arsinoe.

Nella poesia di Edilo si riconosce, in definitiva, una certa varietà di tipologie, alcune legate alle forme iscrizionali, altre che indicano una pro-

---

128 Ad esempio, Posidippo, celebrato come ἐπιγραμματοποιός, fu assai probabilmente anche autore di epigrammi su pietra, alcuni dei quali sono forse sopravvissuti (cfr. Garulli 2005, 2012, p. 23 e 2016).
129 Su questa struttura cfr. Floridi 2014a, pp. 11, 24.

gressiva emancipazione dell'epigramma dalle sue origini epigrafiche e la sua tendenza a inglobare temi e motivi provenienti da altri generi. Una tale varietà appare tanto più significativa in vista del numero ridotto dei testi conservati (e si spiega, almeno in parte, con le diverse fonti che li tramandano: cfr. *supra*, III).

IV.5 Lingua e stile

Le molte corruttele presenti negli epigrammi di Edilo, unite all'esiguo numero di versi a noi pervenuti, rendono necessariamente provvisorio qualsiasi tentativo di descrizione complessiva dello stile del poeta. Dai materiali in nostro possesso sembra comunque possibile isolare alcune tendenze:

- la vocazione al preziosismo linguistico (che può essere stata, almeno in parte, proprio una delle cause dello stato testuale in cui gli epigrammi sono giunti fino a noi – oltre che, in alcuni casi, della loro stessa conservazione, come si è visto più sopra: cfr. III.2.2): nei componimenti di Edilo si trova una elevata densità di parole rare o desuete, spesso attestate qui per la prima volta e pertanto forse qualificabili come neologismi. **1**, ad esempio, presenta in *incipit* un'elencazione catalogica di termini preziosi (l'epigramma non ha infatti mancato di suscitare l'interesse dei lessicografi): il raro ὑπένδυμα (v. 1) per indicare una sottoveste; ληροί (v. 2), altro termine poco attestato, per designare, secondo le spiegazioni fornite dai lessici, degli ornamenti inseriti nel tessuto delle vesti; κάλαμοι (v. 2), in un significato tecnico legato al vestiario che non trova parallelo altrove; *hapax* assoluto è ἐκδύματα (**2.5**), mentre si trovano attestati per la prima volta in Edilo termini come ζωροπόται, φιλοζεφύρου (**4.1**), ἱεραγωγοῖς (**4.7**);
- la mimesi del parlato, soprattutto negli epigrammi di forma drammatica: deittici e pronomi dimostrativi (e.g. **4.1, 9–10**), vocativi (e.g. **4.1, 10**), imperativi (e.g. **4.2, 9**), discorsi diretti (e.g. **5.3–4, 8, 9**) vivacizzano l'allocuzione fingendo un'interazione dialogica. Parallelamente, si riconoscono dei tratti spigliati, colloquiali, che conferiscono ad alcuni testi un andamento stilisticamente informale (e.g. ἠοῦν per ἠῶ in **6.2** e που τυχόν in **6.3**, con un uso avverbiale del participio tipico soprattutto della prosa; τυχόν è anche in **8.5**), secondo una tendenza che si protrarrà, soprattutto in ambito scoptico, nei secoli successivi[130]. D'altro canto, l'improvvisa inserzione, in epigrammi dal tono colloquiale, di termini elevati (e.g. **9.6** οἱ μέλεοι, tipico della *lexis* tragica), può produrre effetti umoristici in virtù del contrasto stilistico che viene a determinarsi. Da

---

[130] Sullo stile informale di alcuni autori scoptici della prima età imperiale, cfr. Floridi 2016.

notare come questa peculiare commistione di piani – la vocazione al preziosismo, unita all'interesse per modi e temi più colloquiali – rientri in un gusto tipicamente ellenistico;
- l'uso di *exempla* mitologici, con abbassamento parodico, in linea già con il *burlesque* mitologico della commedia di mezzo (**8**, **9**, ***13**);
- l'attenzione agli effetti fonici, con allitterazioni (e.g. **4**.1–2, **5**.3, **7**.2) e onomatopee (**4**.4–6), bisticci verbali (e.g. **4**.5–6 σύνθημα/σύνθεμα, **8**.6 Γοργοῦς/γόγγρου), giochi etimologici (**4**.2 e 4 ῥυτόν/ῥύσιν), *calembours* (e.g. **7**, dove il *Witz* è incentrato sul doppio senso di χορδή).

Il dialetto utilizzato è lo ionico-attico, con rare eccezioni (**1**.1 τοί, dove la forma dorica è evidentemente dovuta alla menzione dei Λάκωνες / πέπλοι; vd. anche **1**.5 Πριάπῳ, corretto da **Pl** in Πριήπῳ, ma senz'altro da mantenere: cfr. nn. *ad locc.*)[131], ma non è possibile stabilire quanto questo corrisponda a un'originaria scelta autoriale o quanto non rifletta, piuttosto, una normalizzazione intervenuta successivamente[132].

IV.6 Lunghezza degli epigrammi e ordine delle parole

La dimensione di gran lunga privilegiata da Edilo sono i sei versi (**1**, **2**, **3**, delle cui somiglianze strutturali si è detto più sopra; **6**, **9**, ***13** e forse **8**: in quest'ultimo epigramma, come dimostrato dal metro, è senz'altro caduto il v. 4; non si può escludere con sicurezza che la lacuna si estendesse per un numero maggiore di versi, per quanto l'ultimo distico appaia ancora molto legato, sul piano concettuale, con quanto precede: cfr. n. *ad loc.*). Seguono, in misura equivalente, gli epigrammi di quattro (**5** e **11**) e di dieci (**4** e **10**: la lunghezza eccezionale può essere determinata, in entrambi i casi, dal tema tolemaico). Un solo monodistico è tramandato sotto il suo nome (**12**, della cui paternità si è dubitato: cfr. *infra ad loc.*)[133]. L'originaria estensione di **7**,

---

131 A questo proposito, notava Ouvré 1894, p. 40: «In Hedyli carminibus, pro versuum exiguo numero, altius impressus est ionicus character».
132 Cfr. in merito (e più in generale sul problema del dialetto) le lucide osservazioni di Sens 2011, p. lxvi. Per la tendenza alla normalizzazione dialettale tipica della tradizione bizantina, vd. anche Sens 2004; Gutzwiller 2014. Sulle differenze tra **P** e **Pl** in relazione alla *facies* dialettale, cfr. *supra*, III.1.2.
133 Il gusto per il monodistico si afferma soprattutto a partire dall'età neroniana (Lausberg 1982; Laurens 2012², pp. 373–397), ma epigrammi di due versi non mancano nella produzione dei contemporanei di Edilo, come Callimaco (ben 11 dei 63 epigrammi inclusi in *HE* sotto il suo nome sono costituiti di un solo distico: *AP* 6.150 = *HE* 1135 s. = 57 Pfeiffer, *AP* 6.347 = *HE* 1149 s. = 33 Pf., *AP* 6.351 = *HE* 1151 s. = 34 Pf., *AP* 7.415 = *HE* 1185 s. = 35 Pf., *AP* 7.447 = *HE* 1209 s. = 11 Pf., *AP* 7.523 = *HE* 1225 s. = 60 Pf., *AP* 7.451 = *HE* 1231 s. = 9 Pf., *AP* 7.453 = *HE* 1249 s. = 19 Pf., *AP* 7.317 = *HE* 1269 s. = 4 Pf., *AP* 7.318 = *HE* 1271 s. = 3 Pf., *AP* 7.454 = *HE* 1325 s. = 36 Pf.) e

infine, non è precisabile. Lo scarso numero di testi conservati non permette di assegnare a questi dati alcun valore statistico, ma andrà comunque rilevato che la *Corona* di Meleagro aveva una netta predilezione per gli epigrammi di quattro versi, a giudicare da *HE* (ben 343 i componimenti di due distici, su un totale di 820, per una percentuale dunque del 41,8), mentre di gran lunga inferiori erano, in essa, gli epigrammi di sei (216, pari a un 26,3%), quelli di due (78, per una percentuale del 9,5) e, soprattutto, quelli di dieci versi (solo 48 componimenti, per una percentuale del 5,8)[134]. Almeno la presenza di ben due componimenti di cinque distici, in un *corpus* esiguo come quello edileo, merita pertanto un commento: entrambi gli epigrammi – si noti – sono tramandati da Ateneo, e probabilmente non entrarono mai a far parte dell'antologia di Meleagro. Questo ci ricorda quanto la selezione meleagrea, responsabile, alla fine dell'età ellenistica, di una "standardizzazione" dell'epigramma, in termini tematici e formali, possa aver condizionato anche la nostra percezione della lunghezza media dei testi[135]. Un'indicazione analoga giunge d'altronde dal CPR XXXIII, che con le sue note sticometriche attesta la presenza, all'interno dell'antologia pianificata nel papiro (e che precede di circa 150 anni lo *Stephanos* di Meleagro), di alcuni epigrammi decisamente eccentrici rispetto alle misure (e ai metri) tradizionali (è presente addirittura un epigramma di 52 versi, *verso* col. I, r. 17)[136].

La sintassi tende a essere ampia: un unico giro di frase può estendersi per quattro (**1.**1–4), per sei (**2**), o persino per otto versi (**4.**1–8). Alla lunghezza non corrisponde però necessariamente una struttura sintattica complessa: le subordinate sono poche, per lo più di tipo participiale o relativo. Si prediligono, in generale, la paratassi e la coordinazione. La lunghezza di una frase è spesso determinata dall'uso di apposizioni, dall'accumulo di elementi nominali (e.g. **2.**3–6). Gli iperbati sono piuttosto frequenti, ma per lo più tenui. In particolare, si nota una spiccata tendenza, tipica d'altronde, più in generale, dell'età ellenistica[137], a posizionare in iperbato, alla fine dei due emistichi del pentametro, un sostantivo e il relativo attributo: **1.**6 τήνδ' ... προχόην, **2.**4 παρθενίων ... πόθων, **3.**4 πορφυρέης ... ὑέλου, **3.**6 γλυκερῶν ... πόθων,

---

Asclepiade (*AP* 12.75 = *HE* 906 s. = 21 Sens, *APl* 68 = *HE* 995a–995b = *39 Sens, alternativamente attribuito a Posidippo, *141 A.–B.).

134 I dati sono ricavati da Gow-Page 1968, I, p. XXXVII, con le statistiche elaborate da Pelliccio 2017, pp. 107–108 e n. 34 (Gow-Page fanno però riferimento a tutti i componimenti inclusi in *HE*, quindi anche a quelli tramandati da fonti diverse da *AP* e probabilmente mai appartenuti alla *Corona*; i dati permettono comunque di farsi un'idea delle tendenze dominanti, anche in considerazione del fatto che i materiali non provenienti da *AP* sono minoritari).

135 Osservazioni in proposito anche in Sider 2004; Morelli 2008b, p. 19.

136 Cfr. Floridi-Maltomini 2014, pp. 37–39.

137 Slings 1993, pp. 33–34 e tav. II; Morelli 2000, p. 314 e n. 214; Magnelli 2011–2012, p. 253 e n. 4.

4.8 θείων ... ὑδάτων (cfr. anche, nello stesso epigramma, **4.2** † εἰδείης † ... Ἀρσινόης, quale che fosse l'epiteto per Arsinoe che si cela dietro le croci: cfr. n. *ad loc.*), **8.6** τήνδ' ... λοπάδα, ***14.2** ταχιναὶ ... ἔλαφοι, ***14.6** εἰαρινῶν ... ζεφύρων. Iperbati più marcati in **2**, dove l'aggettivo riferito alle πρόποσεις del v. 1 è significativamente collocato solo all'inizio del v. 2, con un ritardo funzionale al disvelamento progressivo delle informazioni, e in **4.**1–2, dove sono separati in forte *Sperrung* sia il dimostrativo τοῦτο (v. 1) dal suo sostantivo ῥυτόν (v. 2), sia l'epiteto φιλοζεφύρου (v. 1) dal nome di Arsinoe (*explicit* di v. 2), in un epigramma che si segnala per i contenuti eulogistici, a cui corrisponde una eccezionale elevatezza stilistica.

Anche gli *enjambements* sono ricorrenti, ma cadono prevalentemente tra esametro e pentametro (il distico, come è naturale, tende a essere concepito come un'unità sintattica autonoma): a essere separati sono per lo più aggettivo e sostantivo (**1.**1–2, **3.**1–2, **8.**5–6, **9.**3–4; cfr. anche ***14.**3–4 e 5–6), o sostantivo e verbo (soggetto e predicato: e.g. **2.**3–4, **6.**5–6; complemento oggetto e verbo: e.g. **4.**3.4; imperativo e vocativo: **5.**3–4).

V Prosodia e metrica

Nelle pagine che seguono tenteremo una descrizione delle tendenze che emergono dall'analisi degli epigrammi superstiti di Edilo sia per quanto attiene alla *outer metric*, sia per quanto attiene alla *inner metric*. Anche in questo caso, non sarà superfluo precisare che il campione è troppo ridotto (e troppo mal conservato) perché se ne possano ricavare conclusioni sicure circa la tecnica della versificazione del poeta in rapporto a quella degli autori coevi[138].

V.1 Realizzazioni di verso nell'esametro

Su un totale di 29 esametri, sono attestate dieci delle 32 tipologie esametriche presenti in Omero, un numero che sembrerebbe piuttosto elevato, in proporzione all'esiguità dei versi conservati, per quanto sia ovviamente impossibile stabilire quanto il campione possa essere rappresentativo della

---

138 Sono presi in considerazione i soli distici elegiaci degli epigrammi classificati, in questa edizione, come autentici (1–12), per un totale di 29 esametri e 31 pentametri; dal computo sono esclusi, oltre ai versi perduti in lacuna (**8.4**), quelli mutili (**7.1**) o troppo corrotti perché la struttura metrica sia ricostruibile con sicurezza (**1.3**, **6.5**, **10.**3–6); sono invece inclusi **4.2** e **9.5**, le cui incertezze testuali non sembrano compromettere la ricostruzione della struttura metrica, **3.5**, **7.2**, **9.3** e **10.1**, le cui lacune sono colmate con integrazioni palmari.

produzione complessiva di Edilo. Anche negli epigrammi di Callimaco sono rappresentati solo dieci schemi, ma su un totale di 133 esametri. Asclepiade ha 13 tipologie esametriche nei 77 esametri degli epigrammi di sicura attribuzione; il "vecchio" Posidippo ne ha 13 in 96 esametri, mentre il "nuovo" Posidippo 14 su 229 esametri[139].

Sono inclusi i cinque schemi più comuni (ddddd, dsddd, sdddd, ddsdd, dssdd), che insieme rappresentano il 65,51% del totale. Siamo ben lontani dal 90% di Callimaco, ma anche – parrebbe – dall'83% del "vecchio" Posidippo e dal 74% di Asclepiade; meno significativa sembrerebbe invece la distanza rispetto al "nuovo" Posidippo, nella cui produzione i primi cinque schemi generano il 70% degli esametri. Edilo parrebbe, in ogni caso, più "ortodosso" rispetto a Leonida, che tra gli epigrammisti coevi è quello con la maggiore varietà di schemi: 15 su un totale di 101 esametri, con le cinque tipologie più diffuse che generano solo il 54% del totale.

Tre i versi olodattilici, per un totale del 10,34%; 13 quelli con un solo spondeo (44,83%); otto quelli con due (27,6%); cinque quelli con tre (17,29%); tra questi, solo uno ne ha tre in successione (**4**.3: schema sssdd). Non sono attestati versi con quattro spondei, né realizzazioni olospondiache, in accordo con una tendenza diffusa in età ellenistica[140].

Tab. 1 – Schemi dell'esametro

Realizzazione di verso	n.	%
ddddd		
versi olodattilici	**3**	**10,34**
dsddd	6	20,7
sdddd	4	13,79
ddsdd	3	10,34
versi con 1 spondeo	**13**	**44,83**
dssdd	3	10,34
ddssd	2	6,9
sdsdd	1	3,5
ssddd	2	6,9
versi con 2 spondei	**8**	**27,6**
ssdsd	4	13,79
sssdd	1	3,5
versi con 3 spondei	**5**	**17,29**

---

139 I dati relativi a Callimaco, Leonida di Taranto, Posidippo "vecchio" e "nuovo" sono ricavati da Fantuzzi 2002. Per Asclepiade, ci si basa su Sens 2011, pp. lxxxii–lxxxix (dati utili anche in Guichard 2004, pp. 113–133).
140 West 1982, p. 254.

Si hanno, in totale, 101 dattili contro 44 spondei, rispettivamente 69,65% contro 30,34% per una media di 3,48 dattili per verso contro 1,51 spondei (*ratio* da:sp = 2,3). Edilo si mostra piuttosto distante dalla media di 4,12 dattili per verso contro 0,88 spondei attestata per il Callimaco epigrammista (*ratio* da:sp = 4,69), rivelando una scarsa sensibilità per il «goût du dactyle»[141] tipico dell'età ellenistica.

Tab. 2 – Distribuzione degli spondei nei *metra*

metron	I	II	III	IV	V
tot. vv.	12	16	10	6	/
%	41,37	55,17	34,48	20,68	/

Il maggior numero di *bicipitia* contratti si incontra nelle prime due sedi, in particolare nella seconda, in base a una tendenza operante nell'esametro greco fin da Omero e che si fa via via più evidente a mano a mano che si procede verso il tardoantico[142]; piuttosto alta però, rispetto agli standard "callimachei", anche la realizzazione spondiaca del terzo *metron*: Edilo, con il suo 34,48%, ha una percentuale notevolmente più elevata di spondei in terza sede non solo rispetto al Callimaco epigrammista (5%), ma anche a Posidippo, "vecchio" (13%) e "nuovo" (21%), ad Asclepiade (26%) e persino a Leonida (30%), che tra gli epigrammisti dell'epoca è quello che rivela la maggiore predilezione per lo spondeo. Un certo numero di spondei anche in quarta sede (sei, per un totale del 20,68%), un dato che contrasta con la tendenza dell'esametro ellenistico a evitare la realizzazione spondiaca del quarto *metron*: negli epigrammi di Callimaco si riscontra solo l'8%, nel "vecchio" Posidippo l'11% e in Asclepiade il 12%; la percentuale di Edilo è più vicina al 21% del Posidippo milanese e al 25% di Leonida (pur tenendosene al di sotto). Nessuno σπονδειάζων, in linea con la generale tendenza dell'esametro elegiaco a evitare lo spondeo in quinta sede (nessun caso in Callimaco e in Posidippo, uno in Asclepiade, per un totale dell'1%, due in Leonida, per un totale del 2%).

Nella *outer metric*, Edilo sembrerebbe avere dunque un atteggiamento non propriamente "callimacheo", con una certa predilezione per lo spondeo anche in terza e quarta sede, pur tenendosi tendenzialmente al di sotto degli standard attestati per il meno callimacheo dei principali epigrammisti della sua generazione, i.e. Leonida di Taranto.

---

141 La definizione è di Vian 1961, p. 28.
142 Cfr. van Raalte 1986, p. 46; Magnelli 2002, pp. 61–62, n. 18; per l'esametro elegiaco, dati in van Raalte 1988, tav. II A.

V.2 Incisioni e leggi metriche[143]

Esametro

Cesura femminile versus *cesura maschile*: negli epigrammi conservati di Edilo si rileva una netta predilezione per B1 (17 attestazioni, pari al 58,6%) *versus* B2 (11 attestazioni, per un 37,9%), un dato che appare in contrasto con la predilezione per la cesura trocaica operante nell'esametro di età ellenistica[144] e valida per l'esametro elegiaco già in età arcaica[145]. In ambito epigrammatico, Callimaco ha il 78% di B2 contro il 22% di B1; più bilanciato il "vecchio" Posidippo, con un 55% di B2 contro un 45% di B1, e il "nuovo", con un 56% di B2 contro un 44% di B1; una leggera preferenza per la cesura maschile rispetto a quella femminile è in Asclepiade, ma con una percentuale decisamente inferiore rispetto a quella attestata per Edilo (57,3% *versus* 42,7%).

Scavalcamento della cesura centrale: si dà un solo caso di scavalcamento della cesura centrale, con parola metrica, in un epigramma dallo stato testuale molto problematico: **10**.9 ἢ καὶ | Κώταλον | ἢ καὶ | Πάκαλον. |^C2 ἀλλὰ Θέ|ωνα (anche il verso interessato dallo scavalcamento della cesura non è del tutto esente dal sospetto di un guasto, per quanto la presenza di due nomi propri, per giunta in parallelismo, renda forse meno "grave" l'anomalia: vd. n. *ad loc.*); l'assenza della cesura centrale appare decisamente come un'irregolarità in termini "alessandrini"[146].

Incisione nel IV piede: a B1 si accompagna per lo più C2, da sola (12 volte, per una percentuale del 41,38) o con concomitante presenza di C1 (una vol-

---

143 Per l'individuazione delle parole metriche ci si è attenuti ai criteri progressivamente stabiliti da van Raalte 1986, pp. 162–165; Cantilena 1995, pp. 20–28; Fantuzzi 1995, pp. 228–229; Magnelli 1995, pp. 140–141 e 2002, p. 58. Sono quindi considerate appositive le preposizioni, le congiunzioni, le negazioni, gli articoli, i pronomi relativi e relativi-indefiniti, tutte le clitiche e le particelle.
144 West 1982, p. 153.
145 West 1982, pp. 45, 98, 152; van Raalte 1986, p. 164, tav. III.
146 In Callimaco non si ha mai scavalcamento della cesura centrale (cfr. Maas 1979², § 90; West 1982, p. 153) e il fenomeno è raro in tutti i poeti ellenistici, specie elegiaci (West 1982, p. 157). Nell'epigramma ellenistico, oltre che in questo verso di Edilo, l'unica eccezione in *HE* è rappresentata da Theaet. *HE* 3368 (cfr. Fantuzzi 2002, p. 89, n. 37); il fenomeno è assai raro anche nell'epigramma di epoca successiva: una sola infrazione in Stratone (Floridi 2007, p. 28), tre in Lucillio (dove una è però dovuta a citazione da Esiodo: cfr. Floridi 2014a, p. 43), nessuna in Rufino e nei poeti del *Ciclo* (cfr. Page 1978, p. 29, anche se può valere la pena precisare che in due casi, in Agazia, la cesura cade all'interno di parola metrica: *AP* 11.379.5 = 99.5 Viansino, con cesura trocaica, e *AP* 5.287.3 = 74.3 Viansino, con pentemimere; cfr. Valerio 2014, p. 25). Per la discussione di alcuni casi dubbi in poesia ellenistica, in cui la cesura verrebbe a trovarsi tra un'ortotonica e un'appositiva, vd. Magnelli 2002, p. 71, n. 47.

ta, per un 3,45%: **4.7** Νεῖλος ὁ|κοῖον ἄ|ναξ ‖ μύσ|ταις ‖ φίλον ‖ ἱερα|γωγοῖς); due gli esametri in cui a B1 segue la sola C1 (**2.5**, **3.3**), per un 6,9%.

Anche B2 è accompagnata per lo più da C2, da sola (cinque volte, per un 17,2%: **1.1**, **5.3**, **9.5**, **10.**1, **11.**3) o con concomitante presenza di C1 (una volta, per un 3,45%: **2.**3 ἧς πάρα | Κύπριδι | ταῦτα ‖ μύ|ροις‖ ἔτι | πάντα μυ|δῶντα). In due casi a B2 segue solo C1 (**5.**1, **11.**3), per un 6,9%.

La predilezione per C2 rispetto a C1 è in linea con gli standard ellenistici[147].

Più anomalo il comportamento nei confronti dell'incisione nel quarto *metron*: ben sei gli esametri in cui l'incisione centrale non è accompagnata da cesura in C, per una percentuale del 20,7 (lo scavalcamento avviene in quattro casi con parola grammaticale – **1.**5, **4.**1, **8.**5, **12.**1 – in due con parola metrica – **4.**5, **6.**1). I casi in cui a B non si accompagna alcuna incisione in C nell'epigramma ellenistico sono rarissimi: una sola eccezione nel "nuovo" Posidippo, una in Nosside (*AP* 7.718.1 = *HE* 2831), una in Teocrito[148] (*AP* 9.437.13 = *HE* 3486), due in Asclepiade, ma sempre con nome proprio (*AP* 12.162.3 = *HE* 914 = 23.3 Sens, *AP* 7.217.1 = *HE* 1002 = *41.1 Sens)[149]. Più elevata la percentuale in autori della prima età imperiale, come Stratone (26 casi, pari all'11,5%)[150] e Lucillio (31 casi, per un 11,85%)[151], che presentano un comportamento analogo a quello che si registra per l'esametro stichico[152]; la percentuale di Edilo è comunque molto al di sopra.

Tab. 3 – Cesure

Incisioni	Numero	%
B1	17	58,6
B2	11	37,9
B1 + C1 + C2	1	3,45
B1 + C1	2	6,9
B1 + C2	12	41,38
B2 + C1 + C2	1	3,45
B2 + C1	2	6,9
B2 + C2	5	17,24
B senza C	6	20,7
C senza B	1	3,45
Assenza di B e C	/	/

---

147 West 1982, p. 154; Magnelli 2002, p. 72 e n. 52.
148 Se l'epigramma è suo: cfr. Rossi 2001, pp. 166–167.
149 Fantuzzi 2002, p. 90.
150 Floridi 2007, p. 28.
151 Floridi 2014a, p. 44.
152 Nei primi tre *Inni* di Callimaco, ad esempio, si riscontra una percentuale di versi senza C1 né C2 pari al 15,7 (Magnelli 2002, p. 73, n. 57).

Vediamo ora il comportamento di Edilo nei confronti delle principali restrizioni callimachee.

I e II legge di Meyer: un caso di parola iniziante nel primo piede che vada a terminare con la prima breve del secondo dattilo (I legge di Meyer)[153]: **4.**7 (con parola metrica: Νεῖλος ὁ|κοῖον ‖ ἄ|ναξ). Alla violazione di Meyer I si accompagna, nello stesso verso, una violazione di Meyer II: si ha cioè anche parola giambica di fronte a B1 (Νεῖλος ὁ|κοῖον ‖ ἄ|ναξ), così che il verso appare particolarmente disarmonico.

Legge di Giseke[154]: si registra un caso di parola iniziante nel primo piede che vada a terminare con la fine del secondo *biceps*, con parola metrica (**10.**9 ἢ καὶ | Κώταλον | ἢ καὶ | Πάκαλον|. ἀλλὰ Θέ|ωνα).

Legge di Hilberg: nessun caso di fine di parola dopo un secondo *biceps* realizzato da spondeo.

Legge di Bulloch[155]: nessun caso di dieresi fra terzo e quarto piede senza che questa sia mitigata da B, C e pausa sintattica in almeno una di esse (in **10.**9 ἢ καὶ | Πάκαλον costituisce parola metrica, per cui non si registra infrazione).

Ponte di Hermann: nessun caso di fine di parola dopo il quarto trocheo.

C1 dopo terzo piede spondiaco (senza C2)[156]: **2.**5, **3.**3.

Legge di Tiedke-Meyer: nessun caso di concomitanza di fine di parola dopo quarto e quinto *longum*.

Legge di Naeke: non si danno casi di fine di parola dopo quarto piede bisillabico.

Monosillabo finale: non si danno casi di versi conclusi da monosillabo ortotonico[157] (in poesia ellenistica, come noto, il monosillabo finale gode di una certa fortuna, e la chiusa «most often has the rhythm ⌣⌣|–⌣⌣–|–»[158]).

---

153 Maas 1979², §94.
154 Sulla legge di Giseke, e sull'opportunità di mantenerla distinta rispetto alla legge di Hilberg, cfr. Magnelli 1995, p. 136.
155 Bulloch 1970.
156 Fantuzzi 1995, p. 230, n. 34.
157 Non facente cioè parte di parola metrica: cfr. Maas 1979², §138; Fantuzzi 1995, p. 232, n. 44.
158 West 1982, p. 156; cfr. Maas 1979², §§96 e 138; Magnelli 2002, pp. 79–80.

Tab. 4 – Violazioni delle leggi metriche nell'esametro

Leggi metriche	Infrazioni	%
I legge di Meyer	1	3,45
II legge di Meyer	1	3,45
Meyer I + Meyer II	1	3,45
Legge di Giseke	1	3,45
Legge di Hilberg	/	/
Ponte di Hermann	/	/
Legge di Tiedke-Meyer	/	/
Legge di Naeke	/	/
Legge di Bulloch	/	/
Monosillabo finale	/	/
C1 dopo terzo piede spondiaco	2	6,9

Edilo sembrerebbe mostrare dunque un certo rispetto per le restrizioni callimachee in sede esametrica: le sole infrazioni riguardano Meyer I e Meyer II, le meno osservate tra le "leggi" callimachee (già nello stesso Callimaco non mancano deroghe)[159], e la percentuale di Edilo è in linea con gli standard dell'epigramma ellenistico. Per Meyer I, in *HE* si oscilla dal minimo dell'1,9% attestato per gli epigrammi autentici di Antipatro di Sidone (il gruppo dei *dubia* scende addirittura allo 0,7%)[160] al massimo del 6,7% di Asclepiade. Gli autori della seconda *Corona* sono ancora più disinvolti: Antifilo, con l'1,3%, è il più controllato, ma Antipatro di Tessalonica, negli epigrammi di sicura attribuzione, ha il 6,1% di violazioni, Bianore addirittura il 14%.

Per la II legge di Meyer, il 3,45% di Edilo è confrontabile con il 3,2 di Meleagro o con il 3% di Marco Argentario e resta al di sotto del 4% di Asclepiade, o del 4,2 del Teocrito degli epigrammi.

Per quanto riguarda la contemporanea violazione di Meyer I e Meyer II, la percentuale di Edilo è superiore a quella del "vecchio" (1,5%) e del "nuovo" (2,6%) Posidippo, ma inferiore a quella attestata per Asclepiade (4%) o per il Teocrito degli epigrammi (4,2%).

Anche per quanto riguarda l'infrazione alla legge di Giseke (pari al 3,45%), non si tratta di un comportamento particolarmente eterodosso: il "nuovo" Posidippo presenta nove infrazioni, pari al 3,9%.

La presenza di C1 (e non di C2) dopo terzo piede realizzato da spondeo in due esametri, pari al 6,9%, lascia intravedere un comportamento non molto diverso da quello attestato nel "nuovo" Posidippo (dove si registra il 5,2%

---

159 Magnelli 1995, pp. 156–157.
160 I dati relativi alle infrazioni delle leggi metriche nell'esametro da parte degli autori della prima e della seconda *Corona* si ricavano da Magnelli 2007, pp. 181–182; per Stratone mi sono basata su Floridi 2007, pp. 28–33.

di infrazioni contro il 3% del "vecchio") e, più tardi, in Meleagro (il 5%); più ortodossi autori come Asclepiade (1,3%) o "Teocrito" (2,1%); addirittura nessuna violazione in Callimaco, Dioscoride, Antipatro di Sidone (ma si registra il 2,7% nel gruppo dei *dubia*).

Non ci sono invece infrazioni alle altre regolamentazioni callimachee, come la legge di Hilberg o di Tiedke-Meyer, o la legge di Bulloch. Soprattutto, non ci sono violazioni del ponte di Hermann o della legge di Naeke – il che potrebbe naturalmente essere dovuto solo al caso, ma può comunque essere significativo se si considera che sono queste le restrizioni più rigidamente osservate in tutta la storia dell'esametro greco.

Pentametro

II legge di Meyer[161]: nessun caso di parola dalla struttura giambica a conclusione del primo *hemiepes* (in **6.6** ἡ χάρις, | ὥστε, φί|λος, quest'ultima espressione costituisce verosimilmente parola metrica, per cui non c'è infrazione).

Parola accentata alla fine di pentametro: nessun caso di parola accentata alla fine del secondo *hemiepes*.

Sillaba lunga per natura a conclusione del primo hemiepes[162]: in quattro casi si contravviene alla tendenza a collocare sillaba lunga o dittongo a conclusione del primo *hemiepes*: tre le infrazioni per posizione (**3.2**, **5.2**, **6.6**), una con -ν paragogico (**11.2**).

Tab. 5 – Violazioni delle leggi metriche nel pentametro.

Leggi metriche	Infrazioni	%
II legge di Meyer	/	/
Parola accentata alla fine del pentametro	/	/
Sillaba breve a conclusione del I hemiepes	4	13,8

Nel pentametro, l'unico dato rilevante riguarda il comportamento di Edilo verso la tendenza a collocare sillaba lunga o dittongo a conclusione del primo *hemiepes*: il 13,8% di deroghe è sostanzialmente in linea con le percentuali rilevate per gli epigrammisti coevi, come Asclepiade (9,6%), Callimaco (12%) e Leonida (12%)[163] (percentuali più basse si registreranno invece per gli autori dell'età della *Corona* di Filippo).

---

161 Maas 1979², §95.
162 Maas 1979², §22.
163 Sens 2011, p. lxxxix e n. 161 (che a sua volta, per Callimaco e Leonida, si basa su Sider 1997, p. 44).

V.3 Prosodia

Correptio epica: sei i casi di *correptio* in *sandhi*, cinque nell'esametro (**6.1** καί, **6.3** οἴχεται, **8.3** καί e βούλεται, **9.3** ἤ) e uno nel pentametro (**2.2** καί). Le sillabe coinvolte nel fenomeno sono, in cinque casi su sei, quelle che più di frequente ricevono questo trattamento: la terminazione verbale -ται e la congiunzione καί. Le sedi sono in due casi tradizionali (di fronte a dieresi bucolica in **6.3** e in **8.3**), ma non mancano casi di *correptio* in posizioni meno ortodosse: dopo la prima breve del secondo dattilo nel pentametro (**2.2**), nell'esametro alla fine del terzo dattilo (**6.1**) e, soprattutto, dopo la prima breve del terzo dattilo (**8.3** e **9.3**)[164].

Un solo caso di *correptio* all'interno di parola: **9.3** το<u>ιο</u>ῦτον (alla fine del quinto dattilo)[165].

Iato: non si registrano casi di iato.

Elisione di nomi e verbi[166]: quattro i casi nell'esametro: πάνθ' (**1.3**), φύκι' (**7.1**, dove è frutto di correzione: cfr. *infra ad loc.*), γίνεθ' (**8.3**), ἔθιγ' (**11.1**). Tra questi, si segnalano due casi di elisione nel quinto dattilo, una posizione in cui essa tende a essere evitata (**7.1** e **11.1**); in **7.1** essa verrebbe a cadere addirittura tra le due brevi, una posizione particolarmente sgradita[167].

Cinque i casi nel pentametro, di cui tre nel secondo *hemiepes*, dove il fenomeno tende a essere più rarefatto[168]: τήνδ' (**1.6**, secondo *hemiepes*, dopo –), ἴδετ' (**4.2**, secondo *hemiepes*, dopo – ᵕ), εὕροιμ' (**5.2**), τήνδ' (**8.6**), κᾦχετ' (**11.2** secondo *hemiepes*, dopo – ᵕ).

Prodelisione: non si registra nessun caso sicuro[169].

Correptio Attica: negli esametri il nesso muta + liquida non va ad allungare la sillaba che precede in un caso in *sandhi* (**1.5** καλλιστεῖᾰ Π̲ρ̲ιάπῳ), in due casi all'interno di parola (**8.3** ἀπό<u>κλ</u>ειε, **12.1** λυσιμελοῦς Ἀφ̲ρ̲οδίτης). Fa invece posizione in sette casi all'interno di parola o parola metrica (**2.3**

---

164 «Correption between the short syllables of the dactyl [...] is avoided» (cfr. Gow-Page 1968, I, p. XL). La sillaba soggetta a *correptio* in **9.3**, ἤ, è integrazione, ma può dirsi sicura.
165 Da notare che non presenta invece *correptio* τοιοῦτα in **8.5** (dove τοι- è il secondo *longum* del secondo spondeo).
166 Non si dà conto dell'elisione di particelle, preposizioni, avverbi.
167 Cfr. Gow-Page 1968, I, p. XLIII. 35 le eccezioni in *HE*; solo 15 in *GPh*.
168 Gow-Page 1968, I, p. XLIII.
169 Comporterebbe prodelisione la correzione di Kaibel μίμων ἤ 'ν θυμέλῃσι χάρις al tradito μιμωμενην θυμέλῃσι χάρις in **10.2**: cfr. *infra ad loc.*

Κύπριδι, **5**.3 κατάβρεχε, **8**.1 βαλανάγραν, **8**.5 μεταπλασθείς, **10**.1 ὁ γλυκύς, **10**.7 δὲ Γλαύκης, **11**.1 ἔκλυσεν).

Nel pentametro si verifica *correptio* in un caso all'interno di parola (**12**.2 Ποδάγρα). Dieci invece i casi di allungamento, uno in *sandhi* (**1**.6 ἔθετο προχόην), tutti gli altri all'interno di parola (**1**.2 πέπλοι, **1**.6 νεβρίδα, **2**.4 ὑγρά, **4**.8 πάτριον, **5**.2 μελιχρόν, **6**.2 τετραχόοισι, **6**.4 μελιχρότερον, **8**.6 Ἀκρισίου, **10**.8 ἀκρήτοις).

Tab. 6 – Trattamento nesso muta + liquida

	Interno di parola		Sandhi	
Trattamento nesso m. + l. nell'esametro	+ p.	- p.	+ p.	- p.
Numero di casi	7	2	/	1

	Interno di parola		Sandhi	
Trattamento nesso m. + l. nel pentametro	+ p.	- p.	+ p.	- p.
Numero di casi	/	1	1	9

Il numero di occorrenze del fenomeno è troppo basso perché se ne possano ricavare dati statistici: si nota comunque la tendenza a praticare la *correptio* in *sandhi* (su 11 casi complessivi tra esametro e pentametro, solo in un caso il nesso fa posizione tra due parole), tendenza già operante nell'epigramma ellenistico, ma che si radicalizzerà con gli autori della *Corona* di Filippo[170]. All'interno di parola, invece, in Edilo il nesso muta + liquida per lo più allunga la vocale precedente, in linea con la tendenza alessandrina a evitare la *correptio* interna[171].

Crasi: due i casi sicuri di crasi, entrambi nel pentametro ed entrambi con καί: κοὐ (**3**.2), κᾦχετ' (**11**.2); a questi potrebbe aggiungersi κἤν in **10**.2, se la correzione di Toup coglie nel segno: vd. n. *ad loc*.

Sinizesi: si segnalano due casi di sinizesi, entrambi a fine pentametro: **2**.2 Νικαγορέω, **10**.8 Μουσέων.

V.4 Conclusioni

Anche se l'esiguo numero degli epigrammi conservati rende questa rassegna priva di valore statistico e la scoperta di nuovi componimenti di Edilo potrebbe modificare anche radicalmente il quadro qui delineato, i dati rilevanti

---

170 Cfr. Gow-Page 1968, I, p. XXXIX; Fantuzzi 1988, p. 159.
171 Dati in Slings 1993; per l'epigramma Guichard 2004, p. 120.

nella pratica versificatoria del poeta sembrerebbero i seguenti: per quanto riguarda la *outer metric*, c'è una certa predilezione per lo spondeo, anche in sedi come il terzo e il quarto *metron*, dove le percentuali di *bicipitia* contratti sono di solito più basse. In relazione alle cesure, Edilo privilegia B1 rispetto a B2, in contrasto con molti degli epigrammisti della sua generazione, ma C2 rispetto a C1, in linea con gli standard ellenistici. Si differenzia invece dalle tendenze dei suoi contemporanei per l'elevata percentuale di esametri in cui a un'incisione in B non segue alcuna incisione in C. Sia nell'esametro, sia nel pentametro, sembrano d'altro canto osservate le principali regolamentazioni callimachee, con infrazioni solo di quelle norme – come la I e la II legge di Meyer – che hanno sempre tradizionalmente goduto di minore fortuna. In definitiva, anche se l'esametro edileo è nel complesso meno raffinato, in termini alessandrini, rispetto a quello di altri autori coevi, sul piano della *inner metric* non sembra emergere un atteggiamento particolarmente eterodosso, tale da segnalare una presa di posizione decisamente "anticallimachea" nella pratica della versificazione (quale in parte si registra in Asclepiade e Posidippo, presunti rivali del Cirenaico).

Criteri della presente edizione

In questa edizione sono inclusi i soli componimenti esplicitamente attribuiti a Edilo da almeno un testimone. Sono quindi editi e commentati i 13 epigrammi complessivamente tramandati sotto il suo nome in *AP* e Ateneo e i versi dubitativamente attribuiti al poeta da Strabone (***14**).

La convinzione che le attribuzioni fatte sulla base di criteri stilistici siano necessariamente malcerte, specie in un genere come quello epigrammatico, che fa dell'arte della variazione il proprio principio costitutivo, mi ha spinto invece a non includere i componimenti ricondotti alla paternità di Edilo sulla scorta di affinità di lingua, stile e temi, come adesp. *AP* 5.200 = *HE* 3804 ss., *AP* 5.201 = *HE* 3808 ss. e *AP* 5.205 = *HE* 3798 ss., conservati in una sequenza compattamente meleagrea e che più volte si è proposto di assegnare al poeta. I punti di contatto saranno di volta in volta evidenziati nel corso del commento.

I componimenti sono preceduti dalle testimonianze sull'autore, riportate secondo le rispettive edizioni di riferimento.

Per quanto riguarda i testi, sono stati da me collazionati, sull'originale o su riproduzione, i testimoni dell'*Anthologia* (**P** e **Pl**) e quelli di Ateneo (**A**) e dell'Epitome (**C** ed **E**, come esplicitato *supra*, Introduzione III.2.1), oltre ai principali apografi di **P** e **Pl**. Per il testo della *Suda* ci si è basati sull'edizione di Adler; per Strabone, su quella di Radt, aggiornata sui dati di collazione di Aude Cohen-Skalli, che sta preparando l'edizione del libro 14 per la Collection Budé; per la *Scilla* di Edile (**T1**), il testo è quello di Floridi 2018–2019.

Agli epigrammi è stata assegnata una numerazione che riflette quella di Gow-Page, *HE*, per **1–12**, ma alla quale sono stati poi aggiunti, come *dubia*, altri due testi, ***13**, incluso da Gow-Page tra gli epigrammi di Asclepiade (e stampato da Page, in *EG*, come Hedyl. 11), e ***14**, che non è in *HE* (né in *EG*).

In generale, non si segnala la modifica della punteggiatura rispetto ai testimoni, tranne che nei casi in cui questa abbia conseguenze significative ai fini dell'esegesi.

Per rendere conto dell'attività critica svolta sul testo, sono state incluse in apparato anche molte congetture che hanno scarsa probabilità di cogliere nel vero; per non appesantirlo eccessivamente, si è tuttavia deciso, nel caso degli epigrammi più tormentati, di relegare molti degli interventi testuali dei primi editori in una *Appendix coniecturarum*. Si è sempre cercato, per quanto possibile, di stabilire la paternità delle congetture; la sigla *edd. vet.* indica le lezioni comunemente accolte nelle prime edizioni a stampa, che non si è potuto ricondurre all'autorità di un singolo studioso. La sede in cui sono stati proposti gli interventi testuali, quando non ricavabile dal commento, è indicata in apparato. Al testo critico segue anche un *Auctarium lectionum*, che raccoglie alcune lezioni singolari della tradizione indiretta (Suid.) e di alcuni apografi di **P** (**Ap.B**, **Ap.G**, Paris. suppl. gr. 886, **Ap.L**) e di **Pl** (**Q**): si tratta di banali errori che si è deciso di riportare per completezza di documentazione, data l'importanza degli apografi in relazione alla storia della trasmissione dell'*Anthologia Graeca*, ma che ovviamente non hanno alcun valore per la *constitutio textus*.

Gli epigrammi sono accompagnati da traduzioni "di servizio", il cui unico scopo è quello di offrire un primo supporto all'esegesi. Non hanno dunque alcuna pretesa letteraria, ma si presentano il più possibile aderenti al testo greco.

Conspectus siglorum

Anthologia Graeca

P	Heid. Pal. gr. 23 et Paris. suppl. gr. 384, saec. X^{med}
	A, A^2, B, B^2, B^3, J librarii codicis P
	C corrector codicis P
Ap.B	Paris. suppl. gr. 557, codicis P Apographon Buherianum
Ap.G	Paris. gr. 2742, codicis P Apographon Guietianum
Paris. suppl.	
gr. 886	codicis P Apographon
Ap.L	Lips. Rep. I.4.55, codicis P Apographon Lipsiense
Ap.V	Leid. Voss. gr. O. 8, codicis P Apographon Vossianum
Pl	Venet. Marc. gr. 481, a. 1299–1301
	Pl^a ff. 2–58 (cap. 1a–4a) et ff. 58–76 (cap. 5–7) cod. Pl
	Pl^b supplementa ad cap. 1–4 (i.e. 1b–4b) in ff. 81–100 cod. Pl
Q	BL Add. 16409 (ca. 1300): codicis Pl Apographon

Athenaei Deipnosophistae

A (Athen.^{A})	Venet. Marc. gr. 447 (textus plenior), saec. IX^{ex}–X^{in}
C (Athen.^{C})	Paris. suppl. gr. 841 (Epitome), saec. XV^{ex}–XVI^{in}
E (Athen.^{E})	Laur. plut. 60.2 (Epitome), saec. XV^{ex}

Suidae Lexicon (ed. A. Adler, Lipsiae 1928–1938)

A (Suid.^{A})	Paris. gr. 2625 et 2626 manus vetus, saec. XII–XIII
F (Suid.^{F})	Laur. plut. 55.1, a. 1422
G (Suid.^{G})	Paris. gr. 2623, saec. XV
I (Suid.^{I})	Angelicus 75, saec. XV
M (Suid.^{M})	Venet. Marc. gr. 448, saec. XIII
S (Suid.^{S})	Vat. gr. 1296, a. 1205
V (Suid.^{V})	Leid. Voss. gr. F. 2, saec. XII

Strabonis opera (ed. S. Radt, vol. IV, Göttingen 2005)

B	Athous Vatop. 655, saec. XIV^{med}
C	Paris. gr. 1393, saec. XIII^{ex}
D	Venet. Marc. gr. XI 6, saec. XIV
F	Vat. gr. 1329, saec. XIII–XIV

Testimonia

T1 Athen. 7.297b–c

Ἡδύλος δ' ὁ Σάμιος ἢ Ἀθηναῖος Μελικέρτου φησὶν ἐρασθέντα τὸν Γλαῦκον ἑαυτὸν ῥῖψαι εἰς τὴν θάλατταν (*SH* 457). Ἡδύλη δ' ἡ τοῦ ποιητοῦ τούτου μήτηρ, Μοσχίνης δὲ θυγάτηρ τῆς Ἀττικῆς ἰάμβων ποιητρίας (*SH* 559), ἐν τῇ ἐπιγραφομένῃ Σκύλλῃ (*SH* 456) ἱστορεῖ τὸν Γλαῦκον ἐρασθέντα Σκύλλης ἐλθεῖν αὐτῆς εἰς τὸ ἄντρον

ἢ κόγχους δωρήματ'

φέροντα

Ἐρυθραίης ἀπὸ πέτρης,
ἢ τοὺς ἀλκυόνων παῖδας ἔτ' ἀπτερύγους,
τῇ νύμφῃ δύσπιστος ἀθύρματα. δάκρυ δ' ἐκείνου
5 καὶ Σειρὴν γείτων παρθένος οἰκτίσατο·
ἀκτὴν γὰρ κείνην † ἀπενήχετο † καὶ τὰ σύνεγγυς
Αἴτνης

---

1 ἢ κόγχους δωρήματ' Ἐρυθραίης ἀπὸ πέτρης Lloyd-Jones et Parsons : ἢ κόγχου δώρημα φέροντ' Ἐρυθραίης ἀπὸ πέτρης Athen. : ἢ κόγχου δώρημα φέροντ' ἐρυθρᾶς ἀπὸ πέτρης Casaubon, Schweighäuser : <...> Σκύλλης ἄντρον ἐσῆλθε φέρων / ἢ κόγχου δωρήματ' Ἐρυθραίης ἀπὸ πέτρης Meineke 1847, p. 132 : ἢ κόγχου δωρήματα <...> Ἐρυθραίης ἀπὸ πέτρης tamquam duo versus Kaibel (qui in app. δωμήματα pro δωρήματα prop.) : ἢ κόγχους δώρημα Ἐρυθραίης ἀπὸ πέτρης Wilamowitz 1925, p. 302 (= 1935, p. 390)   **3** δύσπιστος Athen.^A : om. Athen.^CE : δυσπίστῳ vel δύσπιστον (cum φέροντ(α)) Casaubon : δυσπείστῳ Heringa 1749, p. 287 : δύστηνος Jacobs 1794–1814, I.2, p. 284   **4** οἰκτίσατο Athen.^A : ᾠκτίσατο Athen.^CE   **5** κείνην Athen. : Σικελήν Jacobs, dubitanter ‖ ἀπενήχετο Athen. : παρενήχετο Jacobs : ἀνενήχετο Kaibel in app. : an ἐπενήχετο?

Edilo di Samo o di Atene afferma che Glauco, innamorato di Melicerte, si gettò in mare (*SH* 457). Edile, la madre di questo poeta, figlia di Moschine, la giambografa attica (*SH* 559), racconta, nella sua opera intitolata *Scilla* (*SH* 456), che Glauco era innamorato di Scilla e che si recò nella sua grotta portando

in dono o conchiglie dalla rupe eritrea
    o i piccoli di alcioni ancora implumi,
trastulli per la fanciulla, incredulo. Delle sue lacrime
    ebbe pietà anche la Sirena vergine che abitava lì vicino;
5 nuotava infatti via da quei lidi (?) e dalle regioni prossime
    all'Etna

T2 *Et. Gen.* AB α 551 = *Et. Magn.* α 960 Lasserre-Livaradas

Ἀλυτάρχης· ὁ τῆς ἐν τῷ Ὀλυμπιακῷ ἀγῶνι εὐκοσμίας ἄρχων. Ἠλεῖοι γὰρ τοὺς ῥαβδοφόρους ἢ μαστιγοφόρους παρὰ τοῖς ἄλλοις καλουμένους ἀλύτας καλοῦσι, καὶ τὸν τούτων ἄρχοντα ἀλυτάρχην. Ἡδύλος δὲ Εἰς τὰ Ἐπιγράμματα Καλλιμάχου (*SH* 458 = Call. T45 Pfeiffer) διὰ δύο <λλ> ὀνομάζει τοὺς ἀλύτας ἀλλύτας.

Alitarca: chi è capo dell'ordine pubblico ai giochi olimpici. Gli Elei, infatti, chiamano *alytai* quelli che presso gli altri popoli sono detti mazzieri o sorveglianti armati di frusta, e alitarca il loro capo. Edilo, nell'opera *Sugli Epigrammi di Callimaco*, chiama *allytai* gli *alytai*, con due lambda.

T3 Mel. *AP* 4.1.45–46 = *HE* 3970–3971

45 ἐν δὲ Ποσείδιππόν τε καὶ Ἡδύλον, ἄγρι' ἀρούρης,
    Σικελίδεώ τ' ἀνέμοις ἄνθεα φυόμενα.

---

45 Ποσείδιππόν Brunck : Ποσι- P

[Meleagro vi incluse] Posidippo ed Edilo, fiori campestri,
    e i fiori del Sicelida nati nel vento.

T4 Strab. 14.6.3 (683c)

Ἤδη οὖν πάρεστι σκοπεῖν τὴν ῥαθυμίαν τοῦ ποιήσαντος τὸ ἐλεγεῖον τοῦτο (*SH* 459 = *14), οὗ ἡ ἀρχή "ἱραὶ ... ἔλαφοι", εἴθ' Ἡδύλος ἐστὶν εἴθ' ὁστισοῦν· φησὶ μὲν γὰρ ὁρμηθῆναι τὰς ἐλάφους "Κωρυκίης ἀπὸ δειράδος ..." διανήξασθαι "Κουριάδας", καὶ ἐπιφθέγγεται διότι· "μυρίον ... ζεφύρῳ".
5 ἀπὸ δὲ Κωρύκου περίπλους μέν ἐστιν εἰς Κουριάδα ἀκτήν – οὔτε ζεφύρῳ δέ, οὔτε ἐν δεξιᾷ ἔχοντι τὴν νῆσον, ἐν ἀριστερᾷ δέ – δίαρμα δ' οὐδέν.

2 εἴθ'¹ B : εἴθ' cett. ‖ Ἡδύλος Cᵖᶜ, coniecerat Casaubon 1620 : ἥδυλος F : ἡδυλός B : ἡ δῆλός Cᵃᶜ D **3** φησὶ F : φασὶ cett. **5** δὲ¹ Meineke 1852–1853 : γὰρ codd. ‖ οὔτε codd. : οὐ Meineke 1852–1853 **6** ἐν ἀριστερᾷ δέ Casaubon 1620 : οὔτ' ἐν ἀριστερᾷ codd. : ἀλλ' ἐν ἀριστερᾷ Groskurd 1831–1834

Ci è dunque ormai possibile osservare la faciloneria di colui che scrisse – si tratti di Edilo o di chissà chi altro – l'elegia (*SH* 459 = *14) che inizia: "Sacre a Febo etc.". Dice infatti che le cerve sono partite "dalle creste del Corico etc." per giungere a nuoto "alle spiagge curiadi", e poi aggiunge: "Infinito prodigio etc.". Senonché, partendo dal Corico, per arrivare al promontorio di Curio c'è il periplo dell'isola – ma non sotto la spinta di zefiro, né tenendo l'isola sulla destra, ma sulla sinistra – non c'è traversata diretta.

Testo e commento

1 *HE* (1825–1830) = *AP* 6.292

Αἱ μίτραι τό θ' ἁλουργὲς ὑπένδυμα τοί τε Λάκωνες
   πέπλοι καὶ ληρῶν οἱ χρύσεοι κάλαμοι,
πάνθ' ἅμα Νικονόῃ † σὺν ἔκπιε †· ἦν γὰρ Ἐρώτων
   καὶ Χαρίτων ἡ παῖς ἀμβρόσιόν τι θάλος.
5 τοιγὰρ τῷ κρίναντι τὰ καλλιστεῖα Πριάπῳ
   νεβρίδα καὶ χρυσέην τήνδ' ἔθετο προχόην.

P, Pl : s.a.n. Suid., [Zon.] P, Pl Ia.6.68 (ff. 64r–64v), Suid. s.vv. ἁλουργά (α 1357 Adler: vv. 1–2 Αἱ μίτραι … / πέπλοι), Λακωνικαί (λ 63 Adler: vv. 1–2 τοί τε Λάκωνες / εὔπεπλοι), ληρεῖς ἔχων (λ 468 Adler: v. 2 καὶ ληρῶν … κάλαμοι), μίτρα (μ 1136 Adler: vv. 1–2 Αἱ μίτραι … / πέπλοι et v. 3 πάνθ' … συνεπέκπιε), ἀμβρόσιον (α 1359 Adler: vv. 3–4 ἦν γὰρ … / … θάλος), θαλέεσσι (θ 12 Adler: vv. 3–4 ἦν γὰρ … / … θάλος), καλλιστεῖα (κ 241 Adler: vv. 5–6), προχόῳ (π 2936 Adler: vv. 5–6 Πριάπῳ / … προχόην), [Zon.] s.v. θάλλος (vv. 3–4, verborum ordine perturbato: ἦν δὲ ἡ παῖς ἐρώτων καὶ χαρίτων ἀμβρόσιόν τι θάλλος)

Ἡδύλου P, Pl : s.a.n. Suid., [Zon.]

1 Αἱ μίτραι P, Suid. : ἁ μίτρα Pl ‖ ὑπένδυμα P, Suid. : ὑπέρδυμα Pl ‖ τοί τε P, Pl, Suid. (s.v. μίτρα, Λακωνικαί) : οἴτε Suid. (s.v. ἁλουργά) **2** πέπλοι P, Pl, Suid. (s.vv. ἁλουργά, μίτρα) : εὔπεπλοι Suid. (s.v. Λακωνικαί) ‖ ληρῶν P, Suid. (s.v. ληρεῖς ἔχων) : λήρων Pl, fortasse recte **3** Νικονόῃ Dübner : Νικονόη P, Pl, Suid. (s.v. μίτρα) ‖ σὺν ἔκπιε P : συνεπέκπιε(ν) Pl, Suid. (s.v. μίτρα) : συνεπήϊεν vel συνεπέρρεπεν vel συμπέπτωκ' Stadtmüller : συνεπεσπάσατ' Hecker : συνεπεκρίθη Dübner (una cum Νικονόῃ vel -ης) : ἐν ἐπείσιον Ellis (una cum Νικονόης) **4** θάλος P, Pl, Suid. (s.v. ἀμβρόσιον), Suid.[A] (s.v. θαλέεσσι) : θάλλος Suid.[GIFVM] (s.v. θαλέεσσι), [Zon.] **5** τοιγὰρ Pl, Suid. (s.v. καλλιστεῖα) : τοὶ γὰρ P [Q] ‖ κρίναντι C, Pl, Suid. (s.v. καλλιστεῖα) : κρίνοντι P ‖ Πριάπῳ P, Pl, Suid. (s.vv. καλλιστεῖα et προχόῳ) : Πριήπῳ ex Πριάπῳ Pl, sed Πριάπῳ Q **6** νεβρίδα P, Suid. (s.v. προχόῳ) : νευρίδα Pl, Suid. (s.v. καλλιστεῖα) ‖ τήνδ' ἔθετο P, Pl, Suid. (s.v. καλλιστεῖα) : τήνδε θέτο Suid. (s.v. προχόῳ) ‖ προχόην Pl, Suid. (s.vv. καλλιστεῖα et προχόῳ) : προχοήν P

Le fasce per il seno e la sottoveste di porpora e i pepli
   spartani e gli ornamenti d'oro delle vesti,
tutte queste cose insieme a Niconoe † … †: la ragazza era infatti
   un divino virgulto di Eroti e Cariti.
Perciò a Priapo, giudice nel concorso di bellezza
5 dedicò una pelle di cerbiatto e questa brocca d'oro.

Epigramma di incerta esegesi: una dedica a Priapo da parte di Niconoe in seguito alla vittoria riportata in un concorso di bellezza (così Gow-Page 1965, II, p. 289) o in seguito a una notte di follie etiliche, durante la quale la dedicante avrebbe rimosso le vesti offrendo ai simposiasti la vista della propria bellezza nuda (così Gutzwiller 1998, pp. 175–177. Questa lettura era in parte anticipata da Jacobs 1794–1814, I.2, pp. 332–333, secondo il quale «scriptum videtur in meretricem bibaculam, quae, cum nihil sibi relictum esset, Bacchi et Comi instrumenta Priapo dedicat. [...] Verisimile est, Niconoen nostram in Veneris et Priapi orgiis saepenumero libidinis praemia tulisse. Hanc ob causam Priapo τὰ καλλιστεῖα κρίναντι qui de eiusmodi rebus verissimum iudicium habet, donaria ponit». Wilamowitz 1924, I, p. 145, n. 2 riteneva invece che Niconoe fosse rimasta priva di denaro a causa dei troppi calici di vino; si sarebbe trovata quindi costretta a dare in pegno alcuni dei suoi indumenti, ma la sua bellezza l'avrebbe salvata; avrebbe pertanto offerto doni a Priapo, dio connesso alla sfera erotica, per ringraziarlo della protezione accordatale: «Die Dame hat kein Geld mehr und gibt Stück für Stück ihrer Toilette als Pfand. Sie kann sichs leisten, denn ihre nackte Schönheit schlägt alle Konkurrenz, und der Priap, der in den Liebhabern steckt, hat ihr so viel eingebracht, daß sie dem Gotte eine reiche δεκάτη darbringen kann»).

L'interpretazione del componimento è oscurata dalla corruttela del v. 3: palesemente guasto il testo di **P**, Νικονόη σὺν ἔκπιε; Νικονόη συνεπέκπιε(ν) di **Pl** e Suid., a cui gli studiosi tendono per lo più a porre rimedio con la correzione Νικονόη συνεπήϊεν di Stadtmüller 1894–1906, I, p. 386 (vd. n. *ad* v. 3), è difeso da Gutzwiller 1998, pp. 176–177, che traduce «Niconoe drank away», sulla scorta di Jacobs 1794–1814, I.2, p. 333, intendendo che Niconoe "si è bevuta", nell'euforia etilica, le vesti raffinate che aveva indosso, togliendosele (la situazione sarebbe a suo parere assimilabile a quella descritta in **2**, dove una fanciulla dedica ad Afrodite alcuni indumenti dopo aver perduto la verginità in seguito a una notte di bagordi: Gutzwiller 1998, p. 175 parla dei due epigrammi come di *companion pieces*). Una simile lettura renderebbe anche ragione, secondo la studiosa, della posizione dell'epigramma in *AP*, dove è collocato tra adesp. *AP* 6.291, sulla beona Bacchilide, e Leon. *AP* 6.293 = *HE* 2301 ss., sul cinico Socare che rinuncia alla filosofia e fa una dedica a Cipride, vinto dall'amore per un bel fanciullo. «Apparently ... Meleager found in his reading of Hedylus's poem a reference to excessive drinking and to a dedication made as a memorial for an erotic encounter» (Gutzwiller 1998, p. 176).

Ma riferimenti al vino e all'eros sono presenti nell'epigramma, data la natura degli oggetti dedicati (cfr. in particolare προχόην, v. 6) e del dio a cui sono destinati, anche rifiutando, al v. 3, la lettura di **Pl**, che fa difficoltà per la sintassi e per il senso. Forse non intollerabile, ma comunque forte, l'anacoluto che viene a determinarsi se Niconoe è soggetto del verbo dopo i nominativi dei vv. 1-2. Jacobs 1794–1814, I.2, p. 333 proponeva di intendere συνεκπίνω – verbo peraltro non attestato altrove – nel senso di "dilapidare", "sperperare", come spesso i composti di πίνω, adducendo come confronti Plat. Com. *PCG* 9 οὐδ' ὅστις αὐτῆς ἐκπίεται τὰ χρήματα e Aeschin. *Tim.* 96 καὶ οὐ μόνον κατέφαγεν, ἀλλ' εἰ οἶόν τ' ἐστὶν εἰπεῖν, καὶ κατέπιεν (vd. inoltre e.g. Luc. *DMer.* 7.1, dove, come in Eschine, è utilizzato in questo senso κατέπιε, e Alciphr. *Ep.* 4.13.2 Schepers καταπιεῖν : Cobet; i codici hanno ἐκπιεῖν; per altri paralleli, cfr. *LSJ*, s.v. ἐκπίνω, 3 e s.v. καταπίνω, II.C.3; sull'uso metaforico di καταπίνω e κατεσθίω, vd. anche Telò 2006, p. 65). Mi sembra però condivisibile lo scetticismo di Gow-Page 1965, II, p. 290: la metafora è inappropriata al contesto e la presenza di -επ- resta sostanzialmente inesplicata (a quanto mi consta, sarebbe peraltro questo l'unico caso, in tutta la grecità, di una formazione verbale con triplice prefisso: difficile sfuggire all'impressione che si tratti di una correzione di età bizantina, volta a sanare la metrica). Ci si attende qui piuttosto un verbo che significhi "andare in premio", "essere attribuito in premio" (a Niconoe; il nominativo tradito sarà dunque da correggere, presumibilmente, in un dativo – il che non fa peraltro alcuna difficoltà, vista l'oscillazione dei testimoni nella registrazione dello iota sottoscritto). La precisazione successiva della eccezionale bellezza della ragazza (ἦν γὰρ Ἐρώτων / καὶ Χαρίτων ἡ παῖς ἀμβρόσιόν τι θάλος) giunge come *motivazione* dell'affermazione precedente: γάρ, nel verso, ha chiaro valore esplicativo-causale. Niconoe ha compiuto una certa azione/è stata oggetto di una certa azione *perché* è bella. È più probabile che quest'azione sia l'attribuzione di un premio piuttosto che una svestizione in una notte di bagordi; in questa direzione porta anche la menzione esplicita di un contesto agonale al v. 5 (τὰ καλλιστεῖα), da intendersi in senso reale e non metaforico (come sembrerebbero presupporre le letture di Jacobs e di Wilamowitz; per una loro confutazione, cfr. anche Galli Calderini 1984, pp. 84–87).

Concorsi di bellezza femminili sono d'altronde ben attestati nel mondo greco, sia in contesti istituzionalizzati sia privati: l'esistenza di questo tipo di competizioni si ricava già da Alc. fr. 130b.17–20 Voigt, ma vd. poi soprattutto Athen. 13.609e–610a, dove sono menzionati un concorso di bellezza che si svolgeva in Arcadia, sin dai tempi di Cipselo, durante una festività in onore di Demetra Eleusina, e gare analoghe a Tenedo e a Lesbo. Lo stesso Ateneo ricorda anche un concorso di bellezza maschile che si svolgeva in Elide, sotto l'egida di Atena. Il tema tornerà nel romanzo (cfr. la sfida tra le donne persiane e Calliroe in Charit. 5.3.6–10). Gare di bellezza incentrate su un'unica parte anatomica sono poi attestate soprattutto in relazione al mondo delle cortigiane: vd. Alciphr. *Ep.* 4.14.4–6 Schepers, dove è narrata la contesa ὑπὲρ τῆς πυγῆς tra due etere; al filone delle *Hetärenleben* sono probabilmente da ricondursi anche Rufin. *AP* 5.35–36 = 11–12 Page e Cerc. fr. 14, p. 213 Powell = 58 Livrea = 65 Lomiento, dove la gara disputata da due sorelle siracusane è ricordata dal testimone Athen. 12.554c–e in relazione alla dedica di un tempio ad Afrodite Καλλίπυγος, di cui avrebbe parlato Archelao nei suoi giambi (*SH* 131). Anche la Niconoe dell'epigramma è molto probabilmente un'etera, nonostante sia designata come παῖς (v. 4 e n.).

Il componimento presenta una struttura tripartita, condivisa anche da altri epigrammi edilei di dedica (**2**, **3**; cfr. Introduzione IV.4): i primi due versi contengono un elenco di ornamenti femminili, preziosi e raffinati; il distico centrale ne spiega la funzione in relazione a una fanciulla di nome Niconoe, della quale è specificata, con immagine tradizionale, la straordinaria bellezza; il distico finale identifica Niconoe come dedicante e chiarisce la natura anatematica del testo. Il componimento contiene in effetti tutti gli elementi tipici dell'ἀνάθημα: la divinità alla quale è fatta l'offerta, in dativo (v. 5); un verbo di dedica, la specificazione degli oggetti e della ragione per cui essi vengono dedicati (vv. 5–6); il nome della dedicante (v. 3). Anche l'elencazione iniziale, costituita di termini rari e preziosi (non a caso, essa ha suscitato l'interesse dei lessicografi: parti del componimento sono citate in più punti da Suid. e una sorta di parafrasi del distico finale si trova in [Zon.]), è tipica degli epigrammi anatematici, dove gli autori fanno spesso sfoggio di perizia tecnica proprio tramite l'abile collocazione, all'interno del verso, di cataloghi di oggetti. Il componimento di Edilo si distingue però per l'effetto di *misdirection*: la lista di indumenti che occupa i vv. 1–2 non costituisce, come è tradizionale in questi contesti, l'oggetto della dedica, ma i premi ricevuti dalla dedicante; le attese innescate dall'*incipit* sono pertanto disilluse, con una sorta di ἀπροσδόκητον che conferisce all'epigramma originalità pur all'interno di una tipologia e di una struttura tradizionali e consolidate.

v. 1 Αἱ μίτραι: tra i molti significati del termine (per i quali cfr. Gow 1952[2] *ad* Theocr. 17.19), qui vale probabilmente "fasce per il seno", come in **2**.5 μαλακαί, μαστῶν ἐκδύματα, μίτραι (che ci assicura anche circa l'opportunità di accogliere il plur. tramandato da **P** e Suid., contro il sing. di **Pl**); vd. inoltre adesp. *AP* 5.200.2 = *HE* 3805 (una dedica a Priapo da parte di un'etera in seguito a una παννυχίς, che mostra alcuni punti in comune con il nostro epigramma, tanto da essere stata talora ricondotta alla paternità di Edilo); Call. *AP* 13.24.3 = *HE* 1145 = 38.3 Pfeiffer (una dedica ad Afrodite); Perses *AP* 6.272.2 = *HE* 2864 (una dedica ad Artemide dopo un parto); Philod. *AP* 5.13.4 = *GPh* 3169 = 9.4 Sider (sui seni marmorei della pur matura Carito, che non necessitano di fasce per essere sorretti).

ἁλουργές: "lavorato o tinto di porpora", spesso con riferimento alle vesti: cfr. e.g. Pherecr. *PCG* 106; Diod. 20.93.4; Luc. *DMer.* 6.2 (dove le vesti di porpora sono quelle di una cortigiana, che ha fatto fortuna esercitando il mestiere). Suid. α 1357 Adler glossa ἁλουργά come θαλασσοπόρφυρα. Cfr. anche ἁλουργοβαφής in Clem. Alex. *Paed.* 2.10bis.109.1. La porpora, per gli indumenti, era considerata particolarmente preziosa, tanto da poter assurgere a una sorta di *status symbol* (cfr. Reinhold 1970, pp. 48–61; Longo 1998).

ὑπένδυμα: il termine, di rara attestazione, indica una veste intima, una sottoveste (i derivati più antichi di δύω con suffisso in -μα sono sempre in qualche modo connessi al vestiario: *DELG*, s.v., p. 304; vd. anche **2.5** ἐκδύματα, con n. *ad loc.*): cfr. Plut. *Alex.* 32.8 ὑπένδυμα τῶν Σικελικῶν ζωστόν (dove è però frutto di correzione: i codici hanno ἐπ-) e, soprattutto, Marc. Arg. *AP* 6.201.3 = *GPh* 1381 λεπτὸν ὑπένδυμα τοῦτο χιτῶνος, dove è analogamente utilizzato in relazione a una dedica a una divinità (nella fattispecie, Artemide) da parte di un personaggio femminile (da notare anche l'identità di sede metrica; non si può escludere, data la rarità del termine e le consonanze di contesto, che Marco Argentario avesse in mente il modello edileo; nello stesso *AP* 6.201 = *GPh* 1379 ss. si notano d'altronde affinità con un altro epigramma di Edilo, **2**: cfr. n. *ad* **2.5** σάνδαλα).

vv. 1–2 τοί τε Λάκωνες / πέπλοι: le vesti spartane erano rinomate per la loro raffinatezza, come sembra potersi evincere da Hsch. λ 223 Latte Λακωνικὸς χιτών· λεπτὴ ἐσθὴς διαφανής; sono probabilmente da immaginare di porpora, con proseguimento dell'immagine cromatica innescata dal nesso ἁλουργὲς ὑπένδυμα: vd. Hor. *Carm.* 2.18.7 *nec Laconicas mihi / trahunt honestae purpuras clientae* (con la ricca nota di Nisbet-Hubbard 1978 *ad loc.*). La porpora spartana era particolarmente pregiata: Paus. 3.21.6 la dice seconda alla sola porpora di Tiro, Plin. *NH* 9.127 la definisce la migliore in Europa.

Da notare, in corrispondenza con la menzione dei pepli spartani, la forma dorica dell'articolo, eccezionale per Edilo, autore che tende a privilegiare lo ionico-attico (cfr. Introduzione IV.5). Qui è evidentemente dovuta a ragioni "mimetiche", come già notava Ouvré 1894, p. 44 («Hedylus in versibus qui ionicam linguam redolent dixit tamen dorice 4: τοί τε Λάκωνες / πέπλοι ob id ipsum quod vestis est laconica»).

v. 2 ληρῶν: ornamenti d'oro cuciti nel tessuto delle vesti: vd. Hsch. λ 895 Latte ληροί· τὰ περὶ τοῖς γυναικείοις χιτῶσι κεχρυσωμένα; Paul./Fest. p. 115 M. = 102.23 Lindsay *Leria ornamenta tunicarum aurea*. Il termine è di etimologia oscura, ma Chantraine ipotizza che si tratti di un impiego semantico particolare di λῆρος (1), "futilità, bagatella" (*DELG*, s.v., p. 638): si dovrebbe in tal caso rifiutare l'accentazione ossitona, supportata da Hsch., *l.c.*, e accogliere λήρων di **Pl**, confermato dagli altri due passi in cui la parola è utilizzata in questo senso, Poll. 5.101 e Luc. *Lex.* 9 (dove parrebbe esserci peraltro un gioco su λῆρος come "ornamento di abito femminile" e "chiacchiera/frivolezza": cfr. e.g. Longo 1986, pp. 416–417, n. 33. Sull'oscillazione λῆρος/ληρός, vd. anche Chandler 1881[2], p. 89). L'accentazione properispomena è in effetti quella canonizzata da lessici e dizionari, anche se gli editori dell'*Anthologia* stampano regolarmente, in questo passo, ληρῶν di **P**.

L'inclusione nel lessico di Polluce, nonché l'impiego da parte di Luciano in un'opera incentrata sulla satira della pretenziosità linguistica come il *Lessifane*, dà la misura del carattere desueto del sostantivo, che doveva suonare – almeno alle orecchie di autori vissuti nella prima età imperiale – come leziosa affettazione.

οἱ χρύσεοι κάλαμοι: il termine κάλαμος, propriamente "canna", può indicare vari oggetti di forma tubolare: qui forse un ornamento d'oro incorporato nel tessuto, come pare potersi desumere dal contesto. Non è altrove attestato con questo significato.

v. 3 Νικονόῃ † σὺν ἔκπιε †: il testo di **P**, Νικονόη σὺν ἔκπιε, è chiaramente corrotto (forse anche per influsso del contesto potorio-simposiale meleagreo in cui occorre l'epigramma, oltre che per la menzione, al v. 6, di una coppa?). Νικονόη συνεπέκπιε(ν) di **Pl** e Suid., nonostante le difese tentate, fa difficoltà per la sintassi, per la morfologia e per il senso (vd. *supra*, n. intr.). Ci si attende un verbo che significhi "(tutte queste cose insieme) furono attribuite come premio (a Niconoe)", ma nessuno degli emendamenti proposti è del tutto palmare: συνεπῇἐν di Stadtmüller (che comporta anche la facile correzione di Νικονόη in Νικονόῃ, già proposta da Dübner 1864–1890, II, p. 261, e che qui si accoglie a testo), stampato da buona parte degli editori (e.g. Waltz 1931; Beckby 1965²–1967², I; Conca-Marzi 2005–2011, I), dovrebbe valere in questo caso "presentarsi/venire insieme", ma il verbo è attestato nel solo Thuc. 3.63, dove significa "attaccare insieme", con senso scopertamente ostile (ed ἔπειμι è costruito regolarmente con il dativo quando significa "andare contro, assalire": cfr. *LSJ*, s.v., I.b). Ancora meno soddisfacenti sul piano semantico συνεπέρρεπεν ("propendevano insieme") e συμπέπτωκ' ("sono toccate insieme"), proposti dallo stesso Stadtmüller, συνεπεσπάσατ' ("attirò a sé", «quia praemia non tulerat, sed ἀκονιτί caeteris praeripuerat») di Hecker 1852, pp. 256–257, Νικονόη ο Νικονόης συνεπεκρίθη di Dübner, o Νικονόης ἐν ἐπείσιον di Ellis 1890, p. 218 (peraltro tutti piuttosto distanti dalla paradosi). In assenza di un emendamento del tutto convincente per la voce verbale, preferisco le croci, con Gow-Page e Paton.

Νικονόη, in virtù della sua prima componente, è antroponimo appropriato per una fanciulla che riporta la vittoria in una gara di bellezza e può quindi essere stato selezionato per ragioni tematiche. È un nome scarsamente attestato: della forma ionica, *LGPN* I–V.C, s.v., registra solo tre occorrenze, una nel vol. V.B (Caria, II/I sec. a.C.: *ITrall* 212.2.5) e due nel vol. IV, entrambe di area macedone e di età imperiale; la forma con vocalismo in α ricorre cinque volte, tre di nuovo in area macedone (vol. IV: una attestazione del VII/VI sec., due del III a.C.) e due in Tessaglia (vol. III.B, rispettivamente III/

II sec. a.C. e I a.C./I d.C.). In letteratura si trova poi, con vocalismo η, solo in Posidipp. 6.4 e 7.5 A.–B. (Bastianini-Gallazzi 2001, p. 115 ipotizzano peraltro che possa trattarsi della stessa donna dell'epigramma di Edilo) e in Nicarch. *AP* 11.71.1 (a proposito di una γραῖα). Poiché nell'Egitto tolemaico erano diffusi i nomi di origine tessala e macedone, dovuti al trasferimento ad Alessandria, al seguito dei Lagidi, di molti sudditi provenienti da quelle regioni (cfr. Clarysse 1998, pp. 1 ss.), Schatzmann 2012, p. 165 formula l'attraente ipotesi che l'antroponimo rifletta una realtà egizia e che possa dunque designare, nell'epigramma dell'egizio Nicarco, una persona reale (sull'origine egizia di Nicarco, in realtà congetturale, cfr. lo stesso Schatzmann 2012, pp. 23–25 e Parsons 1999, pp. 38–39). Anche Edilo, nel selezionare i nomi dei suoi personaggi, si sarà probabilmente ispirato, se non sempre a persone reali, almeno ad antroponimi realmente attestati alla sua epoca, nell'area geografica da lui frequentata (cfr. Introduzione IV.2). Un nome diffuso in Egitto è perfettamente congruente con un epigrammista legato all'Alessandria tolemaica (cfr. Introduzione I).

I nomi con componente νικ- sono cari a Edilo: cfr. **2**.1–2 Ἀγλαο<u>νίκην</u> ... / ... <u>Νικ</u>αγόρεω (dove sembra esservi, analogamente, un nesso con il tema del carme, anche se la "vittoria" è lì metaforica e non reale).

vv. 3–4 ἦν γὰρ Ἐρώτων / καὶ Χαρίτων ... θάλος: l'attribuzione della bellezza umana all'opera di divinità erotiche, come Eros, le Cariti, Afrodite, è un *topos*; in tali contesti, è ricorrente l'uso di termini legati alla sfera semantica della nascita e della nutrizione – come θάλος, ἔρνος, θρέμμα, μελέδημα – per esprimere il legame privilegiato tra la divinità e la persona di eccezionale bellezza, descritta idealmente come sua "figlia", "allieva" (vd. Floridi 2007 *ad* Strat. 36.4 = *AP* 12.195.4). Θάλος, in particolare, è usato fin dall'epica in relazione a figli e figlie, descritti come "prole fiorente" (*Il.* 22.87 κλαύσομαι ἐν λεχέεσσι φίλον θάλος, ὃν τέκον αὐτή, dove Ecuba si riferisce a Ettore; *Od.* 6.157, dove è detto di Nausicaa; *h.Cer.* 66, 187; *h.Ven.* 278; Chadwick 1996, pp. 140–141); questo significato è poi comune nella poesia successiva (cfr. e.g. Pind. *O.* 2.45, 6.68, *N.* 1.2, *I.* 7.24; Eur. *El.* 15, *IT* 171, 209, 233, *Ph.* 88). Per l'espressione Ἐρώτων / καὶ Χαρίτων ... θάλος cfr. soprattutto Ibyc. fr. 288 Davies Εὐρύαλε, γλυκέων Χαρίτων θάλος, ... / καλλικόμων μελέδημα, σὲ μὲν Κύπρις / ἅ τ' ἀγανοβλέφαρος Πειθὼ ῥοδέοισιν ἐν ἄνθεσι θρέψαν; Philox. *PMG* 821 ὦ καλλιπρόσωπε χρυσεοβόστρυχε / χαριτόφωνε θάλος Ἐρώτων; adesp. lyr. *PMG* 1029 Κύπριδος θάλος (detto di Adone); [Orph.] *h.* 56.8 Κύπριδος γλυκερὸν θάλος, ἔρνος Ἔρωτος; Nonn. *D.* 41.250 Χαρίτων θάλος. Per θάλος in ambito epigrammatico, vd. Posidipp. o Asclep. *AP* 5.194.3 = *34.3 Sens ἱερὸν θάλος (con n. *ad loc.*); Mel. *AP* 5.174.1 = *HE* 4186 τρυφερὸν θάλος (detto di Zenofila), *AP* 7.476.7 = *HE* 4288 τὸ ποθεινὸν ἐμοὶ θάλος (di Eliodora). In generale, per l'attribuzione agli umani di termini originariamente riferiti al mondo vegetale, vd. i dati raccolti da Valerio 2013a *ad* Ion fr. 1.5 = 26.1 West² πήχει.

Lo statuto "superumano" della fanciulla di eccezionale bellezza è rimarcato dall'aggettivo ἀμβρόσιον, utilizzato, sin dall'epica, in relazione a una grande varietà di referenti, per indicarne la pertinenza alla sfera del divino. Nell'epigramma erotico, cfr. Rufin. *AP* 5.66.2 = 24.2 Page ἀμβροσίων ... γονάτων (delle ginocchia della donna, che l'amante implora come se fosse una dea); vd. anche Philod. *AP* 5.13.5–6 = *GPh* 3170–3171 = 9.5–6 Sider καὶ χρὼς ἀρρυτίδωτος ἔτ' ἀμβροσίην, ἔτι πειθὼ / πᾶσαν, ἔτι στάζει μυριάδας χαρίτων (sulla straordinaria bellezza di una donna non più nel fiore degli anni; il componimento presenta un'altra concomitanza lessicale con il nostro epigramma: cfr. n. *ad* v. 1 Αἱ μίτραι).

ἡ παῖς: i concorsi di bellezza sono per lo più riconducibili al filone delle *Hetärenleben*, e anche la menzione di Priapo, con le sue associazioni "bacchiche", depone a favore dell'ipotesi che Niconoe sia una cortigiana (così Jacobs 1794–1814, I.2, p. 332 e Gow-Page 1965, II, p. 289). La designazione di παῖς, che sottolinea l'inesperta giovinezza della fanciulla, non mi pare sufficiente a ipotizzare che si tratti di una ragazza di stato libero (*pace* Gutzwiller 1998, p. 177): cfr. e.g. Luc. *DMer.* 13.5, dove la cortigiana Innide è definita παιδίσκην. Le etere d'altronde iniziavano a svolgere la professione in giovane età: cfr. e.g. Luc. *DMer.* 7.4, 8.1, dove si parla di cortigiane di diciotto anni, a cui donne più mature danno consigli sulle faccende d'amore; addirittura sette sono gli anni di Pannichide, la *puella satis bella* iniziata a Priapo in Petron. 25.2. Hedyl. **2**, dove si parla della perdita della verginità da parte di Aglaonice, sembrerebbe commemorare proprio l'iniziazione della ragazza al mestiere di cortigiana (cfr. comm. *ad loc.*).

Sulla questione dello *status* delle donne che compaiono negli epigrammi di Edilo, vd. anche, in generale, Introduzione IV.2.

v. 5 τοιγάρ: in virtù della sua "strong logical force" (Denniston, *GP*², p. 565), stabilisce un nesso di forte consequenzialità rispetto a quanto precede; la dedica degli oggetti menzionati nell'ultimo distico è presentata come diretta conseguenza della situazione delineata nei primi due.

τῷ κρίναντι ... Πριάπῳ: Priapo è definito il giudice nella gara di bellezza forse in quanto dio della fertilità e della potenza virile, simbolo di quell'eccitazione sessuale che comporta l'assegnazione del premio a Niconoe. A presiedere ai concorsi di bellezza sono, di solito, divinità femminili (Demetra in Arcadia: cfr. *supra*, n. intr.; Era a Lesbo: cfr. n. seg.), anche se i giudici sono uomini (il prototipo mitico è, naturalmente, Paride; vd. poi il ragazzo citato da Athen. 12.554c in relazione alle sorelle siracusane o la *persona loquens* in Rufin. *AP* 5.35–36 = 11–12 Page). La menzione del dio nell'epigramma di Edilo è in linea, in ogni caso, con la diffusione del suo culto ad

Alessandria, che proprio in quegli anni si andava affermando: secondo Callix. *FGrHist* 627F2 (*ap.* Athen. 5.201c–d), Priapo fu portato in processione insieme al padre Dioniso, e poi alle effigi di Alessandro e di Tolomeo Soter, nella straordinaria πομπή allestita dal Filadelfo per celebrare la gloria della dinastia e onorare i suoi fondatori (Fraser 1972, I, p. 572; sulla processione, vd. in generale Rice 1983; Thompson 2000; Cortesi 2012, pp. 123–136; cfr. anche *infra ad* 4; Introduzione IV.1).

Dediche e preghiere a Priapo, nell'*Anthologia*, ricorrono in contesti rustico-pastorali, in conformità con la funzione di guardiano degli orti e dei confini svolta dal dio, e – in conseguenza della sua assimilazione a Hermes, dovuta alla somiglianza iconografica – di protettore dei naviganti e dei pescatori (cfr. Rossi 2001, pp. 157–159; sulle prerogative di Priapo, le origini del suo culto, la sua connessione con Pan, vd. in generale Herter 1932, pp. 38 ss., 201 ss.; O'Connor 1989, pp. 18 ss.): cfr. Maec. *AP* 6.33 = *GPh* 2500 ss., *AP* 6.89 = *GPh* 2508 ss.; Arch. *AP* 6.192 = *GPh* 3638 ss.; Flacco *AP* 6.193; il libro 10 di *AP* si apre con una sezione dedicata a Priapo: cfr. Leon. *AP* 10.1 = *HE* 2490 ss.; Antip. Sid. *AP* 10.2 = *HE* 438 ss.; Marc. Arg. *AP* 10.4 = *GPh* 1451 ss.; Thyill. *AP* 10.5 = *FGE* 372 ss.; Satyr. *AP* 10.6 = *FGE* 329 ss.; Arch. *AP* 10.7 = *GPh* 3750 ss., *AP* 10.8 = *GPh* 3758 ss.; adesp. *AP* 10.9 = *FGE* 1130 ss.; Agath. *AP* 10.14 = 38 Viansino; Paul. Sil. *AP* 10.15 = 25 Viansino; Theaetet. *AP* 10.16 = 2 Giommoni; forse Antiphil. *AP* 10.17 = *GPh* 849 ss. (vd. Gow-Page 1968, II, *ad* vv. 1–2, λιμενῖτα); vd. inoltre Apollonid. *APl* 239 = *GPh* 1291 ss.; Zona *AP* 6.22 = *GPh* 3440 ss.; Crinag. *AP* 6.232 = *GPh* 2014 ss. = 42 Ypsilanti, dove non sono però specificate le ragioni della dedica (per la possibile relazione tra l'epigramma di Crinagora e quello di Edilo, vd. Ypsilanti 2018 *ad loc.*).

Non manca, d'altro canto, la connessione con la tematica sessuale (che sarà poi prioritaria nella poesia priapea, di ambito soprattutto romano, dove viene meno, invece, l'aspetto "marino" del dio: cfr. Buchheit 1962, pp. 61–62; O'Connor 1989, p. 56 [e pp. 60 ss. per gli epigrammi "priapei" dell'*Anthologia*]): vd. Theocr. *AP* 9.437 = *HE* 3474 ss. (con Rossi 2001, pp. 153–167); Myrin. *AP* 6.254 = *GPh* 2560 ss. (dedica a Priapo da parte di un androgino) e soprattutto adesp. *AP* 5.200 = *HE* 3804 ss., dove Alexo fa una dedica al dio dopo una παννυχίς, che offre un parallelo particolarmente calzante per l'associazione tra Priapo e un contesto di eccitazione bacchica (cfr. n. *ad* v. 6; *AP* 5.200 = *HE* 3804 ss. parrebbe peraltro modellato su un altro epigramma di Edilo, **2** – cfr. *infra ad loc.* – né è mancato chi ha proposto di ricondurre il componimento alla paternità del nostro, insieme ad adesp. *AP* 5.201 = *HE* 3808 ss. e *AP* 5.205 = *HE* 3798 ss.: cfr. Galli Calderini 1984, pp. 117–118). Fuori dall'epigramma, cfr. inoltre, e.g., Alciphr. *Ep.* 4.13.6 e 12 Schepers, dove Pan è prima definito ἐρωτικός, poi la sua statua è descritta quasi in preda all'eccitazione di fronte alla danza lasciva di una cortigiana, con peculiare rivisitazione del tema dell'opera d'arte vivente, diffuso nella letteratura ecfrastica (ἡνίκα δὲ ἀναστᾶσα κατωρχήσατο καὶ τὴν ὀσφῦν ἀνεκίνησεν ἡ Πλαγγών, ὀλίγου ὁ Πὰν ἐδέησεν ἀπὸ τῆς πέτρας ἐπὶ τὴν πυγὴν αὐτῆς ἐξάλλεσθαι).

τὰ καλλιστεῖα: derivato dal tema geminato del superlativo κάλλιστος (*DELG*, s.v. κάλλος, p. 486), come καλλιστεύω, "sono (il) più bello (di)" (cfr. e.g. Hdt. 1.196.2, 6.61.5; Eur. *Tr.* 226), καλλίστευμα, "il più bel dono", "premio" (e.g. Eur. *Or.* 1639, dove è "premio di bellezza"), vale qui probabilmente "concorso di bellezza": cfr. *schol.* D *ad Il.* 9.129 Παρὰ Λεσβίοις ἀγὼν ἄγεται κάλλους γυναικῶν ἐν τῷ τῆς Ἥρας τεμένει, λεγόμενος Καλλιστεῖα. Altrove, al singolare, assume il significato di "premio di bellezza" (cfr. Eur. *IT* 23; Luc. *DDeor.* 20.1, detto in entrambi i casi della mela di Paride) – un valore che non può essere escluso neanche qui (il plurale si spiegherebbe non tanto come plurale poetico, quanto come riflesso della molteplicità di premi offerti a Niconoe ed elencati ai vv. 1–2). Come che sia, il riferimento a un contesto agonale mi pare sicuro.

Πριάπῳ: in **Pl** è ripristinata la forma ionica, più comune in poesia (cfr. Gow 1952² *ad* Theocr. 1.21), ma la lettura di **P** e Suid. è preferibile in quanto *difficilior*. In ambito epigrammatico compare, nella stessa sede metrica, in Theocr. *AP* 9.437.13 = *HE* 3486 (*v.l.*) e Crinag. *AP* 6.232.7 = *GPh* 2020 = 42.7 Ypsilanti (dove pure non sono mancati i tentativi di correggere in Πριήπῳ, a partire già da alcuni apografi: cfr. Ypsilanti 2018 *ad loc.*); vd. inoltre Eust. *ad Il.* 7.459, p. 691.43–44, vol. II, p. 500.9–10 van der Valk ὁ Πρίηπος οὐ μόνον ἐν τῷ η λέγεται ἀλλὰ καὶ διὰ τοῦ α Πρίαπος καὶ διὰ τοῦ ε δὲ Πρίεπος; Herter 1932, pp. 43–44. Da notare che l'apografo **Q** (su cui vd. Introduzione III.1.2.1) concorda con **Pl** *ante correctionem*.

v. 6 νεβρίδα: una pelle di cerbiatto, come quelle indossate dalle Baccanti (e.g. Eur. *Bacch.* 136; Long. 1.15.2 νεβρὶς βακχική). La gara di bellezza potrebbe essere avvenuta durante una παννυχίς: Niconoe potrebbe essere in effetti una baccante, o essersi vestita come tale in occasione del concorso (vd. Gow-Page 1965, II, p. 290). Il legame tra Priapo e Dioniso (e quindi i misteri dionisiaci) è ben attestato, soprattutto ad Alessandria, dove a partire dall'età ellenistica andò affermandosi questa nuova divinità, di probabile origine frigia, anche se il suo culto in Grecia è attestato per la prima volta a Lampsaco e nell'Ellesponto (cfr. Herter 1932, pp. 1 ss.). Non a caso, come si è già ricordato (cfr. n. *ad* v. 5 τῷ κρίναντι … Πριάπῳ), Priapo appare come paredro di Dioniso nella processione allegorico-trionfale organizzata da Tolomeo II. In accordo con una genealogia, era figlio di Dioniso stesso e di Afrodite (Diod. Sic. 4.6.1; Paus. 9.31.2; Tib. 1.4.7; cfr. anche Antip. Sid. *AP* 10.2.8 = *GPh* 445 con Gow-Page 1968 *ad loc.*).

χρυσέην τήνδ'... προχόην: a essere dedicato a Priapo è un oggetto di valore, in linea con il clima di ricchezza e raffinatezza evocato dall'elencazione catalogica iniziale (dove compare peraltro lo stesso aggettivo in relazione ai χρύσεοι κάλαμοι, v. 2). L'oro è d'altronde tradizionalmente associato agli dèi (cfr. Williams 1978 *ad* Call. *h.* 2.32): nella πομπή di Tolomeo II descritta da Callix. *FGrHist* 627F2 (*ap.* Athen. 5.201c–d), Priapo è portato in processione con una corona d'edera d'oro sul capo (Πριάπου ... ἐστεφανωμένου χρυσῷ κισσίνῳ [...] Πρίαπος ... ἔχων στέφανον κίσσινον ἐκ χρυσοῦ).

Per la collocazione in *Sperrung* di aggettivo e sostantivo alla fine dei due emistichi del pentametro, cfr. Introduzione IV.6.

προχόην: il termine, che indica di solito le "foci di un fiume", le acque "correnti" (cfr. Hsch. π 4092 Hansen αἱ ἐκρύσεις τῶν ποταμῶν. καὶ ὑδρεῖαι; Suid. π 2935 Adler αἱ τῶν ποταμῶν ἐξοδευτικαὶ ἀφέσεις εἰς τὴν θάλασσαν· καὶ ἡ παντὸς ὕδατος ἐκροή; *LSJ*, s.v., A; Livrea 1968 *ad* Colluth. 104), equivale qui a πρόχοον, "brocca" (ed è infatti s.v. προχόῳ che vengono citati i vv. 5–6 da Suid. π 2936 Adler; di qui la proposta di correzione di Pierson 1830, p. 271, πρόχοον), come in A.R. 1.456–457 ἀφυσσαμένων προχόησιν (*vv.ll.* προχοῆσιν, προχόοισιν) / οἰνοχόων, Alciphr. *Ep.* 3.11.1 Schepers προχόην ... ἀργυρᾶν e 3.11.4 Schepers ἀπεδόμην τῷ ναυκλήρῳ τὴν προχόην. La forma con l'accentazione parossitona è tramandata da Pl e Suid.: P ha προχοήν. A dispetto dell'oscillazione della tradizione manoscritta, la forma parossitona sembra preferibile: cfr. Chandler 1881[2], p. 44; *LSJ*, s.v., B; Valerio 2013a *ad* Ion 2.3 = 27.3 West[2] προχύταισιν.

Per la dedica di coppe a Priapo cfr. e.g. Maec. *AP* 6.33.5–8 = *GPh* 2504–2507 φηγίνεον κρητῆρα καὶ αὐτούργητον ἐρείκης / βάθρον ἰδ' ὑαλέην οἰνοδόκον κύλικα, / ὡς ἂν ὑπ' ὀρχησμῶν λελυγισμένον ἔγκοπον ἴχνος / ἀμπαύσης ξηρὴν δίψαν ἐλαυνόμενος (in generale, sulle offerte più comunemente attestate per il dio, cfr. Herter 1932, pp. 272 ss.; O'Connor 1989, pp. 56 ss.).

ἔθετο: per il verbo in contesti anatematici, in luogo del più comune ἀνα-, cfr. e.g. adesp. *AP* 6.24.2; Antip. Sid. *AP* 6.46.4 = *HE* 175; Call. *AP* 6.301.4 = *HE* 1178 = 28.4 Pfeiffer; Zona *AP* 6.98.4 = *GPh* 3449 etc.

2 *HE* (1831–1836) = *AP* 5.199

Οἶνος καὶ προπόσεις κατεκοίμισαν Ἀγλαονίκην
   αἱ δόλιαι καὶ ἔρως ἡδὺς ὁ Νικαγόρεω,
ἧς πάρα Κύπριδι ταῦτα μύροις ἔτι πάντα μυδῶντα
   κεῖνται παρθενίων ὑγρὰ λάφυρα πόθων,
5 σάνδαλα καὶ μαλακαί, μαστῶν ἐκδύματα, μίτραι,
   ὕπνου καὶ σκυλμῶν τῶν τότε μαρτύρια.

P, Suid. s.v. μυδῶντες (μ 1377 Adler: vv. 3–4)   caret Pl

Ἡδύλου (C) εἰς Ἀγλαονίκην ἑταίραν P : s.a.n. Suid.

1 κατεκοίμισαν P : κατ' ἐκοίμισαν C   **3** ἧς P, Suid.^{AF} : οἷς Suid.^{GVM} ∥ πάρα Jacobs : παρὰ P, Suid.   **4** κεῖνται P, Suid.^{FVM} : κεῖται Suid.^{G} ∥ πόθων P : μόθων Reiske 1752–1753, p. 460   **5** σάνδαλα P : σάνδυξ Reitzenstein ∥ ἐκδύματα P : ἐν- Ap.V in marg. : εἰλύματα Meineke 1859, pp. 33–34

Il vino e i brindisi insidiosi fecero addormentare Aglaonice,
   e il dolce amore di Nicagora;
da parte di lei ecco dedicate a Cipride, ancora tutte stillanti di profumi,
   queste umide spoglie dei suoi desideri verginali:
5 i sandali e le morbide bende, toltele dal seno,
   testimoni del sonno e di quelle zuffe concitate.

Dedica a Cipride dopo una notte d'amore, durante la quale una fanciulla di nome Aglaonice ha perduto la verginità.

Le modalità della deflorazione di Aglaonice sono state oggetto di discussione: parte della critica ha letto nell'epigramma la commemorazione di un rapporto consenziente, che si è consumato grazie al vino e alla disinibizione indotta da esso (così soprattutto Giangrande 1968, pp. 150–152; Foglia 2005; Cairns 2016, pp. 373–375). Secondo Pretagostini 2000 (in parte anticipato da Jacobs 1794–1814, I.2, pp. 331–332 e Galli Calderini 1984, pp. 79–83; vd. anche Zanker 2007, pp. 236–237), invece, la ragazza, con la dedica ad Afrodite, ricorderebbe un evento traumatico: il suo amato, Nicagora, avrebbe approfittato di lei, facendola addormentare (v. 1), e non rispettando, dunque, i suoi desideri di vergine (v. 4). Secondo questa lettura, la violenza subita sarebbe non solo fisica, ma anche sentimentale, poiché la fanciulla sarebbe stata «defraudata di un'esperienza senza dubbio più volte sognata» (Pretagostini 2000, p. 574), e proprio dalla persona di cui più si fidava. A spingere in questa direzione sarebbero soprattutto i vv. 4–6, dove compaiono termini riferibili al campo semantico della spoliazione e del saccheggio (vd. nn. *ad locc.*).

Se Pretagostini ha ragione a sottolineare la pregnanza della metafora bellica, comunque comune in contesti erotici (cfr. n. *ad* v. 4 λάφυρα), non è però necessario leggere nel testo «la vivida testimonianza del dramma esistenziale di una giovane donna» (p. 574). Il componimento ritrae piuttosto l'iniziazione all'eros di una ragazza inesperta, che prova insieme desiderio e pudore (i suoi desideri sono "verginali", παρθενίων ... πόθων, v. 4: cfr. n. *ad loc.*; da notare anche il dettaglio relativo al profumo delle vesti, che potrebbe far pensare a un appuntamento galante: vd. n. *ad* v. 3 μύροις ἔτι ... μυδῶντα). Sono il vino, e le insistenze di Nicagora, a darle il coraggio di cedere. Se quest'interpretazione è corretta, non si deve intendere che il rapporto sessuale si sia consumato, in modo proditorio, durante il sonno (come nel più tardo Paul. Sil. *AP* 5.275 = 62 Viansino). Il verbo κατεκοίμισαν (v. 1) e il riferimento finale al sonno (v. 6) indicheranno piuttosto la conclusione di una vicenda che si è svolta secondo coordinate cronologiche facilmente ricostruibili: prima il simposio, con i suoi elementi caratterizzanti (il vino, i brindisi, le schermaglie amorose), poi l'eros e, infine, il sonno ristoratore.

Altra questione discussa dalla critica è quella dello *status* di Aglaonice: il lemma di **P**, che la definisce un'etera, è stato considerato erroneo, dal momento che il testo fa esplicito riferimento alla deflorazione della fanciulla (cfr. Gow-Page 1965, II, p. 290 e soprattutto Cameron 1995, p. 500, che nota, con ironia, «Young girls who go to riotous parties may not be as modest as their parents might wish, but they do not have to be prostitutes»). Alle ragazze di stato libero, tuttavia, non era permessa la partecipazione al simposio, presupposto dal riferimento alle προπόσεις (v. 1). Si deve quindi ipotizzare o che l'incontro sessuale sia avvenuto, secondo un *topos* della commedia nuova, durante una festa notturna (cfr. e.g. la *Samia*, gli *Epitrepontes* o il *Phasma* di Menandro), oppure che la fanciulla sia, in effetti, un'etera, come vuole il lemma, e che l'epigramma celebri la sua iniziazione al mestiere (così Cairns 2016, pp. 374–375. Per la partecipazione di una παρθένος a una παννυχίς, cfr. anche Posidipp. 53 A.–B., su Calliope, morta cadendo dal tetto durante una festa notturna. Si discute se nell'epigramma si debba leggere un riferimento al mondo delle etere – ipotesi già avanzata da Bastianini-Gallazzi 2001, pp. 174–175 – anche in base all'interpretazione di τέγος, al v. 3, come "bordello" – cfr. e.g. Diosc. *AP* 9.363.4 = *HE* 1700; Xen. Eph. 5.7.1; Graham 1998, spec. pp. 29–32 – o se la protagonista non sia piuttosto una fanciulla di condizione elevata, come potrebbe suggerire proprio il termine παρθένος, che al di là del significato anatomico ha spesso implicazioni di età e di *status* – vd. n. *ad* v. 4, παρθενίων ... πόθων –, dedita alla celebrazione di Afrodite Urania in vista delle nozze – così González González 2010, pp. 227–229; vd. anche Angiò 2015 *ad loc.*).

Il riferimento alla perdita della verginità avrebbe la funzione di introdurre, nelle parole di Cairns 2016, p. 375, «emotional overtones of loss and nostalgia which can be paralleled in connection with loss of virginity elsewhere in Greek culture, e.g. in two Sapphic fragments» (segue la citazione dei frr. 107 e 114 Voigt). Ma un parallelo più calzante è fornito da Luc. *DMer.* 6, che si apre proprio con il riferimento alla perdita della verginità da parte di una giovane cortigiana iniziata al mestiere dalla madre, e alle sue paure, che alla prova dei fatti si sono rivelate infondate: Ὦ Κόριννα, ὡς μὲν οὐ πάνυ δεινὸν ἦν, ὃ ἐνόμιζες, τὸ γυναῖκα γενέσθαι ἐκ παρθένου, μεμάθηκας ἤδη, μετὰ μειρακίου μὲν ὡραίου γενομένη, μνᾶν δὲ τὸ πρῶτον μίσθωμα κομισαμένη. Più sotto (*DMer.* 6.2), nella sintetica descrizione della professione di etera fornita dalla madre-mezzana, c'è peraltro un esplicito riferimento al bere vino insieme ai ragazzi: συνοῦσα μὲν τοῖς νεανίσκοις καὶ συμπίνουσα μετ' αὐτῶν καὶ συγκαθεύδουσα ἐπὶ μισθῷ. Un'altra allusione alla perdita della verginità da parte di una cortigiana è in Luc. *DMer.* 11.2 (Φιλημάτιον) τὴν ἐκ Πειραιῶς, τὴν ἄρτι διακεκορευμένην. Anche Aglaonice, probabilmente, si trova per la prima volta alle prese con il mestiere: l'epigramma fornisce così un originale controcanto al tema, diffuso nella *Palatina*, della dedica da parte della cortigiana che si ritira dalla professione (cfr. e.g. Phil. Sam. *AP* 6.210 = *HE* 3022 ss.; Antip. Thess. *AP* 6.208 = *GPh* 119 ss.). In luogo della cessazione dell'attività, ne viene qui commemorato l'inizio (cfr., *mutatis mutandis*, il *topos* della «Weaver Who Turns Hetaera», discusso da Tarán 1979, pp. 115–131, in cui dei personaggi femminili decidono di abbandonare il mestiere di tessitrici per dedicarsi a quello, più redditizio, di cortigiane; in Agath. *AP* 6.74 = 41 Viansino è invece una baccante a diventare etera). Sulla questione dello *status* delle protagoniste degli epigrammi di Edilo, vd. in generale Introduzione IV.2.

L'epigramma presenta forti affinità con Asclep. *AP* 12.135 = *HE* 894 ss. = 18 Sens Οἶνος ἔρωτος ἔλεγχος· ἐρᾶν ἀρνεύμενον ἡμῖν / ἤτασαν αἱ πολλαὶ Νικαγόρην προπόσεις· / καὶ γὰρ ἐδάκρυσεν καὶ ἐνύστασε καί τι κατηφὲς / ἔβλεπε, χὠ σφιγχθεὶς οὐκ ἔμενε στέφανος: οἶνος come termine incipitario di entrambi i componimenti, il nome di Nicagora, la menzione delle προπόσεις (Hedyl. v. 1 ~ Asclep. v. 2) e di ἔρως (Hedyl. v. 2 ~ Asclep. v. 1) rendono piuttosto sicuro – anche in vista del rapporto che lega i due autori (cfr. Introduzione II.1) – che il carme sia stato concepito come un complemento di *AP* 12.135 (vd. Knaack 1891, pp. 769–770; Reitzenstein 1893, pp. 91–92; Ludwig 1968, pp. 305–309; Galli Calderini 1984, p. 82; Foglia 2005, pp. 20–22; Zanker 2007, p. 237; Sens 2011, p. 122). Sono così rappresentati due diversi momenti della vita sentimentale di Nicagora: Asclepiade lo ritrae quando, malato d'amore, non riesce a nascondere ciò che prova agli altri simposiasti; Edilo ne commemora invece un successo erotico, quasi a "correggere" il ritratto asclepiadeo e a suggerire, con ironica arguzia, la natura imprevedibile di amore, che condanna i suoi seguaci ad alterne fortune.

Notevoli sono inoltre le affinità, anche lessicali, con **1**, pur nella parziale diversità della situazione (vd. *supra*, n. intr. *ad loc.*).

Il componimento pare essere stato il modello di due epigrammi: adesp. *AP* 5.201 = *HE* 3808 ss. Ἡγρύπνησε Λεοντὶς ἕως πρὸς καλὸν Ἑῷον / ἀστέρα τῷ χρυσέῳ τερπομένη Σθενίῳ, / ἧς πάρα Κύπριδι τοῦτο τὸ σὺν Μούσαισι μεληθὲν / βάρβιτον ἐκ κείνης κεῖτ' ἔτι παννυχίδος (identico, in particolare, l'attacco del v. 3, il che è significativo anche in vista del nostro epigramma: vd. n. *ad loc.*), che non si è mancato di ricondurre alla paternità di Edilo (così e.g. Hecker 1852, p. 105; Wallace-Wallace 1939, pp. 200–201; Ludwig 1968, pp. 311 e 340; Galli Calderini 1984, pp. 117–118), e adesp. *AP* 5.200 = *HE* 3804 ss. Ὁ κρόκος οἵ τε μύροισιν ἔτι πνείοντες Ἀλεξοῦς / σὺν μίτραις κισσοῦ κυάνεοι στέφανοι / τῷ γλυκερῷ καὶ θῆλυ κατιλλώπτοντι Πριήπῳ / κεῖνται τῆς ἱερῆς ξείνια παννυχίδος (notevoli soprattutto il nesso μύροισιν ἔτι πνείοντες, v. 1, che ricorda da vicino l'edileo μύροις ἔτι ... μυδῶντα, il termine μίτραις, v. 2, che richiama le μίτραι di **2**.5, κεῖνται a inizio verso, costruito con il dativo della divinità destinataria della dedica, l'*explicit* τῆς ἱερῆς ξείνια παννυχίδος, da confrontarsi con σκυλμῶν τῶν τότε μαρτύρια di **2**.6). Anche per questo componimento Hecker 1852, p. 105, Wilamowitz 1924, I, p. 145 e Galli Calderini 1984, pp. 117–118 facevano il nome di Edilo (simili proposte di attribuzione, fatte su basi meramente tematiche e stilistiche, trascurano tuttavia la più ovvia delle spiegazioni alternative: l'imitazione; ciò è particolarmente vero per il genere dell'epigramma, dove tanta importanza assume l'arte della variazione; cfr. anche *supra*, Criteri della presente edizione). Per il rapporto fra i tre testi, vd. inoltre Ludwig 1968, pp. 309–310.

Gutzwiller 1993 ha evidenziato i punti di contatto tra le espressioni παρθενίων ... λάφυρα πόθων (v. 4), ὕπνου καὶ σκυλμῶν τῶν τότε μαρτύρια (v. 6) e Cat. 66.13–14 *dulcia nocturnae portans vestigia rixae, / quam de virgineis gesserat exuviis*, ipotizzando che il testo catulliano, riflettendo da vicino la *Chioma di Berenice* callimachea, fornisca prova dell'imitazione di Callimaco da parte di Edilo. La questione è complicata dal fatto che una somiglianza è ravvisabile anche tra il distico catulliano e Agath. *AP* 5.294.17–18 = 90.17–18 Viansino ἦν δ' ἄρα μοι τὰ λάφυρα καλὸν στόμα, καὶ τὸ φίλημα / σύμβολον ἐννυχίης εἶχον ἀεθλοσύνης, come notò per primo Weyman 1924, p. 222 e come fu poi argomentato da Pfeiffer 1932, p. 183, per cui potrebbe essere in realtà il testo agaziano a riflettere più o meno *verbatim* l'originale callimacheo («Man darf aber wohl weitergehen und darin mehr sehen als eine parallele Wendung. [...] Es ist [...] durchaus möglich, dass ἐννυχίης – ἀεθλοσύνης die Worte des Kallimachos sind»; vd. poi Pfeiffer 1949–1953, I, p. 112; Massimilla 2010, p. 470; Harder 2012, II, pp. 807–809). Agazia mostra infatti una conoscenza non superficiale del poeta ellenistico, variato a più riprese nei suoi epigrammi, con una grande libertà di trattamento che prevede modalità allusive variegate e complesse: si va dalle vere e proprie citazioni, immediatamente riconoscibili, a reminiscenze e adattamenti più sottili (cfr. Valerio 2013b; per il passo in questione, vd. in part. pp. 102–104). Potrebbe quindi essere in effetti Agazia ad aderire più da vicino al testo di Callimaco, ma le somiglianze con Edilo non potranno a loro volta essere trascurate: si dovrà probabilmente pensare che anche Edilo evochi il passo del Cirenaico, variandolo però sul piano lessicale.

Come altre dediche edilee (1, 3; Introduzione IV.4), il componimento presenta struttura tripartita: il primo distico introduce la vicenda e i suoi protagonisti; il distico centrale contiene la menzione della dedica, della divinità a cui viene offerta e della dedicante; la chiusa specifica quali sono gli oggetti dedicati (v. 5) e ne ribadisce il significato in relazione agli eventi descritti nei versi precedenti (v. 6, che riprende e specifica il secondo emistichio del v. 4).

Il carme, in *AP*, è il primo di una serie di cinque epigrammi che sono, formalmente, delle dediche: gli oggetti donati alle varie divinità (Priapo in adesp. *AP* 5.200 = *HE* 3804 ss., Afrodite negli altri) sono però cimeli di avventure amorose. Di qui, probabilmente, la percezione dei testi come epigrammi erotici e la loro inclusione nel libro 5.

Assente da **Pl**, l'epigramma compare in un certo numero di apografi di **P**, sia della tradizione tedesco-olandese sia della tradizione francese (cfr. Introduzione III.1.1.1). Nei manoscritti di quest'ultima il testo è accompagnato da alcune note critiche, interessanti per la storia dell'erudizione, anche se di scarso rilievo ai fini dell'interpretazione del componimento. In relazione ai vv. 1–2 è citato, come parallelo, Tib. 1.6.27–28 *saepe mero somnum peperi tibi, at ipse bibebam / sobria subposita pocula victor aqua*; al v. 3, ἧς è chiarito con Ἀγλαονίκης, ἐν τῷ τῆς Ἀφροδίτης ναῷ; il termine ἐκδύματα (v. 5) è improriamente spiegato con *exuviae*, probabilmente per un errore nell'apporre il segno di rimando che si ripete di apografo in apografo (sarebbe stato appropriato in relazione a λάφυρα del verso precedente, posto esattamente sopra ἐκδύματα nei codici); σκυλμῶν (v. 6) è glossato con *vexationum* (probabile segno che nell'epigramma si coglieva l'allusione a un episodio di violenza). Si segnala inoltre che la prima opera a stampa in cui il carme compare sembra essere Ruhnken 1749, p. 42, dove il testo è riportato come si presenta in **P**; fu poi edito da Reiske 1752–1753, pp. 460–461, che stampava οἷς (παρά) di Suid.[GVM] al v. 3 e κεῖται di Suid.[G] al v. 4, e, sempre al v. 4, correggeva πόθων in μόθων.

v. 1 Οἶνος καὶ προπόσεις: l'attacco chiarisce l'ambientazione simposiale dell'epigramma e richiama immediatamente Asclep. *AP* 12.135.1 = *HE* 894 = 18.1 Sens, cit. *supra*, n. intr. La ripresa è qui funzionale a introdurre (la finzione di) una sorta di intervento a "botta e risposta", nell'ottica di uno scambio simposiale tra pari; nella fruizione libraria, funge da chiaro segnale del nesso che intercorre tra i due epigrammi (in generale, per l'*incipit* come sede notoriamente deputata a evocare suggestioni intertestuali, cfr. Conte 1985², p. 10).

κατεκοίμισαν: il verbo, dal valore causativo di "far addormentare", indica gli effetti prodotti dal vino e dall'amore, che inducono Aglaonice al sonno dopo che si è consumata la sua prima esperienza sessuale.

Ἀγλαονίκην: evidente il legame che il nome, legato alla nozione di νίκη, stabilisce con quello di Νικαγόρης (vd. Foglia 2005, p. 23; Cairns 2016, p. 375, n. 98): Aglaonice è una "splendida vittoria" per Nicagora, che riesce a conquistarla (e Aglaonice, d'altronde, non disdegna di essere vinta). Da rilevare, inoltre, la somiglianza fonica tra Ἀγλαο- e -αγόρης, che rende ancora più compatta la coppia di nomi. Per un altro antroponimo femminile formato con la componente νικ-, cfr. **1.3** Νικονόη e n. *ad loc.*

v. 2 αἱ δόλιαι: l'aggettivo relativo alle προπόσεις – primo indizio della piega presa dalla situazione simposiale – giunge con studiato ritardo, in una posizione incipitaria che ne enfatizza il valore semantico (e con l'articolo, che a sua volta contribuisce, con la sua funzione "individualizzante", a isolare quegli specifici brindisi, così insidiosi). Viene così a determinarsi un iperbato fortemente espressivo (Introduzione IV.6).

ἔρως ἡδύς: la dolcezza è qualificazione topica di Eros (per il nesso cfr. e.g. Strat. *AP* 12.2.5 = 2.5 Floridi; [Orph.] *h.* 58.1); nel contesto sottolinea la valenza essenzialmente positiva dell'esperienza vissuta dalla fanciulla.

Νικαγόρεω: il nome, che in Asclepiade ha forse valore ironico, data l'incapacità del personaggio di ingannare gli altri simposiasti nascondendo le proprie pene d'amore (cfr. Sens 2011 *ad loc.*), suggerisce qui invece la "vittoria" (Νικ-) su Aglaonice. La ripetizione della componente νικ- nei due antroponimi, sottolineata dalla loro collocazione simmetrica in *explicit* in due versi contigui, enfatizza la nozione di successo erotico e nello stesso tempo stabilisce un forte nesso tra i due personaggi, che sin dal nome appaiono destinati l'uno all'altra. Nicagora, nome diffuso in tutta la grecità (cfr. *LGPN*, I–V.C, s.v.), in poesia epigrammatica non è esclusivo di Asclepiade e di Edilo: cfr. Hermocr. *APl* 11.3 = *HE* 1945; Nicaen. *AP* 7.502.3 = *HE* 2697; Paul. Sil. *AP* 6.84.2 e 6 = 24.2 e 6 Viansino; compare inoltre in uno degli *incipit* epigrammatici preservati dal CPR XXXIII, col. VII, r. 8 (vd. Introduzione III.4).

Il genitivo è insieme soggettivo e oggettivo: l'amore *di* Nicagora, cioè l'amore che Nicagora nutre per Aglaonice, ma anche l'amore *per* Nicagora, cioè l'amore che Aglaonice prova per il ragazzo, e che la porta quindi ad affidarsi a lui (vd. anche Ouvré 1894, p. 57; Conca-Marzi 2005, p. 305, n. 2 *ad AP* 5.199; Foglia 2005–2011, I, p. 24).

v. 3 ἧς πάρα: il testo tradito da **P**, ἧς παρά, che impone di legare la preposizione al dativo Κύπριδι, lascia inespressa l'identità del dedicante (cfr. Waltz 1931, p. 90, n. 4: «Par elle ou par lui: le texte ne précise pas»). Secondo Ludwig 1968, p. 307, che propone di mantenere ἧς παρά e di intendere ἧς come genitivo oggettivo dipendente da λάφυρα del v. 4, essa sarebbe desunta da λάφυρα stesso: sarebbe dunque Nicagora a dedicare le spoglie della sua conquista erotica, e non Aglaonice. Il confronto con adesp. *AP* 5.201.3 ἧς πάρα Κύπριδι (per il cui rapporto con l'epigramma cfr. *supra*, n. intr.; vd. inoltre **3**.3–4 ἧς τόδε σοί ... / κεῖται, con n. *ad loc.*), tuttavia, mi pare dirimente, per cui accolgo, con Gow-Page 1965, I, p. 100 e Beckby 1965²–1967², I, p. 362, la correzione di Jacobs 1794–1814, I.2, p. 331 (così anche Galli Calderini 1984, pp. 82–83, n. 17): la dedica è fatta da Aglaonice, che offre a Cipride le spoglie della sua prima volta. A ulteriore supporto di questa interpretazione, va notato che **1** e **3**, per molti aspetti affini al nostro epigramma, sono entrambi dediche fatte da donne; **2** rientra, inoltre, in una sequenza del libro 5, di probabile provenienza meleagrea, che prevede solo dediche femminili (Gutzwiller 1993, p. 530).

μύροις ἔτι ... μυδῶντα: per l'espressione, cfr. soprattutto adesp. *AP* 5.200.1–2 = *HE* 3804–3805 μύροισιν ἔτι πνείοντες / ... στέφανοι (cit. per intero *supra*, n. intr.); sul piano concettuale, vd. anche, e.g., Call. *AP* 5.146.2 = *HE* 1122 = 51.2 Pfeiffer κἤτι μύροισι νοτεῖ (su una statua di Berenice); Mel. *AP* 5.136.3–4 = *HE* 4224–4225 τὸν βρεχθέντα μύροις, καὶ χθιζὸν ἐόντα / ... στέφανον. In vista del forte legame tra i profumi e la sfera erotica (per cui cfr. n. *ad* **3**.3), il dettaglio che gli indumenti dedicati siano ancora "stillanti di profumi" può suggerire che la fanciulla si sia preparata per un incontro galante e che l'epilogo non l'abbia colta quindi alla sprovvista (cfr. anche *supra*, n. intr.). L'espressione, con la sua enfasi sulla dimensione olfattiva, quanto mai effimera, sottolinea inoltre il tempismo con cui è offerta la dedica – immediatamente dopo la consumazione del rapporto amoroso, come se le vesti, una volta tolte, non fossero più state indossate, ma subito portate in dono alla dea.

v. 4 κεῖνται: verbo ricorrente nelle dediche, dove sta per ἀνα- (cfr. Gow-Page 1965, II *ad* Hedyl. *HE* 1840 = **3**.4); notevole soprattutto, per i rapporti con questo epigramma, la sua presenza in adesp. *AP* 5.200.4 = *HE* 3807, dove è analogamente costruito con il dativo della divinità a cui è fatta l'offerta, in adesp. *AP* 5.201.4 = *HE* 3811 e in **3**.4 = *HE* 1840 (dove è di nuovo costruito con il dativo).

παρθενίων ... πόθων: πόθος è termine dalle forti connotazioni erotiche: indica, sin da [Hes.] *Sc.* 41 e dai tragici (e.g. Aesch. *Pr.* 654; Soph. *Tr.* 107, 368; Eur. *Hipp.* 526), la passione amorosa, il desiderio privo di discernimento (cfr. Posidipp. *AP* 5.211.4 = *HE* 3065 = 129.4 A.–B. ὁ μὴ κρίνων ...

πόθος), tanto da poter apparire come sua personificazione (cfr. e.g. Aesch. *Suppl.* 1039; Eur. *Bacch.* 414; al pl. e.g. Philod. *AP* 9.570.2 = *GPh* 3241 = 3.2 Sider, *AP* 10.21.2 = *GPh* 3247 = 8.2 Sider; Alph. *AP* 12.18.2 = *GPh* 3573). L'aggettivo παρθένιος rinvia allo *status* della fanciulla, anagrafico e anatomico insieme (Aglaonice è una ragazza giovane e non sposata, oltre a essere, tecnicamente, vergine: sulla nozione di παρθενία vd. Sissa 1990). Il nesso appare dunque quasi ossimorico: Aglaonice, nonostante le sue resistenze di vergine, desidera fortemente il rapporto con Nicagora.

Per la collocazione in iperbato di aggettivo e sostantivo alla fine dei due emistichi del pentametro, cfr. Introduzione IV.6.

ὑγρὰ λάφυρα: λάφυρα indica, propriamente, le spoglie belliche, sottratte ai nemici (e.g. Aesch. *Sept.* 277–278, 479; Soph. *Aj.* 93; Xen. *Hell.* 5.1.24), di solito dedicate ad Ares in cambio della vittoria (cfr. e.g. Leon. *AP* 9.322.1 e 9 = *HE* 2113 e 2121; vd. anche adesp. *AP* 11.336.1). Per indicare un "bottino erotico" il termine torna in Agath. *AP* 5.294.17 = 90.17 Viansino (cit. *supra*, n. intr.), un epigramma interamente giocato sulla metafora bellica (per la specificità dell'immagine utilizzata da Agazia, cfr. Condello 2003). La descrizione del rapporto amoroso in termini di conquista militare, poi declinata, nell'elegia latina, secondo la topica della *militia amoris*, è d'altronde comunissima già in età ellenistica (cfr. Murgatroyd 1975), oltre a essere presente in poesia arcaica (cfr. Broccia 1974, per Archiloco; l'idea è inoltre implicita in un'invocazione come quella che Saffo rivolge ad Afrodite in fr. 1.28 Voigt: σύμμαχος ἔσσο). Per la metafora del "bottino" in relazione ai successi di Eros, cfr. Cat. 66.14 *de virgineis gesserat exuviis* (e *supra*, n. intr.); Mel. *AP* 5.191.8 = *HE* 4385 e Philipp. *APl* 215.2 = *GPh* 3119 (in entrambi gli epigrammi è utilizzato σκῦλα); vd. inoltre **3.6** γλυκερῶν σῦλα φέρωσι πόθων (con n. *ad loc.* per la relazione con questo epigramma) e Asclep. *AP* 12.50.2 = *HE* 881 = 16.2 Sens οὐ σὲ μόνον χαλεπὴ Κύπρις ἐληίσατο (con n. di Sens 2011 *ad loc.* per altri paralleli; Gutzwiller 1993, p. 530 ipotizza un'influenza di Asclepiade su Edilo). Non è pertanto necessario leggere, nella metafora che conclude il componimento e che rientra nella topica della poesia d'amore, la degradazione di Aglaonice a nemico sconfitto e umiliato. La fanciulla, nonostante le sue resistenze di vergine, desidera farsi vincere: la sua verginità è, in definitiva, "bottino" di Cipride.

Da notare la presenza di ὑγρά: da un lato l'aggettivo connota concretamente le spoglie come "umide", in linea con la descrizione dei capi di vestiario elencati al verso successivo come "stillanti di profumi" (vd. già Jacobs 1794–1814, I.2, pp. 331–332), dall'altro rinvia inevitabilmente alla sfera erotica; nel senso di "molle, delicato", può infatti essere applicato e.g. al desiderio (*h.Hom.* 19.33), allo sguardo (cfr. e.g. Luc. *Im.* 6; Alciphr. *Ep.* 3.19.8 Schepers), a Eros stesso (Plat. *Symp.* 196a) etc.

v. 5 σάνδαλα: in luogo del testo tradito, Reitzenstein 1893, p. 91, n. 3 proponeva di leggere σάνδυξ, una veste femminile color carne (Lyd. *Mag.* 3.64), e l'ipotesi era accolta con favore da Gow-Page 1965, II, p. 290, secondo i quali «footwear does not seem very appropriate to this context» (diversamente Ludwig 1968, p. 306 e Galli Calderini 1984, p. 80, n. 7). In realtà dediche di sandali ad Afrodite compaiono anche in Antip. Sid. *AP* 6.206.1 = *HE* 198 e in Arch. *AP* 6.207.1 = *GPh* 3628, dove sono offerti alla divinità, verosimilmente, per propiziarsi le nozze (Antipatro non specifica le ragioni della dedica, ma in Archia Cipride è invocata come γαμοστόλε), e in Phil. Sam. *AP* 6.210.3 = *HE* 3024, dove costituiscono invece il dono di un'etera ormai attempata, che si ritira dalla professione (se il nostro epigramma in effetti celebra, come si è ipotizzato, il "debutto" di Aglaonice nel mondo delle cortigiane, la situazione sarebbe qui speculare). Per sandali "erotizzati", cfr. inoltre e.g. Mel. *AP* 5.198.1 = *HE* 4124, dove una serie di attributi è riferita a varie figure femminili (e il sandalo è appannaggio di Eliodora); *Anacreont.* 22.15–16 καὶ σάνδαλον γενοίμην· / μόνον ποσὶν πάτει με; Luc. *DMer.* 14.2 ἐκ Πατάρων σανδάλια ἐπίχρυσα (in riferimento al dono di un cliente a una cortigiana); cfr. anche Anacr. *PMG* 358.3 = 13.3 Gentili = 6.3 Leo ποικιλοσαμβάλῳ (dove l'aggettivo è riferito alla ragazza di Lesbo). Da segnalare inoltre Marc. Arg. *AP* 6.201.1 = *GPh* 1379 σάνδαλα καὶ μίτρην περικαλλέα, dove i sandali sono dedicati ad Artemide in seguito a un parto: l'epigramma presenta anche altri punti di contatto con questo componimento di Edilo (oltre ai termini σάνδαλα e μίτρην – da confrontarsi, quest'ultimo, con μίτραι alla fine del verso – si noti il riferimento ai profumi, τόν ... μυρόπνουν / βόστρυχον, vv. 1–2, presente anche qui al v. 3, se pur in relazione a un diverso referente) e con **1** (il raro ὑπένδυμα: cfr. n. *ad* **1**.1); è probabile che Marco Argentario, nel comporre il suo epigramma di dedica, avesse in mente i modelli edilei.

   Nella pittura vascolare, i sandali compaiono spesso in scene di corteggiamento, sia eterosessuale che omofilo (cfr. Waite-Gooch 2019, pp. 26–31, 47–48, con ulteriore bibliografia). Afrodite stessa è ritratta di frequente con questo attributo: si pensi all'Afrodite con il sandalo alzato per colpire il figlio Eros, colpevole di aver scagliato frecce anche contro la propria madre, raffigurata in un cratere apulo a figure rosse del 360 a.C. circa, oggi conservato a Taranto, Mus. Naz. 37.2638 (*LIMC* II/1 [1984], s.v. *Aphrodite*, p. 121, n. 1253) – un gesto di cui è ancora memore Luc. *DDeor.* 11.1. Celeberrimo – anche se probabilmente posteriore a Edilo – il tipo dell'Afrodite che si slaccia (o allaccia) il sandalo, noto da più di 170 variazioni in marmo, bronzo e terracotta (l'autore e la datazione dell'originale sono discussi: molti studiosi pensano a una statua in bronzo realizzata da Polymachos alla fine del III sec. a.C., altri a un'opera nella tradizione delle sculture di Lisippo e dei dipinti di Apelle, altri ancora riconducono l'originale a una bottega alessandrina: cfr. *LIMC* II/1 [1984], s.v. *Aphrodite*, pp. 57–59, nn. 462–481; *LIMC* VIII/1 [1999], s.v. *Venus*, pp. 210–211, nn. 182–191; Brinkerhoff 1958; Künzl 1970 e 1994; Havelock 1995, pp. 83–85). Cfr. anche il gruppo marmoreo, dedicato a Delo, nell'edificio dei Poseidoniasti di Berito, da un certo Dionisio (130–100 a.C. circa) e oggi conservato al Museo Nazionale di Atene, con Afrodite che rivolge il sandalo verso Pan (*LIMC* II [1984], s.v. *Aphrodite*, p. 62, n. 514; due diverse interpretazioni dell'iconografia sono offerte da Elderkin 1941 e Zanker 2001, pp. 1–2; equilibrata la posizione di Torelli in Cultraro-Torelli 2009, p. 190, che vede in Pan il simbolo del desiderio maschile, da cui Afrodite cerca di proteggersi; vd. inoltre Pickup 2019, secondo la quale il sandalo è «an expression of Aphrodite's power, albeit very much within her sphere of sex and love, and to this end, also of marriage», p. 243; per il gesto, pur nella diversa circostanza, vd. anche Pers. 5.169, dove una cortigiana delusa percuote con i suoi *solea ... rubra* l'uomo colpevole di averla abbandonata). Il sandalo ha d'altronde strette associazioni con la sfera erotica: è un indumento con un preciso ruolo nella simbologia nuziale. L'allacciamento del calzare è uno dei momenti più significativi della cerimonia di vestizione della sposa (cfr. e.g. la lekythos di Boston, 410–400 a.C., dove compare un Eros inginocchiato a compiere il gesto; altri ess. in Maffei 1994, p. LIX e n. 11) e forse anche della sua svestizione, almeno stando a Luc. *Aet.* 5 (nella sua descrizione delle *Nozze di Alessandro e Roxane* di Aezione, il retore presenta un Amorino che sta sfilando il sandalo dal piede della sposa, perché sia pronta a coricarsi; da segnalare però che, secondo Maffei 1994, pp. LVII–LXVI, Luciano in realtà qui fraintenderebbe il significato dei gesti delle figure ritratte dal pittore, fornendone una "lettura rovesciata"). Come dimostrato dalla documentazione archeologica, le calzature femminili, nelle loro diverse tipologie, rispondevano d'altronde a un preciso codice, che permetteva di denotare ruoli sociali e classi di età. Lo statuto sessuale di una donna poteva essere indicato, nell'iconografia, dalla maggiore o minore apertura della sua calzatura: se lo stivale, con la sua massima chiusura, era prerogativa della vergine, il sandalo, più aperto, denotava per lo più la donna sposata, mentre la pantofola, con la sua assenza di legami e di chiusure, poteva indicare la massima disponibilità all'eros di prostitute ed etere (Cultraro-Torelli 2009). I σάνδαλα menzionati da Edilo – termine generico, che si lascia comunque interpretare come un tipo di calzatura intermedia tra lo stivale e la pantofola – sono dunque un capo di vestiario perfettamente coerente con il contesto erotico, a indicare l'avvenuta maturazione sessuale della dedicataria.

Per la grande varietà di calzature di cui disponevano i Greci, a cui corrispondeva un'altrettanto variegata terminologia, cfr. il catalogo offerto da Herod. 7.57–61, con Brancolini 1978.

μαλακαί, μαστῶν ἐκδύματα, μίτραι: esempio di "parenthetic apposition", un ordine delle parole estremamente sofisticato, insieme audace e bizzarro, che consiste nel frapporre, tra un nome e il suo aggettivo, un'apposizione, la quale può essere costituita da un sostantivo semplice, da un sostantivo accompagnato da un genitivo (come in questo caso), o anche da un'espansione più elaborata (cfr. Solodow 1986). Il costrutto in poesia greca è raro: cfr. Archil. fr. 196.49–50 West[2] νέον, / ἥβης ἐπήλυσις, χρόα (verso di problematica esegesi, ma ἥβης ἐπήλυσις è molto probabilmente da intendersi come apposizione di νέον ... χρόα: cfr. Degani-Burzacchini 2005[2], p. 21); Mel. *AP* 5.144.3–4 = *HE* 4158–4159 ἁ φιλέραστος, ἐν ἄνθεσιν ὤριμον ἄνθος, / Ζηνοφίλα Πειθοῦς ἡδὺ τέθηλε ῥόδον, dove a una prima apposizione ne segue una seconda; Colluth. 109 ποιμενίη δ' ἀπέκειτο, βοῶν ἐλάτειρα, καλαῦροψ, il cui effetto è tuttavia smorzato dall'interposizione del verbo; dubbie le tre occorrenze tragiche (Aesch. *A.* 119, con Fraenkel 1950 e Medda 2017 *ad loc.*, *Eum.* 302; Eur. *Hipp.* 1037), mentre l'unico caso in commedia, Ar. *Nub.* 563–564 ὑψιμέδοντα μὲν θεῶν / Ζῆνα τύραννον (in una sezione lirica), «is softened [...] by partition over two cola and eased by the familiarity of the phrase» (Solodow 1986, pp. 133–135; si cita da p. 135). Più frequenti le sue occorrenze in poesia latina: è varie volte in Virgilio, in particolare nelle *Bucoliche* (1.27 *raucae, tua cura, palumbes*, con Clausen 1994 *ad loc.*, 2.3, 3.3, 7.21, 9.9), mentre è più raro (e di tipo più semplice) nelle *Georgiche* (2.146–147 *maxima, taurus, / victima*, 4.168 *ignavum, fucos, pecus*, 4.246 *dirum, tiniae, genus*) e pressoché assente nell'*Eneide* (6.842–843 *geminos, duo fulmina belli, / Scipiadas*, dove il suo effetto è diluito dalla collocazione in due versi contigui, come e.g. in Stat. *Theb.* 3.237–238 *turpis, primordia belli, / insidias*). Nonostante altre occorrenze in poesia latina, da Orazio (*Carm.* 1.1.29, 1.20.5, 3.24.42, 4.8.31, *Epist.* 2.1.234), a Properzio (e.g. 3.3.31), a Ovidio (e.g. *Am.* 1.12.7, 2.16.38, 2.16.44, *Ars* 2.281, *Met.* 6.131, 11.412), a Stazio (e.g. *Silv.* 2.4.2, 3.5.96, *Theb.* 3.247, 5.315, 5.432, 6.80–81), ai *Priapea* (2.7), e fino ad Ausonio (*Mos.* 177), il costrutto sembra essere stato percepito come troppo artificioso e manierato per affermarsi a pieno titolo come tratto del linguaggio poetico.

ἐκδύματα: lo *hapax*, che indica il denudamento dei seni durante il rapporto d'amore, è opportunamente difeso da Gow-Page 1965, II, p. 290 contro la correzione banalizzante ἐνδύματα che si legge in margine ad **Ap.V** (la stessa correzione fu proposta anche da Spanheim *ap.* Graevius 1697, II, p. 135 e poi, indipendentemente, da Hecker 1852, p. 105; è accolta, tra gli altri, da Dübner 1864–1890, II, p. 142 e Beckby 1965[2]–1967[2], I, p. 362); è probabile che Edilo utilizzi il termine proprio in vista di un *calembour* ἐκδύματα/ἐνδύματα (in luogo dell'atteso reggiseno, giunge, in qualche modo, il suo contrario). Il termine non andrà inteso in senso violento (Pretagostini 2000, p. 571 traduce «le fasce strappatele dal seno»): ἐκδύω, che pur può essere utilizzato metaforicamente nel senso di "depredare, saccheggiare", letteralmente significa "spogliare" (cfr. Diofane di Mirina *AP* 5.309, un epigramma costruito su un gioco di parole che fa perno su ἐκδιδύσκω, sinonimo di ἐκδύω), e può pertanto indicare in modo "neutro" l'atto della svestizione (Hdt. 5.106.6; Xen. *Hell.* 3.4.19), senza connotazioni di prevaricazione. L'eventuale idea di "strappo" è se mai da connettersi alla concitazione del momento – ma non mi pare che il testo suggerisca un'interpretazione in tal senso.

Per un altro (raro) sostantivo derivato da δύω, con suffisso -μα, cfr. **1.1** ὑπένδυμα (e n. *ad loc.*).

μίτραι: cfr. **1.1** e n. *ad loc.*

v. 6 ὕπνου: il termine colloca l'incontro amoroso in una dimensione notturna, canonica in contesti erotici, tanto che εὕδω e derivati possono essere utilizzati come eufemismi per indicare il rapporto sessuale: cfr. già *Od.* 8.313, 342 e poi, e.g., Philod. *AP* 5.120.4 = *GPh* 3205 = 26.4 Sider εὕδομεν, ὡς εὕδειν τοῖς φιλέουσι θέμις (con Sider 1997 *ad loc.*); Luc. *DMer.* 6.2, cit. *supra*, n. intr.; vd. anche Mel. *AP* 5.184.3 = *HE* 4372 ταῦτ' ἦν, ταῦτ', ἐπίορκε; μόνη σὺ πάλιν, μόνη ὑπνοῖς; Non sarà un caso che adesp. *AP* 5.201 = *HE* 3808 ss., molto vicino al nostro epigramma (cfr. *supra*, n. intr.), trasformi il sonno di Aglaonice in veglia erotica (v. 1 Ἡγρύπνησε Λεοντὶς ἕως πρὸς καλὸν Ἑῷον). Vd. anche Cat. 66.13 *nocturnae ... vestigia rixae*, dove in luogo della menzione del sonno si trova quella di un'ambientazione notturna.

Il sonno è qui da intendersi come metonimico per "tutta quella notte", amore compreso, mentre il successivo σκυλμῶν richiama l'attenzione sulla specifica esperienza erotica ("tutta quella notte in cui dormimmo insieme, e in particolare quei momenti di amorosa concitazione").

σκυλμῶν: dalla stessa radice di σκύλλω, il sostantivo, usato, come qui, per di più al plurale, significa di solito "molestia, fastidio, tormento" (Pretagostini 2000, p. 573 confronta in particolare P.Tebt. III.1 790.11, 127-124 a.C., dove l'endiadi μεθ' ὕβρεως καὶ σκυλμοῦ ricorre a proposito degli atti di aggressione subiti dai custodi di un *temenos* di Arsinoe Filadelfo a Ossirinco; il senso specifico di "violenza amorosa" sembrerebbe poi attestato in P.Tebt. I 41.7, II sec. a.C.; P.Fay. 11.5, I sec. d.C.; Vett. Val. p. 180, r. 7 Kroll: cfr. *LSJ*, s.v., 3; anche secondo Zanker 2007, p. 237, il sostantivo implicherebbe «some violence»). Ma la gamma di significati coperta da σκύλλω è ampia: da "essere lacerato o straziato", come in Aesch. *Pers.* 577, dove è detto dei cadaveri dei fanti e dei marinai della flotta persiana dilaniati dai pesci, fino a un più generico "disturbare, dare fastidio" (cfr. NT *Lu.* 8.49 μὴ σκύλλε τὸν διδάσκαλον), con progressivo indebolimento della pregnanza semantica iniziale. Significativamente, in Mel. *AP* 5.175.5 = *HE* 4358 ἔσκυλται δὲ κόμη il verbo è utilizzato a proposito di una chioma femminile, scomposta in seguito a bagordi erotico-simposiali; notevoli i riferimenti meleagrei all'insonnia notturna, al passo femminile reso malcerto dal vino, ai profumi stillanti dalla chioma, all'aspetto scarmigliato: tutti elementi che compaiono anche nel nostro epigramma. L'espressione è poi ripresa da Paul. Sil. *AP* 5.259.3 = 77.3 Viansino ἔσκυλται δὲ κόμη, dove l'aspetto scomposto della donna è analogamente indice delle "battaglie" erotiche notturne (in Maec. *AP* 5.130.1–2 = *GPh* 2488–2489 il nesso κόμης ... / σκύλματα indica la chioma scarmigliata di una donna che mostra, con la trascuratezza dell'aspetto e gli occhi gonfi di pianto, le proprie sofferenze amorose; σκύλμα κόμης ricorre poi, in diverso contesto, in Paul. Sil. *AP* 5.248.4 = 53.4 Viansino, dove indica il taglio dei capelli imposto dall'amante come punizione alla donna fedifraga). Nel nostro componimento non si dovrà dunque cogliere necessariamente una connotazione di violenza: il termine potrebbe indicare, come in alcuni dei paralleli epigrammatici citati, la scompostezza scarmigliata, la confusione arruffata dell'atto erotico appena consumato (un significato analogo assume *rixa* in Cat. 66.13; per il rapporto con Edilo cfr. *supra*, n. intr.). Foglia 2005, p. 31 suggerisce di cogliere in σκυλμός un riferimento alla deflorazione: l'idea di "lacerazione" veicolata dal termine sarebbe da intendersi in senso anatomico. Ma mancano paralleli in tal senso: σκυλμός è attestato nel linguaggio medico con il valore generico di "irritazione, fastidio" (e.g. Orib. 8.2.9; *LSJ*, s.v., 2), per cui mi pare più prudente intenderlo, in linea con l'uso di questa famiglia semantica nell'epigramma erotico, nel senso attenuato di "confusione", "zuffa".

μαρτύρια: per il termine, cfr. Philipp. *AP* 6.236.1–2 = *GPh* 2642–2643 Ἔμβολα ... / Ἀκτιακοῦ πολέμου κείμεθα μαρτύρια; Crinag. *AP* 9.419.4 = *GPh* 1938 = 29.4 Ypsilanti Πυρήνης ὕδατα μαρτύρια (in entrambi i casi, come qui, in clausola di pentametro).

3 *HE* (1837–1842) = Athen. 11.486a–b

Ἡ διαπινομένη Καλλίστιον, ἀνδράσι θαῦμα,
   κοὐ ψευδές, νῆστις τρεῖς χόας ἐξέπιεν·
ἧς τόδε σοί, Παφίη, ζωραῖς μίτρῃσι θυωθὲν
   κεῖται πορφυρέης λέσβιον ἐξ ὑέλου.
5 ἥν <σὺ> σάου πάντως, ὡς καὶ πάλι τῶν ἀπ' ἐκείνης
   σοὶ τοῖχοι γλυκερῶν σῦλα φέρωσι πόθων.

Athen. 11.486a Λέσβιον· ὅτι ποτηρίου εἶδος, Ἡδύλος παρίστησιν ἐν Ἐπιγράμμασιν οὑτωσὶ λέγων   carent Athen. Epitome, P, Pl

1 Καλλίστιον Musurus 1514, p. 197 : κάλλιστον Athen.^A || Καλλίστιον, ... θαῦμα, sic distinxi **2** ψευδές Athen.^A : ψεῦδος Headlam **3** ἧς τόδε σοί Pierson 1830, p. 375 : ηστοδεοι Athen.^A || ζωραῖς μίτρῃσι Schweighäuser : ζωρεσμιτρησι Athen.^A : ζωροῖς μέτροισι Jacobs : ζωροῖς ἀμέτροισι (sc. πότοις) Gow : ζωραῖς μύρρησι Kaibel **5** ἥν Athen.^A : τὴν dubitanter Gow || σὺ suppl. Meineke || πάλι τῶν Kaibel : πάντων Athen.^A : πάλι τὼς Gärtner || ἀπ' ἐκείνης Musurus, ibid. : ἐπ' ἐκείνης Athen.^A : ὑπ' ἐκείνης Schweighäuser : ἐπ' ἐκείνῳ Gow : ἐπὶ νίκης Gärtner **6** σῦλα Athen.^A : σκῦλα Musurus, ibid., fortasse recte || πόθων Athen.^A : πότων Casaubon

Callistio, bevitrice infaticabile – prodigio per gli uomini, e
   non mendace – ha tracannato tre brocche, digiuna:
ecco a te dedicata da parte sua, Pafia, questa
   coppa di vetro purpureo, profumata delle sue pure bende.
5 E tu mantienila sana e salva, così che da parte sua anche in seguito
   le tue mura rechino le spoglie dei dolci desideri.

L'epigramma, citato da Athen. 11.486a–b in relazione a un tipo di coppa, il λέσβιον (v. 4), commemora una dedica ad Afrodite da parte di una donna di nome Callistio, che si è segnalata, durante un simposio, per la straordinaria quantità di vino bevuta. Prendendo in prestito il linguaggio della paradossografia, la *performance* del personaggio è descritta come un prodigio (θαῦμα, v. 1).

La dedica ad Afrodite (v. 3), il nesso con l'isola di Lesbo suggerito dal nome della coppa (v. 4 e n. *ad loc.*), la menzione finale dei desideri (πόθων, v. 6, lezione di cui pur si è dubitato: cfr. n. *ad loc.*) connotano l'epigramma di una sfumatura erotica. Si può immaginare un epilogo analogo a quello descritto in **2**, componimento a cui il testo è legato anche da alcune affinità formali e tematiche: cfr. la costruzione dei vv. 3–4 (vd. n. *ad loc.*), la menzione dei profumi (v. 3 θυωθέν e n. *ad loc.*), l'immagine delle "spoglie" (σῦλα, v. 6, che richiamano i λάφυρα di **2**.4: vd. n. *ad loc.*), la dedica stessa ad Afrodite. Quest'ultima resterebbe anzi sostanzialmente immotivata se non ci fosse un'allusione a una qualche esperienza erotica consumata dopo il simposio, a complemento della prodezza etilica compiuta.

L'epigramma ha struttura tripartita: il primo distico descrive la *performance* per cui Callistio si è distinta; il distico centrale contiene la descrizione dell'oggetto dedicato; il terzo conclude il componimento con la richiesta di nuova protezione per il futuro, in cambio della promessa di nuove offerte. Per questa struttura trimembre, cfr. **1**, **2**; Introduzione IV.4.

Per la dedica di un recipiente per bere da parte di un personaggio femminile (una προχόη, offerta a Priapo), cfr. **1**; vd. inoltre **4**, dove viene dedicato un ῥυτόν nel tempio di Afrodite-Arsinoe.

vv. 1–2 Ἡ διαπινομένη … / κοὐ ψευδές: διαπίνομαι è qui medio per l'attivo, secondo un fenomeno comune in età ellenistica (cfr. Bulloch 1985 *ad* Call. *Lav.Pall.* 65; Sens 1997 *ad* Theocr. 22.185).

Al verbo è di solito assegnato un valore agonale ("bere a gara") in base a Hdt. 5.18.2 Ὡς δὲ ἀπὸ δείπνου ἐγίνοντο, διαπίνοντες εἶπαν οἱ Πέρσαι τάδε (ma l'interpretazione del passo non è univoca: Nenci 1994, ad esempio, traduce διαπίνοντες come «brindando»): cfr. *LSJ*, s.v., I, «drink one against another» (vd. anche e.g. Fearn 2007, p. 101, n. 6), *GI*, s.v., 1 «bere a gara». Tuttavia, negli altri due passi citati da *LSJ* e *GI* per esemplificare questo valore, Hdt. 9.16.2 Ὡς δὲ ἀπὸ δείπνου ἦσαν, διαπινόντων τὸν Πέρσην e Plat. *Rp*. 420e τοὺς κεραμέας κατακλίναντες ἐπὶ δεξιὰ πρὸς τὸ πῦρ διαπίνοντάς τε καὶ εὐωχουμένους, il contesto non legittima un'interpretazione di questo tipo. In entrambi il verbo vale semplicemente "(continuare a) bere" (e così rendono comunemente le traduzioni: vd. e.g., per Erodoto, Masaracchia 1978 «mentre bevevano»; Izzo D'Accinni 1984, «mentre continuavano a bere»; per Platone, Vegetti 2006, «a bere e a banchettare»). Analogo significato ha almeno in Plut. *Mor*. 711d τῶν Πλάτωνος διαλόγων ἐπὶ τραγήμασι καὶ μύροις ἀκούειν διαπίνοντας, 715d οἴνῳ δὲ χρωμένους ἐπὶ πλέον καὶ διαπίνοντας e Anaxandr. *PCG* 58.1–2 Τὸ νέκταρ ἐσθίω πάνυ / μάττων διαπίνω τ' ἀμβροσίαν (vd. *DGE* V, s.v., 3), mentre altrove vale "brindare" (cfr. Hsch. δ 1223 Latte-Cunningham διαπίνειν· προπίνειν. Ἐπιγένης [= *PCG* 8]; vd. anche Moer. δ 15 Hansen; *DGE* V, s.v., 2), o, al passivo, «to be swallowed at a draught» (*LSJ*, s.v., II; cfr. Arist. *Pr*. 872b27 Διὰ τί ὁ γλυκὺς καὶ ἄκρατος καὶ ὁ κυκεὼν μεταξὺ διαπινόμενοι ἐν τοῖς πότοις νήφειν ποιοῦσιν;), o anche "essere imbevuto, impregnato" (in senso figurato: Philostr. *Im*. 1.12 ποικίλλει τὰς πέτρας ἐν πολλαῖς διαπινόμενον ταῖς τροπαῖς; *DGE* V, s.v., 3). Δια- sarà quindi da intendere come intensivo: cfr. *ThGL* III, s.v., col. 1270: «perpoto, epoto, ebibo: ut διὰ sit ἐπιτακτικὸν, et quidem habens eand. ἐπίτασιν quam ἐκ in ἐκπίνω». A confermare che il valore agonale non sia implicito nel verbo – mi pare – è un passo come Ael. fr. 113 Domingo-Forasté = 110 Hercher (trasmesso da Suid. α 3213 Adler) σκύφων δὲ πιτύλοις ἁμιλλᾶσθαι διαπίνοντα πρὸς τοὺς νέους, dove l'idea della gara è espressa da ἁμιλλᾶσθαι, mentre διαπίνω indica il solo atto del bere. All'origine dell'equivoco lessicografico è probabilmente Poll. 6.19–20 προπίνειν διαπίνειν, διαμιλλᾶσθαι ἐν πότῳ, ἐκπίνειν, ὑποπίνειν – ὃ καὶ ὑποψακάζειν λέγουσι – φιλοποτεῖν, καταπίνειν, dove è suggerita l'equivalenza διαπίνειν = διαμιλλᾶσθαι ἐν πότῳ. È quindi complessivamente più corretta l'interpretazione di *DGE* V, s.v., 1, che pur ammettendo una (secondaria) valenza agonale in base a Hdt. 5.18.2, enfatizza soprattutto il senso della *durata* (e quindi dell'*intensità*) della bevuta e delle *modalità* secondo cui questa avviene: «seguir bebiendo *después de la comida*, reunirse para beber, beber en ronda, *de donde tb.* competir bebiendo» (segue la citazione di Hdt. 5.18.2). Anche in Edilo, il senso sarà "continuare a bere, bere di continuo, tracannare", con annessa l'idea di una eccezionale resistenza alle bevute (ribadita d'altronde, al v. 2, dalla specificazione della quantità del vino trangugiato, per di più a digiuno: νῆστις τρεῖς χόας ἐξέπιεν), della quale si dà prova di fronte agli altri convitati.

Altrettanto problematica mi sembra l'interpretazione tradizionale dell'espressione διαπινομένη ... ἀνδράσι, secondo cui dal verbo dipenderebbe il successivo dativo, e il senso sarebbe quello di "bere a gara con gli uomini". La costruzione con il dativo, per δια-, non sarebbe infatti palmare (né vi sarebbero paralleli in tal senso), per cui è preferibile intendere ἀνδράσι come dipendente dal successivo θαῦμα, per il quale la costruzione con il dativo è "regolare": cfr. e.g. Soph. *Ant.* 254 πᾶσι θαῦμα e, soprattutto, Dion. Per. 829 περιώσιον ἀνδράσι θαῦμα. A confermarlo è anche *14.5 μυρίον ἀνδράσι θαῦμα, dove lo stesso nesso occorre, in una diversa sede metrica, in un componimento di probabile paternità edilea.

L'idea dell'eccellenza del personaggio femminile rispetto ai simposiasti maschi è comunque presente nel contesto: lo stupore degli uomini per la *performance* di Callistio implica che la donna non sia affatto inferiore a loro. L'idea del confronto agonale, quindi, pur non esplicitato, in qualche modo è presente: Callistio, infaticabile bevitrice, si segnala per la sua incredibile resistenza all'alcol, tanto da apparire, ai convitati maschi, come un fenomeno degno di essere ammirato; una prova così eccezionale è meritevole di essere celebrata attraverso la dedica di una coppa alla divinità.

Vere e proprie gare tra bevitori di vino sono ricordate da Ael. *VH* 2.41, secondo il quale Senocrate di Calcedone, vinta una corona d'oro alla festa dei Boccali, nel secondo giorno delle Antesterie, la dedicò a Hermes; Eliano menziona anche una certa Cle(i)o, il cui comportamento a simposio ricorda quello di Callistio (ma qui l'idea della gara con gli uomini è espressa in modo esplicito): Κλεὼ φασιν ἐς ἅμιλλαν ἰοῦσα οὐ γυναιξὶ μόναις ἀλλὰ καὶ τοῖς ἀνδράσι τοῖς συμπόταις δεινοτάτη πιεῖν ἦν, καὶ ἐκράτει πάντων; vd. anche Phalaec. *HE* 2935 ss. Si è peraltro ipotizzato che la donna ricordata da Eliano sia la stessa menzionata da Hedyl. **9** come eccezionale mangiatrice (vd. n. intr. *ad loc.*). Per altre figure di beoni in poesia ellenistica, cfr. Euph. fr. 52 Lightfoot; Call. *AP* 7.454 = *HE* 1325 s. = 36 Pfeiffer (non spurio: vd. Livrea 1989).

v. 1 Καλλίστιον: nome di una celebre cortigiana in Mach. fr. 433 Gow, è ricorrente nell'epigramma: cfr. Posidipp. *AP* 12.131.3 = *HE* 3084 = 139.3 A.–B.; Call. *AP* 6.148.1 = *HE* 1125 = 55.1 Pfeiffer; Mel. *AP* 5.192.1 = *HE* 4292 (dove l'antroponimo è coinvolto in un gioco di parole); Philod. *AP* 5.123.3 = *GPh* 3214 = 14.3 Sider: vd. inoltre CPR XXXIII, col. V, r. 23, dove parrebbe anche esservi una menzione del vomito, in linea con la caratterizzazione della donna, in Edilo, come beona (cfr. Parsons-Maehler-Maltomini 2015, p. 73). Anche qui potrebbe trattarsi di una cortigiana: il nome – un ipocoristico tipico delle etere, che rinvia, per di più, alla sfera semantica della bellezza (e vd. anche 1.5 τὰ καλλιστεῖα) – avrà verosimilmente richiamato alla mente del pubblico una cortigiana, probabilmente anche per influsso della celebre Callistio, divenuta forse antonomastica per indicare il tipo, indipendentemente dal fatto che quello del nostro epigramma sia o meno un personaggio reale e noto ai contemporanei del poeta (cfr. Introduzione IV.2).

vv. 1–2 θαῦμα, / κοὐ ψευδές: espressione tipicamente paradossografica (sulla famiglia lessicale di θαῦμα in relazione al genere paradossografico cfr. Pajón Leyra 2011, pp. 41–44), che assimila la *performance* di Callistio a un prodigio, degno di essere ammirato (e raccontato); da notare l'enfasi data da κοὐ, più forte della negazione semplice (e nell'enfasi si deve probabilmente cogliere una sfumatura ironica verso i moduli espressivi e le pretese di verità del filone taumatologico). Altri poeti della prima età ellenistica, come Posidippo (cfr. Krevans 2005, pp. 89–92; Guichard 2006 e 2014), mostrano l'influenza di questo nuovo genere letterario, che proprio tra il IV e il III sec. si andava diffondendo, portando alla compilazione delle prime raccolte di *mirabilia* (cfr. Giannini 1963, 1964 e 1966; Schepens-Delcroix 1996; Pajón Leyra 2011). Edilo, assemblando il suo scherzoso "catalogo" di θαύματα simposiali (cfr. la serie sui ghiottoni, **7–9**, introdotta da Athen. 8.344f proprio come una rassegna, una sorta di catalogo: ἐν ἐπιγράμμασι ὀψοφάγους καταλέγων), potrebbe essersi ispirato anche a questo crescente interesse per i *paradoxa*.

Per l'opportunità di intendere ἀνδράσι θαῦμα come nesso, cfr. n. *ad* vv. 1–2 Ἡ διαπινομένη ... / κοὐ ψευδές.

v. 2 ψευδές: Headlam in Headlam-Knox 1922 *ad* Herod. 2.101 proponeva di correggere in ψεῦδος, poiché il neutro ψευδές non è mai attestato prima dell'età imperiale (cfr. *LSJ*, s.v., 1); ma le occorrenze di ψεῦδος = ψευδές si riducono a pochi casi (Plat. *Cra.* 385c, *Plt.* 281b: cfr. *LSJ*, s.v. ψεῦδος, III), tanto che in Eur. *Heracl.* 462, dove i mss. hanno ψεῦδος, è di solito accolta la correzione ψευδές di Nauck. Mi pare pertanto preferibile mantenere il testo tradito da Ateneo, ipotizzando la possibilità che la forma neutra dell'aggettivo fosse già in uso prima dell'età imperiale, analogamente alla forma negativa con α privativo ἀψευδές, attestata, e.g., in Eur. *Heracl.* 891, *Suppl.* 869.

νῆστις: detto di persone già in Omero: cfr. *Il.* 19.207; *Od.* 18.370; vd. inoltre Call. *Aet.* fr. 21.10 Pfeiffer = Harder = 23.10 Massimilla. La specificazione che Callistio è a stomaco vuoto accresce il senso di meraviglia provocato dal θαῦμα. L'abitudine di bere vino a digiuno è stigmatizzata da Plin. *NH* 14.143, che la considera una novità "straniera" introdotta a Roma ai tempi di Tiberio (vd. anche Plin. *NH* 23.41; Sen. *Epist.* 122.6).

τρεῖς χόας: il χοῦς attico, equivalente, secondo le fonti, al *congius* romano, è un recipiente che contiene sei ξέσται o *sextarii*, i.e. 3,283 litri (cfr. Hultsch 1882², pp. 24–25, 32–33; Segrè 1928, pp. 131 ss.); i tre χοῦς bevuti da Callistio equivalgono dunque a quasi dieci litri. La specificazione della quantità di vino bevuta dalla donna accresce l'impressione di realismo, secondo un procedimento tipico degli scritti paradossografici (cfr. *supra*, vv. 1–2 θαῦμα, / κοὐ ψευδές, e n. *ad loc.*), dove sono forniti quanti più dettagli possibile per sottolineare la veridicità di ciò che apparirebbe altrimenti incredibile e fuori dall'ordinario (cfr. e.g. l'attenzione di Luciano per i numeri e le misure nella *Storia vera*, un testo che mostra notevoli punti di contatto con la paradossografia; Scarcella 1985 ha opportunamente parlato, a questo proposito, di *furor mathematicus*; anche Plin. *NH* 14.144 presenta le prodezze etiliche di Torquato Novellio Attico come una sorta di prodigio, quando descrive Tiberio che lo guarda meravigliato mentre beve tre congi di vino tutto d'un fiato – […] *spectante miraculi gratia Tiberio principe*. Da rilevare anche la coincidenza, già segnalata da Gow-Page 1965, II, p. 291, tra la quantità di vino bevuta dal personaggio citato da Plinio – da cui il soprannome di *Tricongius* – e quella tracannata da Callistio.). Per la specificazione numerica, vd. anche **6.**2 τετραχόοισι κάδοις.

Si noti che, secondo Athen. 10.415a–b, Posidippo (143 A.–B.) aveva scritto un epigramma su Aglaide, una ghiottona capace di mangiare da sola grandi quantità di cibo e di bere *un intero boccale di vino*: ἔπινεν οἴνου χοᾶ. Se è lecito pensare a un legame tra i due epigrammi, in vista delle connessioni tra i due autori (cfr. Introduzione II.2), si può forse ipotizzare che il carme di Edilo sia stato composto in risposta a quello di Posidippo, così da stabilire giocosamente una sorta di "gara" tra i due personaggi femminili, nella quale Callistio ha decisamente la meglio (e la sua superiorità è naturalmente enfatizzata anche dal fatto che persino i concorrenti maschi debbano riconoscere la sua eccellenza). Gli effetti umoristici di questo "botta e risposta" potevano essere apprezzati nel contesto di una comune occasione performativa, o anche all'interno di una raccolta in cui i due testi apparissero in sequenza (ma si tratta, naturalmente, di pura ipotesi).

vv. 3–4: tutto il distico centrale dell'epigramma presenta forti affinità con i vv. 3–4 di **2** (peraltro anch'esso di sei versi e caratterizzato da una distribuzione della materia in parte coincidente: narrazione della vicenda ai vv. 1–2; menzione della dedica nel distico centrale, con specificazione della dea a cui viene offerta e dell'identità della dedicante; una *variatio* si ha invece nel distico finale: mentre **2** elenca gli oggetti dedicati e ne specifica il significato in relazione alla vicenda descritta, **3** contiene la richiesta di protezione alla divinità): cfr. ἧς πάρα Κύπριδι ταῦτα μύροις ἔτι πάντα μυδῶντα / κεῖνται παρθενίων ὑγρὰ λάφυρα πόθων ~ ἧς τόδε σοί, Παφίη, ζωραῖς μίτρῃσι θυωθὲν / κεῖται πορφυρέης Λέσβιον ἐξ ὑέλου. Notevoli soprattutto ἧς iniziale, una voce di κεῖμαι + dat., il riferimento ai profumi, il dimostrativo riferito all'oggetto dedicato, a sua volta accompagnato da un participio (forse + dat.), la presenza di Cipride.

ἧς τόδε σοί ... / κεῖται: per κεῖμαι + dat., cfr. **2**.3–4; ἧς, che compare in identica posizione metrica in **2**.3 (anche se con πάρα in anastrofe: cfr. n. *ad loc.*), sarà qui da intendersi come genitivo di provenienza.

v. 3 ζωραῖς μίτρῃσι θυωθέν: θυωθέν, riferito alla coppa (λέσβιον) del v. 4, è part. aor. pass. di θυόω, «fill with sweet smells» (cfr. *LSJ*, s.v.), verbo ricorrente in poesia, sin dall'epica: in *Il.* 14.172 ἀμβροσίῳ ἑδανῷ, τό ῥά οἱ τεθυωμένον ἦεν è utilizzato in connessione con la toeletta di Era, e il verso torna identico a proposito del bagno di Afrodite in *h.Ven.* 63; in *h.Ap.* 3.184 ἄμβροτα εἵματ' ... τεθυωμένα qualifica le vesti di Apollo; in Call. *Lav.Pall.* 63 è riferito ad ἄλσος (e vale la pena notare anche la presenza di una voce di κεῖμαι al verso successivo, per quanto il contesto sia diverso da quello dell'epigramma: ἵνα οἱ τεθυωμένον ἄλσος / καὶ βωμοὶ ποταμῷ κεῖντ' ἐπὶ Κουραλίῳ); analogo è l'uso di θυώδης (= θυόεις), di volta in volta impiegato in relazione all'Olimpo, dimora degli dèi (*h.Cer.* 331; *h.Merc.* 322), al θάλαμος di un personaggio femminile (di Elena in *Od.* 4.121; di Metanira in *h.Cer.* 244 e 288; di Medea in A.R. 3.839), a indumenti (in *Od.* 5.264, e.g., è detto delle vesti con cui Calipso avvolge Odisseo; A.R. 3.867, 1013 lo utilizza a proposito della μίτρη – la fascia per il seno – in cui Medea avvolge il filtro per Giasone), ai templi e agli altari degli dèi (cfr. *h.Ven.* 58–59 ἐς Κύπρον δ' ἐλθοῦσα θυώδεα νηὸν ἔδυνεν / ἐς Πάφον· ἔνθα δέ οἱ τέμενος βωμός τε θυώδης; *h.Cer.* 355 e 385; *h.Ven.* 58; A.R. 1.307; Theocr. 17.123; Noss. *AP* 6.265.1 = *HE* 2799).

Due sembrano insomma le principali associazioni richiamate da θυόω e derivati: (1) la sfera della bellezza fisica e della sensualità; (2) quella del divino e dei sacrifici offerti agli dèi (nei quali profumi e unguenti svolgevano d'altronde un ruolo importante).

Particolarmente significativa mi pare, in vista del contesto, la ricorrenza privilegiata di θυόω e θυώδης in relazione ad Afrodite (cfr. *h. Ven.* 58 ss.), divinità nel cui culto i profumi e le essenze rivestivano una funzione centrale (cfr. Pirenne-Delforge 1994, pp. 322-323; Lilja 1972, pp. 21-25, 44-45 e, più in generale, 47 ss., per il nesso tra i profumi e l'eros; Faulkner 2008, pp. 142-143; per il binomio profumo-sfera erotica, vd. anche **2.**3 μύροις ἔτι ... μυδῶντα e n.): Callistio offre alla fragrante dea dell'eros un oggetto del tutto in linea con le sue prerogative, sia perché è una coppa per il vino, tradizionale alleato di Afrodite (per il binomio vino-eros cfr. la documentazione raccolta in Floridi 2007 *ad* Strat. 2.5-6 = *AP* 12.2.5-6), sia perché è "profumata", come la dea a cui è offerta; θυωθέν rinvia poi concretamente anche al momento cultuale della dedica, che comporta l'uso di profumi e incensi.

Se questo è il significato del participio, l'esatta intelligenza del passo è resa incerta da una corruttela: il tradito ζωρεσμιτρησι sembrerebbe nascondere un dativo strumentale, volto a specificare le sostanze utilizzate per profumare la coppa (cfr. *Cypria* 4.7 Bernabé ὥραις παντοίαις τεθυωμένα εἵματα, dove è impiegato a proposito delle vesti di Afrodite, olezzanti di fiori. In altra direzione si muoveva invece Casaubon 1621[2], coll. 807-808, che suggeriva di leggere ζωρὸν μετροῦσα θυῶεν e identificava, del tutto fantasiosamente, la Pafia del v. 4 con un'ancella). Alla mirra pensava Kaibel 1887-1890, III, p. 70 (ζωραῖς μύρρησι), il quale peraltro assegnava arbitrariamente al λέσβιον del v. 4 il significato di "boccetta per unguenti", contro la testimonianza di Ateneo (e di Eustazio, che tuttavia avrà probabilmente trovato il termine proprio in Ateneo: cfr. *infra ad loc.*): «Ceterum Λέσβιον non est vasculum potatorium, sed in victoriae memoriam illa unguento repletum vasculum dedicat». Gow in Gow-Page 1965, II, p. 291, "correggendo" ζωροῖς μέτροισι di Jacobs 1813-1817, II, p. 765, proponeva, dubitativamente, ζωροῖς ἀμέτροισι (sc. πότοις), con riferimento alle smodate quantità di vino puro tracannate da Callistio (per θυόω in relazione al vino cfr. Nonn. *D.* 19.120 κρητῆρα θυώδεος ἔγκυον οἴνου; vd. anche *D.* 41.123). Ma la correzione paleograficamente più vicina alla paradosi è ζωραῖς μίτρησι, proposta da Schweighäuser 1801-1807, VI, p. 207 (e difesa con vigore da Giangrande 1967, p. 22 e da Galli Calderini 1984, p. 94), dove le μίτραι sarebbero le bende in cui era avvolto il boccale. Tutta l'espressione significherebbe "(boccale) odoroso delle pure bende (in cui è avvolto)"; le μίτραι sarebbero definite ζωραί perché "incontaminate", mai utilizzate in altre occasioni, con giocoso *calembour* (quasi un'enallage) intorno all'aggettivo ζωρός, che di solito indica il vino schietto (cfr. **4.**1 Ζωροπόται) e che sarebbe dunque appropriato per un boccale offerto in dono da una donna che si segnala per le prodezze etiliche («Pro *illotis* [id est recentibus, usu non tritis], et *purissimis*, poëta praeter opinionem, epigrammatico quodam sale, ζωραῖς dixerit, id est *non dilutis, meris, meracis*, desunto vocabulo a meribibae mulieris moribus»). La soluzione mi pare attraente: μίτραι è termine coerente con l'*usus* edileo, dove ha il significato di "fasce (per il seno)", "reggiseno", quando utilizzato in relazione a figure femminili (**1**.1 e **2**.5; cfr. anche **11**.4, dove è detto delle fasce usate per i cadaveri); si potrebbe immaginare che Callistio abbia avvolto la coppa intorno al petto per trasportarla al tempio, come fa Medea con il filtro per Giasone in A.R. 3.867–868 θυώδεϊ κάτθετο μίτρῃ / ἥ τέ οἱ ἀμβροσίοισι περὶ στήθεσσιν ἔερτο (cfr. Giangrande 1967, p. 22. Lo studioso nota anche che entrambe le fasce sono descritte come profumate: «Callistion's μίτρη was θυώδης like the μίτρη in which another lady carries the liquid-container in Ap. Rhod. 3.867»). L'ipotizzato *calembour* incentrato su ζωρός, d'altro canto, per quanto ardito, introduce una *pointe* umoristica non estranea al tono del carme (per un uso metaforico dell'aggettivo, anche se di tipo diverso, cfr. Antip. Sid. *AP* 7.30.2 = *HE* 277 παίδων ζωροτάτη μανίη).

v. 4 πορφυρέης ... ἐξ ὑέλου: ὕελος (ο ὕαλος, forma approvata dagli atticisti: cfr. Phot. υ 7 Theodoridis) è termine che indica un materiale trasparente, come il cristallo e soprattutto il vetro (cfr. Chantraine, *DELG*, s.v., p. 1150; Stern 2007; Hollis 2009² *ad* Call. *Hec.* 18.2 ὑάλοιο φαάντερος pone in particolare l'accento sulle nozioni di luminosità e brillantezza sottese all'immagine). In relazione a coppe in Ar. *Ach.* 74 ἐξ ὑαλίνων ἐκπωμάτων, dove si è molto discusso se il sostantivo voglia dire vetro o cristallo, ma si tratta con ogni probabilità di vetro: cfr. Trowbridge 1930, p. 26 e soprattutto Stern 2007, pp. 367–371. Anche in Edilo ὕελος sarà probabilmente da intendere come "vetro", poiché sia le testimonianze archeologiche sia quelle testuali sembrano indicare che fosse questo il significato più comune. In vista dei contatti tra Edilo e l'Alessandria tolemaica (cfr. soprattutto **4**; Introduzione I), può essere utile ricordare Athen. 5.199f (= Callix. *FGrHist* 627F2), che menziona, tra gli oggetti da simposio portati in processione durante la πομπή di Tolomeo II, ὑάλινα διάχρυσα δύο (da identificare, verosimilmente, con grossi vassoi di vetro impreziositi da decorazioni in oro, forse di fattura macedone: cfr. Stern 2007, pp. 372–374). Vd. anche Maec. *AP* 6.33.6 = *GPh* 2505 ὑαλέην οἰνοδόκον κύλικα (nell'ambito di una dedica a Priapo).

ὑέλου ha qui regolare scansione breve di υ; altrove si trova l'allungamento (cfr. Maec. *AP* 6.33.6 = *GPh* 2505, cit.; Strat. *AP* 12.249.2 = 91.2 Floridi ὑαλέην ὄψιν con n. *ad loc.*; Gow-Page 1965, II *ad* Leon. *HE* 1961 = *AP* 6.211.3 ὑαλόχροα).

L'aggettivo πορφύρεος (che richiama il rosso porpora delle vesti dedicate in **1**.1–2: cfr. n. *ad loc.*) sembrerebbe indicare che il calice non è di un materiale privo di colore, come di norma, all'epoca di Edilo, ad Alessandria, dove è attestata la presenza di vetro incolore solo più tardi, tra la fine del I e il II sec. d.C. (Stern 2007, p. 379). Non si può escludere che vi sia anche un sottile richiamo al vino contenuto nel recipiente (cfr. Theocr. 5.125 οἴνῳ πορφύροις; vd. anche Ach. Tat. 2.3.1–2, dove è descritto un cratere di vetro decorato con grappoli che prendono il colore dell'uva matura quando il vino viene versato: ὑέλου μὲν τὸ πᾶν ἔργον ὀρωρυγμένης· κύκλῳ δὲ αὐτὸν ἄμπελοι περιέστεφον ἀπ' αὐτοῦ τοῦ κρατῆρος πεφυτευμέναι. οἱ δὲ βότρυες πάντῃ περικρεμάμενοι· ὄμφαξ μὲν αὐτῶν ἕκαστος <ἐφ'> ὅσον ἐστὶν κενὸς ὁ κρατήρ· ἐὰν δὲ ἐγχέῃς οἴνου, κατὰ μικρὸν ὁ βότρυς ὑποπερκάζεται καὶ σταφυλὴν τὸν ὄμφακα ποιεῖ).

Per la collocazione in iperbato di aggettivo e sostantivo alla fine dei due *hemiepes* del pentametro, cfr. anche v. 6 γλυκερῶν ... πόθων; Introduzione IV.6.

λέσβιον: un vaso inventato dai Lesbi: cfr. Paul./Fest. p. 115 M. = 102.24 Lindsay *Lesbium genus vasis caelati a Lesbis inventum*; qui sembrerebbe un tipo di coppa, come in Eust. *ad Od.* 3.170, p. 1462.26 (che potrebbe aver ricavato il termine da Ateneo, vista la sua familiarità con i *Deipnosofisti*: cfr. Introduzione III.2.1; il significato di "coppa" veniva negato da Kaibel 1887–1890, III, p. 70, secondo il quale l'oggetto dedicato sarebbe stato, in realtà, una boccetta per profumi: vd. n. *ad* v. 3). In assenza di descrizioni antiche, non siamo in grado di stabilire quali fossero le caratteristiche di questo tipo di recipiente, ma la connessione con Lesbo è significativa in vista dell'atmosfera complessiva dell'epigramma, non aliena da un certo erotismo.

L'isola di Lesbo era celebre per la qualità del suo vino: cfr. e.g. Phylyll. *PCG* 23.1; Eub. *PCG* 121.2; Ephipp. *PCG* 28; Antiph. *PCG* 172.3; Alex. *PCG* 276–278; Matro *SH* 534.109–110 = fr. 1.109–110 Olson-Sens; Pers. *AP* 7.501.3 = *HE* 2873 οἰνηρῆς Λέσβοιο; Archestr. 59.4 Olson-Sens (con n. *ad loc.* per altri paralleli).

v. 5 ἣν <σὺ> σάου πάντως: non è necessario modificare ἣν in τὴν, come suggerito da Gow in Gow-Page 1965, II, p. 291 su basi stilistiche («the second relative seems inelegant»), mentre è palmare l'integrazione del pronome da parte di Meineke 1867, p. 226, che trova peraltro supporto in Call. *AP* 6.347.2 = *HE* 1150 = 33.2 Pfeiffer σὺ ... σάου (per quanto sia di solito accettata la correzione di Fabri, σάῳ, utilizzato da Callimaco in *Lav.Pall.* 142 e altrove: ma vd. Gow-Page 1965, II, p. 178; Bulloch 1985 *ad* Call., *l.c.*). Per la forma dell'imperativo cfr. anche *h.Hom.* 13.3; Theod. *AP* 6.157 = *HE* 3517 (σάω ex σάου **Pl**); Suid. σ 95 Adler (σάου· σῷζε, φύλαττε).

Segnalo che Kaibel 1887–1890, III, p. 70, il primo editore a mettere l'integrazione a testo, in apparato la attribuisce a Dindorf, per una svista che si ripete nelle edizioni successive (cfr. e.g. Gow-Page, *HE*; Page, *EG*); ma Dindorf 1827, II, p. 1089 ha ἣν σάου, difettoso metricamente; Meineke

1858–1859, II, p. 388 stampa ἦν σώου, ma negli *Analecta* propone ἦν <σὺ> σάου («nescio qua lege σάου primam syllabam producat. Scribendum videtur ἦν σὺ σάου [...]. In Hedyli carmine nunc scripsi ἦν σώου, praestare tamen videtur quod supra proposui ἦν σὺ σάου»).

vv. 5–6 ὡς καὶ πάλι τῶν ἀπ' ἐκείνης / σοὶ τοῖχοι ... φέρωσι: il senso è che Callistio, se conservata da Cipride in piena salute, continuerà ad appendere offerte alle mura del suo tempio – una richiesta di rinnovata benevolenza alla divinità, basata sul principio del *do ut des*, tipica delle dediche: cfr. e.g. Asclep. o Posidipp. *AP* 5.202 = *HE* 974 ss. = *35 Sens; Leon. *AP* 6.13 = *HE* 2249 ss., *AP* 6.154 = *HE* 2555 ss., *AP* 6.188 = *HE* 1972 ss.

Ἀπ' ἐκείνης dell'edizione di Musuro per il tradito ἐπ' ἐκείνης è correzione economica, che restituisce una sintassi plausibile per il pronome (Gow in Gow-Page 1965, II, p. 292 obietta invece che, se il riferimento è a Callistio, dovrebbe esserci αὐτῆς, e propone pertanto τῶν ἐπ' ἐκείνῳ, «*subsequent to the one here commemorated*». Ma ἐκείνης in riferimento a Callistio può avere valore enfatico: "la ben nota", "l'illustre", come conseguenza della fama conquistata a simposio). Πάντων potrebbe essere inteso come riferito a γλυκερῶν ... πόθων ("così che le tue mura rechino da parte sua le spoglie di *tutti* i dolci desideri"), ma la presenza di πάντως che immediatamente precede determina una ripetizione un po' goffa, facendo sospettare una sorta di dittologia, e d'altro canto l'aggettivo sarebbe molto distante rispetto al sostantivo; è pertanto preferibile la correzione πάλι τῶν, proposta in apparato da Kaibel 1887–1890, III, p. 70, soddisfacente per il senso e palmare sul piano paleografico (ΛΙ > Ν si spiega facilmente come un errore di maiuscola; il guasto risalirà quindi a uno stadio della trasmissione piuttosto antico): "così che le tue mura rechino *di nuovo* da parte sua le spoglie dei dolci desideri". Per πάλι, cfr. n. *ad* **6.1** πάλι Σωκλῆς.

Inutilmente complicata mi pare invece la soluzione proposta da Gärtner 2007, pp. 48–49, ὡς καὶ πάλι τὼς ἐπὶ νίκης, che introduce peraltro una forma dorica – τώς per τούς – estranea all'*usus* edileo, per come è ricostruibile sulla base degli epigrammi conservati (la presenza di τοί in **1.1** può spiegarsi con ragioni contestuali: cfr. n. *ad loc.*).

v. 6 γλυκερῶν σῦλα ... πόθων: il tradito πόθων è apparso fuori contesto e la correzione πότων (attribuita da Gow-Page 1965, I, p. 101 in apparato a Brunck 1772–1776, I, p. 483, ma presente già in Casaubon 1621², col. 807) è generalmente preferita dagli studiosi. Gow-Page, accogliendo l'emendamento, si chiedono se, in un qualche stadio della trasmissione, non sia stato responsabile dell'errore **2.4** παρθενίων ὑγρὰ λάφυρα πόθων – un verso molto simile, anche per la collocazione delle parole (da notare il vezzo ellenistico della collocazione in *Sperrung* di aggettivo e relativo sostantivo alla fine dei due *hemiepes* del pentametro: n. *ad* v. 4 πορφυρέης ... ὑέλου; Introduzione IV.6). Gutzwiller 1998, pp. 177–178, a sua volta, considera πότων una sorta di *lectio difficilior* basata su un *calembour*: alle attese "spoglie dei desideri" si sostituirebbero «the drinking habits of one who had long since given up her maiden's spoils». Ma la menzione del desiderio erotico non indica necessariamente inesperienza sessuale (in **2**.4 è l'aggettivo παρθενίων in riferimento a πόθων a chiarire che la fanciulla ha dedicato le spoglie della sua verginità alla dea) e l'immagine delle "spoglie dei desideri", espressa in **2**.4 dal termine λάφυρα, non è tanto diffusa da poter essere considerata stereotipica, come vuole la studiosa.

L'argomento della somiglianza con **2**.4 come causa della corruttela è peraltro reversibile: l'espressione παρθενίων ὑγρὰ λάφυρα πόθων offre un parallelo stringente per l'*explicit* del nostro epigramma e lascia intendere che il componimento descriva una situazione non molto diversa. Callistio potrà continuare a dedicare ad Afrodite le metaforiche spoglie dei suoi desideri, se la dea la manterrà in salute permettendole di continuare a bere grandi quantità di vino, così come Aglaonice, in **2**, dedicava alla dea la propria verginità, perduta grazie ai molti brindisi. In ottica simposiale, vino e amore formano un binomio comune e il nostro componimento è soffuso di erotismo, come testimonia la dedica stessa a Cipride, che resterebbe altrimenti immotivata – non mi sembra infatti sufficiente a spiegarla il fatto che Callistio sia probabilmente un'etera, come vuole Galli Calderini 1984, p. 93 («Callistio è un'etera – di qui la scelta della divinità»). Può infine valer la pena notare che l'aggettivo γλυκερός, atto a connotare una grande varietà di referenti, non è mai attestato in relazione a πότος (mentre compare spesso con ποτός: cfr. e.g. Nonn. *D*. 12.201, 210, 19.214, 47.104); per l'associazione con πόθος, cfr. invece e.g. A.R. 4.1147; *Orac.Chald.* fr. 217.1 Des Places; Nonn. *D*. 32.73.

σῦλα: termine assai più raro rispetto a σκῦλα, di significato analogo (e cfr. Eust. *ad Il*. 5.48, p. 19.15–16, vol. I, p. 520.21–22 van der Valk Ἐνταῦθα δὲ καὶ τὸ σκυλεύειν συλεύειν φησί, διότι καὶ τὰ σκῦλα σῦλα λέγεται; non è chiaro, invece, se vi sia una connessione etimologica: vd. Schwyzer, *GG* I, 329; Sánchez Ruipérez 1947, pp. 67–68; *DELG*, s.v. συλάω, p. 1070). Nel senso di "preda, bottino", trova confronto in Strab. 17.1.8 (cfr. *ThGL* VII, s.v., coll. 1027–1028; *LSJ*, s.v., II). Σκῦλα, al contrario, è variamente attestato: cfr., per limitarsi a qualche occorrenza epigrammatica, Mel. *AP* 5.191.8 = *HE* 4385, *AP* 6.163.2 = *HE* 4647; Paul. Sil. *AP* 6.71.4 = 40.4 Viansino; Thall. *AP* 6.91.6 = 3413; Hadrian. *AP* 6.332.10 = *FGE* 2121; Nic. *AP* 7.526.4 = *HE* 2726 = 106.4 Gow-Scholfield; Antip. Thess. *AP* 7.530.4 = *GPh* 200, *AP* 9.77.6 = *GPh* 704 σκῦλα φέρωσι πόνων; adesp. *AP* 9.157.4 = *FGE* 1447; Antip. Sid. *AP* 9.323.7 = *HE* 582; Philipp. *APl* 215.2 = *GPh* 3119. Particolarmente vicino al dettato edileo è Antip. Thess. *AP* 9.77.6, dove Gow corregge in σῦλα proprio in base alla somiglianza con il nostro epigramma: «Hedylus *ap.* Athen. 11.486a = 1842 ὡς ... τοῖχοι γλυκερῶν σῦλα φέρωσι πότων (πόθων cod.) suggests that Hedylus is in A.'s mind and that σῦλα should be written» (Gow in Gow-Page 1968, II, p. 108). I due termini, così affini per forma e significato, possono essere stati oggetto di scambio più volte di quanto i manoscritti non permettano di ricostruire (per qualche esempio di oscillazione, cfr. *ThGL* VII, s.v., col. 1028; da notare che σῦλα, quando è attestato come *v.l.* di σκῦλα, tende a essere scartato dagli editori come variante minoritaria o non corrispondente all'*usus* dell'autore: cfr. e.g. Heliod. 1.33.8, dove σῦλα è nel solo Taurensis B III 29, del XVI sec., a fronte di σκῦλα della maggioranza dei testimoni). La tradizione dell'*Anthologia*, nei luoghi succitati, è compatta (fa parzialmente eccezione Philipp. *APl* 215.2, dove, a fronte di σκῦλα di **P**, **Pl**, f. 48v, ha κ in rasura, come segnalato da Beckby 1965²–1967², IV, p. 418, forse per influsso del συλήσαντες incipitario; in **Q** compare però σκῦλα) ed è degno di nota il fatto che l'epigramma di Edilo ci sia pervenuto tramite un canale di trasmissione diverso da *AP*. Due le possibilità: (1) anche in Edilo si dovrebbe leggere σκῦλα, forma "regolare" in ambito epigrammatico, e non solo (questa la soluzione adottata nelle prime edizioni di Ateneo, a partire dall'Aldina di Musuro: vd. l'apparato di Dindorf); (2) σῦλα in Edilo è genuino, e questo dovrebbe indurci a sospettare che in più di un luogo i testimoni dell'*Anthologia* possano aver banalizzato; la correzione suggerita da Gow per l'epigramma di Antipatro potrebbe dunque essere estesa anche ad altri passi (e.g. Mel. *AP* 5.191.8 e Philipp. *APl* 215.2, dove l'immagine del "bottino" compare in un contesto erotico: cfr. n. *ad* **2**.4 λάφυρα). Il principio della *lectio difficilior* raccomanderebbe di accordare la preferenza alla seconda ipotesi, ma le condizioni testuali di **A** impongono quanto meno prudenza. Anche se mantengo il testo tradito, non mi sento dunque di escludere del tutto la possibilità che σῦλα sia un errore per σκῦλα.

4 HE (1843–1852) = Athen. 11.497d–e

Ζωροπόται, καὶ τοῦτο φιλοζεφύρου κατὰ νηὸν
    τὸ ῥυτὸν † εἰδείης † δεῦτ' ἴδετ' Ἀρσινόης,
ὀρχηστὴν Βησᾶν Αἰγύπτιον· ὃς λιγὺν ἦχον
    σαλπίζει κρουνοῦ πρὸς ῥύσιν οἰγομένου,
5 οὐ πολέμου σύνθημα, διὰ χρυσέου δὲ γέγωνεν
    κώδωνος κώμου σύνθεμα καὶ θαλίης,
Νεῖλος ὁκοῖον ἄναξ μύσταις φίλον ἱεραγωγοῖς
    εὗρε μέλος θείων πάτριον ἐξ ὑδάτων.
ἀλλὰ Κτησιβίου σοφὸν εὕρεμα τίετε τοῦτο,
10   δεῦτε, νέοι, νηῷ τῷδε παρ' Ἀρσινόης.

Athen. 11.497d Ἡδύλος δ' ἐν Ἐπιγράμμασι περὶ τοῦ κατασκευασθέντος ὑπὸ Κτησιβίου τοῦ μηχανοποιοῦ ῥυτοῦ μνημονεύων φησί   carent Athen. Epitome, P, Pl

1 φιλοζεφύρου Casaubon : φιλοζειφυρου Athen.[A]   **2** εἰδείης Athen.[A] : εἰδυίης Scaliger : ἱππείης Valckenaer : εὐδίης Kaibel : αἰδοίης Jacobs : εὐπλοίης Gärtner : an εὐοδίης?   **3** Βησᾶν Kaibel : βησαν Athen.[A]   **4** οἰγομένου Salmasius : ηγομένου Athen.[A]   **5** οὐ Jacobs : καὶ Athen.[A]   **6** σύνθεμα Musurus : σύνθημα Athen.[A] : σύμβολα Jacobs   **7** ὁκοῖον Schweighäuser : ὁκοῖος Athen.[A] (probante Gärtner) : ὁποῖον Salmasius   **8** εὗρε Athen.[A] : ἧρε Gärtner   **9** ἀλλὰ Athen[A.] : ἀλλ' εἰ Meineke

Bevitori di vino puro, ammirate qui, nel tempio di Arsinoe † ... †,
    amante di zefiro, anche questo *rhyton*,
immagine di Bes egizio, danzatore: con la tromba
    emette un suono acuto quando il becco si apre perché il vino scorra;
5 non un segnale di guerra, ma attraverso la tromba d'oro
    viene un segno di festa e abbondanza,
come il canto patrio che il Nilo sovrano fece scaturire
    dalle acque divine, caro agli iniziati che guidano le cerimonie sacre.
10 Su, giovani, onorate questa sagace invenzione di Ctesibio,
    qui, presso questo tempio di Arsinoe.

L'epigramma celebra la dedica di un ῥυτόν nel tempio di Arsinoe-Afrodite Zefiritide a capo Zefirio. L'oggetto, che riproduce la forma del dio egiziano Bes, è stato progettato dal celebre ingegnere Ctesibio ed è dotato di un particolare congegno meccanico che gli fa emettere un suono quando il vino viene versato.

Il tempio di Arsinoe II, sorella e sposa di Tolomeo II Filadelfo, fu eretto poco prima o poco dopo la morte della sovrana, probabilmente avvenuta intorno al 268 a.C., per iniziativa di Callicrate di Samo, navarco per circa vent'anni tra il 270 e il 250 a.C. e primo ἱερεύς eponimo del culto dinastico di Alessandro e degli dèi Adelfi nel 272–271 (Fraser 1972, I, pp. 239–240; Bing 2002–2003; Hauben 1970 e 2013; Bingen 2002a e 2002b). Se Edilo era in effetti originario di Samo, l'epigramma potrebbe essere letto anche come un velato omaggio a un celebre concittadino (da notare però che non vi è esplicita menzione di Callicrate: cfr. Introduzione I). L'importanza del nuovo centro di culto per la propaganda tolemaica è testimoniata dal gran numero di epigrammi ellenistici dedicati al santuario: Call. *HE* 1109 ss. = 5 Pfeiffer (tramandato da Athen. 7.318b–c), dove a parlare è la conchiglia offerta da un'esponente dell'aristocrazia navale tolemaica (cfr. Gutzwiller 1992a e 1992b, anche per i punti di contatto con la *Coma Berenices*, che dà voce al ricciolo deposto nello stesso tempio); Posidipp. 36–38 A.–B., una serie di epigrammi anatematici che celebrano la dedica, rispettivamente, di un fazzoletto di bisso da parte della vergine Egeso, di una lira da parte di [L]iso (la prima lettera è perduta in lacuna: in alternativa si potrebbe leggere M o N: cfr. l'apparato di Austin-Bastianini 2002 *ad loc.*), custode del tempio, e infine di una coppa (φιάλη), dono di Epicratide (in questi epigrammi non è nominato esplicitamente il tempio di capo Zefirio, ma la dedica ad Arsinoe è sufficiente per ipotizzare che i componimenti si riferiscano a questo santuario, data anche la sua menzione in 39 A.–B.); Posidipp. 39 A.–B., posto a chiusura della serie, che esorta quanti sono in procinto di mettersi in viaggio per mare a rivolgere le proprie preghiere ad Arsinoe, qualificata con l'epiteto di εὔπλοια, e celebra esplicitamente il ruolo di Callicrate nella dedica del tempio (vv. 3–4). Su Callicrate, e sulle prerogative di Arsinoe come protettrice dei naviganti, Posidippo si concentra anche nelle due variazioni sul tema note prima della pubblicazione del papiro milanese, *HE* 3110 ss. = 116 A.–B. = P.Louvre 7172 e *HE* 3120 ss. = 119 A.–B. = Athen. 7.318d (l'anonimo inno in esametri conservato da P.LitGoodspeed 2, che si è spesso proposto di connettere con lo stesso santuario – cfr. soprattutto Barbantani 2005a e 2005b – è invece probabilmente più tardo e riguarda non la regina deificata, bensì una città fondata dai Tolomei, come suggerito da Meliadò 2008, in part. pp. 23–28). Da questi testi emerge come Arsinoe, assimilata ad Afrodite, fosse venerata soprattutto in qualità di dea preposta alla protezione dei naviganti e delle giovani di buona famiglia prossime alle nozze, in base all'intima connessione tra il mare, inteso come simbolo dell'impero marittimo tolemaico, e il mare metaforico dell'amore, attraverso il quale Afrodite-Arsinoe può guidare i suoi adepti (vd. Gigante Lanzara 1995 e 2003; Bingen 2002a; Bing 2002–2003, spec. pp. 245, 255–269; Gutzwiller 1992a, spec. pp. 198–202; Stephens 2004; Ambühl 2007, pp. 278–285; Lapini 2007, pp. 146–156; Barbantani 2008; Carney 2013; Caneva 2013, 2014a e 2014b; per la metafora del mare dell'eros cfr. anche n. intr. *ad* *13).

L'epigramma di Edilo disegna uno scenario parzialmente diverso: (1) ad ammirare il ῥυτόν di Ctesibio sono chiamati gli ζωροπόται (v. 1), i bevitori di vino puro, e, nella chiusa, i νέοι (v. 10). Non un pubblico di fanciulle greco-macedoni, quindi, né un pubblico maschile di navigatori, quale emerge dagli epigrammi di Callimaco e di Posidippo (e quale è esplicitamente invocato da Posidipp. 116.7–9 A.–B. ἀλλ' ἐπὶ τὴν Ζεφυρῖτιν ἀκουσομένην Ἀφροδίτην, / Ἑλλήνων ἁγναί, βαίνετε, θυγατέρες, / οἵ θ' ἁλὸς ἐργάται ἄνδρες), ma un pubblico di giovani uomini, forse i più adatti ad apprezzare le invenzioni di Ctesibio (vv. 9–10); (2) tramite la menzione di Bes e del Nilo (vv. 3–8) si insiste sul sincretismo greco-egizio, mentre gli epigrammi di Posidippo e quello di Callimaco sottolineano in vario modo la "grecità" del culto di Arsinoe e le connessioni tra la Grecia, insulare e continentale, e la nuova sede della monarchia macedone in Egitto. In Posidipp. 37 A.–B., ad esempio, l'evocazione dell'antica leggenda di Arione permette di stabilire un nesso tra il tempio tolemaico e la tradizione della lirica eolica (cfr. Bing 2002–2003, pp. 260–264); in Call. *HE* 1109 ss. = 5 Pfeiffer il nautilo, insieme alla sua dedicante, proviene da Smirne eolica, e reca con sé qualcosa del suo luogo di origine, stabilendo complesse relazioni culturali tra Grecia ed Egitto (cfr. Selden 1998, pp. 309–312). Il componimento di Edilo, al contrario, prevede l'integrazione di un elemento della religione locale nel tempio egizio della regina greco-macedone: il ῥυτόν ritrae Bes, una divinità egizia, che emette una melodia analoga (almeno a quanto dice il poeta) a quella intonata durante le celebrazioni in onore del Nilo, a sua volta presenza centrale nella religione egiziana (Νεῖλος ... ἄναξ, v. 7).

L'enfasi edilea sul sincretismo greco-egizio è funzionale alla celebrazione del programma politico di cui Callicrate di Samo si era fatto promotore: l'integrazione tra le tradizioni culturali della sua patria adottiva, l'Egitto, con quelle greche (significativo, al v. 8, il nesso μέλος ... πάτριον: vd. n. *ad loc.*). In linea con questa politica interculturale, Callicrate non promosse solo il culto delle divinità greche in Egitto, ma anche di quelle egiziane, ad esempio dedicando un santuario di Anubi e Iside a Canopo, a nome di Tolomeo e Arsinoe (Fraser 1972, I, pp. 271–272). Nell'epigramma di Edilo questi due aspetti della politica di Callicrate sono congiunti: come osservato da Bing 2002–2003, pp. 265–266, «the poem represents an Egyptian melody played by an Egyptian god at a shrine in Egypt, but mediated by an epigram in Greek commemorating a Greek's dedication to a deified Greek queen». Questa melodia egizia, inoltre, può essere suonata da un dio egizio grazie all'ingegno greco (quello di Ctesibio è un σοφὸν εὕρεμα, v. 9), così che il legame di interdipendenza tra le due culture risulta ulteriormente enfatizzato.

È alla luce di questa *intercultural politics* (la definizione è di Stephens 2003) che si chiarisce meglio il nesso tra l'oggetto dedicato, il culto di Arsinoe-Afrodite e, più in generale, la propaganda tolemaica. Arsinoe-Afrodite, come si è visto, era, principalmente, protettrice delle nozze e della navigazione. Le due divinità egizie menzionate nell'epigramma presentano tratti in parte sovrapponibili: Bes era una sorta di nume tutelare che aveva, tra le sue prerogative, quella di proteggere la sfera femminile, presiedendo, in particolare, ai parti (vd. n. *ad* v. 3). Il Nilo, a sua volta, è connesso con la sfera della fecondità e della navigazione e il suo culto era legato a quello di Iside, divinità egizia alla quale Arsinoe era intimamente connessa, in virtù dell'assimilazione Iside-Afrodite (vd. n. *ad* vv. 7–8). A questo si aggiunge la celebrazione di un'invenzione ingegneristica e del suo autore, uno scienziato attivo alla corte tolemaica, fautrice del progresso culturale, scientifico e tecnologico (cfr. Posidipp. *HE* 3100 ss. = 115 A.–B., che celebra la costruzione del faro di Alessandria da parte di Sostrato di Cnido): la dinastia lagide era fortemente interessata agli effetti spettacolari e ai *mirabilia*, come dimostra non solo la fioritura, in questo periodo, di scritti paradossografici (cfr. n. intr. *ad* **3**), ma anche la passione dei sovrani per la collezione di *paradoxa* viventi e di meraviglie automatizzate, realizzate tramite complessi meccanismi ingegneristici. Il tempio stesso di Arsinoe, secondo il progetto originario, mai realizzato a causa della morte dell'architetto prima e di Tolomeo II poi (246 a.C.), prevedeva la presenza di un tetto magnetico e di una statua cultuale sospesa nell'aria (Plin. *NH* 34.148; Aus. *Mos.* 314–317; Pfrommer 2002, pp. 61–69 e 2004; Fragaki 2012, pp. 57–58; Caneva 2014c, pp. 54–56). Le fonti danno notizia anche di altre meraviglie automatiche: Athen. 5.198f, ad esempio, basandosi su Callissino di Rodi, racconta che durante il sensazionale corteo organizzato da Tolomeo II ad Alessandria fu portata in processione una statua di Nisa, nutrice di Dioniso, alta otto cubiti e riccamente abbigliata; un congegno nascosto alla vista le permetteva di alzarsi in piedi, versare una libagione e poi sedersi di nuovo (ἀνίστατο δὲ τοῦτο μηχανικῶς οὐδενὸς τὰς χεῖρας προσάγοντος καὶ σπεῖσαν ἐκ χρυσῆς φιάλης γάλα πάλιν ἐκάθητο). L'epigramma di Edilo, con la sua celebrazione del ῥυτόν di Ctesibio, testimonia di un corrispettivo in scala minore di questa invenzione monumentale (Caneva 2014c, p. 67), in linea con tutta una serie di oggetti semoventi di piccole dimensioni diffusi alla corte alessandrina e probabilmente utilizzati soprattutto durante le celebrazioni e i banchetti (Hammer-Jensen 1910, p. 482; Hesberg 1987, pp. 66–72; Fragaki 2012, p. 63; pensa invece a un loro uso nelle dimore private Schürmann 1991, pp. 184, 221; vd. anche Schürmann 2003, coll. 416–417. Altri ῥυτά, annoverabili tra i *mirabilia*, sono descritti da Hero *Pn.* 1.18 [pp. 100–102 Schmidt], 2.13 [pp. 234–236 Schmidt], 2.28 [pp. 288–290 Schmidt]: vd. Rochas 1884, pp. 214–216; Hammer-Jensen 1910, pp. 488–489). Il ῥυτόν di Ctesibio, in particolare, potrebbe essere stato effettivamente utilizzato durante un rito celebrato in onore di Arsinoe, data la connessione tra la regina divinizzata e questo particolare oggetto, attributo della sua statua di culto (cfr. n. *ad* v. 2).

L'ostentazione di simili meraviglie, naturali o create dall'uomo, obbediva a ragioni di propaganda: l'esposizione di animali esotici, pietre preziose, rarità di vario genere e provenienza dimostrava l'estensione potenzialmente universale del controllo del sovrano sul mondo. La creazione di oggetti straordinari, tali da suscitare la meraviglia dell'osservatore, testimoniava, a sua volta, della capacità del sovrano di piegare la natura e della sua superiorità rispetto ai sudditi (Fragaki 2013; Caneva 2014c). Nell'epigramma si attua così una rete complessa di allusioni alla tradizione culturale greca e a quella egizia, alla nuova realtà cultuale e alle realizzazioni ingegneristiche care alla propaganda tolemaica: tutti questi elementi vengono a fondersi sincretisticamente in un quadro coerente, finalizzato alla celebrazione della potenza di Arsinoe e, più in generale, della dinastia lagide.

Parallelamente, è stato notato (Sens 2015) come, nel descrivere la realizzazione ingegneristica di Ctesibio e nell'evocare le celebrazioni religiose, Edilo adoperi una serie di immagini fortemente connotate in termini metapoetici, grazie soprattutto all'uso che in quegli stessi anni ne stava facendo Callimaco: l'opposizione estetica tra "grande" e "piccolo" – nozioni richiamate, rispettivamente, da Bes, figura grottesca di nano, e dal Nilo, gigantesca divinità fluviale; quella tra il vino (contenuto nel ῥυτόν) e l'acqua (le sacre acque del Nilo menzionate al v. 8) come fonti di ispirazione poetica (ed Edilo altrove si presenta esplicitamente come οἰνοπότης, in un epigramma dal chiaro intento programmatico: cfr. **5** e comm. *ad loc.*); quella, strettamente correlata, dell'acqua del fiume che scorre torrenziale, portando con sé detriti e scorie, a cui Callimaco, nel finale dell'*Inno ad Apollo*, aveva opposto la piccola sorgente che stilla acqua pura. Ma se l'estetica callimachea si basava, sostanzialmente, sull'opposizione binaria di queste immagini antitetiche, Edilo annulla le distinzioni: il "grande" e il "piccolo" sono paragonati, e non contrapposti (sotto questo punto di vista, Edilo si mostra più vicino a Posidippo che non a Callimaco: cfr. e.g. la giustapposizione, nel "nuovo" Posidippo, degli epigrammi 67 e 68 A.–B., il primo su un carro miniaturizzato realizzato da Teodoro di Samo, il secondo sul colosso di Rodi. La statua più piccola e quella più grande sono accostate per sviluppare una riflessione sulla nozione di "misura", tanto cara all'estetica alessandrina, e sugli opposti ideali di λεπτότης e σεμνότης, tra i quali si cerca una conciliazione: vd. Prioux 2007, pp. 122–124; Linant de Bellefonds-Prioux 2017, pp. 18–24). Analogamente paragonati, e non contrapposti, sono il vino e l'acqua. La musica emanata dalla tromba di Bes, grazie al vino che vi è fatto scorrere, è la stessa prodotta dal Nilo e dalle sue acque sacre, che vengono così connotate in termini positivi, nonostante la loro torrenzialità. E la torrenzialità – la piena del Nilo – è anzi celebrata come valore positivo, in quanto simbolo di fertilità, di abbondanza e di vita. Edilo esprime così un programma poetico diverso da quello del poeta di Cirene, ma – come è chiarito da **5** – finalizzato a perseguire ideali analoghi di raffinatezza e dolcezza, forse diversamente interpretati (cfr. *infra*, n. intr. *ad loc.*; per le implicazioni letterarie del carme vd. anche nn. *ad* v. 1 Ζωροπόται, vv. 3–4 λιγὺν ἦχον / σαλπίζει, v. 8).

Per l'importanza dell'epigramma in relazione alla cronologia di Edilo, cfr. Introduzione I.

Il componimento, insieme a **10**, è il più lungo tra quelli tramandati sotto il nome del poeta. L'estensione sarà probabilmente da legare all'importanza dei contenuti encomiastici: cfr. Introduzione IV.6.

Il carme si segnala anche per la cura stilistica: sul piano lessicale, ci sono vari termini rari, attestati qui per la prima volta (cfr. v. 1 Ζωροπόται, φιλοζεφύρου; v. 7 ἱεραγωγοῖς); la sintassi è ampia (il primo periodo si estende per ben tre distici); notevole, inoltre, l'attenzione agli effetti fonici (cfr. nn. *ad* vv. 1–2, 4, 6, 9–10).

vv. 1–2 Ζωροπόται ... / δεῦτ' ἴδετ' Ἀρσινόης: l'esortazione, espressa qui da voc. + imperativo (Ζωροπόται ... / ... ἴδετ') e rimarcata dai deittici (τοῦτο ... / ... δεῦτ'), finge un ordine rituale, come è comune in questi contesti: cfr. Call. *Lav.Pall.* 1–4 Ὅσσαι λωτροχόοι τᾶς Παλλάδος ἔξιτε πᾶσαι, / ἔξιτε [...] / σοῦσθέ νυν, ὦ ξανθαὶ σοῦσθε Πελασγιάδες; Posidipp. 116.7–9 A.–B. (cit. *supra*, n. intr.), 119.1–2 A.–B. τοῦτο καὶ ἐν πόντῳ καὶ ἐπὶ χθονὶ τῆς Φιλαδέλφου / Κύπριδος ἱλάσκεσθ' ἱερὸν Ἀρσινόης; forse anche l'inno anonimo conservato da BKT 9.63, col. I.7 (II sec. d.C.), dove alcuni κοῦροι sono invitati a celebrare la dea (non si sa se per una effettiva occasione rituale: cfr. Barbantani 2005b, p. 142); in part., per δεῦτε + imperativo, cfr. e.g. *Il.* 7.350; *Od.* 8.11; per δεῦτε in un contesto di invocazione rituale, e.g. Sapph. fr. 53 Voigt βροδοπάχεες ἄγναι Χάριτες, δεῦτε Δίος κόραι, fr. 128 Voigt δεῦτέ νυν ἄβραι Χάριτες καλλίκομοί τε Μοῖσαι. Da notare l'allitterazione delle dentali, sia al v. 1 (Ζωροπό<u>τ</u>αι, καὶ <u>τ</u>οῦ<u>τ</u>ο), sia al v. 2 (<u>τ</u>ὸ ῥυ<u>τ</u>ὸν ... δεῦ<u>τ</u>' ἴ<u>δ</u>ε<u>τ</u>'). Un'analoga esortazione ai νέοι torna nella chiusa, imprimendo all'epigramma un andamento circolare: cfr. vv. 9–10 e n.

v. 1 Ζωροπόται: aggettivo raro, di cui questa parrebbe l'attestazione più antica: lo si ritrova più tardi in Maneth. 4.300, 6.588; Greg. Naz. *Carm.* I 1.7.77, II 1.13.77; Paul. Sil. *AP* 5.226.2 = 42.2 Viansino (dove è usato in senso figurato degli occhi che "bevono il vino puro della bellezza"). Per il verbo, vd. adesp. *FGE* 1627 = 79.3 Preller (uno pseudo-epitafio per un beone che faceva parte del Περὶ τῶν κατὰ πόλεις ἐπιγραμμάτων di Polemone di Ilio); Call. *Aet.* fr. 178.12 Pfeiffer = Harder = 89.12 Massimilla (*v.l.*, ma cfr. *infra*); Mel. *AP* 12.49.1 e 3 = *HE* 4598 e 4600 (Prioux 2019, p. 399 suggerisce peraltro che l'uso del raro composto da parte del poeta debba essere inteso come "an homage to Hedylus of Samos and to his wine-inspired poetry"); Adae. *AP* 9.300.6 = *GPh* 32; Apollonid. *AP* 11.25.4 = *GPh* 1282.

L'appello agli ζωροπόται, i bevitori di vino schietto (o poco mescolato), in un epigramma che promuove il sincretismo greco-egizio, può essere significativo in vista della comune associazione tra il bere vino non mescolato e i costumi barbarici (in particolare, l'abitudine di bere vino puro era attribuita alle popolazioni del Nord, come i Traci e gli Sciti: cfr. e.g. Anacr. *PMG* 11b.3 = 33.9 Gentili; Hdt. 6.84; Plat. *Lg.* 637e; Call. *Aet.* fr. 178.11–12 Pfeiffer = Harder = 89.11–12 Massimilla, con Harder 2012 *ad loc.*; sul tema vd. in generale Lissarague 1989, pp. 6–20); il tradizionale confine tra greco e non greco è qui superato in nome di un ideale di interculturalità.

Sens 2015, pp. 50–51 propone di leggere il passo, specificamente, alla luce di Call. *Aet.* fr. 178 Pfeiffer = Harder = 89 Massimilla, in part. vv. 11 ss., dove Teogene, appena arrivato in Egitto dalla Grecia, partecipa a un banchetto caratterizzato dallo ζωροποτεῖν, v. 12 (lezione difesa con ottimi argomenti da Magnelli 1997, p. 480 e da Harder 2012, p. 971, contro οἰνοποτεῖν di parte della tradizione; cfr. anche Hollis 1972, che richiama l'attenzione su Agath. *AP* 5.289.3–4 = 89.3–4 Viansino ἄγριον ἦτορ ἔχει [*sc.* ἡ γραῦς] καὶ θέλγεται οὔτ' ἐπὶ χρυσῷ / οὔτε ζωροτέρῳ μείζονι κισσυβίῳ, chiaramente modellato sul passo callimacheo, dove la presenza dell'aggettivo ζωρός lascia pochi dubbi su quale testo leggesse il poeta di Mirina; Valerio 2013b, pp. 94–96; Massimilla 1997, p. 408 non esclude del tutto la possibilità che ζωροποτεῖν e οἰνοποτεῖν siano varianti d'autore). Il personaggio intrattiene una conversazione con la *persona loquens* sull'opportunità di bere vino mescolato ad acqua, in piccole coppe, in opposizione ai costumi barbarici, contrassegnati da intemperanza. In questo invito alla moderazione è stata letta una professione di poetica: «the reader is discreetly told that the story which Theogenes is going to tell is in accordance with Callimachus's aesthetic programme» (Harder 2012, p. 969). Edilo "correggerebbe" dunque Callimaco, proponendo un ideale interculturale in cui elementi diversi possono convivere (in un'analoga direzione andrebbe l'annullamento della distinzione tra "grande" e "piccolo", simboleggiato dal confronto tra Bes e il Nilo, e di quella tra vino e acqua come fonti di ispirazione poetica: cfr. *supra*, n. intr.; *infra ad* vv. 3–4 λιγὺν ἦχον / σαλπίζει e *ad* v. 8 θείων ... ἐξ ὑδάτων).

καὶ τοῦτο: «*this too* suggests that the rhyton has just been added to the treasures in the temple» (Gow-Page 1965, II, p. 292; sulla presenza di καί richiamava l'attenzione anche Ouvré 1894, p. 66, che così parafrasava: «Multa sunt in templo mirabilia, nunc autem ex his omnibus unum praestat conspicere»); Sens 2015, p. 43, n. 8 sottolinea anche le implicazioni letterarie del nesso, che situa il componimento nella più ampia tradizione dell'epigramma dedicatorio ed ecfrastico, come in Anyt. *HE* 700–701 (*ap.* Poll. 5.48) Ὤλεο δή ποτε καὶ σὺ πολύρριζον παρὰ θάμνον, / Λόκρι, φιλοφθόγγων ὠκυτάτη σκυλάκων, dove καὶ σύ «casts both the dead dog and the poem in which she is commemorated as part of a broader tradition».

Ma il καί potrebbe far pensare anche a una pluralità di oggetti, descritti in sequenza in una serie di variazioni sul tema: si deve forse immaginare che l'epigramma comparisse in un contesto tematico più ampio, e che questo componimento si aggiungesse ad altri relativi alla consacrazione di offerte per Arsinoe Zefiritide, scritti da Edilo stesso o da altri? (Non è d'altronde mancato chi ha proposto di connettere al tempio di Arsinoe anche altri epigrammi di Edilo che presuppongono dediche ad Afrodite: secondo Pierson 1830, p. 375, ad esempio, sarebbe da identificare con Afrodite Zefiritide la Pafia di **3**.3). Una simile ipotesi sarebbe peraltro coerente con l'evidenza di una pluralità di epigrammi sul tema composta da Posidippo (cfr. *supra*, n. intr.).

Καὶ τοῦτο può essere indizio di serialità compositiva, o comunque segnalare l'aggiunta a una serie, anche in altri contesti, ad esempio nella poesia didascalico-sapienziale, negli scritti paradossografici etc.: cfr. e.g. Archestr. 36.4 Olson-Sens εἰ δ' ἐθέλεις καὶ τοῦτο δαήμεναι, ὦ φίλε Μόσχε; [Orph.] *Lith.* 187 πρὸς δ' ἔτι τοι καὶ τοῦτο, φίλος, μέγα θαῦμα πιφαύσκω; Antig. *mir.* 89.1.1 Giannini ἴδιον δὲ καὶ τοῦτο, 89.2.3 Giannini ... ὃς περὶ τῶν θαυμασίων καὶ τοῦτο καταγράφει; vd. anche la formula con cui erano introdotti alcuni dei versi di Focilide, καὶ τόδε Φωκυλίδεω (frr. 1.1, 2.1, 3.1, 4.1, 5.1, 6.1 Gentili-Prato²).

φιλοζεφύρου: il raro aggettivo, di cui questa è la prima attestazione in letteratura greca (torna poi in Strat. *AP* 12.195.1 = 36.1 Floridi; Theaetet. *AP* 10.16.7 = 2.7 Giommoni; Nonn. *D.* 11.496, 24.104; Jo. Gaz. 2.279 Fried. = 668 Lauritzen), è inedito come epiteto di Arsinoe: si tratta probabilmente di una variante poetica coniata da Edilo come equivalente di Ζεφυρῖτις, riferito alla regina divinizzata in Call. *HE* 1109 = 5.1 Pfeiffer, *Aet.* fr. 110.57 Pfeiffer = Harder = 213.57 Massimilla; Posidipp. *HE* 3116 = 116.7 A.–B. e *HE* 3122 = 119.3 A.–B. L'epiteto di Zefiritide per Arsinoe deriva dalla posizione del tempio, collocato su una punta di terra sabbiosa – appunto capo Zefirio – fra il mare e il canale canopico, scavato per collegare il Nilo con il porto di Alessandria dal lato dell'isola di Faro (cfr. Fraser 1972, I, pp. 239–240 e II, pp. 388–389, n. 390): la località era esposta al soffio di zefiro, che favoriva la navigazione in quelle acque. Callimaco dedica una sezione della *Coma* al racconto di come Arsinoe stessa, deificata dopo la sua morte, inviasse nel suo tempio il vento zefiro a prelevare il ricciolo dedicato da Berenice: fr. 110.54 ss. Pfeiffer = Harder = 213.54 ss. Massimilla (con comm. *ad loc.*). Per gli epiteti di Arsinoe, vd. in generale Caneva 2015.

A prescindere dal suo valore cultuale, l'aggettivo, evocando il vento primaverile, comunemente menzionato nella descrizione di ambienti naturalistici idealizzati (cfr. e.g. *Od.* 4.565–568, 7.117–119; vd. anche *14.6 εἰαρινῶν ... ζεφύρων), concorre a creare, sin dal primo verso, un'atmosfera distesa e serena, in linea con le connotazioni festose della celebrazione commemorata nell'epigramma.

v. 2 ῥυτόν: contenitore per fluidi a forma di corno, come originariamente era infatti chiamato (cfr. Athen. 11.497b ἐκαλεῖτο δὲ τὸ ῥυτὸν πρότερον κέρας), generalmente in metallo, come in questo caso (ma esistevano anche ῥυτά in altri materiali, come la terracotta o la ceramica). L'estremità inferiore, ornata con teste di animali, uccelli, figure umane e divine, presentava un'apertura dalla quale era possibile bere, appoggiandovi direttamente la bocca (o dalla quale era possibile far cadere il liquido per terra, nel caso in cui il recipiente fosse usato per una libagione), dopo che il vino era stato versato in una sorta di imbuto nella parte superiore; di qui, secondo Athen. 11.497e, deriverebbe il nome (ὠνομάσθαι τε ἀπὸ τῆς ῥύσεως). Sempre secondo Athen. 11.497b–c, Tolomeo II Filadelfo introdusse il ῥυτόν nella statua di culto di Arsinoe, colmandolo di frutta, a suggerire un'assimilazione con il corno di Amaltea, simbolo di prosperità (Thompson 1973, pp. 1–33). Anche se quello di Ctesibio è un ῥυτόν particolare (vd. vv. 3–4 e n. *ad loc.*), la sua dedica nel tempio di Arsinoe risulta particolarmente pregnante alla luce di questa specifica connessione (vd. anche Sens 2015, p. 42).

Per un ῥυτόν in forma di Bes, di età tolemaica, cfr. e.g. il manufatto in terracotta oggi conservato al Musée d'Archéologie Méditerranéenne di Marsiglia (per quanto l'iconografia sia molto diversa da quella che dobbiamo immaginare per il ῥυτόν di Ctesibio. Il dio è infatti rappresentato nudo e itifallico, in linea con la sua caratterizzazione di protettore della fertilità: cfr. *infra ad* v. 3 Βησᾶν Αἰγύπτιον).

† εἰδείης †: il contesto richiede un epiteto per Arsinoe, ma il testo di A è palesemente corrotto, e potrebbe essersi prodotto per influenza del successivo ἴδετ'. Valckenaer 1773, p. 355 proponeva ἱππείης, sulla base di una voce di Esichio (ι 802 Latte), Ἱππία· Ἀρσινόη, ἡ τοῦ Φιλαδέλφου γυνή, che è però poco adeguato alla celebrazione di Arsinoe in questo contesto; εὐπλοίης di Gärtner 2007, p. 50, proposto sulla base di Posidipp. 39.2 A.–B., è più soddisfacente per il senso, ma è piuttosto distante dalla paradosi; εὐδίης di Kaibel 1887–1890, III, p. 96, più vicino al testo tradito, è potenzialmente appropriato alla descrizione di Arsinoe Zefiritide, in quanto aggettivo utilizzato per i venti (Xen. *Hell.* 1.6.38), il mare (A.R. 1.521) e, più in generale, per condizioni atmosferiche serene (cfr. *LSJ*, s.v.), ma altrove è sempre a due uscite (cfr. Gow-Page 1965, II, p. 292; non farebbe invece difficoltà l'allungamento *metri gratia* dello ι che sarebbe necessario presupporre, poiché trova confronto in Arat. 916 e [Orph.] *h.* 38.24: cfr. *LSJ*, s.v., II). αἰδοίης di Jacobs 1813–1817, II, p. 762 è meno specifico nel suo significato e, per quanto sia attestato fin dall'età arcaica come epiteto di dèi e di re (cfr. e.g.

Il. 4.402; Hes. *Th.* 44), è più spesso riservato ad altri referenti (cfr. *LSJ*, s.v., I.A).

In alternativa propongo, in modo del tutto ipotetico, εὐοδίης, "che assicura una buona strada". Εὐοδία è attestata come personificazione astratta in una dedica di Tolomeo Filopatore, forse in occasione della quarta guerra siriaca (*OGIS* 77, *SB* 8865: vd. Fraser 1972, I, p. 241 e II, p. 392, n. 412), e il termine compare anche in un epigramma funerario composto da Erode, probabilmente un poeta alessandrino attivo sotto il regno di Tolomeo VIII Evergete II (Fraser 1972, I, pp. 615–616): *GVI* 1151.21 καὶ σοὶ δ' εὐοδίης τρίβον ὄλβιον εὔχομαι εἶναι (sull'epigramma vd. Santin 2009, pp. 171–174, con ulteriore, ampia bibliografia a p. 172); l'epiteto di εὔοδος è poi riservato a Pan nei graffiti di età greco-romana del Paneion di El-Kanai (l'edizione più recente è quella di Bernand 1972; vd. poi Fraser 1972, II, pp. 302–303, n. 353; Adams 2007; Mairs 2011). Anche se non specificamente attestato in relazione al culto di Arsinoe, l'aggettivo sarebbe appropriato per la regina divinizzata di capo Zefirio, protettrice dei viaggi (per mare) e altrove onorata come εὔπλοια (cfr. *supra*): come già con φιλοζέφυρος (v. 1), avremmo qui un ulteriore esempio della creatività linguistica di Edilo, anche in relazione agli epiteti cultuali.

In assenza di una correzione del tutto convincente, preferisco comunque stampare le croci.

Per l'iperbato tra il nome di Arsinoe e l'aggettivo che doveva celarsi dietro il tradito εἰδείης, cfr. v. 8 θείων ... ὑδάτων; Introduzione IV.6.

v. 3 Βησᾶν Αἰγύπτιον: Βησᾶς (o Βήσας) è un'antica divinità egizia, di origine probabilmente straniera (cfr. Dasen 1993, pp. 60–64). La sua iconografia restò sostanzialmente inalterata nel corso dei secoli: era per lo più rappresentato come un nano dalle gambe arcuate e dai tratti grotteschi, con coda di leone e piume di struzzo. A differenza delle ieratiche divinità del *pantheon* egizio, dalle pose dignitose e austere, era spesso raffigurato nell'atto di eseguire *performances* musicali e/o orchestiche. A partire dal Nuovo Regno, si trovano immagini di Bes che suona strumenti musicali: il flauto doppio, la lira, il liuto, ma anche percussioni, come la batteria o i tamburi. Nel periodo tardo-egizio e greco-romano compare su molte terracotte con in mano coppe di vino, o mentre danza in mezzo a viti e grappoli, il che comporta una qualche assimilazione alla sfera dionisiaca, in particolare alla figura del satiro (su questo aspetto di Bes, cfr. Capriotti Vittozzi 2006). Divinità tutelare, svolgeva le sue funzioni benevole in almeno cinque ambiti della vita umana: (1) proteggeva le donne e presiedeva ai parti; (2) vegliava sugli uomini durante il sonno; (3) assicurava il trionfo in guerra; (4) si prendeva cura del corpo dei defunti; (5) era legato alle celebrazioni in cui svolgessero un qualche ruolo la musica, il vino e la danza (vd. Dasen 1993, pp. 55–83). Su questa molteplicità di prerogative è giocata la menzione del dio nell'epigramma: Bes appare qui nell'atto di suonare la σάλπιγξ, ma la funzione bellica che tale gesto poteva evocare è esplicitamente rigettata in nome di una declinazione in chiave festosa e simposiale (vv. 4–6). Sono così sottolineate le prerogative di Bes più compatibili con quelle di Arsinoe-Afrodite e, nello stesso tempo, è valorizzata la componente "dionisiaca" del suo culto, altro elemento in cui si può cogliere una connessione con la propaganda tolemaica (cfr. il ruolo centrale svolto dalla processione dionisiaca nell'ambito della πομπή di Tolomeo II, secondo la descrizione di Callix. *FGrHist* 627F2 *ap.* Athen. 5.197d–203b).

Si ricorda, per l'interesse che può avere in relazione alla storia degli studi, che Casaubon 1621², col. 817 fraintese il nome del dio e propose di scrivere βῆσαν, intendendolo come l'equivalente egizio di ῥυτόν («Ait poculum hoc quod Graeci alii ῥυτόν appellant, Aegyptum esse *besam*. Ita vocabatur Alexandriae genus potorii vasis»).

vv. 3–4: il funzionamento del ῥυτόν di Ctesibio è chiarito da Hero *Pn.* 1.16.8 ss. (pp. 96–98 Schmidt), dove è descritto il suono prodotto automaticamente da una tromba all'apertura della porta di un tempio: vd. Fragaki 2012, pp. 35–37.

λιγὺν ἦχον / σαλπίζει: l'espressione è quasi ossimorica: σαλπίζω è voce verbale che rimanda alla σάλπιγξ, strumento simile a una tromba, regolarmente utilizzato per dare il segnale di guerra sul campo di battaglia (vd. Krentz 1991; West 1992, pp. 118–121), mentre λιγύς, sin dalla poesia arcaica, è aggettivo che esprime un suono chiaro e acuto, per lo più dolce e armonioso: il canto dell'usignolo (Aesch. *Ag.* 1146), il suono della lira (e.g. *Od.* 8.67) o dell'aulo (Nonn. *D.* 24.271), la voce di Nestore (*Il.* 1.248) o quella della Musa (*Od.* 24.62). Il nesso λιγὺν ἦχον, in particolare, compare in *explicit* di esametro in Call. *Aet.* 1.29 Pfeiffer = Massimilla = Harder a indicare il frinire della cicala, la cui melodiosità è opposta al raglio degli asini, in un contesto dalle forti risonanze metapoetiche. Il nesso non ricorre altrove in poesia greca (dubbia la sua presenza in Mosch. *Eur.* 98, dove λιγύν è variante meno probabile per γλυκύν – vd. Bühler 1960 *ad loc.* – e la posizione metrica sarebbe comunque diversa): è forte pertanto la tentazione di ipotizzare un rapporto di dipendenza tra l'epigramma di Edilo e il passo callimacheo. Secondo Sens 2015, pp. 45–46, Edilo, in un componimento giocato intorno al confronto tra il piccolo (Bes) e il grande (il Nilo), evocherebbe l'opposizione «between large and small, refined and bombastic that runs pervasively through the *Aetia* prologue» per renderla meno netta, e in qualche modo correggerla (cfr. *supra*, n. intr.). In questo contesto, anche il riferimento alla σάλπιγξ sarebbe non privo di significato: nelle *Rane* di Aristofane, testo richiamato da Callimaco nel *Prologo* degli *Aitia* (Fantuzzi-Hunter 2002, p. 92

= 2004, p. 50), la σάλπιγξ è legata alla poesia "eschilea", da cui Callimaco prende le distanze (vd. anche *Iamb. inc. sed.* fr. 215 Pfeiffer ἥτις τραγῳδὸς μοῦσα ληκυθίζουσα, definito da Porter 2016, p. 334 «a virtual calque [...] from *Frogs*»); il λιγὺν ἦχον, che in Callimaco indica la poesia della cicala, e richiama quindi valori positivi, "antieschilei", è qui prodotto proprio da uno strumento "eschileo", con voluto ribaltamento (Sens 2015, p. 46).

v. 4 κρουνοῦ πρὸς ῥύσιν οἰγομένου: κρουνός ha qui il significato tecnico di "becco", "ugello", come e.g. in Hero *Pn.* 2.25 (pp. 276–280 Schmidt); notare la connessione etimologica tra ῥύσιν e ῥυτόν (v. 2 e n. *ad loc.*). La prevalenza di gutturali e di suoni scuri (κρουνοῦ πρὸς ῥύσιν οἰγομένου), che prosegue anche ai vv. 5–6 (διὰ χρυσέου δὲ γέγωνεν / κώδωνος κώμου), potrebbe essere finalizzata a riprodurre onomatopeicamente il clangore cupo della tromba.

Οἰγομένου è palmare correzione di Salmasius 1629, p. 638 al tradito ηγομένου (per gli emendamenti precedenti, vd. *Appendix coniecturarum*).

v. 5 οὐ πολέμου σύνθημα: è rigettato esplicitamente il ruolo della σάλπιγξ come nunzia di guerra (e con esso gli aspetti del culto di Bes legati alla sfera militare). Per uno strumento bellico che diventa strumento di pace, cfr. Philipp. *AP* 6.236 = *GPh* 2642 ss. Per σύνθημα detto del segnale di battaglia, cfr. Plut. *Sul.* 28.14; Luc. *Salt.* 10; per l'opposizione σύνθημα/σύνθεμα cfr. n. *ad* v. 6.

vv. 5–6 διὰ χρυσέου δὲ γέγωνεν / κώδωνος: κώδων è la bocca della tromba: cfr. e.g. Soph. *Aj.* 17; la specificazione χρυσέου sottolinea la preziosità dell'oggetto, ma, data l'associazione tra oro e divinità (cfr. n. *ad* 1.6 χρυσέην τήνδ'... προχόην), è in qualche modo anche in linea con il dio di cui la tromba è qui attributo. Per gli effetti fonici, cfr. n. *ad* v. 4.

v. 6 κώμου σύνθεμα καὶ θαλίης: nesso "correttivo" rispetto a πολέμου σύνθημα (v. 5), con cui si stabilisce anche una sorta di bisticcio verbale (σύνθημα/σύνθεμα, entrambi peraltro preceduti dalla terminazione -μου), se σύνθεμα di Musurus 1514, p. 203 è quello che si deve in effetti leggere in luogo del tradito σύνθημα. Gow-Page 1965, II, p. 293 preferiscono σύμβολα di Jacobs 1794–1814, I.2, p. 338 perché (a) σύνθεμα sarebbe la prima attestazione della forma con vocale breve, che trova paralleli solo più tardi, nella *koinè* (ed è rifiutato da Thom. Mag. p. 332.2 Ritschl come termine non attico); (b) la ripetizione σύνθημα/σύνθεμα in due versi contigui sarebbe inelegante. Fermo restando che σύνθημα di Ateneo potrebbe essere stato importato dal verso precedente e che il testo originario potrebbe essere stato del tutto diverso (Gow-Page propongono, e.g., κληδόνα ο φροίμια), si può tuttavia obiettare, con Sens 2015, pp. 43–44, n. 11, che (a) la forma σύνθεμα, con la breve, trova un parallelo in εὕρεμα per εὕρημα (v. 9), anch'esso condannato dagli atticisti (cfr. Phryn. *Att.* 420 Fischer; Hdn. I, p. 353.9–10 Lentz), e che (b) l'uso ravvicinato di forme diverse di uno stesso termine non è infrequente in poesia ellenistica (cfr. Hopkinson 1982).

Il κῶμος è la baldoria, la festa, anche quella che si fa in occasione di un corteo, di una processione gioiosa; in θαλία prevale invece, in linea con la connessione etimologica con θάλλω, la nozione di "opulenza" (e il termine può essere a sua volta utilizzato, generalmente al pl., nel senso di "festa, banchetto" – cfr. e.g. *Od.* 11.603; Hes. *Op.* 115 – spesso con riferimento a occasioni che prevedono la partecipazione collettiva della cittadinanza: cfr. Valerio 2013a *ad* Ion fr. 1.3 = 26.3 West²). L'allusione al corteo e alla ricchezza che lo accompagna anticipa dunque la menzione esplicita della festività per celebrare il Nilo, che con le sue inondazioni è latore di vita e fonte di prosperità e abbondanza, e allo stesso tempo richiama gli aspetti del culto di Arsinoe legati allo stesso ambito ed esemplificati dall'attributo del ῥυτόν, equivalente della cornucopia, per la sua statua di culto (cfr. n. *ad* v. 2).

vv. 7–8 Νεῖλος ὁκοῖον ἄναξ ... / ... πάτριον ἐξ ὑδάτων: Bes, con la sua tromba, intona una melodia simile a quella eseguita durante le celebrazioni in onore del Nilo, che si tenevano annualmente nella stagione delle inondazioni, nel periodo in cui la piena raggiungeva l'apice (cfr. Bonneau 1964, in part. pp. 318–328 per il periodo tolemaico). È probabile che si voglia qui suggerire un confronto tra il suono emanato dalla tromba di Bes e il rumore prodotto dall'acqua del Nilo quando entra nel nilometro, un dispositivo inventato per misurare l'altezza del fiume durante la piena (Bonneau 1964, pp. 361–420): cfr. Kenny 1932, pp. 190–191; Sens 2015, p. 44.

Può essere rilevante, per il legame con Arsinoe, il fatto che le testimonianze epigrafiche mostrino una stretta associazione tra il culto del Nilo, identificato con Osiride, e quello di Serapide e Iside a Canopo (Fraser 1972 I, p. 263 e II, p. 415 e n. 584): Arsinoe, oltre che come Afrodite, era onorata proprio come Iside (cfr. Fraser 1972, I, pp. 239, 240–243, 245 e II, p. 129, n. 93; in relazione specifica agli epiteti cultuali, vd. Caneva 2015), assimilata alla dea greca dell'amore (Fraser 1972, I, pp. 192, 198, 239, 261, 671–672). Inoltre, la scoperta a Heracleum, vicino a Canopo e a capo Zefirio, di una colossale statua di Api, incarnazione della fecondità di cui il Nilo è simbolo, può suggerire una connessione tra il culto del Nilo come simbolo di fertilità e quello di Arsinoe-Afrodite presso il suo tempio (Stephens 2010, p. 53; Sens 2015, p. 44, n. 12).

μύσταις ... ἱεραγωγοῖς: gli ἱεραγωγοί sono, propriamente, "coloro che portano le sacre offerte" e, quindi, "coloro che guidano una processione sacra". Dal testo sembrerebbe potersi dedurre che spetta a loro il compito di intonare il canto durante le celebrazioni (μύσταις φίλον ἱεραγωγοῖς / ... μέλος).

Dopo Edilo, il termine è attestato, e.g., in Polyb. 31.12.11; Dion. Hal. 16.3.3. In vista delle risonanze letterarie del carme, può essere significativo che i μύσται siano altrove legati all'iniziazione poetica (cfr. Ar. *Ra.* 354–356; [Eur.] *Rhes.* 941–945; Sens 2015, p. 48).

v. 8 εὗρε: dell'invenzione del canto è detto responsabile il Nilo stesso, attraverso il verbo *par excellence* delle invenzioni, delle scoperte che contribuiscono all'avanzamento della civiltà e al progresso (cfr. n. *ad* v. 9 εὕρεμα) – un elemento che concorre a sottolineare la natura sacrale del rito (in vista della pregnanza del verbo, è pertanto del tutto superflua la proposta di correzione di Gärtner 2007, pp. 50–51, ἦρε). Quello del dio che inventa il canto in proprio onore è un motivo radicato nella cultura greca almeno a partire dall'*Inno omerico a Hermes* (vv. 24 ss.; al v. 24 ricorre, appunto, il verbo εὑρών): il dio, nel giorno stesso della sua nascita, non solo inventa la lira, ma si serve anche del neonato strumento per intonare un canto incentrato sugli amori di Zeus e di Maia, ovvero sulla vicenda della sua stessa procreazione. Con questa scelta tematica l'autore dell'*Inno* – come opportunamente notato da Zanetto 2000², p. 262 – «sembra ... suggerire che il suo canto è il riflesso della *performance* del dio: il poeta narra la nascita di Ermes nei termini nei quali il dio stesso per primo la narrò (il v. 58 è una variazione del v. 4)»; cfr. anche Vergados 2013, pp. 9–14. Per l'uso del verbo in relazione all'invenzione del canto/della poesia, vd. anche **5.2**, con n. *ad loc.*

μέλος ... πάτριον: in linea con il sincretismo religioso-culturale celebrato nell'epigramma, il canto egizio in onore del Nilo è detto "patrio": un autore greco, che vive nell'Egitto ellenizzato, può definire le antiche tradizioni autoctone di quella terra come "tramandate dai padri", "ereditarie". È questa una delle strategie con cui gli intellettuali ellenistici contribuiscono a realizzare la politica interculturale favorita da Callicrate (cfr. *supra*, n. intr.), per cui nozioni, concezioni e simboli dell'antica civiltà faraonica possono essere incorporati in opere di autori greci, scritte in greco e finalizzate alla celebrazione encomiastica di sovrani greco-macedoni.

θείων ... ἐξ ὑδάτων: il nesso sottolinea l'importanza delle acque come prerogativa del dio fluviale, e contribuisce nello stesso tempo all'analogia tra la melodia riprodotta dall'invenzione di Ctesibio e il canto sacro: entrambi sono intimamente legati all'elemento liquido. Il Nilo e il suo μέλος rituale lo sono in virtù della natura del dio-fiume; il ῥυτόν, dove il canto dipende da un meccanismo ingegneristico attivato dal passaggio del fluido, lo è in virtù della τέχνη. Nello stesso tempo, l'equiparazione esplicita tra Bes e il Nilo annulla la distinzione tra vino e acqua come fonti di ispirazione poetica e anche tra "piccolo" e "grande" come incarnazione, rispettivamente, di valori e disvalori estetici: cfr. *supra*, n. intr.

Da notare la collocazione in iperbato di aggettivo e sostantivo alla fine dei due emistichi del pentametro; per questo fenomeno, vd. Introduzione IV.6; cfr. anche v. 2 † εἰδείης † ... Ἀρσινόης.

vv. 9–10 ἀλλὰ ... / ... νέοι: con un andamento circolare tipico delle invocazioni e delle preghiere, la chiusa riprende l'*incipit*: si ha pertanto una nuova esortazione ai "giovani" a recarsi al tempio di Arsinoe per ammirare l'invenzione di Ctesibio. La corrispondenza tematica è evidenziata dalle analogie lessicali (cfr. vv. 1–2 Ζωροπόται, καὶ τοῦτο φιλοζεφύρου κατὰ νηὸν / τὸ ῥυτὸν † εἰδείης † δεῦτ' ἴδετ' Ἀρσινόης = vv. 9–10 ἀλλὰ Κτησιβίου σοφὸν εὕρεμα τίετε τοῦτο, / δεῦτε, νέοι, νηῷ τῷδε παρ' Ἀρσινόης); l'oggetto che i giovani sono invitati ad ammirare, e che ai vv. 1–2 veniva denotativamente definito τοῦτο ... / τὸ ῥυτόν, è però ora chiamato Κτησιβίου σοφὸν εὕρεμα, con forte valore connotativo (cfr. *infra*).

L'esortazione, introdotta da ἀλλά + imperativo e scandita anche qui dai deittici (τοῦτο, / δεῦτε ... τῷδε), finge di nuovo un ordine rituale, come nell'*incipit* (vd. n. *ad loc.*). Senz'altro da respingere, pertanto, ἀλλ' εἰ stampato da Meineke 1858–1859, II, p. 409, che trasforma la frase nella protasi di un periodo ipotetico: ἀλλά è comune nei comandi e nelle esortazioni per indicare «a transition from arguments for action to a statement of the action required» (Denniston, *GP*², p. 14; per una difesa del testo tradito vd. anche Sens 2015, p. 43, n. 10); cfr. Posidipp. 116.7–9 A.–B., cit. *supra*, n. intr.; il costrutto è peraltro presente in vari epigrammi del *corpus* edileo: vd. **5**.3 ἀλλὰ ... με κατάβρεχε καὶ λέγε, **10**.9–10 ἀλλὰ ... / ... εἴπατε, *****13**.5–6 ἀλλὰ ... / φεύγετε.

v. 9 Κτησιβίου: anche se scrisse dei trattati teorici, l'opera di questo ingegnere, vissuto all'epoca di Tolomeo II e attivo ad Alessandria, è conosciuta solo tramite le fonti indirette. A quanto pare fu il primo a realizzare apparecchi meccanici basati sulla pneumatica, i.e. sull'uso della pressione dell'aria e dell'acqua, e si ritiene che derivino da lui molte delle idee contenute nelle opere di Filone di Bisanzio e di Erone. Tra le sue invenzioni principali la pompa idraulica (Vitr. 10.7; Hero *Pn.* 1.28 [pp. 130-136 Schmidt]), l'organo e l'orologio ad acqua (cfr. rispettivamente Vitr. 10.8 e 9.8.4 ss.), una catapulta bellica (Phil. *Belopoeica* 43), ma anche automi e apparecchi che imitavano il canto degli uccelli. Il ῥυτόν dedicato nel tempio di Arsinoe e descritto da Edilo testimonia della predilezione per la creazione di congegni idraulici che sapessero riprodurre insieme sia il suono sia il movimento (sulla figura di Ctesibio, e sulla sua influenza su Filone ed Erone, vd. almeno Orinsky 1922; Kenny 1932; Drachmann 1948; Fraser 1972, I, pp. 427–428, 431–434; Fragaki 2012, pp. 30–32 [e p. 30, n. 8 per ulteriore, ampia bibliografia]).

σοφὸν εὕρεμα: quella di Ctesibio è un'"ingegnosa scoperta", un'"invenzione sagace" che rientra nella sfera della σοφία. Il sostantivo εὕρεμα richiama εὗρε del v. 8, detto a proposito del canto del Nilo: la divinità fluviale ha "inventato" il canto, l'ingegno di Ctesibio ha inventato un oggetto capace di riprodurlo. Il nesso tra il Nilo e Ctesibio che viene così a stabilirsi è funzionale all'esaltazione dello scienziato: egli si trova incluso, al pari del dio, nel novero degli εὑρεταί, gli "inventori", che, almeno a partire dal VII–VI sec. a.C., venivano catalogati, insieme alle loro scoperte, a scopi celebrativi (Kleingünther 1933, pp. 1–155; Thraede 1962a e 1962b). Se le prime "invenzioni" – per lo più acquisizioni culturali permanenti – tendevano a essere attribuite all'opera degli dèi, già a partire dal V sec., con Senofane, cominciò a farsi strada anche un approccio più razionale, che riconosceva, accanto a quello della figura mitica, divina o semi-divina, il ruolo del σοφὸς ἀνήρ nell'avanzamento del progresso umano, e proprio come tale Ctesibio viene qui presentato. L'ingegnere tolemaico appare come una sorta di benefattore, capace di contribuire, con il suo ingegno, al progresso della civiltà.

Per εὕρεμα, forma recenziore rispetto a εὕρημα, utilizzata qui per convenienza metrica, cfr., per limitarsi all'epigramma, Leon. *AP* 6.4.4 = *HE* 2286; Diosc. *AP* 7.411.1 = *HE* 1591 (dove è riferito alla "scoperta" di Tespi, "inventore" della poesia drammatica); Antip. Thess. *AP* 9.266.3 = *GPh* 683; vd. anche n. *ad* v. 6 σύνθεμα.

5 HE (1853–1856) = Athen. 11.472f–473a

Πίνωμεν· καὶ γάρ τι νέον, καὶ γάρ τι παρ' οἶνον
  εὕροιμ' ἂν λεπτὸν καί τι μελιχρὸν ἔπος.
ἀλλὰ κάδοις Χίου με κατάβρεχε καὶ λέγε "παῖζε,
  Ἡδύλε". μισῶ ζῆν ἐς κενόν, οὐ μεθύων.

Athen. 11.472f Ἡδύλος Ἐπιγράμμασι: v. 3 κάδοις Χίου με κατάβρεχε habet Athen. Epitome   carent P, Pl

1 καὶ γάρ τι παρ' οἶνον Athen.[A] : παῖ, κάρτα π. ο. Meineke   2 εὕροιμ' ἂν Jacobs 1813–1817, II, p. 763 : εὕροιμεν Athen.[A] : εὑροίμην Hecker 1852, p. 30   4 μισῶ ζῆν Casaubon : με σωζην Athen.[A]

Beviamo! E infatti, tra una coppa e l'altra,
  potrei inventare qualche verso nuovo, elegante e dolce.
Su, inondami di brocche di Chio e dimmi: "divertiti,
  Edilo". Odio vivere a vuoto, senza essere ubriaco.

Un'esortazione a bere, strettamente legata a una professione di poetica: solo bevendo è possibile comporre una poesia che sia al tempo stesso "nuova", "raffinata" e "dolce".

Che il vino sia fonte di ispirazione è un motivo antico, risalente per lo meno ad Archiloco (fr. 120 West[2]), poeta non a caso assurto, nelle polemiche letterarie che si accesero intorno all'opposizione tra bevitori di acqua e bevitori di vino, a prototipo di ispirazione "dionisiaca", virile e sanguigna, in opposizione alla perfezione stilistica, lucida ma fredda, dei cultori dell'*ars* (cfr. Crowther 1979; Degani-Burzacchini 2005[2], pp. 29–30). A partire dall'età romana, il polo opposto all'ἐνθουσιασμός dionisiaco fu identificato con Callimaco e con i suoi seguaci, accusati di frigidità elaborativa; Callimaco, d'altronde, aveva bollato Archiloco dell'epiteto di μεθυπλήξ (fr. 544 Pfeiffer μεθυπλῆγος φροίμιον Ἀρχιλόχου), e la sua poetica, incentrata sui principi della cura stilistica, della perfezione formale, della ricerca del dettaglio raro e prezioso, era assurta facilmente a simbolo di erudizione e *labor limae*, contrapposti all'ingegno "bacchico" degli "antichi": cfr. Antip. Thess. *AP* 11.20 = *GPh* 185 ss., dove ai pedanti ὑδροπόται (v. 6), in un epigramma che contiene una chiara allusione (v. 4) alle immagini "acquatiche" del callimacheo *Inno ad Apollo* (vv. 106–112), è opposto il "virile" Omero, in onore del quale è proposto un brindisi dionisiaco (cfr. inoltre Hor. *Epist.* 1.19.2–3 *nulla placere diu nec vivere carmina possunt, / quae scribuntur aquae potoribus* e 6–8 *laudibus arguitur vini vinosus Homerus: / Ennius ipse pater numquam nisi potus ad arma / prosiluit dicenda*). Alcuni studiosi hanno supposto che il dualismo tra bevitori di acqua e bevitori di vino risalisse già all'età ellenistica, e che fosse Callimaco stesso a presentarsi come "bevitore di acqua" (cfr. e.g. Dilthey 1863, pp. 14–16; Rubensohn 1891; Reitzenstein 1931, pp. 54–58; Kambylis 1965, pp. 100–102, 118–122). Sopavvivono, in effetti, alcune tracce di una riflessione ellenistica sulla contrapposizione simbolica tra acqua e vino: cfr. Niceneto *AP* 13.29 = *HE* 2711 ss. = Asclep. *47 Sens, dove la difesa di un'ispirazione bacchica è attribuita a Cratino, autore comico che nella sua poesia si presentava come οἰνοπότης ed erede di Archiloco (cfr. Biles 2002; Bakola 2010, soprattutto pp. 16–20). Nell'opera superstite del poeta di Cirene non vi è però traccia di questa opposizione, per cui è difficile stabilire con esattezza se in essa la dicotomia giocasse in effetti un ruolo, e se sì quale. Avrà comunque ragione Knox 1985 a notare come Callimaco, nel proprio auto-epitafio, si presenti come persona capace di apprezzare una opportuna miscela di riso e vino (*AP* 7.415.2 = *HE* 1186 = 35.2 Pfeiffer; vd. anche *AP* 7.454 = *HE* 1325 s. = 36 Pfeiffer, dove al vino, pur visto negativamente, non è contrapposta l'acqua; sul tema, cfr. inoltre Crowther 1979, p. 5; Asper 1997, pp. 128–134; Sens 2015, pp. 46–48), e a concludere che, per quanto la pregnanza della simbologia "acquatica" in Callimaco sia innegabile, la caratterizzazione del poeta come irriducibile ὑδροπότης sia probabilmente una distorsione parodica successiva all'età ellenistica (nell'epigramma dell'età della seconda *Corona*, Callimaco, o meglio i suoi seguaci, sono visti come emblema di frigida pedanteria: cfr. Antiphan. *AP* 11.322.4 = *GPh* 774 Καλλιμάχου πρόκυνες; Philipp. *AP* 11.321.3 = *GPh* 3035 Καλλιμάχου στρατιῶται, *AP* 11.347.6 = *GPh* 3046 τοὺς Περικαλλιμάχους).

La difficoltà di stabilire quale fosse esattamente la posizione di Callimaco nei confronti della dicotomia "bevitori di acqua/bevitori di vino" rende più complicata la valutazione del rapporto tra il nostro epigramma e il poeta di Cirene: in un componimento che difende l'ispirazione dionisiaca, Edilo infatti utilizza una terminologia che coincide con quella impiegata da Callimaco per esprimere le proprie idee letterarie. In particolare, la nozione di λεπτότης (vd. v. 2 εὕροιμ' ἂν λεπτὸν … ἔπος) giocava un ruolo importante nella poesia di Callimaco, in linea con la valorizzazione ellenistica dell'idea di "finezza", "raffinatezza", che in età classica era stata invece spesso criticata come "affettazione", "cura eccessiva del dettaglio", in opposizione alla σεμνότης, il "carattere augusto, imponente" della vera poesia (cfr. il contrasto tra la λεπτότης attribuita a Euripide e la σεμνότης di Eschilo nelle *Rane* di Aristofane, o, più in generale, l'associazione tra la λεπτότης e i sofisti; su questi temi, vd. almeno Kurz 1970, pp. 24–28; Trédé 1983; O'Sullivan 1992; per la fortuna delle immagini aristofanee nella storia della critica letteraria antica, Snell 1953, cap. 6; Cameron 1995, pp. 328–333; Hunter 2009, pp. 10–52; vd. anche Prioux 2007, pp. 107–124).

Il nesso λεπτὸν καί τι μελιχρὸν ἔπος del v. 2 è stato accostato soprattutto a Call. *AP* 9.507.2–4 = *HE* 1298–1300 = 27.2–4 Pfeiffer τὸ μελιχρότατον

/ τῶν ἐπέων ... λεπταὶ / ῥήσιες, dove il poeta di Cirene esprime il proprio apprezzamento per la poesia di Arato, che ha saputo porsi come un "nuovo Esiodo", e al *Prologo* degli *Aitia*, dove un'analoga terminologia è utilizzata in un contesto programmatico (v. 16 ἀ[ηδονίδες] δ' ὧδε μελιχρ[ό]τεραι, vv. 23–24 ἀοιδέ, τὸ μὲν θύος ὅττι πάχιστον / θρέψαι, τὴν Μοῦσαν δ' ὠγαθὲ λεπταλέην). Alcuni studiosi sono pertanto propensi a cogliere nell'epigramma di Edilo il netto rifiuto della poesia callimachea, alla cui frigida propensione per l'acqua sarebbe contrapposta l'ispirazione dionisiaca (e.g. Kambylis 1965, pp. 121–122). Altri ritengono invece che in Edilo vi sia un'allusione "correttiva" a Callimaco: Edilo – che degli epigrammi di Callimaco potrebbe peraltro essere stato commentatore (cfr. Introduzione I) – non rifiuterebbe l'estetica callimachea, ma affermerebbe la possibilità di perseguire gli stessi ideali poetici tramite una fonte diversa di ispirazione – il vino, in opposizione all'acqua (Albiani 2002, pp. 163–164; similmente Gutzwiller 1998, p. 180). Secondo Cameron 1995, pp. 325–326, l'uso di questa terminologia estetica da parte di Edilo indicherebbe semplicemente che, nel III sec. a.C., la λεπτότης non era associata esclusivamente con la poetica callimachea, soprattutto considerando che Edilo era un imitatore e un ammiratore di Asclepiade e di Posidippo, i.e. i (presunti) rivali di Callimaco (per la possibilità di annoverare anche Edilo tra i Telchini, cfr. Introduzione I). Più di recente, Sens 2016 ha proposto di affrontare la questione in termini di genere letterario: la nozione di λεπτότης e la proclamazione di un'ispirazione bacchica sarebbero legate in modo specifico, nel testo edileo, al genere epigrammatico e all'ambito simposiale che ne costituisce il luogo di composizione e/o di esecuzione, così come in Call. *AP* 7.415 = *HE* 1185 s. = 35 Pfeiffer εὖ μὲν ἀοιδήν / εἰδότος, εὖ δ' οἴνῳ καίρια συγγελάσαι l'opposizione tra la capacità di bere e di divertirsi da un lato, e l'ἀοιδή dall'altro, celava assai verosimilmente un'opposizione tra la poesia simposiale leggera e il resto della produzione del poeta di Cirene (cfr. Reitzenstein 1893, pp. 87–89; Gow-Page 1965, II, p. 188). Edilo riprenderebbe la terminologia callimachea, ma si differenzierebbe da Callimaco attribuendo ai propri epigrammi le caratteristiche estetiche che il poeta di Cirene riservava ad altri generi letterari. Si avrebbe, così, un'*oppositio in imitando*, finalizzata a esprimere un programma letterario in relazione specifica al genere "simposiale" dell'epigramma (d'altronde, se Callimaco rivendica per sé, in linea con una lunga tradizione simpotica di invito alla moderazione, la capacità di saper godere del vino al momento opportuno – καίρια – Edilo propende per una netta folgorazione bacchica: vd. vv. 3–4; vd. anche l'appello ai bevitori di vino puro in 4.1, con le complesse connotazioni simboliche connesse, in quell'epigramma, al contrasto vino-acqua: cfr. comm. *ad loc.*). Come che sia, il rapporto tra Callimaco ed Edilo non necessariamente sarà stato di netta polemica, come si è talora sostenuto, ma potrebbe essersi basato su equilibri più complessi (Introduzione II.3).

L'epigramma, con l'invito che il poeta rivolge a se stesso ai vv. 3–4, mostra anche un chiaro legame con Asclep. *AP* 12.50 = *HE* 880 ss. = 16 Sens Πῖν', Ἀσκληπιάδη. τί τὰ δάκρυα ταῦτα; τί πάσχεις; / οὐ σὲ μόνον χαλεπὴ Κύπρις ἐλῄσατο, / οὐδ' ἐπὶ σοὶ μούνῳ κατεθήξατο τόξα καὶ ἰοὺς / πικρὸς Ἔρως. τί ζῶν ἐν σποδιῇ τίθεσαι; / πίνωμεν Βάκχου ζωρὸν πόμα· δάκτυλος ἀώς. / ἦ πάλι κοιμιστὰν λύχνον ἰδεῖν μένομεν; / † πίνομεν· οὐ γὰρ ἔρως· † μετά τοι χρόνον οὐκέτι πουλύν, / σχέτλιε, τὴν μακρὰν νύκτ' ἀναπαυσόμεθα (un componimento che intreccia complesse relazioni intertestuali con la lirica arcaica: cfr. Bing 2009, pp. 170–174; Sens 2011 *ad loc.*). Evidenti inoltre le affinità con **6**, anch'esso di ambientazione simposiale, un componimento nel quale Asclepiade è esplicitamente citato come simbolo di μελιχρότης, frutto di ispirazione poetica "avvinazzata" (vv. 3–4, che presentano notevoli punto di contatto con il nostro epigramma: vd. *infra ad loc.*). Pare lecito dedurne che il rapporto tra Callimaco ed Edilo sia in qualche modo precisato da quello tra Edilo e Asclepiade. È probabile che il poeta voglia esprimere la propria vicinanza ideale ad Asclepiade, i cui epigrammi mostrano un nesso con il simposio e con un'ispirazione "dionisiaca" del tutto consentanei al programma poetico qui enunciato. Le sue idee di "novità", "raffinatezza" e "dolcezza" sono strettamente legate alla levità giocosa della poesia simposiale (v. 3 παῖζε e n. *ad loc.*), e in particolare della poesia epigrammatica.

A prescindere dal complesso rapporto con i contemporanei (per cui cfr. in generale Introduzione II), la produzione epigrammatica superstite di Edilo conferma la giocosa vocazione bacchica qui elevata a programma: i testi trasmessi sotto il suo nome sono pressoché tutti di ispirazione simposiale; il vino (anche un vino bevuto in grandi quantità: cfr. in particolare **1–3**; vd. inoltre **4** e **10**.7) vi svolge un ruolo centrale; la componente scoptica (il παίζειν) è predominante (**7–9, 11–12**) e lo σκῶμμα prende per lo più di mira specifici *targets* simposiali, come i ghiottoni e gli avvinazzati (**3, 7–9**). In che cosa consistessero le novità della λεπτότης e della μελιχρότης edilee può essere più difficile da stabilire, ma si nota senz'altro una cura stilistica data dalla tendenza all'inventività verbale, dalla costruzione bilanciata del verso, dall'attenzione agli effetti fonici, dalla ricerca dell'effetto inatteso (vd. anche Introduzione IV.5–IV.6).

vv. 1–2: la ripetizione anaforica καὶ γάρ τι νέον, καὶ γάρ τι παρ' οἶνον / ... λεπτὸν καί τι μελιχρὸν ἔπος (che la correzione di Meineke 1867, p. 217, παῖ, κάρτα παρ' οἶνον, eliminava inopportunamente) conferisce urgenza all'esortazione incipitaria (Πίνωμεν) e imprime al distico un tono incalzante. La sintassi, con il suo andamento franto, potrebbe anche voler riprodurre mimeticamente il balbettio indotto dagli eccessi etilici, controbilanciando, con il suo tono spigliato, il trito Πίνωμεν dell'attacco (cfr. n. seg.).

v. 1 Πίνωμεν: l'esortazione a bere alla prima persona, singolare o plurale, è tipica della poesia simposiale (dove è spesso associata, come qui, con l'invito a "giocare": vd. v. 3 παῖζε e n. *ad loc.* per i paralleli): in particolare, in *incipit* di esametro, vd. Theogn. 763 e Asclep. *AP* 12.50.5 = *HE* 884 = 16.5 Sens (e forse anche v. 7: cfr. Sens 2011 *ad loc.*). Qui deriva da Asclep. *AP* 12.50.1 = *HE* 880 = 16.1 Sens Πῖν', Ἀσκληπιάδη (cfr. *supra*, n. intr.).

νέον: "nuovo, recente" (*LSJ*, s.v., II.1), con la connotazione positiva di qualcosa che non è mai stato tentato prima, e che giunge quindi come creativa innovazione: per la ricerca della novità poetica cfr. già *Od.* 1.351–352 e poi, e.g., Pind. *O.* 9.48–49; Ar. *Nu.* 546 ss.; Call. *Aet.* fr. 1.25–28 Pfeiffer = Massimilla = Harder (con n. *ad loc.* per ulteriori paralleli e bibliografia); vd. anche, più tardi, Lucill. *AP* 11.132.1–2 = 41.1–2 Floridi (con n. *ad loc.*) Μισῶ, δέσποτα Καῖσαρ, ὅσοις νέος οὐδέποτ' οὐδεὶς / ἤρεσε, κἂν εἴπῃ, "μῆνιν ἄειδε, θεά", dove a una nozione letteralmente anagrafica viene a sovrapporsi, in un contesto di polemica letteraria, l'idea della novità (percepita però come minaccia dai conservatori).

παρ' οἶνον: per il nesso, da intendersi nel senso di «over one's cups» (*LSJ*, s.v., I.1), cfr. e.g. Crinag. *AP* 9.239.4 = *GPh* 1806 = 7.4 Ypsilanti (dove è significativamente utilizzato a proposito dell'opera di Anacreonte, simbolo antonomastico di ispirazione poetica bacchica; per i problemi testuali dei vv. 3–4 dell'epigramma di Crinagora, che secondo alcuni sarebbero un'interpolazione successiva, cfr. Ypsilanti 2018 *ad loc.*); Plut. *Mor.* 143d; torna in **6.3**, nella stessa sede metrica; vd. anche, per la forma con il dativo, Anacr. *PMG* 11b.3 = fr. 33.9 Gentili; Soph. *OT* 780; Damag. *AP* 7.355.3 = *HE* 1413 (su Prassitele di Andro, definito come Μουσῶν ἱκανὴ μερὶς ἠδὲ παρ' οἴνῳ / κρήγυος; Gow-Page 1965, II, p. 228 notano peraltro che l'epigramma sembrerebbe riecheggiare Call. *AP* 7.415 = *HE* 1185 s. = 35 Pfeiffer).

v. 2 εὕροιμ': per indicare la composizione poetica (vd. anche v. 3 παῖζε e n. *ad loc.*) è utilizzato un verbo pregnante, che rinvia, tecnicamente, alla sfera semantica dell'"invenzione", della "scoperta": vd. **4.8** εὗρε μέλος e **9** εὕρεμα, con nn. *ad locc.*; notoriamente, è attestato in questo senso fin dall'età arcaica: cfr. e.g. Alcm. *PMG* 39.2 = 91.2 Calame; Pind. *O.* 1.110, 3.4, *P.* 12.6–7, *N.* 6.53–54; Gentili 2006[4], pp. 87–88.

λεπτὸν καί τι μελιχρὸν ἔπος: la λεπτότης è uno dei cardini dell'estetica non solo callimachea, ma più in generale ellenistica (ma vd. le precisazioni di Porter 2011): cfr. il programmatico acrostico λεπτή che compare nei *Fenomeni* di Arato (vv. 783–787), individuato da Jacques 1960 (vd. poi almeno Vogt 1967; Kidd 1997 *ad loc.*; Johnson 2005; Volk 2012; Hanses 2014; Kwapisz 2019), o la proverbiale λεπτότης di Filita, dalle dense implicazioni simboliche (Cameron 1991 e 1995, pp. 488–493; Sbardella 2000, pp. 14–16; Spanoudakis 2002, pp. 54–55; per l'originario valore di "magrezza" della λεπτότης, opposta alla metafora della corpulenza, cfr. soprattutto Asper 1997, cap. 4), o ancora il titolo di κατὰ λεπτόν riservato alle opere minori di Arato (*SH* 108–109); vd. anche le nn. di Massimilla 1996 e di Harder 2012 *ad* Call. *Aet.* fr. 1.24 λεπταλέην. L'aggettivo μελιχρός, che richiama, come γλυκύς, la nozione di dolcezza stilistica, anche per influsso della comune metafora delle api e del miele come simbolo dell'attività poetica (cfr. Waszink 1974; Williams 1978 *ad* Call. *h.* 2.110; Asper 1997, p. 115, n. 21), è attestato in relazione agli autori più diversi: e.g. Anacreonte (Hermesian. fr. 7.51 Powell = 3.51 Lightfoot), Sofocle (Simias *AP* 7.22.5 = *HE* 3290), mentre in **6**.4 è così qualificata la poesia di Asclepiade (cfr. n. *ad loc.*). Per l'associazione tra la nozione di λεπτότης e quella di μελιχρότης cfr. Call. *AP* 9.507.2–4 = *HE* 1298–1300 = 27.2–4 Pfeiffer, *Aet.* fr. 1.16 Pfeiffer = Massimilla = Harder (citt. *supra*, n. intr.). Edilo usa un linguaggio fortemente connotato in termini estetici, ma variamente utilizzato dai diversi autori, in accordo con le loro esigenze e le loro predilezioni: il poeta si inserisce nel coevo dibattito letterario, esprimendo la propria inclinazione per una poesia epigrammatica simposiale che sia frutto di pura ispirazione dionisiaca.

Può forse anche valere la pena notare il nesso semantico tra l'ideale poetico di μελιχρότης, proclamato nell'epigramma, e il nome di Edilo, esplicitamente citato al v. 4, e legato, sul piano etimologico, alla medesima nozione – quasi che il poeta, in virtù del proprio nome (e delle proprie origini familiari: stando ad Athen. 7.297b–c [**T1**], la madre, poetessa, si chiamava a sua volta Edile), fosse destinato a scrivere qualcosa di "dolce" (ulteriori riflessioni sull'omonimia Edile-Edilo, e sulla possibile significatività dei due nomi in relazione al loro mestiere di letterati, in Floridi 2018–2019, §1).

v. 3 ἀλλὰ κάδοις Χίου με κατάβρεχε καὶ λέγε: la *persona loquens* invita un "tu" anonimo – verosimilmente un compagno di simposio – a "inondarlo" di vino e poi a pronunciare (λέγε) quella che è, di fatto, un'"investitura" poetica (Sens 2016, p. 235). Alle divinità tradizionalmente ispiratrici del canto (le Muse della *Teogonia* esiodea o l'Apollo del *Prologo* degli *Aitia*) viene così a sostituirsi un interlocutore anonimo, pariteticamente coinvolto nell'occasione simposiale da cui scaturirà il "nuovo" canto. D'altronde, l'investitura si qualifica, in qualche modo, come un'auto-investitura, dal momento che è Edilo stesso a suggerire al compagno di simposio le parole con cui questi deve esortarlo: il discorso diretto dei vv. 3–4 è, più che una battuta di dialogo, una forma drammatizzata di monologo.

Da notare l'allitterazione delle gutturali (κάδοις Χίου με κατάβρεχε καὶ λέγε).

Per l'esortazione espressa da ἀλλά + imperativo, frequente in Edilo, vd. n. *ad* **4.**9–10 ἀλλὰ ... / ... νέοι.

κάδοις Χίου: il κάδος è un recipiente utilizzato per la conservazione e il trasporto dei liquidi, in particolare del vino, ma ne è attestato l'uso, secondariamente, anche per prelevare l'acqua da un pozzo (Pherecr. *PCG* 81, 194), nonché per conservare derrate alimentari, salse, unguenti etc. Si tratta di un orcio, quindi, più che di una coppa, anche se Simia (fr. 27 Powell), stando ad Athen. 11.472e, identificava il vaso con un ποτήριον, sulla base di Anacr. *PMG* 28.2 = fr. 93.2 Gentili οἴνου δ' ἐξέπιον κάδον (dove l'espressione serve però a creare un contrasto tra l'intero orcio bevuto e la penuria del pasto – un piccolo pezzo di focaccia); cfr. inoltre Archil. fr. 4.7–9 West² ἀλλ' ἄγε σὺν κώθωνι θοῆς διὰ σέλματα νηὸς / φοίτα καὶ κοίλων πώματ' ἄφελκε κάδων, / ἄγρει δ' οἶνον ἐρυθρὸν ἀπὸ τρυγός (che costituisce la più antica attestazione del vocabolo in greco); Hdt. 3.20.1 φοινικηίου οἴνου κάδον. Da Hor. *Carm*. 3.29.1–2 *tibi / non ante verso lene merum cado* si ricava che il recipiente è troppo grande e pesante per essere sollevato, per cui può solo essere inclinato: vd. Nisbet-Rudd 2004 *ad loc*. (che citano a confronto Hor. *Serm*. 2.8.39 *invertunt Allifanis vinaria tota*; Plaut. *Stich*. 721 *quamvis desubito vel cadus vorti potest*; Enn. *Ann*. 532 *vortunt crateras aenos*). Secondo Philoch. *FGrHist* 328F187.1–3 (IV sec. a.C.), il κάδος è anche un'unità di misura equivalente all'ἀμφορεύς (ca. 39 litri), ma le fonti indicano che – come per il latino *cadus* – forma e dimensioni erano variabili: cfr. e.g. P.Hamb. I 10.35, II sec. d.C., Teadelfia, dove si parla di un κ[ά]δον μέγαν, e P.Tebt. II 406.23, 264 ca.–270 d.C., dove si ha, al contrario, un κάδος μικρός; Philippid. *PCG* 28.4, con comica esagerazione, parla di κάδοι più grandi di un uomo (κάδοι μείζους ἐμοῦ); ulteriore, ampia documentazione, in Bonati 2016, pp. 59 ss. A prescindere dal dato metrologico, l'espressione nel contesto vuole dunque essere iperbolica, e il plurale accentua l'iperbole; cfr. **6.**2 τετραχόοισι κάδοις, dove si ha la quantificazione del vino bevuto per comporre buona poesia.

Il vino di Chio, nell'antichità, era considerato particolarmente pregiato: e.g. Ar. *Ec*. 1139; Anaxil. *PCG* 18.5; Herm. *PCG* 77.5; Philyll. *PCG* 23.2; vd. anche Call. *AP* 13.9.1 = *HE* 1341 = fr. 399.1 Pfeiffer; Dion. *AP* 12.108.2 = *HE* 1454 (dove il vino di Chio è termine di paragone di dolcezza; per un possibile nesso intertestuale tra questo epigramma ed Edilo, cfr. n. *ad* **6.**4 πουλὺ μελιχρότερον); Leon. *AP* 7.422.5–6 = *HE* 2096–2097; Posidipp. *AP* 5.183.2 = *HE* 3095 = 124.2 A.–B.

κατάβρεχε: "inzuppare, bagnare completamente", ma anche "inondare" (P.Petr. III 42F.a7, III sec. a.C.); il senso di "inzuppare di vino" dipende qui dalla specificazione κάδοις Χίου, ma il verbo semplice è utilizzato assolutamente nel senso di "bagnare (la gola), bere": cfr. e.g. Eub. *PCG* 123.2; Eur. *El.* 326; Men. *Dysc.* 950; vd. anche Asclep. *AP* 5.167.5 = *HE* 874 = 14.5 Sens (con n. *ad loc.*).

Anche se l'espressione è usata propriamente in relazione al vino, il contesto di riflessione letteraria richiama la metafora della "produzione torrenziale", del "diluvio di parole", utilizzata da Cratino nella propria auto-rappresentazione (e sottoposta a distorsione parodica da Ar. *Eq.* 526–528: cfr. Bakola 2010, pp. 21–22, 27) – il che può non essere casuale, visto il ruolo di Cratino come simbolo di ispirazione dionisiaca nella *querelle* tra bevitori di acqua e di vino (cfr. *supra*, n. intr.): *PCG* 198 Ἄναξ Ἄπολλον, τῶν ἐπῶν τοῦ ῥεύματος, / καναχοῦσι πηγαί· δωδεκάκρουνον <τὸ> στόμα, / Ἰλισὸς ἐν τῇ φάρυγι. τί ἂν εἴποιμ' <ἔτι>; / εἰ μὴ γὰρ ἐπιβύσει τις αὐτοῦ τὸ στόμα / ἅπαντα ταῦτα κατακλύσει ποιήμασιν (l'immagine torna poi, utilizzata in senso del tutto negativo, in Lucill. *AP* 11.137.3 = 46.3 Floridi κατακλύζεις ἐπιγράμμασιν, con n. *ad loc.*).

παῖζε: "giocare, trastullarsi", ma anche "danzare" (e.g. *Od.* 8.251, 23.147), "danzare e cantare" (Pind. *O.* 1.16), "suonare" uno strumento (Ar. *Ran.* 230) e, a volte, può avere connotazioni erotiche (*LSJ*, s.v., II.5; Henderson 1991[2], p. 157; Guichard 2004, pp. 214–215): pertiene dunque a un'ampia gamma di attività legate ai divertimenti simposiali. Non a caso, compare spesso nella poesia conviviale a indicare i piaceri a cui è possibile dedicarsi finché si è in vita, prima che sopraggiunga la morte a impedirlo (cfr. e.g. Theogn. 567; adesp. eleg. fr. 27.4 West[2]). In tale contesto, l'invito a "giocare" è spesso specificamente associato all'invito a bere (per il *topos* dell'invito a godere dei piaceri della vita finché si è in tempo, vd. Ameling 1985; Floridi 2007 *ad* Strat. 99 = *AP* 11.19): cfr. e.g. Ion frr. 26.16 West[2] = 1.16 Valerio πίνειν καὶ παίζειν, 27.7 West[2] = 2.7 Valerio πίνωμεν παίζωμεν; Amphis *PCG* 8.1 πῖνε, παῖζε (con Papachrysostomou 2016 *ad loc.* per il valore che il verbo assume nel contesto). Per estensione, con riferimento specifico alla parola, παίζω assume poi il senso di "scherzare", "dire per gioco" (Hdt. 4.77.2), se non addirittura "fare un gioco di parole" (schol. *ad* Ar. *Av.* 42; *LSJ*, s.v., II.3). Qui il significato, come senz'altro in **6**.4, è quello, specifico, di "comporre poesia (simposiale)", una poesia connotata nei termini della levità giocosa e disimpegnata, in linea con l'uso di παίγνιον per indicare, "tecnicamente", componimenti di tono leggero (cfr. *LSJ*, s.v., III): Παίγνια era il titolo di un'opera di Filita di Cos (Stob. 2.22.10; Sbardella 2000, pp. 49–52; Spanoudakis 2002, pp. 327–328) e il termine si trova impiegato a proposito della commedia (Plat. *Lg.* 816e), dei mimi (Plut. *Mor.* 712e), di Teocrito (Ael. *NA* 15.19), della poesia per i saturnali (Leon. *AP* 6.322.2 = *FGE* 1869; cfr. anche Strat. *AP* 12.258.1 = 98.1 Floridi, dove allude sia al tipo di poesia composta dall'autore – disimpegnati epigrammi – sia alla tematica privilegiata – l'eros per i fanciulli, i παῖδες: vd. la mia n. *ad loc.*); in **10**.7 è utilizzato a proposito di una delle *performances* per cui è celebrato l'auleta Teone, le cui qualità appaiono come il corrispettivo, sul piano musicale, dei valori estetici patrocinati da Edilo in ambito poetico; cfr. inoltre Philod. *AP* 9.412.7 = *GPh* 3286 = 29.7 Sider (con n. *ad loc.*) καὶ μὴν Ἀντιγένης καὶ Βάκχιος ἐχθὲς ἔπαιζον; Lucill. *AP* 11.134.1 = 43.1 Floridi ποιήματα παίζομεν.

v. 4 Ἡδύλε: il vocativo, enfatizzato dalla posizione incipitaria, a sua volta rimarcata dall'*enjambement* ("παῖζε, / Ἡδύλε"), è inserito all'interno di un'allocuzione che si immagina pronunciata da un secondo interlocutore anonimo. L'autocitazione del proprio nome da parte dell'autore è interpretabile come una σφραγίς, in linea con la lunga tradizione di poesia simposiale all'interno della quale il componimento si colloca. In una prospettiva interna al genere epigrammatico, è significativo che tale autocitazione giunga in un'epoca in cui l'epigramma stava acquisendo una dimensione libraria sempre maggiore, con il conseguente passaggio dall'anonimato quasi esclusivo della pietra all'indicazione della paternità dei testi (Garulli 2012, pp. 24–25): cfr. innanzitutto Asclep. *AP* 12.50.1 = *HE* 880 = 16.1 Sens Πῖν', Ἀσκληπιάδη (con Sens 2011 *ad loc.*, che condivisibilmente propende per non intendere l'epigramma come un monologo interiore, come alcuni critici hanno fatto); per il vocativo, vd. anche Crinag. *AP* 5.119.2 = *GPh* 1774 = 1.2 Ypsilanti Κριναγόρη (dove l'apostrofe occorre in un contesto erotico: cfr. Ypsilanti 2018 *ad loc.*); Lucill. *AP* 11.196.3 = 78.3 Floridi Λουκίλλιε (dove a parlare è però un personaggio individualizzato dal nome proprio: è l'orribile Bitò a rivolgersi al poeta interpellandolo in seconda persona). In generale, per questo tipo di "firma" epigrammatica, vd. Noss. *AP* 5.170.3 = *HE* 2793 (forse il componimento di apertura della raccolta: Gutzwiller 1998, pp. 75–77). Altre autocitazioni del nome sono legate all'ambito sepolcrale (vd. e.g. gli auto-epitafi di Callimaco – *AP* 7.525.1 = *HE* 1179, *AP* 7.415.1 = *HE* 1185 – o di Meleagro – *AP* 7.417.3 = *HE* 3986, *AP* 7.418.5 = *HE* 3998, *AP* 7.419.3 = *HE* 4002, *AP* 7.421.11 = *HE* 4018 – o le "firme" epigrafiche raccolte da Santin 2009); per un caso diverso, Philod. *AP* 5.115 = *GPh* 3196 ss. = 10 Sider (probabilmente ispirato a Mel. *AP* 12.165 = *HE* 4520 ss.: i due poeti, con processo etimologizzante, giocano con le componenti dei loro nomi per giustificare le loro predilezioni erotiche).

Per il possibile nesso tra l'ideale estetico di "dolcezza" patrocinato nell'epigramma e il nome di Edilo, cfr. n. *ad* v. 2 λεπτὸν καί τι μελιχρὸν ἔπος.

μισῶ ζῆν …οὐ μεθύων: una vita vissuta da sobri è una vita senza senso: con la chiusa Edilo stabilisce la perfetta equazione tra ispirazione poetica, pienezza esistenziale e *furor* etilico (μεθύων: cfr. *infra ad loc.*).

μισῶ ζῆν: brillante correzione di Casaubon 1621², col. 792 al corrotto με σωζην di **A** (vd. Jacobs 1794–1814, I.2, p. 328).

Espressioni verbali indicanti il proprio grado di affezione/disaffezione per l'oggetto discusso sono comuni in poesia epigrammatica, per influsso della poesia simposiale di età arcaica, dove costituiscono un modulo retorico diffuso per introdurre un intervento personalizzato: cfr. Vetta 1980, p. LIII. Μισῶ, in particolare, compare spesso in contesti di polemica letteraria: vd. Call. *AP* 12.43.3 = *HE* 1043 = 28.3 Pfeiffer; Parmen. *AP* 9.43.3 = *GPh* 2594; Pollian. *AP* 11.130.2 e, in posizione incipitaria, Lucill. *AP* 11.132.1 = 41.1 Floridi (per ulteriori occorrenze del verbo nell'epigramma vd. la mia n. *ad* Strat. 41.1 = *AP* 12.222.1). Il precetto esistenziale – il rifiuto di un certo tipo di vita – viene qui a coincidere con una precisa professione di poetica.

L'espressione richiama l'*explicit* di Asclep. *AP* 12.46.1 = *HE* 876 = 15.1 Sens Οὐκ εἴμ' οὐδ' ἐτέων δύο κείκοσι καὶ κοπιῶ ζῶν, a cui Edilo potrebbe alludere ironicamente. Alla sconsolata manifestazione asclepiadea di una generalizzata stanchezza esistenziale, il poeta parrebbe rispondere con una precisa delimitazione delle circostanze entro la quali si esprime il suo "odio" per la vita: l'assenza di ubriachezza.

ἐς κενόν: «to no purpose» (*LSJ*, s.v., I.2): cfr. e.g. D.S. 19.9; Heliod. 10.30; Lyc. 139, 1191; adesp. *AP* 11.8.2 = *GVI* 1906.10 ἐς κενὸν ἡ δαπάνη. Sens 2016, p. 235 suggerisce che l'espressione possa giocare anche con l'idea di "svuotare" calici di vino.

μεθύων: indica una consumazione di vino tale da provocare l'ebbrezza. Anche se non è il μεθύειν in sé a essere stigmatizzato nella tradizione simposiale greca, ma il λίην μεθύειν (cfr. e.g. Theogn. 475–496, dove il verbo ricorre quattro volte, con Ferreri 2006, in part. pp. 200–201, Theogn. 837–840 Δισσαί τοι πόσιος κῆρες δειλοῖσι βροτοῖσιν, / δίψα τε λυσιμελὴς καὶ μέθυσις χαλεπή· / τούτων δ' ἂν τὸ μέσον στρωφήσομαι, οὐδέ με πείσεις / οὔτε τι μὴ πίνειν οὔτε λίην μεθύειν, 211–212, 841–842), che Edilo abbia in mente l'eccesso è garantito dal v. 3 κάδοις Χίου με κατάβρεχε, dove è in qualche modo quantificata, per quanto genericamente, la misura delle προπόσεις. L'autore prende così le distanze da quella tradizione di poesia simpotica che invitava a bere con moderazione, per proporre una piena identificazione tra vita e composizione poetica, a sua volta subordinata a robuste bevute di vino, che permettano di raggiungere quella μέθυσις più volte condannata.

Per il verbo in Edilo, cfr. anche **6.6** e **10.7**.

6 *HE* (1857–1862) = Athen. 11.473a–b

Ἐξ ἠοῦς εἰς νύκτα καὶ ἐκ νυκτὸς πάλι Σωκλῆς
  εἰς ἠοῦν πίνει τετραχόοισι κάδοις,
εἶτ' ἐξαίφνης που τυχὸν οἴχεται. ἀλλὰ παρ' οἶνον
  Σικελίδου παίζει πουλὺ μελιχρότερον,
5 ἐστὶ δὲ † δὴ πολὺ † στιβαρώτερος. ὡς δ' ἐπιλάμπει
  ἡ χάρις, ὥστε, φίλος, καὶ γράφε καὶ μέθυε.

Athen. 11.473a καὶ ἐν ἄλλῳ (sc. ἐπιγράμματι Ἡδύλος)   carent Athen. Epitome, P, Pl,

1 νυκτὸς Meineke 1867, p. 218 : νυκτῶν Athen.^A | πάλι Σωκλῆς Bergk : πασι σωκλης Athen.^A : Πασισωκλῆς Musurus 1514, p. 191   **3** εἶτ' Athen.^A : ἔστ' Gärtner | παρ' οἶνον Musurus, ibid. : πάροινον Athen.^A   **4** Σικελίδου Athen.^A : -εω tacite corr. Olson 2006–2012, V, p. 294 | πουλὺ Musurus, ibid. : πολὺ Athen.^A   **5** ἐστὶ δὲ δὴ πολὺ Athen.^A : ἔστι δὲ δὴ πολὺ δὴ Kaibel : ἐστὶ δὲ δὴ πολύ τι Meineke, ibid. : ἐστὶ δὲ δὴ πουλὺ vel ἔστι δὲ καὶ πολὺ δὴ Wilamowitz : ἔστι δέ που Λύδης Cameron   **6** ὥστε Athen.^A : ὥς σὺ Schweighäuser 1801–1807, VI, p. 113 | φίλος Wilamowitz : φίλε Athen.^A : φίλει Jacobs

Da mattina a sera e di nuovo dalla sera al mattino, Socle
  beve da brocche da quattro congi,
poi magari, all'improvviso, sparisce. Ma tra una coppa e l'altra
  i suoi giochi poetici sono assai più dolci di quelli del Sicelida,
5 ed è anche ben più vigoroso. Tanto rifulge
  la (loro) grazia che, amico, devi scrivere e bere.

Elogio di Socle, che nell'ebbrezza compone una poesia tale da superare, per qualità estetiche, quella dello stesso Asclepiade.

L'epigramma presenta forti affinità, tematiche e strutturali, con **5**, rimarcate anche dai richiami linguistici: in entrambi i componimenti è difesa l'ispirazione bacchica (cfr. il nesso παρ' οἶνον, v. 3 e **5**.1), che sola può permettere di comporre buona poesia, contrassegnata da μελιχρότης (cfr. v. 4 μελιχρότερον e **5**.2 μελιχρὸν ἔπος); in entrambi la composizione poetica è definita come παίζειν, "gioco" simposiale (cfr. v. 4 παίζει e **5**.3 παῖζε); entrambi presentano un'impostazione dialogica, per cui è immaginato uno scambio di battute con un compagno di simposio, che comporta il ricorso a forme di imperativo legate alla sfera dell'attività poetica (cfr. v. 6 γράφε καὶ μέθυε e **5**.3 παῖζε): in **5** l'autore si rivolge a questo "tu" anonimo per mettergli in bocca una sorta di "investitura" poetica, indirizzata a lui stesso (il "tu" anonimo deve invitare Edilo a παίζειν); qui è invece il poeta a esortare una seconda persona (sulla cui identità vd. *infra ad* v. 6 φίλος) a comporre una poesia che sia ispirata dal vino. In entrambi i testi, il μεθύειν è quantificato con un riferimento ai κάδοι (cfr. v. 2 τετραχόοισι κάδοις con **5**.3 κάδοις Χίου με κατάβρεχε) ed è posto, come termine-chiave, in *explicit* (cfr. v. 6 μέθυε e 5.4 μεθύων). Su entrambi i testi, infine, aleggia il confronto con Asclepiade – qui nominato esplicitamente come simbolo di "dolcezza" poetica (vv. 3–4), lì richiamato implicitamente attraverso l'allusione a uno dei suoi epigrammi, *AP* 12.50 = *HE* 880 ss. = 16 Sens (cfr. *supra ad loc.*). Il componimento si configura dunque come un'ulteriore professione di poetica, che completa il "programma" edileo situandolo concretamente in un determinato orizzonte letterario, dominato dalla figura di Asclepiade (per il rapporto tra i due autori, cfr. in generale Introduzione II.1). Sfugge invece l'identità di Socle, che qui vince nel confronto Asclepiade stesso ed è preso a emblema di ispirazione dionisiaca: presumibilmente un autore contemporaneo, di cui si è però perduta ogni traccia (a uno pseudonimo per Posidippo pensa invece Angiò 2003, pp. 19–20: cfr. n. *ad* v. 1 πάλι Σωκλῆς).

Se questo è il senso generale del componimento, più problematico è chiarirne i dettagli: controversa l'interpretazione del v. 3, dove Socle è detto "allontanarsi" improvvisamente dal simposio (cfr. *infra ad loc.*); arduo anche comprendere il v. 5, i cui problemi testuali impediscono una sicura valutazione del valore da attribuire a στιβαρώτερος, aggettivo dalle chiare valenze letterarie (cfr. n. *ad loc.*), ma di cui non si può precisare con certezza il secondo termine di paragone (ancora Asclepiade, secondo l'esegesi tradizionale; la *Lide* di Antimaco, secondo Cameron 1993, p. 370 e 1995, pp. 485–487: vd. n. *ad loc.*). Ambigua, infine, l'identità dell'"amico" cui l'autore si rivolge nel finale: un "tu" anonimo, a cui il poeta consiglia di seguire l'esempio di Socle, o lo stesso Socle, che si esorta a procedere sulla strada della composizione poetica di ispirazione bacchica (vd. n. *ad loc.*)?

Reitzenstein 1893, p. 89 citava il componimento come prova della destinazione simposiale dell'epigramma ellenistico, seguito in questo da Gow-Page 1965, II, p. 293 («The epigram was no doubt intended for, and perhaps composed impromptu on, some convivial occasion») e Galli Calderini 1984, p. 101 (la quale vede nell'epigramma la testimonianza di una gara effettiva, svoltasi nell'ambito di una stessa occasione simposiale, tra Asclepiade e Socle). Gutzwiller 1998, pp. 180–182 ha però giustamente richiamato l'attenzione sul γράφε del v. 6, prova inequivocabile dell'uso della scrittura come strumento di composizione poetica (cfr. n. *ad loc.*), a supporto dell'ipotesi che gli epigrammi di Edilo, nonostante l'ambientazione conviviale, fossero destinati principalmente alla circolazione libresca. Le due forme – la recitazione simposiale, anche con occasionale improvvisazione di versi, e la composizione scritta, destinata a raccolte poetiche formalizzate – naturalmente non si auto-escludono: è anzi ragionevole affermare che abbia origine proprio in questo periodo un doppio canale, che prosegue poi per l'epigramma anche in età imperiale (cfr. Introduzione IV.3).

vv. 1–2 Ἐξ ἠοῦς εἰς νύκτα ... / εἰς ἠοῦν: per la frase vd. Leon. *AP* 7.272.13 = *HE* 2455 ἠοῦν ἐξ ἠοῦς, dove il significato pare essere analogo a quello di ἡμέραν ἐξ ἡμέρας (e.g. [Eur.] *Rhes.* 445; VT *Chr.* 2.24.11), i.e. «day after day» (così Gow-Page 1965, II, p. 381). Si tratta probabilmente di un'espressione idiomatica, di sapore colloquiale, con la forma di acc. ἠοῦν per ἠῶ regolare in poesia (e utilizzata da Leonida al v. 1 = *HE* 2443 dello stesso epigramma: in Leonida, a differenza che in Edilo, la forma di acc. ἠοῦν può essere giustificata anche da convenienza metrica; cfr. anche Leon. *AP* 7.726.5 = *HE* 2415, dove è correzione di Hecker, con la discussione di Gow-Page 1965, II, p. 376). L'espressione serve dunque, più che a dare precise coordinate temporali, a suggerire una consuetudine che si ripete costante nel tempo.

πάλι Σωκλῆς: correzione di Bergk 1841, coll. 89–90 al πασισωκλης di **A**, che non dà senso (Πασισωκλῆς, stampato dai primi editori, non è un nome attestato, e sarebbe comunque ametrico, essendo lungo l'α di πᾶς e composti). Da rigettare però la proposta dello studioso di identificare il Socle qui menzionato con il padre di Licofrone (cfr. Tzetzes *ad* Lyc. II, p. 4.25–26 Scheer Ὁ Λυκόφρων οὑτοσὶ τῷ μὲν γένει Χαλκιδεὺς ἦν, υἱὸς Σωκλέους ἢ Λύκου τοῦ ἱστοριογράφου κατά τινας): anche se in passato essa ha incontrato alcuni sostenitori, non è infatti sostanziata da alcuna evidenza (cfr. Galli Calderini 1984, p. 99, n. 116). Σωκλῆς è nome abbastanza comune e diffuso in tutta la grecità: per Samo, *LGPN* I, s.v., registra una sola occorrenza, risalente al II sec. d.C., che non ci è utile ai fini dell'identificazione del personaggio; nonostante la menzione di Asclepiade, non abbiamo d'altronde alcuna garanzia che l'epigramma debba essere immaginato come di ambientazione samia (sul problema, cfr. Introduzione I). È probabile comunque che si tratti di persona reale, nota al pubblico contemporaneo. Angiò 2003, pp. 19–20, dal momento che Asclepiade è indicato con uno pseudonimo, propone di considerare tale anche Σωκλῆς e di identificarlo con Posidippo; l'ipotesi, per quanto suggestiva, si fonda su un unico elemento, tutt'altro che cogente: il rapporto tra Posidippo, Edilo e Asclepiade (cfr. Introduzione I–II). Se il soprannome di "Sicelida" utilizzato per Asclepiade è peraltro spiegabile con una possibile circostanza biografica (cfr. Introduzione I, n. 2; n. *ad* v. 4 Σικελίδου), non altrettanto "parlante" sarebbe Σωκλῆς in relazione a Posidippo (per quanto, come nota Angiò 2003, p. 19, n. 37, un nome che vale «dalla gloria integra, intatta», sarebbe «adattissimo ad un poeta»), né può naturalmente andare oltre la mera speculazione il suggerimento di integrare dopo il nome di Posidippo, negli *Scholia Florentina ad* Call. *Aet.* fr. 1.1 Pfeiffer = Massimilla = Harder, τῷ ὀνο[μαζομένῳ Σωκλεῖ (Angiò 2003, p. 20).

πάλι è avverbio post-classico, di uso prevalentemente prosastico, in linea con lo stile semi-colloquiale del componimento (cfr. anche vv. 1–2, in part. ἠοῦν; v. 3, που τυχόν): per l'epigramma, cfr. e.g. Call. *AP* 7.520.2 = *HE* 1200 = 10.2 Pfeiffer; Asclep. *AP* 12.50.6 = *HE* 885 = 16.6 Sens (con n. *ad loc.*); Mel. *AP* 5.182.1 = *HE* 4362; Lucill. *AP* 11.277.2 = 109.2 Floridi (vd. Keydell 1968, p. 142; Floridi 2016, p. 73); vd. inoltre **3**.5 (ove pure è correzione).

v. 2 τετραχόοισι κάδοις: per il κάδος come unità di misura, cfr. **5**.3 κάδοις Χίου e n. *ad loc.*; la specificazione τετραχόοισι quantifica il vino bevuto da Socle in termini iperbolici; vd. anche **3**.2 τρεῖς χόας, sulle prodezze etiliche di Callistio, vero "prodigio" simposiale (con n. *ad loc.*).

v. 3 εἶτ' ἐξαίφνης που τυχὸν οἴχεται: le ragioni dell'improvvisa scomparsa di Socle non sono chiare: poco convincente l'ipotesi di Giangrande 1968, pp. 160–163 (accettata da Galli Calderini 1984, pp. 99–101), secondo il quale Socle abbandonerebbe il simposio per fare un κῶμος e concludere così la serata con una prodezza sessuale, a dispetto del molto vino bevuto (alla virilità del personaggio rinvierebbe il comparativo στιβαρώτερος, v. 5). Secondo Gutzwiller 1998, p. 181, Socle se ne andrebbe piuttosto per scrivere quella poesia che il simposio gli ha ispirato (cfr. v. 6, γράφε), ma neanche questa circostanza è specificata nel testo. Cameron 1995, pp. 485–487 suggerisce di intendere οἴχεται nel senso metaforico di «be undone, ruined» (*LSJ*, s.v., II.b): il troppo vino lo avrebbe metaforicamente distrutto, ma proprio dall'annichilimento fisico nascerebbe l'ispirazione poetica (ἀλλὰ παρ' οἶνον…). Socle non se ne andrebbe dunque fisicamente dal simposio, ma vi resterebbe, ubriaco, per scrivere la poesia ispiratagli dal vino. Questa spiegazione non manca di attrattive, ma (a) lascia sostanzialmente ingiustificato που τυχόν; (b) οἴχομαι in questo senso non trova paralleli precisi – lo ammette lo stesso Cameron 1995, p. 486, che si appella ad analoghe espressioni in inglese per giustificare la sua proposta: «Every language has a wide selection of terms for destruction that, in the right context, imply drunkenness. In English (for example) we can so use wrecked, ruined, wasted, smashed, bombed, destroyed, shattered, annihilated, trashed, devastated, slaughtered, demolished, stoned and no doubt many other such terms» (Regina Höschele mi suggerisce che una qualche vaga analogia con la situazione immaginata da Cameron sarebbe ravvisabile in [Verg.] *Cat.* 11, un epitafio ironico per Ottavio Musa, "strappato" alla vita per aver bevuto troppo – vv. 1–2 *Quis deus, Octavi, te nobis abstulit? An quae / dicunt, a, nimio pocula dura mero?* – se la morte cui si allude non è reale, ma metaforica, come ritiene una parte della critica – così per primo De Marchi 1907; cfr. poi, e.g., Westendorp Boerma 1949–1963, II, pp. 49–63, con bibliografia precedente; Holzberg 2018, pp. 563–564. Secondo questa interpretazione, l'uomo sarebbe, nelle parole di Herrmann 1951, p. 63, «pas mort, mais ivre-mort». Anche

Ottavio Musa, come Socle, è uomo di lettere: v. 5 *scripta quidem tua nos multum mirabimur*; cfr. anche, sullo stesso personaggio, *Cat.* 4).

Un'altra possibilità è che il riferimento al comportamento bizzarro di Socle, testimoniato dalla sua improvvisa partenza (il personaggio se ne va prima che il simposio finisca e inizi il κῶμος, al quale dunque non parteciperà), sia solo un modo per sottolineare l'eccentricità del personaggio, capace di straordinarie *performances* simposiali. La sua impermeabilità all'alcol, che consuma per un periodo di tempo iperbolicamente ininterrotto, lo qualifica come una sorta di θαῦμα conviviale, al pari della Callistio di cui sono ricordate le prodezze etiliche in 3, e il fatto stesso che il personaggio sia in grado di lasciare il simposio sulle sue gambe indica la sua capacità di reggere grandi quantità di vino: cfr. e.g. Xenoph. fr. B1.17–18 West². L'andarsene all'improvviso come comportamento che può disturbare gli altri simposiasti (o il padrone di casa) è un tema ben attestato: è nozione implicita, ad esempio, nel galateo simposiale di Eveno incluso in Theogn. 467. Una simile eccentricità non impedisce tuttavia a Socle di essere un poeta addirittura migliore di Asclepiade: è anzi grazie al vino che egli ottiene risultati di eccellenza. Questa ipotesi è forse rafforzata anche dall'espressione incipitaria, che chiarisce come non si parli, qui, di una singola occasione, ma di comportamenti ripetuti nel tempo. Socle, meno costante nel simposio rispetto ai suoi compagni, è tuttavia superiore, nel comporre poesia, a un poeta pur "avvinazzato" come Asclepiade.

Superflua, in ogni caso, la correzione ἔστ', proposta da Gärtner 2007, p. 52 in luogo del tradito εἶτ', che lascia sostanzialmente irrisolte le difficoltà esegetiche del testo (ἔστε, peraltro, non è di solito costruito con l'indicativo presente: in Call. *HE* 1115 = 5.7 Pfeiffer ἔστ' ἔπεσον, invocato dallo studioso come parallelo per l'elisione della congiunzione, è seguito, regolarmente, dall'aoristo).

που τυχόν: l'uso avverbiale del participio è soprattutto prosastico (cfr. *LSJ*, s.v., A.5b) e colloquiale (cfr. Linnenkugel 1926, p. 52, con bibliografia; Floridi 2016, p. 72 e n. 12): cfr. **8**.5; in ambito epigrammatico vd. anche Lucill. *AP* 11.160.3 = 57.3 Floridi, *AP* 11.246.5 = 96.5 Floridi (dove è un elemento che concorre allo stile informale dell'autore: cfr. Floridi 2014a, p. 34). Που τυχόν deve più o meno equivalere, per il senso, a τυχὸν ἴσως, anch'esso, sembrerebbe, tipico della lingua parlata, come attesta la sua diffusione in commedia (cfr. e.g. Timocl. *PCG* 16.2; Men. *Aspis* 233, *Epitr.* 504, con Gomme-Sandbach 1973 *ad loc.*): da notare che è questa la prima occorrenza del nesso, per il quale è possibile additare solo confronti in prosa, e di molto posteriori (cfr. e.g. Arrian. 7.16.7; Agath. *hist.* 1.16.4.21, 4.8.8.20, 5.9.7.8). Vd. Introduzione IV.5.

παρ' οἶνον: cfr. **5**.1 e n. *ad loc.*

v. 4 Σικελίδου: denominazione di Asclepiade, che trova confronto in Theocr. 7.40, peraltro in un analogo contesto "agonale": la *persona* Simichida dichiara di non essere ancora in grado di vincere nel canto due somme *auctoritates* poetiche come il "Sicelida" di Samo e Filita (vv. 39–41 οὐ γάρ πω κατ' ἐμὸν νόον οὔτε τὸν ἐσθλόν / Σικελίδαν νίκημι τὸν ἐκ Σάμω οὔτε Φιλίταν / ἀείδων, βάτραχος δὲ ποτ' ἀκρίδας ὥς τις ἐρίσδω); se è lecito ipotizzare un legame intertestuale tra i due componimenti, Edilo potrebbe scherzosamente replicare a Teocrito, suggerendo che un modo per superare Asclepiade sia quello di bere fino a ubriacarsi, come fa appunto Socle. Per l'appellativo, cfr. inoltre Mel. *AP* 4.1.46 = *HE* 3971 (**T3**); *Scholia Florentina ad* Call. *Aet.* fr. 1.1 Pfeiffer = Massimilla = Harder. Il soprannome Σικελίδας è stato convincentemente spiegato da Sens 2011, pp. xxv–xxxi come un riferimento a una possibile nascita di Asclepiade in Sicilia, in seguito all'imposizione della cleruchia ateniese a Samo nel 365 e alla conseguente "diaspora" della popolazione locale in varie zone del Mediterraneo, incluse Sicilia e Magna Grecia. Asclepiade potrebbe essere nato in Sicilia e aver trascorso lì i primi anni della sua vita, per poi rientrare in patria, insieme agli altri Sami, nel 322, con un forte accento dorico che gli avrebbe meritato appunto la denominazione scherzosa di "Sicelida" (cfr. Introduzione I, anche per la possibile connessione tra la biografia di Edilo e questa medesima circostanza storica).

Come che sia, Asclepiade è qui citato come termine di confronto di dolcezza poetica, a testimonianza del fatto che l'autore doveva essere già noto e celebre. Più che a una gara effettiva tra Asclepiade e Socle, nell'ambito di uno stesso simposio (così Galli Calderini 1984, p. 101), si dovrà pensare dunque a una sorta di comparazione iperbolica: Socle, quando beve, diventa addirittura migliore di Asclepiade, che già possiede al massimo grado le qualità per le quali Socle è elogiato (similmente Gow-Page 1965, II, p. 294, i quali suggeriscono anche che Asclepiade sia ormai scomparso quando vengono scritti questi versi: «it seems [...] probable that Socles is being said to surpass an acknowledged master in his compositions, and likely, in that case, that Asclepiades is no longer alive». La questione se Asclepiade fosse o meno ancora in vita all'epoca di composizione dell'epigramma è stata in effetti molto dibattuta – cfr. Galli Calderini 1984, p. 101 e n. 125 – ma alla luce delle nostre conoscenze è sostanzialmente insolubile. Ciò che conta, in ogni caso, è che Asclepiade è qui citato come somma *auctoritas* epigrammatica – una fama che poteva aver acquisito già in vita e che non implica necessariamente una consacrazione *post mortem*).

παίζει: cfr. **5**.3 e n. *ad loc.*

πουλὺ μελιχρότερον: per la "dolcezza" poetica cfr. **5**.2 e n. *ad loc.* Per il nesso cfr. Dion. *AP* 12.108.2 = *HE* 1454 πουλὺ μελιχρότερος (dove il secondo termine di paragone è costituito, forse non a caso, dal vino di Chio, elogiato anche in **5**: se il Dionisio autore di questo epigramma è effettivamente un poeta ellenistico, come suggerisce la sua occorrenza in una sequenza meleagrea – Gow-Page 1965, II, p. 231 – è forse lecito ipotizzare che egli riecheggi i due carmi di Edilo).

v. 5 ἐστὶ δὲ † δὴ πολὺ † στιβαρώτερος: per sanare la prima parte del verso, ametrica, Kaibel 1887–1890, III, p. 39 proponeva ἔστι δὲ δὴ πολὺ δή, sostanzialmente una zeppa (e a giustificare la reduplicazione di δή a così breve distanza non bastano luoghi come Eur. *Alc.* 442 o Ar. *Av.* 532 πολὺ δὴ πολὺ δή, dove la ripetizione enfatica coinvolge anche l'avverbio); Meineke 1867, p. 218 ἐστὶ δὲ δὴ πολύ τι; Wilamowitz 1924, I, p. 144 e n. 3 ἔστι δὲ καὶ πολὺ δή (che riteneva preferibile a ἐστὶ δὲ δὴ πουλύ perché που- farebbe difficoltà in tesi: ma cfr. Call. *h.* 2.35 καὶ πουλυκτέανος, richiamato come parallelo da Gow-Page 1965, II, p. 294, con Williams 1978 *ad loc.*). Più radicale la brillante soluzione proposta da Cameron 1993, p. 370 e 1995, pp. 486–487, ἔστι δέ που Λύδης, per quanto inevitabilmente destinata a restare indimostrabile: secondo questa correzione, un più familiare δὲ δὴ πολύ avrebbe preso il posto del nome proprio, non riconosciuto dallo scriba, anche per influsso del πο(υ)λύ del verso precedente. Edilo definirebbe Socle "più dolce di Asclepiade", ma "in qualche modo (? που, non spiegato da Cameron) più vigoroso della *Lide* di Antimaco", opera che, come noto, fu al centro di un acceso dibattito in età ellenistica, forse legato anche alla polemica tra Callimaco e i "Telchini", di cui Asclepiade e Posidippo sembrano aver fatto parte (cfr. Cameron 1995, pp. 304–338, anche se la distanza tra Callimaco e Asclepiade è stata giustamente ridimensionata da Sens 2011, pp. lv–lvii; vd. Introduzione II.1).

Elogiata per le sue qualità da autori come Asclepiade (*AP* 9.63 = *HE* 958 ss. = 32 Sens) e Posidippo (*AP* 12.168.1–2 = *HE* 3086–3087 =140.1–2 A.–B.), la *Lide* fu al contrario criticata da Callimaco, che la definì παχὺ γράμμα καὶ οὐ τορόν (fr. 398 Pfeiffer). All'opera di Antimaco sono comunemente riconosciute le caratteristiche dell'austerità e della *gravitas* (cfr. e.g. Asclep. *AP* 9.63.2 = *HE* 959 = 32.2 Sens σεμνοτέρη, con Sens 2011 *ad loc.*; Quint. 10.1.52 *contra in Antimacho vis et gravitas et minime vulgare eloquendi genus habet laudem*; Antip. Sid. *AP* 7.109.1–2 = *HE* 638– 639 Ὄβριμον ἀκαμάτου στίχον ... Ἀντιμάχοιο, / ἄξιον ἀρχαίων ὀφρύος ἡμιθέων), che qui sarebbero espresse dall'aggettivo στιβαρός.

A prescindere dalla presenza o meno di un riferimento alla *Lide* nell'epigramma, στιβαρός è termine pregnante: esso significa, propriamente «strong, stoud, sturdy» (*LSJ*, s.v.), con riferimento alla forza fisica (in poesia arcaica è per lo più utilizzato in relazione a parti del corpo umano: cfr. e.g. *Il.* 5.400, 18.415; *Od.* 8.189, 18.69; [Hes.] *Sc.* 76; Pind. fr. 111.4 Maehler;

nel greco successivo è applicato anche, più genericamente, alle persone: Ar. *Th.* 639; Ios. *BI* 6.161), ma è diventato per slittamento semantico, come altre parole relative a caratteristiche fisiche (cfr. n. *ad* **5**.2 λεπτόν), termine della critica letteraria, a indicare appunto uno stile "solido" e "vigoroso". Dionigi di Alicarnasso lo utilizza a proposito di Pindaro (*Comp.* 22) e di Tucidide (*Thuc.* 24); Antip. Thess. *AP* 7.39.2 = *GPh* 142 lo riferisce a Eschilo (cfr. Gow-Page 1965, II, p. 294; Gutzwiller 1998, p. 181). È significativo che l'essere στιβαρόν sia riconosciuto come attributo della poesia roboante, "anticallimachea" di Eschilo. La predilezione di Edilo per una poesia "forte, aspra e virile" è in linea con le dichiarazioni di poetica ricavabili da **4**, dove sembrano esserci analoghi riferimenti a qualità estetiche associate, nella critica letteraria, all'opera di Eschilo, che Edilo pare però voler combinare con la "raffinatezza" e l'"eleganza" (cfr. n. *ad* **4**.3–4 λιγὺν ἦχον / σαλπίζει). Anche qui, come in **4**, Edilo propone dunque un ideale estetico capace di combinare ossimoricamente qualità in apparente contraddizione (cfr. Gow-Page 1965, II, p. 294: «τὸ στιβαρόν is not a quality very naturally associated with τὸ μελιχρόν»; Galli Calderini 1984, p. 101; Cameron 1995, p. 486). Il τὸ μελιχρόν e il τὸ στιβαρόν, insieme, producono la χάρις (vd. n. *ad* vv. 5–6).

vv. 5–6 ὡς δ' ἐπιλάμπει / ἡ χάρις, ὥστε, φίλος: per la χάρις come qualità della parola, qui prodotta dalla mescolanza ossimorica tra "dolcezza" e "vigore", cfr. già *Od.* 8.175; Dion. *Comp.* 23.12; Dem. 4.38; Antip. Thess. *AP* 9.186.4 = *GPh* 656; con specifico riferimento alla poesia Hes. *Op.* 720; Pind. *O.* 13.19, *I.* 1.6.

La consecutiva, introdotta dalla correlazione ὡς ... ὥστε, crea un forte nesso tra la qualità della poesia di Socle e la necessità di proseguire sulla via della composizione poetica (γράφε). Per ὥστε + imperativo, cfr. e.g. Soph. *El.* 1172; Xen. *Cyr.* 1.3.18.

v. 6 φίλος: correzione di Wilamowitz 1924, I, p. 144, n. 3 al φίλε di Ateneo, difettoso prosodicamente (*pace* Galli Calderini 1984, p. 102, n. 131, che ne tenta una difesa basata sull'argomento che in Edilo l'allungamento di sillabe brevi è frequente: non ci sono, tuttavia, casi paragonabili a questo nei suoi epigrammi; quando Edilo contravviene alla tendenza a collocare sillaba lunga o dittongo a conclusione del primo *hemiepes* del pentametro c'è comunque un allungamento o per posizione o con -ν paragogico: cfr. Introduzione V.2). Mi pare preferibile al φίλει di Jacobs 1813–1817, II, p. 764, che introduce un altro imperativo nella sequenza finale. L'uso del nominativo in luogo del vocativo è frequente in poesia ellenistica: cfr. e.g. Theocr. 1.61 αἴ κά μοι τύ, φίλος, τὸν ἐφίμερον ὕμνον ἀείσῃς (con Gow 1952[2] *ad loc.*) e 1.149 θᾶσαι, φίλος, ὡς καλὸν ὄσδει, 7.50 κἠγὼ μέν – ὄρη, φίλος; A.R. 4.1073; vd. anche Ion fr. 27.1 West[2] = 2.1 Valerio χαιρέτω ἡμέτερος βασιλεύς, σωτήρ τε πατήρ τε con n. *ad loc.*; Headlam-Knox 1922 *ad* Herod. 5.55; West 1966 *ad*

Hes. *Th.* 964; per Edilo, cfr. **9**.1 Κλειώ e n. *ad loc.*). L'ambiguità della sintassi non permette però di stabilire con esattezza chi sia il referente: un terzo compagno di simposio, a cui il poeta addita l'esempio di Socle (cfr. e.g. la traduzione di Gutzwiller 1998, p. 180: «His poetry has such charm, friend, that you too should get drunk and write»), oppure Socle stesso, che il poeta invita a continuare a comporre poesia sotto l'effetto del vino (così intende Cameron 1995, pp. 485–486: «the closing exhortation that Socles should continue to drink and write…»)? Anche se si deve ammettere un passaggio un po' brusco dalla terza persona del resto dell'epigramma (Σωκλῆς … πίνει … οἴχεται … παίζει) alla seconda implicata dagli imperativi finali, la seconda interpretazione è forse preferibile: dopo l'enumerazione delle stranezze di Socle (vv. 1–3) e la difesa, a dispetto di tali stranezze, delle sue qualità poetiche da parte della *persona loquens* (vv. 3–5), quest'ultima si rivolge al diretto interessato invitandolo a proseguire sulla via intrapresa (vv. 5–6).

γράφε: cfr. Asclep. o Arch. *AP* 9.64.8 = *HE* 1025 = *45.8 Sens ἔγραφες, dove l'attività poetica di Esiodo è descritta in termini di scrittura (cfr. Sens 2011 *ad loc.*: «The paradoxical representation of Hesiod's poetry as both written and sung assimilates his poetic activity to the author's own and reflects the audience's own experience of the Hesiodic compositions»); vd. anche Asclep. *AP* 9.63.4 = *HE* 961 = 32.4 Sens e Call. fr. 398 Pfeiffer, che definiscono la *Lide* γράμμα. L'invito a "scrivere" poesia costituisce ovviamente un'importante testimonianza circa le modalità della composizione degli epigrammi, in particolare di quelli di contenuto simposiale; se la poesia conviviale di età arcaica e classica era legata alla dimensione dell'improvvisazione e della fruizione orale, quella di età ellenistica prevede ora l'uso della scrittura come *medium* per la composizione e la ricezione dei testi. Non se ne deve tuttavia dedurre che il simposio non fosse più deputato alla recitazione poetica e, occasionalmente, anche alla composizione *impromptu*: vd. Introduzione IV.3. La stessa espressione καὶ γράφε καὶ μέθυε implica che le azioni di scrivere e bere siano concepite come contemporanee: "scrivi e intanto ubriacati".

μέθυε: per l'*explicit*, cfr. **5**.4 μεθύων.

7 *HE* (1863–1864) = Athen. 8.344f

Φαίδων δὲ <.....> φύκι' ἐνείκαι
χορδάς <θ'> ὁ ψάλτης· ἐστὶ γὰρ ὀψοφάγος.

Athen. 8.344f Ἡδύλος δ' ἐν Ἐπιγράμμασιν ὀψοφάγους καταλέγων Φαίδωνος μέν τινος ἐν τούτοις μέμνηται   carent P, Pl

1 Φαίδων Athen. : Φαίδων<ι> Wilamowitz ‖ δὲ Athen. : δὴ Cougny : τε (φυκίδ' ἑ.) suppl. Meineke 1858–1859, II, p. 127 ‖ φύκι' Gow : φύκει' Athen.^A : φύκη Athen.^CE : φυκίδ' Jacobs : φύσκι' Kaibel : φύκιά τ' Cougny ‖ ἐνείκαι Jacobs : αἰνεῖ καὶ Athen. : αἰνείει καὶ Cougny : ἐνεῖκαι Wilamowitz   **2** θ' suppl. Jacobs

    Fedone il citarista digerisca labri
e salsicce [o corde]: infatti è un ghiottone.

    Il primo di tre epigrammi di Edilo sui ghiottoni (ὀψοφάγοι) riportati da Ateneo (**7–9**). Per il tema cfr. Posidipp. *HE* 3126 ss. = Athen. 10.412d–e = 120 A.–B., su una statua dell'atleta Teagene di Taso, rappresentato nell'atto di mendicare cibo (il componimento è quindi riconducibile allo stereotipo, già comico, della voracità degli atleti: cfr. e.g. Theophil. *PCG* 8; Magnelli 1999 *ad* Alex. Aet. fr. 14; Floridi 2014a *ad* Lucill. 15.4 = *AP* 11.84.4), *HE* 3134 ss. = Athen. 10.414d–e = 121 A.–B., epitafio fittizio per il parassita Firomaco; vd. inoltre, per il I sec. a.C./I sec. d.C., Juba Rex *FGE* 239 ss. = Athen. 8.343e–f, su Leonteo, attore tragico un tempo dotato di talento, a cui gli eccessi a tavola sono costati la voce. Da notare che tutti questi epigrammi non sono pervenuti tramite *AP*, ma tramite Ateneo: il tema potrebbe quindi essere stato più diffuso nell'epigramma ellenistico di quanto la tradizione bizantina non permetta di ricostruire (in generale, su Edilo e l'epigramma scoptico, vd. Introduzione III.3). Una possibile conferma della stereotipicità dell'oggetto di σκῶμμα potrebbe giungere, indirettamente, da Philod. *AP* 11.318 = *GPh* 3334 ss. = 31 Sider, un epigramma basato su *double entendres* di marca astronomico-sessuale che si chiude con un secondo *hemiepes* di pentametro quasi coincidente con quello edileo (cfr. n. di Sider 1997 *ad* v. 6); il fatto che il termine ὀψοφάγος subisca lì una *detorsio* di marca oscena risulterebbe ancora più umoristica se collocata sullo sfondo di una consolidata tradizione di satira – anche epigrammatica, e non solo comica – contro questa figura.

    Il componimento sopravvive in uno stato frammentario e corrotto, ma il *Witz* è chiaramente incentrato su un gioco di parole intorno alla duplicità semantica di χορδάς (v. 2; cfr. n. *ad loc.*): il *double entendre* richiama la doppia natura del personaggio, citaredo (ψάλτης) e ghiottone (ὀψοφάγος). Impossibile stabilire quale fosse l'estensione originaria del testo. Non è però improbabile che ne siano qui riportati i versi finali: l'*explicit* del pentametro, con il termine-chiave ὀψοφάγος introdotto da γάρ esplicativo, potrebbe essere la chiusa, in cui si chiarisce la debolezza per la quale viene schernito il personaggio, fornendo così una spiegazione per il gioco di parole precedente (cfr., per l'uso di γάρ a conclusione di epigramma, **8**.5–6 e soprattutto ***13**.6 [stessa sede metrica]; per ἐστὶ γάρ in *explicit* di verso, cfr. anche *infra ad loc.*).

Lo σκῶμμα contro i forti mangiatori, al pari di quello contro i forti bevitori (vd. **3**), rientra tra gli scherzi di tipo simposiale sin dalla poesia arcaica (cfr. in particolare gli attacchi giambici contro i ghiottoni: Hipp. frr. 39.1–6 Degani² = 26 West², 39.7–9 Degani² = 26a West², 77 Degani² = 128 West²; per le tematiche gastronomiche vd. anche e.g. Sem. frr. 22–24, 28, 30 West²). Il personaggio deriso in questo epigramma è d'altronde uno ψάλτης, un suonatore di cetra, figura tipica dell'intrattenimento simpotico. Il tema della ὀψοφαγία rivestì poi un ruolo centrale nella commedia, specie a partire dal IV sec. (cfr. Brecht 1930, p. 72; Davidson 1997, pp. 144–147; il Firomaco deriso da Posidippo in 121 A.–B., significativamente, è forse lo stesso parassita menzionato da Alex. *PCG* 223.16 ed Euphan. *PCG* 1.6; vd. e.g. Fernández-Galiano 1987, pp. 108–109), nell'ambito di quell'evoluzione del teatro comico che conduce progressivamente dal dibattito politico alla satira di costume (Henderson 2014, pp. 187–188). Linceo di Samo, poeta comico e poligrafo attivo tra IV e III sec., fratello minore dello storiografo Duride e allievo di Teofrasto, raccolse una serie di aneddoti e di massime di etere e parassiti (sulla figura di Linceo, che ci è nota principalmente tramite Ateneo, vd. Dalby 2000; Ornaghi 2003; Funaioli 2004). Il "catalogo" degli ὀψοφάγοι assemblato da Edilo (8.344f Ἡδύλος ... ὀψοφάγους καταλέγων) può essere considerato come una sorta di equivalente poetico di questo repertorio in prosa: si è anzi supposto che quella di Linceo, o altre raccolte simili, siano state tra le sue fonti (Gutzwiller 1998, p. 172; Introduzione IV.1 e IV.2, n. 118).

Lo scherzo indirizzato contro un personaggio connotato da una precisa identità professionale apre d'altro canto la strada allo σκῶμμα delle professioni tipico dell'epigramma di età neroniana (ma forse anticipato già da Edilo e da altri autori di età ellenistica: cfr. comm. *ad* **11**; Introduzione IV.1). Per la satira di suonatori, attori, pantomimi in *AP*, cfr. e.g. *AP* 11.185–188 (serie sui citaredi; *AP* 11.187 = *FGE* 1998 ss. è appunto su uno ψάλτης), 11.189 (su un attore tragico), 11.253–255 (su pantomimi).

v. 1 Φαίδων: il personaggio (incluso da Stephanis 1988, n. 2454 nel suo repertorio) è altrimenti ignoto.

φύκι': quella di Gow è la correzione più vicina al testo tradito; forse un tipo di pesce (Antip. Thess. *AP* 7.637.2 = *GPh* 402), altrove indicato come φύκης

(Arist. *HA* 567b20) o, al femminile, φυκίς (Arist. *HA* 567b19; φυκίδ' era appunto la proposta di Jacobs 1809, p. 191), corrispondente a una specie non precisamente identificabile di labro (*labridae*: cfr. D'Arcy Thompson 1947, pp. 276–279; Fajen 1999, p. 375). La φυκίς è una presenza costante nei cataloghi culinari di matrice comica: cfr. Alex. *PCG* 115.12 (con Arnott 1996 *ad* vv. 12–13); Anaxand. *PCG* 42.49; Antiphan. *PCG* 130.8; Ephipp. *PCG* 12.3; Mnesim. *PCG* 4.38; Macho fr. 34 Gow; vd. anche Asclep. *AP* 5.185.2 = *HE* 933 = 26.2 Sens φυκίδια (un epigramma non a caso influenzato dalla commedia: cfr. Sens 2011 *ad loc.*); Apollonid. *AP* 6.105.1 = *GPh* 1125, *AP* 7.702.4 = *GPh* 1188. Kaibel 1887–1890, II, p. 257 proponeva invece φύσκι', diminutivo di φύσκη, "salsiccia" (cfr. e.g. Ar. *Eq.* 364; Eub. *PCG* 63.6), che è però termine di dubbia attestazione e di dubbio significato (vd. *ThGL* VIII, s.v., col. 1163. Per φυσκίον, parossitono, spiegato dallo Stephanus come "Vesicula, Folliculus, Utriculus", cfr. Bachmann, *An. Gr.* φ, p. 411.2 φυσκίον· φύστη, ἡ ἐν ταῖς σκάφαις τριβομένη καὶ ἠρέμα ἀνασαλευομένη μᾶζα, che lo ricava da Coisl. 345, f. 146v, dove compare come *additamentum* marginale nella *versio* B della *Synagogé*; ma l'*interpretamentum*, come si vede, rinvia a φύστη, forse per una conflazione di lemmi. *CGL* II, p. 31.14 Goetz dà invece l'equivalenza *botulus* = φύσκος, *unde* verosimilmente *LSJ* e *GI*, che riconducono entrambi φύσκιον a φύσκη, "salsiccia"; *GI* traduce "salsiccetta").

La maggior parte degli esempi di ghiottoneria elencati da Ateneo nei libri 7 e 8 (inclusi gli altri due epigrammi di Edilo: **8–9**) prevede d'altronde la passione per il pesce, alimento costoso (Davidson 1997, pp. 3 ss.; Wilkins 2000, pp. 293 ss.) apprezzato dai *gourmands*, tanto che ὀψοφάγος, nei *Deipnosofisti*, è spesso utilizzato nel significato ristretto di "goloso di pesce" (Marchiori 2000). L'emendamento mi pare quindi piuttosto sicuro.

ἐνεῖκαι: dietro αἰνεῖ καὶ tramandato da Ateneo, che non dà senso, sembrerebbe nascondersi una forma di aoristo di φέρω, da intendersi come "tollerare (cibo)", e quindi "digerire": cfr. Xen. *Cyr.* 8.2.21 οὔτε ἐσθίουσι πλείω ἢ δύνανται φέρειν. Difficile però stabilire, dato il contesto lacunoso, se sia preferibile l'ottativo restituito da Jacobs 1809, p. 191 o l'infinito voluto da Wilamowitz 1924, I, p. 145, n. 1 (che proponeva Φαίδων<ι> δὲ φύσκι' ἐνεῖκαι / χορδάς θ'. ὁ ψάλτης ἐστὶ γὰρ ὀψοφάγος): cfr. Gow-Page 1965, II, p. 294. Propende per l'infinito Galli Calderini 1984, p. 106, che traduce «Fedone il citarista, invece, è capace di digerire persino gli intestini di labro...». Foglia 2009, pp. 206–207, che opportunamente enfatizza la pregnanza, nel contesto, della duplicità semantica di χορδή (cfr. *supra*, n. intr.; n. *ad* v. 2), si chiede se dietro il corrotto αἰνεῖ καὶ non si nasconda «un verbo adatto a esprimere entrambi i significati di χορδή (un possibile κινει [*sic*])», da intendersi come "muovere" (le corde della cetra) e "sommuovere" (gli intestini), ingerendo un cibo indigesto (per quest'uso traslato del verbo, è addotto a confronto adesp. *TrGF* 361 κινοῦσα χορδὰς τὰς ἀκινήτους φρενῶν). Mi pare difficile tuttavia conciliare una voce di κινέω con la struttura metrica della parte finale del verso, per come è tramandata (la stessa studiosa rinuncia infatti a tentativi concreti di correzione).

Da segnalare che il tradito αἰνεῖ καὶ era invece in qualche modo "salvato" da Cougny 1890, p. 445 (dove l'epigramma compare come V.18), che scriveva Φαίδων δὴ φύκιά τ' αἰνείει καὶ / χορδάς ὁ ψάλτης· ἐστὶ γὰρ ὀψοφάγος, traducendo «... Phaedon quidem gobiosque laudat et / botulos psaltes: est enim gulosus».

v. 2 χορδάς <θ'> ὁ ψάλτης· ἐστὶ γὰρ ὀψοφάγος: χορδάς è insieme "salsicce" (e in questo senso compare spesso in commedia: cfr. e.g. Cratin. *PCG* 205; Pherecr. *PCG* 137.9; Ar. *Ach.* 1040, *Nub.* 455, *Ran.* 339) e "budelli, intestini" (e.g. Eub. *PCG* 63.3), utilizzati per fabbricare corde per strumenti musicali, e quindi appunto "corde" (e.g. *Od.* 21.407; Eur. *Hipp.* 1135; Plat. *Lys.* 209b). Su questo doppio senso ruota lo σκῶμμα del personaggio, subito dopo qualificato come ψάλτης, suonatore di uno strumento a corda, citarista (cfr. Men. *PCG* 387; in adesp. *AP* 9.525.24 è epiteto di Apollo), e ὀψοφάγος (cfr. e.g. Ar. *Pax* 810; Sophil. *PCG* 8; Eub. *PCG* 87.3), termine-chiave collocato in *explicit*, che costituisce probabilmente la *pointe* dell'epigramma (cfr. *supra*, n. intr.). Il gioco allitterante ὁ ψάλτης / ὀψοφάγος contribuisce a stabilire un forte nesso tra le due identità del personaggio.

L'ὄψον è, propriamente, una vivanda (cotta al fuoco), generalmente carne o (più spesso) pesce: cfr. e.g. Alex. *PCG* 47.6 (con Arnott 1996 *ad loc.*), 78.1, 223.2; Philem. *PCG* 82.2; Archedic. *PCG* 2.3. Il suo consumo "regolare" rientrava nella prassi conviviale: lo si serviva come companatico insieme al σῖτος, prima che fossero portate le seconde mense e le varie prelibatezze conosciute con il nome collettivo di τραγήματα (dolci, frutta etc.). L'ὀψοφάγος è chi consuma l'ὄψον in quantità eccessiva, «displaying a lack of self-control and an unwillingness to behave like an ordinary citizen» (Olson 2007 *ad* Timocl. *PCG* 4.9–10; particolarmente illuminante, in questo senso, Xen. *Mem.* 3.14.2–4, dove l'ὀψοφάγος viene definito come colui che mangia il companatico da solo, senza pane, o molto companatico ma poco pane, confondendo così ὄψον e σῖτος). Come ogni figura che infrange le regole del buon vivere civile, l'ὀψοφάγος è pertanto un tipico bersaglio della poesia comica e satirica, dove appare del tutto incurante delle esigenze altrui: al mercato si fa strada spintonando per accaparrarsi il pesce migliore (Alex. *PCG* 47; Diphil. *PCG* 31.19–26); tale è la sua foga nell'avventarsi sul cibo per sottrarlo agli altri convitati che si brucia bocca e mani (cfr. e.g. Anaxand. *PCG* 34.5–8; Eub. *PCG* 8.2–4; Euphan. *PCG* 1). Proprio per la sua avidità, questa figura assurge a emblema, nell'oratoria e nella commedia, del politico corrotto, che non si dà pensiero del bene comune ma si occupa solo dei propri interessi: cfr. e.g. Ar. *V.* 494–496. A partire dall'età tardoclassica, a essere accusati di ὀψοφαγία sono anche altri personaggi pubblici: poeti, attori, musicisti, filosofi (cfr. e.g. Ar. *Pax* 810, cit. *infra ad* **9**, n. intr., dove a essere coinvolti sono due tragediografi; Davidson 1997, pp. 3–35; Olson-Sens 2000, pp. xlix–li). L'accusa di Edilo, rivolta a un musicista, è dunque stereotipica. Per il verbo corrispondente, cfr. **9**.1 Ὀψοφάγει. Per la probabile chiusa, cfr. l'*explicit* di Philod. *AP* 11.318.6 = *GPh* 3339 = 31.6 Sider ἐστι καὶ ὀψοφάγος, un *hemiepes* che potrebbe essere stato influenzato, sul piano formale, dall'epigramma di Edilo (l'aggettivo subisce poi lì, in un componimento basato sul *double entendre* astronomico-sessuale, una risemantizzazione oscena, incentrata sull'equivalenza ὄψον = genitali femminili attestata in Alex. *PCG* 168.6–7; cfr. Sider 1997 *ad loc.*; Henderson 1991[2], p. 145; sull'epigramma di Filodemo in rapporto a quello di Edilo vd. anche *supra*, n. intr.).

ἐστὶ γάρ: come espressione di chiusa è uno stilema omerico (*Il.* 10.378, 20.246, 22.50; *Od.* 23.109), già volto in parodia da Archestr. fr. 39.9 Olson-Sens ἐστὶ γὰρ ἐσθλόν; anche qui potrebbe esservi un analogo intento di abbassamento ironico.

8 *HE* (1865–1870) = Athen. 8.344f–345a

Ἐφθὸς ὁ κάλλιχθυς· νῦν ἔμβαλε τὴν βαλανάγραν,
    ἔλθῃ μὴ Πρωτεὺς Ἆγις ὁ τῶν λοπάδων·
γίνεθ' ὕδωρ καὶ πῦρ καὶ ὃ βούλεται, ἀλλ' ἀπόκλειε
    <************************>
5 ἥξει γὰρ τοιαῦτα μεταπλασθεὶς τυχὸν ὡς Ζεὺς
    χρυσορόης ἐπὶ τήνδ' Ἀκρισίου λοπάδα.

Athen. 8.344f Ἄγιδος δ' ἐν τούτοις (sc. Ἐπιγράμμασιν Ἡδύλος ... μέμνηται) carent P, Pl vv. 1–3 (Ἐφθὸς ὁ κάλλιχθυς ... βούλεται) habet Eust. *ad Od.* 4.401, p. 1503.4–6 νῦν δὲ πρὸς ἀμυδρὰν ἔμφασιν, μνηστέον τοιοῦδέ τινος ἀνδρός, τοῦ φάγου δηλαδὴ Ἄγιδος. περὶ οὗ ἐρρέθη τὸ, ἐφθὸς ὁ κάλλιχθυς etc.

post v. 3 unus aut plures versus intercidisse videntur **5** τοιαῦτα Athen.^A : om. Athen.^CE **6** χρυσορόης Athen.^A : χρυσορρ- Athen.^CE

Il "pesce bello" è cotto: ora metti il chiavistello,
    che non entri Agide, il Proteo delle casseruole:
si trasforma in acqua, in fuoco e in ciò che vuole, ma chiudi
    <************************>
5 Dopo essersi così trasformato, forse verrà, infatti, come Zeus
    in forma di pioggia d'oro a questa padella di Acrisio.

Variazione sul tema dei ghiottoni (per cui vd. *supra*, n. intr. *ad* **7**): Agide ricorre a ogni tipo di astuzia pur di arrivare al cibo. È qui in particolare rivisitato il motivo, già comico, della fame del parassita, che non conosce ostacoli: cfr. e.g. Eupol. *PCG* 175 οὐ πῦρ οὐδὲ σίδηρος / οὐδὲ χαλκὸς ἀπείργει / μὴ φοιτᾶν ἐπὶ δεῖπνον; per l'ὀψοφάγος che si butta sul cibo, cfr. n. *ad* 7.2.

L'ingegnosità con cui il protagonista dell'epigramma persegue i propri scopi è suggerita attraverso il confronto con due personaggi del mito in grado di compiere straordinarie metamorfosi: il Vecchio Marino Proteo, che sa trasformarsi in ogni elemento naturale (*Od.* 4.351–569), e Zeus, capace di liquefarsi in pioggia d'oro per unirsi a Danae.

L'epigramma è concepito in forma di allocuzione: qualcuno rivolge a un "tu" anonimo una serie di raccomandazioni su come allontanare il pericolo rappresentato dal ghiottone. La situazione ricalca una scena tipica della commedia di mezzo e nuova, dove è frequente che un personaggio chieda/impartisca a un altro istruzioni su come preparare un banchetto, su quali cibi comprare al mercato etc., con o senza una effettiva interazione dialogica (cfr. e.g. Diphil. *PCG* 17; Ephipp. *PCG* 15; Euang. *PCG* 1; Eub. *PCG* 109; Men. *Sam*. 287–292, *PCG* 409; Nicostr. *PCG* 4). Le figure che compaiono in simili contesti sono stereotipiche: il padrone di casa, il cuoco (anche accompagnato da un assistente), il servo addetto alla spesa. Anche nell'epigramma si può immaginare che il dialogo veda coinvolti il δεσπότης, o il μάγειρος che ha preparato la prelibatezza citata in *incipit*, e un δοῦλος, a cui si chiede di sprangare la porta. Ma al di là del contesto, non ulteriormente precisabile, è interessante notare che il componimento può essere accostato ad altri testi coevi, come gli *shopping poems* di Asclepiade (*AP* 5.185 = *HE* 932 ss., *AP* 5.181 = *HE* 920 ss.), concepiti come *sketches* comico-mimici in miniatura, a testimonianza della capacità dell'epigramma di incorporare elementi provenienti da altri generi, specie nella prima età ellenistica, quando, nell'ormai sistematico passaggio dalla pietra al libro, si viene allargando il suo spettro tematico (Sens 2011, pp. xlvii–xlviii; vd. anche Giangrande 1968, pp. 142–143).

Gli *exempla* mitici, a loro volta, sono probabilmente indebitati al *burlesque* mitologico in voga sulla scena comica soprattutto tra il 400 e il 340 a.C. ca. (Konstantakos 2014, con ulteriore bibliografia; per l'influsso di questo genere comico sull'epigramma, vd. Kanellou 2019). Il mito di Danae in particolare, che compare qui nella chiusa, fu spesso sfruttato dal filone comico che volgeva in parodia gli amori di Zeus: drammi intitolati *Danae* furono composti da Apollofane (*PCG* T1), Sannirione (*PCG* 8–10: cfr. in particolare 8, dove un personaggio – presumibilmente Zeus – si chiede quale forma assumere per penetrare nella fessura di un tetto) ed Eubulo (ne sopravvive un solo frammento: *PCG* 22). La vicenda doveva poi essere trattata da Cratino nei Σερίφιοι e, verosimilmente, da Difilo nel Χρυσοχόος (cfr. Hunter 1983, p. 114); vd. inoltre Men. *Sam.* 589–598 (dove il mito è però ricondotto alla tragedia, secondo la tendenza dei personaggi menandrei a far riferimento al dramma serio per spiegare alcune situazioni: cfr. Lamagna 1998 *ad loc.*). Sia Sofocle sia Euripide composero una Δανάη (cfr., rispettivamente, *TrGF* 165–170 e *TrGF* 316–330a); il mito era trattato anche da Euripide nel Δίκτυς (*TrGF* **330b–348; per la *Danae* e il *Ditti* di Euripide, cfr. Karamanou 2006) e da Eschilo nel dramma satiresco Δικτυουλκοί (*TrGF* **46a–**47c); a Sofocle è attribuito anche un Ἀκρίσιος (*TrGF* *60–76), a meno che non si tratti di un titolo alternativo dello stesso dramma (cfr. Radt *ad TrGF*, vol. 4, ΑΚΡΙΣΙΟΣ, p. 136; Sommerstein 2013 *ad* Men. *Sam.* 589–590).

I vv. 1–3 (fino alla dieresi bucolica) sono citati anonimi da Eust. *ad Od.* 4.401, p. 1503.5–6, senza varianti rispetto al testo trasmesso da Ateneo, dalla cui Epitome quasi certamente il Tessalonicense ricavava l'epigramma (cfr. Introduzione III.2.2).

v. 1 Ἐφθός: per l'aggettivo nel verso incipitario di un epigramma, vd. CPR XXXIII, col. VI, r. 22 εἴχομ[εν] ἀρνὸς ἕωλα καὶ ἦν τὰ μὲν ἐφθά (a cui potrebbe aver fatto seguito una lista di cibi; sul papiro, vd. Introduzione III.4); in poesia epigrammatica non se ne conoscono altre attestazioni.

ὁ κάλλιχθυς: lett. "pesce bello", designazione eufemistica che cela una specie ittica non identificata; alcune fonti lo assimilano a pesci di altrettanto difficile identificazione, come l'ἀνθίας, l'ἔλ(λ)οψ (forse lo storione?), il καλλιώνυμος (Athen. 7.282c τὸν δ' ἀνθίαν τινὲς καὶ κάλλιχθυν καλοῦσιν, ἔτι δὲ καλλιώνυμον καὶ ἔλοπα; Arist. fr. 191 Gigon; ma vd., all'inverso, Dorione *ap.* Athen. 7.282e Δωρίων δ' ἐν τῷ περὶ ἰχθύων διαφέρειν φησὶν ἀνθίαν καὶ κάλλιχθυν, ἔτι τε καὶ καλλιώνυμον καὶ ἔλοπα). Oppiano dice che è un pesce sacro e che sta nei mari aperti (*Hal.* 1.185), è di grossa stazza (*Hal.* 3.355), si accompagna ai tonni (*Hal.* 3.191) e tiene lontani gli animali pericolosi, per cui è amato dai pescatori di spugne (*Hal.* 5.627–628). Cfr. D'Arcy Thompson 1947, p. 98; Neri 2003. Nel contesto indica una specie ittica prelibata e succulenta, capace, come tale, di stuzzicare l'appetito dell'ὀψοφάγος. Può essere rilevante, nell'ottica dello scherzo conviviale verso un eccezionale mangiatore, anche il fatto che il pesce avesse fama di non essere facilmente digeribile (Athen. 7.782d οὐκ εὐστόμαχον). In vista del mito di Danae utilizzato nella chiusa, che comporta l'implicita equiparazione di Danae alla prelibatezza qui citata, è significativa la componente κάλλ-, che prepara il terreno per il confronto finale.

ἔμβαλε τὴν βαλανάγραν: βαλανάγρα è detto dai lessici sinonimo di κλείς, "chiave, chiavistello", παρὰ τὸ ἀγρεύειν τὴν βάλανον, i.e. la stanghetta per il chiavistello (così e.g. Suid. β 61 Adler). Termine utilizzato in prosa (cfr. e.g. Hdt. 3.155.6; Xen. *Hell.* 5.2.29; Plut. *Mor.* 705e; Pol. 7.16.5), è questa la sua unica occorrenza in un contesto poetico. Per l'espressione, Gow-Page 1965, II, p. 295 confrontano Ar. *V.* 200 τὴν βάλανον ἔμβαλλε πάλιν ἐς τὸν μοχλόν; cfr. anche Xen. *An.* 7.1.12 συγκλείσων τὰς πύλας καὶ τὸν μοχλὸν ἐμβαλὼν.

v. 2 ἔλθη μή: la posposizione della negazione consente di evitare lo iato (fenomeno in effetti mai presente negli epigrammi conservati di Edilo: cfr. Introduzione V.3).

Πρωτεὺς ... ὁ τῶν λοπάδων: il riferimento è a Proteo, il Vecchio Marino incontrato da Menelao, di ritorno da Troia, in *Od.* 4.351–569, celebre per le capacità metamorfiche con le quali sfugge ai suoi interlocutori. Agide è "il Proteo delle casseruole", è cioè capace di qualsiasi cosa pur di avvicinarsi al cibo (cfr. Gow-Page 1965, II, p. 295: «the meaning would seem to be "whose ingenuity in getting at food is inexhaustible"»).

L'allusione a Proteo implica l'idea del raggiro e dell'inganno, in accordo con una lettura "peggiorativa" del mito attestata, e.g., in Plut. *Mor.* 97a–b, che fa di Proteo un paradigma di trasformismo etico ambiguo e sfuggente, o in Luc. *Peregr.* 1, dove il soprannome di Proteo, assunto dal "santone" Peregrino, ben esemplifica la ciarlataneria di questo truffaldino imbonitore di folle (per il mito di Proteo, di cui sono offerte, di volta in volta, letture etiche, storico-razionalistiche, retorico-letterarie, cosmogoniche, cfr. soprattutto Herter 1957; Zatta 1997, pp. 123–149; vd. anche Floridi 2017, con ulteriore documentazione e bibliografia).

λοπάδων: λοπάς, "padella", utilizzata per fare il bollito, il brasato e lo stufato, specie di pesce: cfr. Arnott 1996 *ad* Alex. *PCG* 115.21–23; Olson-Sens 2000 *ad* Archestr. 24.7. Termine del lessico quotidiano, è frequente in commedia: cfr. e.g. Ar. *Eq.* 1034, *V.* 512; Plat. Com. *PCG* 189.12; Philemo *PCG* 82.15–6; Alex. *PCG* 263.6; torna in **9.6**.

Ἆγις: tra i personaggi noti con questo nome, si segnalano il cuoco rodio che compare negli Ἀδελφοί di Eufrone e di cui è ricordata l'abilità nel cucinare il pesce (*PCG* 1.5 Ἆγις Ῥόδιος ὤπτηκεν ἰχθὺν μόνος ἄκρως) e l'autore di un libro di ricette (Ὀψαρτυτικά) citato da Athen. 12.516c. Non ci sono elementi che permettano di identificare il protagonista del componimento con quest'ultimo, anche se non è inverosimile che l'antroponimo fosse sentito come antonomastico della figura del ghiottone, analogamente a quanto si è supposto per la Callistio di **3**.1, forse intesa come prototipo della cortigiana (cfr. n. *ad loc.*). Il nome compare comunque anche in **11**.1 e 4 e ***13**.3, per indicare personaggi diversi; potrebbe quindi trattarsi di un nome "scoptico", applicato alle più varie tipologie di personaggi: cfr. n. *ad* **11**.1 Ἆγις; Introduzione IV.2.

v. 3 γίνεθ' ὕδωρ καὶ πῦρ καὶ ὃ βούλεται: cfr. *Od.* 4.417–418 πάντα δὲ γινόμενος πειρήσεται, ὅσσ' ἐπὶ γαῖαν / ἑρπετὰ γίνονται καὶ ὕδωρ καὶ θεσπιδαὲς πῦρ, dove le metamorfosi in acqua e fuoco sono due tra quelle ricordate da Eidotea, figlia del Vecchio Marino (per la metamorfosi in acqua, vd. anche *Od.* 4.458 γίνετο δ' ὑγρὸν ὕδωρ; sulla trasformazione paradossale di un elemento marino in fuoco ironizzerà Luc. *DMar.* 4.1 Ἀλλὰ ὕδωρ μέν σε γίνεσθαι, ὦ Πρωτεῦ, οὐκ ἀπίθανον ... εἰ δὲ καὶ πῦρ γίνεσθαι δυνατὸν ἐν τῇ θαλάσσῃ οἰκοῦντά σε, τοῦτο πάνυ θαυμάζω καὶ ἀπιστῶ e 4.3 τὸ πρᾶγμα τεράστιον, ὁ αὐτὸς πῦρ καὶ ὕδωρ; vd. Floridi 2017).

v. 4: il metro mostra che è qui caduto almeno un verso. L'estensione della lacuna non è precisabile con sicurezza, ma va notato che i vv. 5–6 sono concettualmente ancora molto legati al v. 3, per cui non è inverosimile che manchi solo un pentametro. Sulle predilezioni di Edilo in merito alla lunghezza degli epigrammi, cfr. Introduzione IV.6.

v. 5 τοιαῦτα: fa riferimento a una serie di metamorfosi menzionate in precedenza; arduo stabilire se si tratti (solo) di quelle elencate al v. 3 o di qualcosa che si è perduto in lacuna.

τυχόν: cfr. **6**.3 e n. *ad loc.*

vv. 5–6 ὡς Ζεὺς / χρυσορόης: il riferimento è alla metamorfosi di Zeus in pioggia d'oro per unirsi a Danae, rinchiusa dal padre Acrisio in una stanza sotterranea per impedire che si avverasse l'oracolo secondo cui il nipote lo avrebbe ucciso (cfr. e.g., Pherecyd. *FGrHist* 3F10; Pind. *P.* 12.17–18; Soph. *Ant.* 944–950; Isocr. 10.59; [Apoll.] 2.4.1[35]; Ov. *Met.* 4.610–611). Χρυσορόης è qui da riferirsi ad Agide, paragonato a Zeus (cfr. Gow-Page 1965, II, p. 295), e l'immagine mitologica potrebbe forse implicare che il ghiottone, per conseguire i suoi scopi, è disposto anche a ricorrere alla corruzione resa possibile dal denaro. Questo tipo di risemantizzazione "razionalistica" della storia di Danae, che trasforma l'oro del mito in moneta sonante, è ben attestato, nell'epigramma, in contesti erotici (cfr. e.g. Antip. Thess. *AP* 5.31.5–6 = *GPh* 709–710; Parmen. *AP* 5.34 = *GPh* 2580 s.; Floridi 2007 *ad* Strat. °80 = *AP* 12.239; degna di nota, in vista dei rapporti tra i due autori, anche la presenza dell'*exemplum* amoroso in Asclep. *AP* 5.64.5–6 = *HE* 858–859 = 11.5–6 Sens; per il mito di Danae nell'epigramma greco, anche in relazione ai precedenti comici, vd. in generale Kanellou 2019). Le sue origini affondano però nel teatro: già nella *Danae* di Euripide comparivano un elogio del denaro (*TrGF* 324 = fr. 7 Karamanou) e l'affermazione che nessun uomo è insensibile alle ricchezze (*TrGF* 325 = fr. 10 Karamanou). A parlare, nei due frammenti, era probabilmente Acrisio, il quale supponeva che qualcuno avesse corrotto con il denaro i guardiani della prigione di Danae e avesse lasciato alla fanciulla stessa dell'oro come compenso (Huys 1995, pp. 109–110; Karamanou 2006 *ad locc.*); è verosimile che la tradizione comica avesse approfondito l'aspetto "venale" della seduzione mitica (cfr. Hunter 1983, p. 114, n. 2). La vicenda di Danae è citata in relazione all'elogio dell'oro anche in Luc. *Tim.* 41 e *Gall.* 13; in ambito latino vd. e.g. Hor. *Carm.* 3.16; Ov. *Am.* 3.8.29 ss.; Petron. 137; Mart. 14.175.

Per l'aggettivo χρυσορόης, cfr. e.g. Eur. *Bacch.* 154 (dove è utilizzato a proposito delle sabbie aurifere dello Tmolo); [Orph.] *A.* 1131; vd. inoltre e.g. Soph. *Ant.* 950 γονὰς χρυσορύτους (detto di Perseo) ed Eur. *TrGF* 228a.9–10 (dall'*Archelao*) Δανάης δὲ Περσεὺς ἐγένετ' ἐκ χρυσορρύτων / σταγόνων, dove compare la forma -(ρ)ρυτος, di significato affine.

v. 6 ἐπὶ τήνδ' Ἀκρισίου λοπάδα: la *pointe* sarebbe perfettamente perspicua se, come suggerito da Jacobs 1794–1814, I.2, p. 329, Acrisio fosse persona reale, omonima del personaggio mitico: l'*exemplum* si sostanzierebbe di una sorta di *lusus in nomine* e «the genesis of the epigram would be much clearer» (Gow-Page 1965, II, p. 295). Ma a giustificare la menzione di Acrisio basta, probabilmente, il referente mitico (come riconosceva lo stesso Jacobs 1794–1814, I.2, p. 329: «Quod si tamen hoc non admiseris, locus non minus perspicuus erit»): il succulento pasto esercita su Agide le stesse attrattive che Danae, figlia di Acrisio, esercitava su Zeus (così Ouvré 1894, p. 57; Galli Calderini 1984, p. 109, n. 168, secondo cui l'espressione può essere intesa come un'enallage: «sulla padella di questo Acrisio»). Si ha così un'implicita equiparazione tra cibo e sesso, secondo un motivo comune in commedia

(Henderson 1991², pp. 47–48; Davidson 1997, pp. 3–35, 63–64; per la rappresentazione della donna come cibo nei *Deipnosofisti*, cfr. Henry 1992).

Per l'iperbato τήνδ' ... λοπάδα, cfr. Introduzione IV.6.

9 *HE* (1871–1876) = Athen. 8.345a–b

Ὀψοφάγει Κλειώ· καταμύομεν· ἢν δὲ θελήσῃς,
  ἔσθε μόνη. δραχμῆς ἐστιν ὁ γόγγρος ἅπας.
θὲς μόνον ἢ ζώνην <ἢ> ἐνώτιον ἤ τι τοιοῦτον
  σύσσημον. τὸ δ' ὁρᾶν, ναὶ μὰ τόν, οὐκ ἔχομεν.
5 ἡμετέρη σὺ Μέδουσα· λιθούμεθα πάντες ἀπλάτου
  οὐ Γοργοῦς, γόγγρου δ' οἱ μέλεοι λοπάδι.

Athen. 8.345a καὶ γυναῖκα δέ τινα Κλειώ ἐπὶ τοῖς ὁμοίοις σκώπτων φησίν   carent P, Pl
1–4 Ὀψοφάγει ... σύσσημον om. Athen. Epitome

1 Ὀψοφάγει Heraldus : Ὀψοφαγεῖ Athen.^A | καταμύομεν· ἢν δὲ Heraldus : καταμυομένην δὲ Athen.^A   **2** ἔσθε μόνη Heraldus : ἐσθεμον ἢ Athen.^A   **3** θὲς μόνον Heraldus : θεσμὸν ὂν Athen.^A | ἢ² suppl. Musurus 1514, p. 131   **4** τὸ δ' ὁρᾶν, ναὶ μὰ τόν Jacobs : τὸ δ' ὁρᾶν μὴ μόνον Athen.^AC : τῷδ' ὁρᾶν μὴ μόνον Athen.^E : τὸ δ' ὁρᾶν ἥμενοι Gärtner : τόδ' ὁρᾶν ἥμενοι Schaps | οὐκ ἔχομεν Gow : οὐ λέγομεν Athen. : οὐ σθένομεν Jacobs : οὐ μένομεν Schweighäuser   **5** λιθούμεθα πάντες ἀπλάτου Kaibel : λιθούμεθ' ἅπαντα πάλαι που Athen.^A : λιθούμεθα πάντες nec plura Athen.^CE : λ. πᾶν τὸ πάλαι πλὴν Gärtner : λιθούμεθα φαντασίᾳ που Schaps   **6** Γοργοῦς Athen. : Γοργοῖ Gärtner | γόγγρου Athen.^CE : γόγγροι Athen.^A | λοπάδι Athen. : λογάδι Schweighäuser : κεφαλῇ Gow

Abbuffati pure, Clio: noi chiudiamo gli occhi. Se poi vuoi,
  mangia da sola. Il grongo intero costa una dracma.
Dacci solo qualcosa in pegno: la cintura o un orecchino o qualche altro
  oggetto. Ma di guardarti, perdio, non ne abbiamo la forza.
5 Tu sei la nostra Medusa: noi, miseri, restiamo tutti di sasso,
  per una teglia non di terribile Gorgone, ma di grongo.

L'ingorda Clio si lancia sul cibo con una tale foga che gli altri convitati (implicati dal plurale con cui si esprime la *persona loquens*) si rassegnano alla sua grottesca μονοσιτία. Per il delizioso pesce che il personaggio ha intenzione di divorare, chiedono solo un pegno adeguato (vv. 3–4).

L'epigramma, che pur si apre con un termine-chiave della satira contro i ghiottoni, inquadrando immediatamente il tema, disvela solo progressivamente le sue intenzioni satiriche: in *incipit* l'appello in seconda persona alla vittima dello σκῶμμα crea un tono confidenziale, che finge indulgenza verso l'interlocutrice e il suo vizio (vv. 1–2 ἢν δὲ θελήσῃς, / ἔσθε μόνη); gli altri convitati sono disposti a chiudere gli occhi (v. 1 καταμύομεν) per lasciarla mangiare. Ma i versi successivi qualificano in termini diversi questo apparente atto di cortesia: la contemplazione di un comportamento così estraneo all'etica del banchetto provocherebbe un disgusto tale da determinare la "pietrificazione" degli osservatori, perduti da una tale Medusa (v. 5), per cui essi sono in qualche modo costretti a distogliere lo sguardo. La chiusa, non del tutto perspicua (n. *ad* v. 6), implica un gioco di parole tra il nome del grosso pesce oggetto del desiderio di Clio, il γόγγρος, e la Gorgone stessa (Γοργοῦς/γόγγρου). Il contrasto tra il tono apparentemente conciliante dei primi versi e la forza satirica del confronto con la Gorgone rende più sferzante la critica contro Clio, secondo una tecnica tipica dell'epigramma scommatico (cfr. Introduzione IV.4).

Per l'impiego di un *exemplum* mitologico in ambito conviviale, cfr. **8** (da notare, peraltro, che tanto il mito di Danae lì utilizzato quanto quello di Medusa presente in questo epigramma pertengono alla saga di Perseo). Anche qui, come in **8**, è rielaborato in chiave epigrammatica un tema caro alla commedia: l'infrazione dell'etica del banchetto, in questo caso rappresentata dal μονοσιτεῖν, spesso stigmatizzato dai poeti comici (cfr. n. *ad* v. 2 ἔσθε μόνη). Anche questo epigramma ha la forma di un monologo, che la *persona loquens* rivolge al personaggio (femminile) oggetto di σκῶμμα.

L'*exemplum* mitico della pietrificazione a opera delle Gorgoni ha precedenti in commedia: cfr. Antiphan. *PCG* 164 ἐγὼ τέως μὲν ᾠόμην τὰς Γοργόνας / εἶναί τι λογοποίημα, πρὸς ἀγορὰν δ' ὅταν / ἔλθω, πεπίστευκ'· ἐμβλέπων γὰρ αὐτόθι / τοῖς ἰχθυοπώλαις, λίθινος εὐθὺς γίγνομαι, / ὥστ' ἐξ ἀνάγκης ἔστ' ἀποστραφέντι μοι / λαλεῖν πρὸς αὐτούς. ἂν ἴδω γὰρ ἡλίκον / ἰχθὺν ὅσου τιμῶσι, πήγνυμαι σαφῶς, dove il mito è sottoposto a una scherzosa lettura "evemeristica" (le Gorgoni sono metafora dei pescivendoli, che mandano sul lastrico i loro clienti vendendo la loro merce a prezzi esorbitanti); vd. anche Ar. *Pax* 810, dove i due pessimi tragediografi Morsimo e Melanzio (quest'ultimo celebre per la sua ghiottoneria: cfr. Athen. 8.343c) sono definiti Γοργόνες ὀψοφάγοι.

Una donna di nome Κλεώ compare in Phalaec. *HE* 2935 ss. = Athen. 10.440d–e, dove è una eccezionale bevitrice (e cfr. anche Ael. *VH* 2.41: n. *ad* **3**.1–2 Ἡ διαπινομένη ... / κοὐ ψευδές): si è supposto che possa trattarsi dello stesso personaggio, qui ricordato piuttosto per il suo appetito; cfr. Introduzione IV.2. Come che sia, il comportamento di Clio, in questo epigramma, è quello tipico dell'ὀψοφάγος, che si avventa sul cibo senza curarsi degli altri: cfr. n. *ad* **7**.2.

v. 1 Ὀψοφάγει: per il significato e le connotazioni della ὀψοφαγία, cfr. n. *ad* **7**.2; per il verbo, cfr. in part. Ar. *Nub*. 983 οὐδ' ὀψοφαγεῖν οὐδὲ κιχλίζειν, dove il Discorso Migliore annovera l'ὀψοφαγεῖν tra le attività disdicevoli che la gioventù del buon tempo antico non praticava (il verso, significativamente, è richiamato anche da Athen. 8.345f, poco dopo la citazione dei due epigrammi di Edilo, per introdurre appunto il verbo: εἴρηται δὲ καὶ ὁ ὀψοφάγος, ὦ ἑταῖροι, καὶ τὸ ὀψοφαγεῖν).

Κλειώ: così Ateneo, mentre Ael. *VH* 2.41 e Phalaec. *HE* 2936 hanno Κλεώ. Le due forme sono probabilmente interscambiabili (vd. Gow-Page 1965,

II, p. 295, che citano Pind. *N.* 3.83, dove la Musa è chiamata Κλεώ). Κλειώ può essere inteso come nominativo per il vocativo (vd. Gow-Page 1965, II, p. 295; Gow 1952² *ad* 15.1 Γοργώ; cfr. **6**.6 φίλος e n. *ad loc.*): non necessaria dunque la correzione normalizzante di Heraldus 1605, p. 19 Κλειοῖ.

καταμύομεν: usato qui assolutamente, nel senso di "chiudere gli occhi" (e.g. Strab. 6.1.14; Philostr. *Ap.* 6.11), introduce il tema della "sconvenienza" di osservare il disgustoso spettacolo rappresentato dalla donna, su cui è incentrato il paragone mitologico che conclude l'epigramma.

Secondo Luck 1968, p. 399 la promessa dei convitati sarebbe da interpretarsi come una forma di ironica cortesia nei confronti della ghiottona, ma avrà ragione Galli Calderini 1984, p. 111 a sostenere che l'arguzia del verbo risieda nella sua ambiguità, per cui i commensali «fanno credere a Cliò di non volerla mettere in imbarazzo, mentre in realtà temono il disgusto che potrebbe loro derivare dalla visione della sua avidità». Per questa apparente concessione all'interlocutrice, che rende la critica più sferzante, cfr. *supra*, n. intr.

v. 2 ἔσθε μόνη: per la censura di questo atteggiamento, cfr. Amips. *PCG* 23 ἔρρ' ἐς κόρακας, μονοφάγε καὶ τοιχωρύχε; Antiphan. *PCG* 291 μονοφαγεῖς ἤδη τι καὶ βλάπτεις ἐμέ; cfr. anche Ar. *V.* 923, dove il superlativo comico μονοφαγίστατος è riservato al cane Labete (controfigura comica di Lachete), colpevole di aver mangiato da solo una caciotta di formaggio, e *Ach.* 1037–1039, dove il coro è sospettoso verso Diceopoli, riluttante a spartire con gli altri i vantaggi della tregua e del banchetto che è intento a preparare. Il motivo del μονοσιτεῖν ricorre poi nell'epigramma scoptico greco di età neroniana (cfr. Lucill. *AP* 11.206 = 81 Floridi, con la mia n. *ad loc.*) ed è comune in Marziale e nella satira latina, dove sono spesso rappresentati padroni di casa che mangiano voracemente mentre gli ospiti stanno a guardare (cfr. e.g. Mart. 1.43 con Citroni 1975 *ad loc.*), o ingordi che imbandiscono per sé pietanze che basterebbero a sfamare un intero convito (cfr. e.g. Juv. 1.94–95, 135 ss., 4.22; Mart. 7.59; Citroni 1975 *ad* Mart. 1.20). Una sua precoce attestazione potrebbe essere conservata dal CPR XXXIII, col. IV, r. 16 μηβουλουτρωγε.[, se dietro l'*incipit* fosse lecito cogliere un invito a non mangiare da solo/a (ma non si tratta, naturalmente, dell'unica possibilità; cfr. Parsons-Maehler-Maltomini 2015 *ad loc.*; Floridi-Maltomini 2014, p. 28). Per la satira culinaria nel papiro, cfr. anche col. VI, r. 22 (cit. *ad* **8**.1 Ἐφθός; vd. inoltre Introduzione III.4).

δραχμῆς ἐστιν ὁ γόγγρος ἅπας: il γόγγρος è il *conger conger*, più comunemente noto come "grongo", un pesce osseo di mare appartenente alla famiglia dei *congridae*, che può raggiungere dimensioni assai ragguardevoli (cfr. D'Arcy Thompson 1947, pp. 49–50; Olson-Sens 2000 *ad* Archestr. 19.1; Schaps 2016, pp. 60–61). È spesso menzionato nei cataloghi culinari (e simili): cfr. e.g. Matro *SH* 534.36 = fr. 1.36 Olson-Sens (con n. *ad loc.*); Antiphan. *PCG* 127.3, *PCG* 221.5; Philemo *PCG* 82.23; Eriphil. *PCG* 3.3; vd. anche le istruzioni impartite da Siro a Dromone in Ter. *Adelph.* 376-379 *piscis ceteros purga, Dromo; / gongrum istum maxumum in aqua sinito ludere / tantisper: ubi ego uenero, exossabitur; / prius nolo*, dove il trattamento privilegiato riservato al grongo durante la sua preparazione si giustifica sia con le dimensioni eccezionali del pesce, sia con il fatto che esso fosse considerato una prelibatezza. Per il prezzo, vd. Alex. *PCG* 15.15 γόγγρος δέκ' ὀβολῶν, dove appare come il cibo più costoso, in una lista di pietanze consumate durante un banchetto; in Archedic. *PCG* 3.2-3 un personaggio lamenta di aver dovuto pagare cinque dracme solo per la testa e le prime fette (πρῶτα τεμάχια) di grongo. In proporzione, il grongo menzionato da Edilo non sembrerebbe particolarmente caro, ma l'enfasi è qui sulle sue dimensioni: il pesce è molto grosso (e come tale ovviamente sproporzionato per una persona sola); a Clio, che si avventa sulla pietanza indifferente alle esigenze degli altri convitati, si chiede dunque di dare in cambio, come pegno, qualche oggetto personale (cfr. n. *ad* vv. 3-4).

vv. 3-4 θὲς μόνον ἢ ζώνην ... / σύσσημον: θὲς μόνον è palmare correzione di Heraldus al tradito θεσμὸν ὂν, frutto di errata divisione delle parole; τίθημι è comune nel senso di "depositare", "dare in pegno" (cfr. e.g. Ar. *Plut.* 451, *Ec.* 755), o anche "dare un acconto" (cfr. e.g. Dem. 27.34 e 36, 28.13; Lys. 32.28). A Clio si chiede, come pegno per il prezzo del grongo (la dracma menzionata al v. 2), un indumento (ζώνη), un gioiello (ἐνώτιον), o qualche altro oggetto che possa fungere da garanzia: σύσσημον è propriamente un "segno distintivo" (cfr. e.g. Men. *Peric.* 792), ma qui sembrerebbe indicare un oggetto personale che, in quanto tale, possa essere inequivocabilmente riconducibile alla donna e valere quindi come garanzia del pagamento. Da notare come entri in contrasto con l'immagine di famelica rapacità richiamata dal personaggio la menzione di attributi tipicamente femminili (in particolare la ζώνη, indumento che evoca inevitabilmente la sfera erotica – sciogliere la cintura, fin dall'epica, è immagine utilizzata per alludere all'atto sessuale: cfr. e.g. *Od.* 11.245 λῦσε δὲ παρθενίην ζώνην; *h.Ven.* 164 λῦσε δέ οἱ ζώνην, con Faulkner 2008 *ad loc.*; Mosch. *Eur.* 164 λῦσε δέ οἱ μίτρην; adesp. *AP* 7.324 = *FGE* 1157 s. Ἄδ' ἐγὼ ἁ περίβωτος ὑπὸ πλακὶ τῇδε τέθαμμαι, / μούνῳ ἑνὶ ζώναν ἀνέρι λυσαμένα; Sens 2011 *ad* Asclep. 4.2 = *AP* 5.158.2 = *HE* 825 ζώνιον).

v. 4 τὸ δ' ὁρᾶν, ναὶ μὰ τόν, οὐκ ἔχομεν: il senso deve essere che i convitati trovano troppo raccapricciante lo spettacolo offerto da Clio per poterlo tollerare; il testo trasmesso da **A**, τὸ δ' ὁρᾶν μὴ μόνον οὐ λέγομεν, è però corrotto (μόνον è probabilmente dovuto all'influsso del μόνον del v. 3 e di μόνη al v. 2): l'emendamento di Jacobs 1794-1814, I.2, p. 330, ναὶ μὰ τόν, introduce una forma di giuramento senza l'esplicita menzione del dio, tipica del linguaggio colloquiale, dove obbedisce a un'aposiopesi eufemistica di tipo popolare (cfr. e.g. Ar. *Ran.* 1374 con Σ 1374b Chantry; Plat. *Grg.* 466e; Strat. *AP* 12.201.2 = 42.2 Floridi; altri ess. in *LSJ*, s.v. μά, IV; sul giuramento eufemistico vd. in generale Caroli 2017, pp. 154–161). Si tratta di un tratto stilistico in linea con il tono dell'epigramma e non troppo distante dalla paradosi. Per quanto riguarda l'*explicit* del verso, οὐκ ἔχομεν di Gow in luogo del tradito οὐ λέγομεν mi sembra complessivamente più soddisfacente rispetto a οὐ σθένομεν di Jacobs 1794–1814, I.2, p. 330, o a οὐ μένομεν di Schweighäuser (vd. anche Gutzwiller 1998, p. 174 e n. 119).

Una diversa soluzione testuale è stata proposta da Gärtner 2007, p. 53, τὸ δ' ὁρᾶν ἥμενοι οὐ σθένομεν, e in una direzione non dissimile si è mosso, indipendentemente, Schaps 2016, p. 62, τόδ' ὁρᾶν ἥμενοι οὐ λέγομεν, «we do not say that we can sit down and see this». Il participio introduce però – mi pare – una precisazione sostanzialmente superflua.

vv. 5–6 ἡμετέρῃ σὺ ... / ... λοπάδι: il componimento è chiuso da un *exemplum* mitologico, in qualche modo preparato dal v. 1, καταμύομεν, che anticipa la centralità del tema della vista (evitata). Come Medusa, la terribile Gorgone, trasformava in pietra chi osasse guardarla, così lo spettacolo raccapricciante di Clio alle prese con il grongo ha il potere di lasciare impietriti gli spettatori (per il disgusto). Il paragone con la Gorgone, forse suggerito anche dalla forma anguiforme del pesce, che può richiamare i capelli di serpente del personaggio mitico, è introdotto soprattutto in vista del *pun* Γοργοῦς/γόγγρου: in tale contesto λοπάδι è termine appropriato per il secondo termine, ma non per il primo. Gow (cfr. Gow-Page 1965, II, p. 296) si chiedeva se non fosse opportuno correggere in κεφαλῇ, che potrebbe essere adeguato tanto per il personaggio mitologico quanto per il pesce (la testa del grongo poteva peraltro essere cucinata separatamente: cfr. e.g. Antiphan. *PCG* 130.4; Archedic. *PCG* 3.2; Achestrat. fr. 19.1 Olson-Sens); λοπάδι si sarebbe introdotto nel testo a causa del λοπάδα che conclude **8**. Più economica paleograficamente la correzione proposta da Schweighäuser 1801–1807, IV, p. 573, λογάδι, termine tecnico dell'oculistica che significa, propriamente, "bianco degli occhi", e quindi, per estensione, "occhio" (cfr. e.g. Sophr. *PCG* 48; Call. *Aet.* fr. 85.15 Pfeiffer = Harder = 187.15 Massimilla, con nn. *ad loc.*; Nic. *Th.* 292; Paul. Sil. *AP* 5.270.6 = 71.6 Viansino; *LSJ*, s.v., B), ma che è solitamente attestato al plurale. Mi pare comunque condivisibile la posizione di Galli Calderini 1984, p. 112, n. 178, secondo la quale la *pointe* finale dell'epigramma risiederebbe proprio nella scelta del termine λοπάς, che giunge come una sorta di ἀπροσδόκητον in luogo dell'atteso κεφαλῇ vel sim.: «l'ardito accostamento di questo a Γοργοῦς è senza dubbio destinato a suscitare il riso e a dissacrare, per così dire, l'immagine sinistra della Gorgone che muta in pietra chi ad essa volge il suo sguardo». Γοργοῦς non sarà quindi da mutare, con Gärtner 2007, pp. 53–54, in Γοργοῖ (per i due versi finali questa è la soluzione proposta dallo studioso: λιθούμεθα πᾶν τὸ πάλαι πλὴν / οὐ Γοργοῖ, γόγγρου δ' οἱ μέλεοι λοπάδι, da intendersi, in modo un po' forzato: «Wir werden versteinert, ganz nach dem alten Mythos, außer daß wir nicht durch eine Gorgo, sondern durch ein Fischmahl, wir Unglücklichen, [versteinert werden]»).

Per le ascendenze comiche dell'immagine, cfr. *supra*, n. intr.

v. 5 λιθούμεθα πάντες ἀπλάτου: ἀπλάτου di Kaibel 1887–1890, II, p. 257 introduce nel contesto un aggettivo poetico (cfr. e.g. Hes. *Th.* 153; Sem. fr. 7.34 West[2]; Pind. *P.* 1.21; Soph. *Tr.* 1093, *Aj.* 256; Eur. *Med.* 151; [Eur.] *Rh.* 310) che ben si addice alla mostruosa e inavvicinabile Gorgone, rispetto al quale πάλαι που di **A** si spiega come facile banalizzazione (l'omissione di **C** e di **E** è a sua volta il segnale di una difficoltà avvertita dall'epitomatore).

Inutilmente complicata la soluzione proposta da Schaps 2016, p. 63 λιθούμεθα φαντασίᾳ που, dove φαντασία sarebbe da intendersi nel senso non comune di "riflesso", sulla base di *Plac. Phil.* 3.1.2 = [Plut.] *Mor.* 892f τινὲς δὲ κατοπτρικὴν εἶναι φαντασίαν τοῦ ἡλίου (il passo si riferisce alla via lattea, descritta appunto come un "riflesso" del sole), e tutta l'espressione finale come «we are petrified by a sort of reflection / not of a Gorgon but of a conger, poor us, in a plate». Mi pare però che (a) il senso resti poco perspicuo – il riflesso della Gorgone, nel mito, *non* pietrifica Perseo; (b) sia forzato intendere il secondo dativo, λοπάδι, come locativo; (c) faccia difficoltà l'accezione di "riflesso" per φαντασία: nel passo addotto come parallelo, è l'aggettivo κατοπτρική a conferire al termine questo significato (vd. anche *LSJ*, s.v., A, che per *Plac. Phil.*, cit., dà come traduzione «*image reflected in a mirror*»).

λιθούμεθα πάντες: da notare che l'Epitome, qui come al v. 6 (γόγγρου in luogo di γόγγροι della versione *plenior*), ha un testo migliore rispetto ad **A**: impossibile dire con certezza se si tratti della conservazione di un testo sano o di correzioni, ma è lecito esprimere una preferenza per questa seconda ipotesi. Si tratta infatti, in entrambi i casi, di interventi piuttosto semplici, che non si fa fatica ad attribuire all'opera dell'epitomatore (o di uno scriba). A suggerire che si tratti di correzione è qui, in particolare, il fatto che nell'Epitome sia omesso il resto del verso, di più ardua comprensione.

v. 6 οἱ μέλεοι: l'aggettivo è qui utilizzato nell'accezione tragica di "misero" (cfr. schol. A *ad Il.* 10.480, III 102.1–2 Erbse ἡ διπλῆ, ὅτι οἱ νεώτεροι μέλεον τὸν ἀτυχῆ, ὁ δὲ Ὅμηρος ἀντὶ τοῦ ματαίως, e schol. A *ad Il.* 16.336, IV 238.78–80 Erbse ἡ διπλῆ ὅτι μέλεον ἀντὶ τοῦ μελέως, ματαίως. καὶ διὰ παντὸς οὕτως Ὅμηρος χρῆται· οἱ δὲ τραγικοὶ ἐπὶ τοῦ οἰκτροῦ καὶ τάλανος·

vd. e.g. Aesch. *Sept.* 878, 879, 947; Soph. *Ant.* 979; Eur. *Ion* 900). Per il suo uso in poesia ellenistica cfr. e.g. A.R. 2.341 (con Matteo 2007 *ad loc.*); Call. *Del.* 117 (dove è intenzionalmente ambiguo: vd. Livrea 1973, p. 186); Posidipp. 49.2 e 54.2 A.–B. μελέην (in entrambi i casi utilizzato, in un contesto epitimbico, a proposito della defunta); ὦ μέλεοι, inoltre, introduce l'oracolo sulla distruzione di Atene in Hdt. 7.140.2, e in funzione analoga compare anche in Ar. *Pax* 1063 (Olson 1998 *ad loc.* si chiede se il nesso non fosse formulare in tal senso). Il suo impiego nel contesto contribuisce alla comicità attraverso la sproporzione che viene a stabilirsi tra la trivialità del referente e l'elevatezza del linguaggio (e del paragone mitico).

10 *HE* (1877–1886) = Athen. 4.176c–d

<Τοῦτο> Θέων ὁ μόναυλος ὑπ' ἠρίον ὁ γλυκὺς οἰκεῖ
   αὐλητής, μίμων κἢν θυμέλῃσι χάρις.
† τυφλὸς ὑπαὶ γήρως εἶχε καὶ Σκίρπαλον υἱόν,
   νήπιόν τε καλεῖ Σκίρπαλον Εὐπαλάμου
5 ἀείδειν αὐτοῦ τὰ γενέθλια, τοῦτο γὰρ εἶχεν
   πανμαρπᾶν ἥδυσμα σημανέων· †
ηὔλει δὲ Γλαύκης μεμεθυσμένα παίγνια Μουσέων
   ἢ τὸν ἐν ἀκρήτοις Βάτταλον ἡδυπότην
ἢ καὶ Κώταλον ἢ καὶ Πάκαλον. ἀλλὰ Θέωνα
10   τὸν καλαμαυλητήν εἴπατε· "χαῖρε Θέων".

Athen. 4.176c ὅτι δὲ ὁ μόναυλος ἦν ὁ νῦν καλούμενος καλαμαύλης σαφῶς παρίστησιν
Ἡδύλος ἐν τοῖς Ἐπιγράμμασιν οὑτωσὶ λέγων   carent Athen. Epitome, P, Pl

1 Τοῦτο add. Musurus 1514, p. 49 | ὑπ' ἠρίον Musurus, ibid. : ὑπηριονον Athen.^{A} **2** μίμων κἢν Toup : μιμωμενην Athen.^{A} : μίμῳ κἢν Casaubon : μίμων ἥ 'ν Kaibel   **3–6** loc. varie temptatus: vd. Appendix coniecturarum   **5** ἀείδειν Athen.^{A} : ἀείδων Casaubon : ἤειδεν δ' Kaibel   **8** ἀκρήτοις Βάτταλον ἡδυπότην Musurus, ibid. : ἀκρης τοις βαταλον ἡδυπώτην Athen.^{A} **9** Κώταλον Athen.^{A} : Κώτιλον Volckmar : an Κώκαλον? | Πάκαλον Athen.^{A} : Πάγκαλον Casaubon   **10** καλαμαυλήτην Athen.^{A} : correxi

Sotto questo tumulo giace Teone il suonatore di flauto,
   il dolce auleta, delizia dei mimi anche sulla scena.
† cieco per la vecchiaia aveva anche un figlio, Scirpalo (?),
   e quando era piccolo lo chiamava (?) Scirpalo, figlio di Eupalamo,
5 cantare i suoi natali (?): infatti aveva questo,
   a indicare il sapore (?) … †
suonava sull'aulo le arie di Glauce ebbre di Muse,
   oppure, tra calici di vino puro, Battalo, il dolce bevitore,
o anche Cotalo o Pacalo. Su, dite a Teone
10   l'auleta: "Sta' bene, Teone".

Epitafio per Teone, un auleta, specializzato in un repertorio buffonesco.
   La parte centrale del componimento (vv. 3–6) è gravemente corrotta e il testo è problematico anche in altri punti (cfr. in part. v. 9 e n. *ad loc.*). Nonostante le difficoltà testuali, l'epigramma si lascia inquadrare all'interno della produzione edilea legata all'espressione, diretta o indiretta, delle proprie predilezioni estetiche (cfr. **4, 5, 6** e comm. *ad locc.*). Le qualità per cui le *performances* musicali di Teone vengono celebrate sono le stesse che Edilo altrove menziona come essenziali alla buona poesia: la levità giocosa, ispirata dall'ebbrezza (v. 7 μεμεθυσμένα παίγνια Μουσέων), da un consumo

di vino puro (v. 8 ἐν ἀκρήτοις) che non è però disgiunto dalle nozioni di "dolcezza" (ἡδυπότην; cfr. anche vv. 1–2 γλυκὺς ... / αὐλητής) e "grazia" (v. 2 μίμων ... χάρις). Con l'epitafio di Teone si ribadisce in qualche modo la predilezione per un ideale estetico basato sulla combinazione tra una forte ispirazione bacchica e le qualità della leggerezza, della grazia e della dolcezza che l'estetica "callimachea" rivendicava alla moderazione etilica (sulla questione, vd. soprattutto n. intr. *ad* **5**).

Il personaggio di Teone non è identificabile (cfr. n. *ad* v. 1 Θέων), ma si tratterà, verosimilmente, di persona reale; il componimento potrebbe essere stato concepito per essere effettivamente inciso su pietra: presenta stilemi e immagini tradizionali, che trovano riscontri epigrafici (cfr. v. 1 ὑπ' ἠρίον, οἰκεῖ, vv. 9–10 ἀλλὰ Θέωνα /... "χαῖρε Θέων" e nn. *ad locc.*), così come tradizionale è l'*auxesis* elogiativa del defunto, con la celebrazione delle attività svolte in vita (vv. 1–2, 7–9) e il richiamo agli affetti familiari (verosimilmente presente nei pur corrotti vv. 3 ss.).

La menzione di Glauce di Chio (v. 7), celebre flautista vissuta all'epoca di Tolomeo II, ci riporta, come già l'epigramma per il tempio di Arsinoe Zefiritide (**4**), all'ambiente di Alessandria; anche altri elementi, nel testo, sembrano riconducibili alla realtà egizia: vd. nn. *ad* vv. 1 μόναυλος e *ad* v. 8.

v. 1 Θέων: sono noti due auleti con questo nome: (1) il Teone citato nell'iscrizione che accompagna il monumento coregico di Lisicrate ad Atene, per una vittoria ottenuta alle gare liriche delle Dionisie, *IG* II/III³ 4.460, r. 2 Θέων ηὔλει, e databile, per il nome dell'arconte, al 335–334 a.C. (vd. Traill, *PAA* 9, 513425; sull'iscrizione McCredie 1984; Guarducci 1970, pp. 181–183); (2) il Θέων Θηβαῖος menzionato in *IG*² 3083A = Mette II E 2 4 α (σ 81), che accompagnò il coro di fanciulli vincitore alle Dionisie sotto l'arcontato di Pitarato, 271–270 a.C. (vd. Traill, *PAA* 9, 513620, il quale ipotizza che il secondo sia un discendente del primo). La cronologia di questo secondo Teone è compatibile con quella di Edilo, ma sarebbe incauto proporre un'identificazione, dato che l'antroponimo è molto comune e diffuso in tutto il mondo greco (cfr. *LGPN* I–V.C, s.v.).

μόναυλος: "a una canna"; l'aggettivo sostantivato, nelle sue altre attestazioni (la maggior parte delle quali contenuta in testi citati da Ateneo nel libro 4), è utilizzato per indicare lo strumento, con κάλαμος sottinteso (cfr. Soph. *TrGF* 241.2; Anaxand. *PCG* 19.2, *PCG* 52; Arar. *PCG* 13.1; vd. anche Mart. 14.63 *Ebria nos madidis rumpit tibicina buccis: / saepe duas pariter, saepe monaulon habet*), o, in senso passivo, la musica accompagnata dal suono dello strumento (μόναυλον μέλος, Sopat. *PCG* 2); è questo l'unico caso in cui vale "suonatore di flauto a una canna". Poll. 4.75 ne parla esplicitamente come di un'invenzione egizia (τὸ δ' εὕρημά ἐστιν Αἰγυπτίων), utilizzata per il γαμήλιον αὔλημα (su cui vd. Mathiesen 1999, p. 132; è stato anche supposto che il prefisso μον- derivi, più che da μόνος, da *ma-it*, termine egiziano per "flauto": Howard 1893, p. 13; Mathiesen 1999, p. 195). Sempre secondo Polluce, una variante frigia, poi mutuata dai Cari, sarebbe invece legata alle lamentazioni trenodiche (sulla musica caria, cfr. Mathiesen 1999, pp. 123, 132). L'origine egizia dello strumento è confermata da Giuba II, re di Mauretania, citato dallo stesso Ateneo (4.175e = *FGrHist* 275F16), secondo il quale il μόναυλος sarebbe stato inventato dal dio Osiride (Ὀσίριδος ... εὕρημα; l'attribuzione dell'invenzione di uno strumento musicale alla divinità è tradizionale). Giuba opera inoltre una distinzione tra μόναυλος e πλαγίαυλος, una sorta di flauto traverso (la stessa distinzione in Plin. *NH* 7.204 *fistulam et monaulum Pan Mercuri, obliquam tibiam Midas*, che potrebbe averla ricavata da Giuba stesso: cfr. Howard 1893, p. 13). Se ne deduce che il μόναυλος fosse suonato verticalmente, a differenza del πλαγίαυλος, suonato orizzontalmente. Ateneo afferma che, alla sua epoca, il μόναυλος era chiamato καλαμαύλης e καλαμαῦλαι coloro che lo suonavano e adduce proprio l'epigramma di Edilo a conferma di quest'uso linguistico: cfr. v. 10, dove a μόναυλος si sostituisce καλαμαυλητής, propriamente "suonatore di κάλαμος", i.e. di un "(flauto) fatto di canne". L'informazione aggiuntiva che si ricava da questo secondo sostantivo riguarda dunque il materiale con cui era costruito lo strumento.

Per le diverse tipologie di aerofoni nella Grecia antica (in particolare l'αὐλός) e le loro denominazioni, cfr. in generale Howard 1893; Mathiesen 1999, pp. 176–234; West 1992, pp. 81–128.

ὑπ' ἠρίον: ἠρίον è *hapax* omerico (*Il.* 23.126; cfr. *LfgrE* II, s.v., c. 938; Sourvinou-Inwood 1995, pp. 125–127) successivamente ben attestato, oltre che in prosa, nelle iscrizioni e in poesia ellenistica: cfr. e.g. Herinn. *AP* 7.710.3 = *HE* 1783 = F°5.3 Neri παρ' ἠρίον; Call. *Hec.* fr. 262 Pfeiffer = 79 Hollis (con n. *ad loc.*), *Aet.* fr. 383.7 Pfeiffer = *SH* 254.7 = 54.7 Harder = 143.7 Massimilla παρ'] ἠρίον (con nn. di Harder 2012 e Massimilla 2010 *ad loc.*); Asclep. *AP* 7.500.1 = *HE* 954 = 31.1 Sens παρ' ἐμὸν ... κενὸν ἠρίον (con Sens 2011 *ad loc.*); Theocr. 2.13, 16.75; A.R. 1.1165; Posidipp. 50.4 e 51.3 A.–B.; Lyc. 444, 1208; Magnelli 1999 *ad* Alex. Aet. fr. 3.33. Per il nesso, cfr. nello specifico adesp. *AP* 7.44.5 = [Ion] *FGE* 574; Antip. Sid. *AP* 7.353.5 = *HE* 360.

οἰκεῖ: l'immagine del sepolcro come "dimora" del defunto è comune, anche in ambito epigrafico, soprattutto a partire dall'età imperiale, per quanto non manchino esempi precedenti (Lattimore 1942, pp. 165–169): il motivo pare attestato già in *CEG* 152 (Aegiale, VII sec. a.C.); cfr. poi e.g. Diod. Tars.? *AP* 7.700.1 = *GPh* 2148; *GVI* 787.3 = *SGO* 16/45/04, v. 3 (Klaneos, III sec. d.C.) δόμος οὗτος ὁ λάϊνος; *GVI* 1923.17 = *SGO* 08/01/51, v. 17 (Cizico, prima età imperiale) παρ' ἐμὸν δόμον; *SGO* 03/02/72, v. 7 (Efeso, età imperiale) ναίω δ' ἡρώων ἱερὸν δόμον; *SGO* 03/02/73, v. 2 (Efeso, età imperiale) οἶκος; altri ess. in Nicosia 1992, p. 15 e n. 22.

vv. 1–2 γλυκὺς ... / αὐλητής: γλυκύς è aggettivo spesso utilizzato a proposito della musica e del canto: cfr. e.g. Soph. *Aj.* 1202; Pind. *N.* 5.3 (in riferimento all'αὐλός), *O.* 10.94. Per l'importanza della "dolcezza" come qualità estetica, cfr. **5**.2 μελιχρὸν ἔπος, **6**.4 παίζει ... μελιχρότερον e nn. *ad locc.* Da notare l'accostamento contrastivo di γλυκύς e ὑπ' ἠρίον.

v. 2 αὐλητής: è sostanzialmente superfluo dopo μόναυλος: il sostantivo più comune, posto enfaticamente in *incipit* di verso, "chiosa" il termine tecnico.

μίμων κὴν θυμέλῃσι χάρις: tra le correzioni proposte al tradito μιμωμενην θ. χ., le più economiche sono μίμων ἡ 'ν θ. χ. di Kaibel 1887–1890, I, p. 396, che introduce però una prodelisione per la quale non ci sono paralleli negli epigrammi conservati di Edilo (vd. Introduzione V.3), e μίμων κὴν θ. χ. di Toup 1767, p. 25, che qui si accoglie, sia perché perfettamente compatibile con lo stile del poeta (la crasi trova confronto in altri due epigrammi di Edilo – sempre nel pentametro, e sempre con καί: vd. Introduzione V.3), sia, soprattutto, perché pienamente soddisfacente per il senso. Essa permette infatti di distinguere «two different activities of Theon, as a piper accompanying singers or dancers in dramatic performances (σκηνικοὶ ἀγῶνες) and as taking part in purely musical entertainments or competitions (θυμελικοὶ ἀγ.)» (così Gow-Page 1965, II, p. 296, che a loro volta la accolgono): cfr. Simias? *AP* 7.21.3 = *HE* 3282 θυμέλῃσι καὶ ἐν σκηνῇσι τεθηλώς (epitafio per Sofocle); vd. anche, se pur in un diverso contesto, Arch. *AP* 6.195.3 = *GPh* 3648 ᾧ ποτε καὶ θυμέλῃσι καὶ ἐν πολέμοισιν ἔμελψεν (un epitafio per un suonatore di σάλπιγξ, dove l'opposizione è, probabilmente, tra dichiarazioni di pace e dichiarazioni di guerra).

vv. 3–6: la notazione τυφλὸς ὑπαὶ γήρως (dopo la quale potrebbe essere opportuno interpungere, come suggerito da Casaubon 1621[2], col. 311) fa di Teone, da vecchio, una sorta di "cantore cieco", alla stregua di Omero. Il seguito dell'epigramma doveva contenere un'allusione ai suoi affetti familiari, come lasciano intendere i termini υἱόν e νήπιον, secondo la comune tendenza degli epitafi a inglobare dettagli relativi alla vita del defunto (per una rassegna dei motivi biografici presenti nelle steli sepolcrali cfr. Lattimore 1942, pp. 266–300). Il testo è però gravemente corrotto: non è chiaro il nesso tra i vv. 3–4, dove sembra esservi il riferimento a un soprannome (καλεῖ), e i vv. 5–6, dove si menzionano un canto e un compleanno (ἀείδειν ... τὰ γενέθλια). Alcuni termini sono inintelligibili (in part. v. 6 πανμαρπᾶν ἥδυσμα) e nessuna delle spiegazioni tentate è convincente. Kaibel 1887–1890, I, p. 396, ad esempio, così interpretava i vv. 5–6: «acumen hoc videtur esse: *"illud proprium habuit ut quamvis senex tamen omnia iuvenilia faceret"* (πᾶν – σῆμα νέων?)» – un senso che mi pare difficile ricavare dal contesto (e che Gow-Page 1965, II, p. 297 giudicano, a ragione, «irrelevant to what precedes»). Toup 1767, pp. 25–26 scriveva τοῦτο πανημέριων ἡδὺ μάσημα νέων, e intendeva l'espressione ἡδὺ μάσημα νέων come «the delight of young men», attribuendo a μάσημα (lett. "boccone") un significato che il termine difficilmente potrà avere (vd. Jacobs 1794–1814, I.2, p. 341). Volckmar 1860, p. 337 tentava τοῦτο (riferito a Scirpalo, che lo studioso intendeva come un soprannome legato al nome del celebre pirata: cfr. n. seg.) γὰρ εἶλεν / πᾶν ἄν νιν μάρψειν ἡδύ τι σημανέων. Più in generale, tutta la sintassi è problematica; anche il rapporto di parentela tra i due personaggi menzionati nel testo, Scirpalo ed Eupalamo, ha suscitato perplessità (il testo tradito fa di Scirpalo il figlio di Teone, ma alcuni editori hanno tentato di farne piuttosto il padre; la lunga digressione sul figlio, ai vv. 3–6, farebbe in effetti perdere la continuità sintattica con gli ultimi versi, in cui il soggetto è sempre il padre; cfr. l'*Appendix coniecturarum*, cui si rimanda per gli interventi proposti, nessuno dei quali pienamente convincente; per una discussione dei vari emendamenti, vd. anche Galli Calderini 1984, pp. 113–114 e n. 185). Non si può che condividere la lapidaria sentenza di Gow-Page 1965, II, p. 296: «these lines are evidently beyond repair».

vv. 3–4 Σκίρπαλον … / … Εὐπαλάμου: Σκίρπαλος è nome di rara attestazione ed è presumibilmente anellenico (oltre che qui, ricorre solo in D.L. 6.74, dove è il pirata che ha rapito Diogene, chiamato Σκίρταλος in Suid. δ 1143, σ 629 Adler); Εὐπάλαμος ha ascendenze mitiche (secondo alcune fonti era il padre di Dedalo: cfr. e.g. [Apoll.] 3.204, 214) ed è attestato e.g. in Antip. Sid. *AP* 12.97.1 = *HE* 632 (dove è funzionale a un *calembour* di marca oscena: cfr. Livrea 1991). Dato il contesto musicale, c'è forse una connessione con εὐπάλαμος, "esperto, ben fatto, ben strutturato", attributo anche della poesia (cfr. Cratin. *PCG* 70 τέκτονες εὐπαλάμων ὕμνων, citato da Ar. *Eq.* 530), e più in generale con la nozione di "abilità di mano", indispensabile per citaristi e auleti: Scirpalo, figlio dell'auleta, sarebbe detto "figlio di Eupalamo", dove Eupalamo sarebbe appunto un soprannome di Teone, allusivo alle sue doti artistiche (similmente Casaubon 1621², coll. 311–312, che faceva però di Scirpalo il padre di Teone e intendeva «hunc recens natum Scirpalus appellavit Eupalamum […] animo praesagientem futuram illius τῆς αὐλητικῆς peritiam», e Kaibel 1887–1890, I, p. 396, che in apparato scriveva «fort. Σκίρπαλον Εὐπάλαμον [cognomen]». Negava invece la presenza dell'antroponimo Volckmar 1860, p. 337, secondo il quale ai vv. 4–5 si doveva leggere νήπιον ὄν τ' ἐκάλει Σκίρπαλον, εὖ καλάμῳ / ἀείδων αὐτοῦ τὰ γενέθλια).

v. 5 τὰ γενέθλια: qui sostantivato, a indicare (la festa di) compleanno (cfr. e.g. Plat. *Symp.* 203c; Xen. *Cyr.* 1.3.10 ἐν τοῖς γενεθλίοις); nella *Palatina* per lo più ricorre come aggettivo a qualificare termini come ἦμαρ et sim. in componimenti che accompagnano doni per un genetliaco: cfr. Crinag. *AP* 6.227.1 = *GPh* 1781 = 3.1 Ypsilanti γενέθλιον ἐς τεὸν ἦμαρ, *AP* 6.261.3 = *GPh* 1795 = 5.3 Ypsilanti ἦμαρ ... γενέθλιον, *AP* 6.345.3–4 = *GPh* 1797-1798 = 6.3–4 Ypsilanti γενεθλίη ... τῇδε / ἠοῖ; vd. anche e.g. Diod. *AP* 6.243.2 = *GPh* 2113 δέξο γενεθλιδίους, πότνα, θυηπολίας; Leon. Alex. *AP* 6.321.1 = *FGE* 1864 γενεθλιακαῖσιν ἐν ὥραις, *AP* 6.325.2 = *FGE* 1877 δῶρα γενεθλίδια, *AP* 6.329.2 = *FGE* 1891 πλούτου δῶρα, γενεθλίδια.

v. 6 ἥδυσμα: sul piano concettuale, il sostantivo in sé potrebbe essere corretto, in riferimento al canto menzionato al verso precedente (ἀείδειν): propriamente "condimento, salsa" (e.g. Ar. *V.* 496, 499, *Eq.* 678), può infatti assumere anche il senso figurato di "condimento = ornamento" retorico (cfr. Arist. *Poet.* 1450b ἡ μελοποιία μέγιστον τῶν ἡδυσμάτων, dove è per l'appunto detto della musica, *Rhet.* 1406a19 οὐ γὰρ ὡς ἡδύσματι χρῆται ἀλλ' ὡς ἐδέσματι τοῖς ἐπιθέτοις, a proposito dell'uso smodato degli epiteti da parte di Alcidamante; sarà poi utilizzato da Agath. *AP* 4.3.19–20 = 1.19–20 Viansino καὶ πρός γε τοῦτο δεῖπνον ἠρανισμένον / ἥκω προθήσων ἐκ νέων ἡδυσμάτων nel proemio del suo *Ciclo*, nell'ambito di una elaborata metafora culinaria). Va peraltro rilevato che il termine, tipico del lessico comico e pertinente proprio a quell'area semantica del cibo tanto cara ad Ateneo, è più volte nei *Deipnosofisti*, per cui potrebbe trattarsi di un errore dovuto all'influenza del contesto; in particolare, all'interno del libro 4 compare in un passo che precede la citazione dell'epigramma (4.170a), per introdurre Alex. *PCG* 132 (ἡδυσμάτων δὲ κατάλογον Ἄλεξις ἐποιήσατο ἐν Λέβητι οὕτως).

v. 7 Γλαύκης μεμεθυσμένα παίγνια Μουσέων: Glauce di Chio era una nota musicista vissuta al tempo di Tolomeo Filadelfo (cfr. *supra*, n. intr.): a lei fa riferimento Coridone in Theocr. 4.31 κεῦ μὲν τὰ Γλαύκας ἀγκρούομαι (e cfr. scholl. *ad loc.*); menzioni di Glauce si trovano poi in Plut. *Mor.* 972f; Ael. *NA* 1.6, 5.29 e 8.11, *VH* 9.39; Plin. *NH* 10.51, i quali raccontano che di lei si sarebbero innamorati un ariete, un'oca e/o un cane (cfr. Gow 1952[2] *ad* Theocr., *l.c.*), storie che si lasciano ricondurre all'archetipo "orfico" del cantore in grado di esercitare il proprio controllo sulla natura. Da questo passo, come da Teocrito, si evince che le sue composizioni erano entrate a far parte del repertorio musicale coevo. Il termine παίγνια (per cui cfr. n. *ad* **5**.3 παῖζε) le qualifica come componimenti di contenuto erotico-simposiale, caratteristica d'altronde ribadita da μεμεθυσμένα, che rimanda inevitabilmente all'area semantica dell'ubriachezza: μεθύω è termine-chiave in Edilo per esprimere quell'elevato consumo alcolico che solo garantisce la creatività (cfr. **5**.4 e n. *ad loc.*, **6**.6). Il participio parrebbe qui reggere il gen. Μουσέων e dover essere quindi inteso come "ebbri", i.e. "pieni di Muse"/"ispirati dalle Muse": Gow-Page 1965, II, p. 297 confrontano Plat. *Symp.* 203b μεθυσθεὶς τοῦ νέκταρος; vd. anche *Rp.* 562d (Μουσέων potrebbe a rigore dipendere anche da παίγνια – "gli scherzi delle Muse". In tal caso Γλαύκης sarebbe a sua volta retto da Μουσέων – "gli ebbri scherzi delle Muse di Glauce").

Al nome di Glauce Volckmar 1860, p. 337 sostituiva γλαῦξ, basandosi su Athen. 14.629f, dove è un tipo di danza. Così lo studioso leggeva il verso: ηὔλει δ' ἢ Γλαῦκ' ἢ μεμεθυσμένα παίγνια Μουσῶν.

v. 8 τὸν ἐν ἀκρήτοις Βάτταλον ἡδυπότην: è ribadita la stretta correlazione tra il *furor* etilico e la qualità delle *performances* musicali di Teone, anche in relazione al soggetto cantato: Βάτ(τ)αλος, che qui parrebbe indicare un'aria musicale incentrata su questo personaggio (cfr. Gow-Page 1965, II, p. 297), è nome proprio antonomasticamente legato all'idea di mollezza. Era il soprannome di Demostene, con allusione alla sua effeminatezza, forse dal nome di un αὐλητὴς τῶν κατεαγότων oggetto della satira di Antifane (cfr. Plut. *Dem.* 4.6 ἦν δ' ὁ Βάταλος, ὡς μὲν ἔνιοί φασιν, αὐλητὴς τῶν κατεαγότων, καὶ δραμάτιον εἰς τοῦτο κωμῳδῶν αὐτὸν Ἀντιφάνης πεποίηκεν; Kassel-Austin *ad* Antiph. Αὐλητής) o da quello di un poeta noto per il fatto di scrivere τρυφερὰ καὶ παροίνια (cfr. ancora Plut. *Dem.* 4, che ricorda anche l'uso di βάταλος come termine *slang* per indicare l'ano: Eup. *PCG* 92; su questo soprannome, vd. soprattutto Holst 1926; Masson 1970; Lambin 1982). Non è possibile stabilire se ci sia un nesso tra i due personaggi ricordati da Plutarco e la canzone suonata da Teone, ma certamente si può presumere che l'aria musicale – come i componimenti di Glauce – avesse connotazioni simposiache e lascive. Da rilevare inoltre che il termine, al neutro, è connesso con il mondo dello spettacolo: indicava il calzare utilizzato dai flautisti per battere il ritmo, secondo *schol. ad* Aeschin. *Tim.* 126 Βάταλον· … καὶ νῦν δὲ οἱ αὐληταὶ ὑποπόδιον διπλοῦν ὑπὸ τὸν δεξιὸν πόδα ἔχοντες, ὅταν αὐλῶσι, κατακρούουσιν ἅμα τῷ ποδὶ τὸ ὑποπόδιον, τὸν ῥυθμὸν τὸν αὐτὸν συναποδιδόντες, ὃ καλοῦσι βάταλον; Phot. κ 1116 Theodoridis κρούπεζαι· ξύλινα ὑποδήματα, ἐν οἷς τὰς ἐλαίας ἐπάτουν· οἱ δὲ κρόταλον, ὃ ἐπιψοφοῦσιν οἱ αὐληταί, τὸ βάταλον, per cui può essere interpretato come una sorta di "nome di scena", legato ai suonatori che accompagnavano, con le loro melodie, la recitazione dei mimi e dei pantomimi (Nocchi p.p.).

A ribadire la natura conviviale del canto la qualificazione di ἡδυπότην, aggettivo altrove attribuito a Dioniso (cfr. e.g. adesp. *AP* 9.524.8) o alla vite (Nonn. *D.* 12.249), e la specificazione ἐν ἀκρήτοις, a suggerire l'atmosfera di ebbrezza simpotica (a torto negava il riferimento al vino e all'ebbrezza Volckmar 1860, p. 337, il quale scriveva ἡδυπαθῆ, "lascivo", in luogo di ἡδυπότην, e, sulla scorta di Toup 1767, p. 25, ἐν ἀκρήβοις, "nella prima giovinezza", in luogo di ἐν ἀκρήτοις). Per le connotazioni positive attribuite da Edilo all'abitudine di bere vino puro, solitamente condannata dai Greci come barbara, cfr. **4**.1 Ζωροπόται e n. *ad loc*. Anche qui si possono probabilmente cogliere ragioni "interculturali" nell'esaltazione del vino non mescolato: se il μόναυλος era effettivamente sentito come uno strumento tipico degli Egizi (cfr. n. *ad* v. 1), possiamo presumere che Teone fosse un suonatore attivo alla corte tolemaica (dove era attiva anche Glauce) e che anche questo epigramma risentisse in qualche modo di quella politica di fusione greco-egizia di cui Edilo sembra farsi patrocinatore in **4**. L'origine anellenica del nome Σκίρπαλος potrebbe far pensare che questa *intercultural politics* si sostanziasse anche, in questo caso, di ragioni "biografiche" – ma non c'è ovviamente modo di provarlo.

v. 9 Κώταλον ... Πάκαλον: i due nomi non sono altrove attestati, ma dal contesto sembra potersi desumere che si tratti di altri due tipi di canto, presumibilmente legati – come il "Battalo" del verso precedente – ai due personaggi che ne costituivano l'oggetto (i canti erano indicati regolarmente, in modo "metonimico", con il nome dei loro protagonisti: cfr. e.g. l'*Armodio* e l'*Admeto*, celebri canti patriottici ateniesi). In vista delle molte corruttele dell'epigramma, non si può escludere che vi sia anche qui un guasto testuale: correzioni facili sarebbero Κώτιλον (proposto da Volckmar 1860, p. 337) e Πάγκαλον (cfr. Casaubon 1621[2], col. 311). Per quanto neanche questi due termini siano attestati in relazione ad arie musicali, sarebbero interpretabili come "nomi parlanti": Κώτιλον, "loquace, garrulo, chiacchierone", ma anche "espressivo e seducente", Πάγκαλον (diffuso anche come nome proprio), "bellissimo". Avremmo due denominazioni che richiamano l'area semantica della bellezza, delle chiacchiere lascive e seducenti, in linea con le associazioni di mollezza evocate dal "Battalo" – ma si tratta, naturalmente, di pura speculazione. Κώταλον presenta anche evidenti somiglianze con Κώκαλον – personaggio mitico a cui Aristofane aveva dedicato una delle sue ultime commedie (secondo l'*Arg*. 3 Chantry[a] del *Pluto*, il *Cocalo*, di cui restano solo frammenti – *PCG* 359–371; cfr. Pellegrino 2015, pp. 221–226 – fu fatto rappresentare da Ararote, figlio di Aristofane, forse alle Dionisie del 387 a.C.: cfr. Kassel-Austin, *PCG* III.2, p. 34. Il mito del re di Camico, in Sicilia, presso cui si rifugiò Dedalo dopo essere evaso dalla prigione in cui lo aveva chiuso Minosse, era alla base dei *Camici* di Sofocle – cfr. Achilli 2009. La commedia aristofanea era forse ispirata al dramma sofocleo – cfr. e.g. Pellegrino 2016, pp. 284–285). Il *Cocalo* era improntato ai temi della parodia mitologica, della violenza sessuale (φθορά) e del riconoscimento (ἀναγνωρισμός), che tanta fortuna avrebbero avuto nel teatro successivo (cfr. *PCG* III.2, Test. 1, p. 3, rr. 50–51). Da due dei frammenti, *PCG* 364 e 365, si evince peraltro che nel dramma erano presenti i temi dell'ubriachezza e del consumo smodato di vino (nel primo compare un motivo topico della produzione aristofanea, quello della vecchia ebbra, che, al pari dei barbari, beve vino puro; nel secondo un personaggio maschile lamenta la violenta sensazione di vomito, e la conseguente insonnia, indotte dal vino, consumato senza essere stato mescolato ad acqua). È forse lecito ipotizzare che anche qui si debba leggere Κώκαλον e presumere che le vicende del re sicano, anche sulla scorta della commedia di Aristofane, fossero divenute un tema del repertorio buffonesco? Anche questa non è che una congettura, destinata a sommarsi alle altre. È opportuno in ogni caso rilevare che i traditi Κώταλον e Πάκαλον, anche se non altrimenti testimoniati e quindi, per noi, sostanzialmente inintelligibili, sono strutturalmente e fonicamente affini a Βάτταλον: tutti e tre i nomi sono proparossitoni e costituiti di tre sillabe; notevole, inoltre, l'omoteleuto. Essi richiamavano forse tutti allo stesso modo un repertorio mimico, buffonesco e lascivo, non troppo diverso, per toni e contenuti, dai componimenti di Glauce.

Il verso, così come è tramandato, non presenta cesura centrale – unico caso negli epigrammi superstiti di Edilo e, più in generale, grave anomalia in termini "alessandrini" (vd. Introduzione V.2). Da notare anche l'infrazione alla legge di Giseke, un altro *unicum* negli esametri edilei conservati (cfr. Introduzione V.2), e il ritmo "tripartito" dell'esametro (che tuttavia non è privo di paralleli: cfr. *Il*. 7.238 οἶδ' ἐπὶ δεξιά, οἶδ' ἐπ' ἀριστερὰ νωμῆσαι βῶν; Magnelli 2001, p. 261, n. 12 e 2015, pp. 88–89). Secondo Gow-Page 1965, II, p. 297 «the metre of the line casts grave suspicion on the text», ma potrebbe trattarsi anche di anomalie volute, determinate da un intento "mimetico" da parte dell'autore, che nel citare un repertorio buffonesco di canti ne riproduce ritmicamente le caratteristiche poco ortodosse.

vv. 9–10 ἀλλὰ Θέωνα / ... "χαῖρε Θέων": il dialogo tra la tomba e il passante è un motivo topico negli epitafi (cfr. Lattimore 1942, pp. 230–237 e 328–329); il saluto del viandante al defunto o al suo monumento funebre è diffuso soprattutto a partire dal IV sec. e poi più sistematicamente dal III, mentre in età arcaica e classica, salvo rare eccezioni, sono piuttosto il morto o la tomba a rivolgere il saluto al passante (cfr. Fantuzzi 2000, pp. 179–180; per l'apostrofe al passante in contesti epigrafici, vd. anche Alfieri Tonini 2003, pp. 62–71; Struffolino 2003). Lo stilema qui utilizzato, secondo cui è la tomba stessa a chiedere al viandante di rivolgere un saluto al morto, è tradizionale: cfr. e.g. *GVI* 922.7–8 (Corcira, prima del 227 a.C.) ἀλλ' ἴθι νῦν παροδῖτα, τὸν ἐκ χθονὸς Ἀλκινόοιο / χαῖρ' εἰπὼν ἀγαθοῦ παῖδ' ἀγαθὸν Σατύρου; Damag. *AP* 7.355.1–2 = *HE* 1411–1412 ὦ παριόντες, / τῷ χρηστῷ "χαίρειν" εἴπατε Πραξιτέλει (un epigramma che presenta affinità anche con **5**.1 per il nesso παρ' οἶνον: cfr. n. *ad loc*.); Mel. *AP* 7.417.9–10 = *HE* 3992–3993 ἀλλά με τὸν λαλιὸν καὶ πρεσβύτην σὺ προσειπὼν / χαίρειν εἰς γῆρας καὐτὸς ἵκοιο λάλον, *AP* 7.419.7–8 = *HE* 4006–4007 ἀλλ' εἰ μὲν Σύρος ἐσσί,

"Σαλάμ", εἰ δ' οὖν σύ γε Φοῖνιξ, / "Αὐδονίς", εἰ δ' Ἕλλην, "Χαῖρε", τὸ δ' αὐτὸ φράσον; vd. anche il rovesciamento del motivo in due degli epigrammi su Timone il misantropo (su cui cfr. Fantuzzi 2000, pp. 174–180; Fantuzzi-Hunter 2002, pp. 408–413 = 2004, pp. 302–306), Leon. *AP* 7.316.1–2 = *HE* 2569–2570 Τὴν ἐπ' ἐμεῦ στήλην παραμείβεο μήτε με χαίρειν / εἰπών e Call. *AP* 7.318.1 = *HE* 1271 = 3 Pfeiffer Μὴ χαίρειν εἴπῃς με, κακὸν κέαρ, ἀλλὰ πάρελθε.

Θέωνα / τὸν καλαμαυλητήν εἴπατε: per la costruzione con l'acc. della persona alla quale ci si rivolge, di sapore omerico (e.g. *Il.* 12.210; *LSJ*, s.v. εἶπον, II; Gow-Page 1965, II, p. 297), cfr. adesp. *AP* 12.155.1 = *HE* 3672 μή μ' εἴπῃς πάλιν ὧδε.

καλαμαυλητήν: per il significato, cfr. n. *ad* v. 1 μόναυλος. **A** (e sulla sua scia tutti gli editori) ha καλαμαυλήτην, ma l'accentazione ossitona (con cui il termine è in effetti lemmatizzato nei dizionari) è senz'altro quella corretta (cfr. Chandler 1881[2], p. 17).

v. 10 χαῖρε: "sta' bene", è formula di solito impiegata tra i vivi, rarissima in età arcaica in relazione a un defunto (cfr. *Il.* 23.19 = 179 χαῖρέ μοι ὦ Πάτροκλε καὶ εἰν Ἀΐδαο δόμοισι, dove Achille così si rivolge al cadavere di Patroclo; il passo conferma, con la presenza del καί, il carattere eccezionale del saluto, se rivolto a un morto); è però attestata in tragedia (e.g. *Alc.* 743, il coro ad Alcesti che va nell'Ade) e poi "regolare" nella poesia sepolcrale a partire dall'età classica, anche come forma di saluto indirizzata dal passante all'estinto, sebbene sia più frequente il caso inverso, in cui sono o la tomba o il defunto a dire χαῖρε al passante (cfr. Sourvinou-Inwood 1995, pp. 180–216; la studiosa offre una suggestiva spiegazione in chiave di antropologia culturale dell'affermarsi del saluto al defunto da parte del viandante: esso rispecchierebbe una nuova concezione dell'aldilà, meno pessimistica rispetto a quella arcaica e più incline a credere nella possibilità di una vita oltremondana; in χαῖρε sarebbe infatti implicito un augurio di "miglior vita" rivolto dai vivi al defunto, che sarebbe stato invece inconciliabile con il nichilismo arcaico circa l'oltretomba). Per qualche esempio epigrafico, cfr. Gow-Page 1965, II, p. 297.

11 *HE* (1887–1890) = *AP* 11.123

Ἆγις Ἀρισταγόρην οὔτ' ἔκλυσεν οὔτ' ἔθιγ' αὐτοῦ·
 ἀλλ' ὅσον εἰσῆλθεν, κᾤχετ' Ἀρισταγόρης.
ποῦ τοίην ἀκόνιτος ἔχει φύσιν; ὦ σοροπηγοί,
 Ἆγιν καὶ μίτραις βάλλετε καὶ στεφάνοις.

P, Pl IIa.22.12 (f. 24v)

Ἡδύλου P, Pl

3 ἀκόνιτος P : ἀκόνιτον Pl

Agide non purgò Aristagora né lo toccò:
 ma come fu dentro casa, Aristagora addirittura morì.
Dov'è che l'aconito ha un tale potere? O fabbricanti di bare,
 ornate Agide di fasce e corone.

Il medico Agide provoca la morte di Aristagora con la sua sola presenza.

Variazione sul tema epigrammatico del medico dall'azione letale, variamente attestato nel libro 11 della *Palatina* (cfr. la serie *AP* 11.112–126; Lucill. *AP* 11.131.4 = 40.4 Floridi, *AP* 11.257 = 102 Floridi; Ammian. *AP* 11.188; Pallad. *AP* 11.280; Pallad. o Lucill. *AP* 11.281 = Lucill. °°138 Floridi, con comm. *ad loc.* per il problema dell'attribuzione; Callict. *AP* 11.333; Agath. *AP* 11.382 = 96 Viansino; Luc. *AP* 11.401 = 42 Macleod) e caro anche a Marziale (cfr. e.g. 1.30, 6.31, 8.74, 9.94).

I medici praticoni, di cui sono di volta in volta messe in luce l'avidità, l'ignoranza e l'assoluta incompetenza, sono raffigurati come dei veri portenti, in grado di provocare accecamenti e morti solo toccando il malato (e.g. Lucill. *AP* 11.113 = 36 Floridi, *AP* 11.114.5–6 = 37.5–6 Floridi), o anche senza toccarlo, ma semplicemente affiorando alla memoria del paziente (Nicarch. *AP* 11.118) o apparendogli in sogno (Lucill. *AP* 11.257 = 102 Floridi), in iperboli via via più assurde e surreali. La loro azione funesta non risparmia neanche le statue (degli dèi, e di dèi potenti come Zeus, cui è tradizionalmente riservato l'attributo di σωτήρ: cfr. Lucill. *AP* 11.112–113 = 35–36 Floridi, con comm. *ad locc.*). In una sorta di rovesciamento parodico della topica legata alle guarigioni miracolose (cfr. e.g. gli *iamatikà* di Posidippo, 95–101 A.–B., debitori della tradizione degli *iamata*, i racconti di guarigioni miracolose incisi nei santuari dove si praticava l'*incubatio*: Zanetto 2002, pp. 73–74; Papalexandrou 2004, pp. 255–258; Bing 2004 e 2009, pp. 217–233; Di Nino 2005, 2006 e 2010, pp. 255–274; Männlein-Robert 2015; per gli *iamata* epigrafici, Girone 1998; per le cronache di Epidauro, Herzog

1931; LiDonnici 1989, 1992 e 1995; Dillon 1994), questi corrispettivi umani di Asclepio e delle altre divinità guaritrici provocano l'immediata rovina di chi ha la sfortuna di imbattersi in loro (Floridi 2019b).

Al di là dell'iperbole satirica, le condizioni in cui versava la medicina nel mondo antico sostanziavano queste caricature di una effettiva attualità: cfr. e.g. Plin. *NH* 29.18 e 29.23 (ulteriore documentazione in Rolleston 1914, pp. 41–45; Brecht 1930, pp. 45–49, che include esempi tratti dalla commedia e dal mimo; Ehrhardt 1974, specificamente dedicato agli epigrammi della *Palatina* sul tema; Burnikel 1980, pp. 54–64; Citroni 1975 e Howell 1980 *ad* Mart. 1.30; Grewing 1997 *ad* Mart. 6.31; Henriksén 2012² *ad* Mart. 9.94; Floridi 2007 *ad* Strat. °101 = *AP* 11.117 e Floridi 2014a *ad* Lucill. 35 = *AP* 11.112; Plastira-Valkanou 2003; Schatzmann 2012, pp. 129–163).

Nonostante **P** e **Pl** siano concordi nell'attribuzione del componimento a Edilo, la paternità è stata messa in dubbio da Gow-Page 1965, II, p. 297, sostanzialmente per due ragioni:

(1) il carme in *AP* 11 compare in una serie non meleagrea (e in *EG*, Page addirittura non include né questo epigramma né **12** tra i testi di Edilo);
(2) la maggior parte degli epigrammi dedicati al tema del medico dall'azione letale è di età imperiale (lo rilevava già Knaack 1892, p. 533, n. 74).

L'attribuzione a Edilo, secondo Gow-Page, sarebbe «so improbable that it is permissible to wonder whether ἡδύλου may have arisen from ἄδηλον». Se è facile, tuttavia, la corruttela di ἡδύλου in ἄδηλον (e in effetti come ἄδηλον l'epigramma è tramandato nelle prime edizioni a stampa: cfr. Jacobs 1813–1817, III, p. 680 «in ed. prin. Flor. et Ald. ἄδηλον, quae voce fortasse ex ἡδύλου nata»; vd. inoltre, a testimonianza della facilità con cui il nome proprio possa corrompersi, la *v.l.* ἡ δῆλος per Ἡδύλος in Strab. 14.6.3 [= **T4**]), non si vede come un banale ἄδηλον possa essersi trasformato in ἡδύλου – autore peraltro scarsamente rappresentato in *AP* (e la stessa obiezione può essere mossa a maggior ragione anche a Stadtmüller *ap*. Susemihl 1892, p. 699, il quale parlava di una possibile «Verschreibung von τοῦ αὐτοῦ in ἡδύλου»). Né più peso si può attribuire al secondo argomento di Gow-Page, e cioè che l'epigramma occorra in una serie non meleagrea: anche se Edilo è tra gli autori inclusi da Meleagro nella *Corona*, la maggior parte dei suoi epigrammi satirici, come si è visto, è conservata da Ateneo (cfr. Introduzione III.2.1). In *AP* 11, d'altronde, non ci sono mai sequenze meleagree, per cui l'"isolamento" di *AP* 11.123 non può essere considerato una prova di una sua estraneità allo *Stephanos*. I pochi epigrammi satirici dell'età di Meleagro presenti in *AP* 11 sono in effetti tutti isolati: Alc. Mess. *AP* 11.12 = *HE* 24 ss. occorre tra un epigramma di Lucillio e uno di Ammiano; Diosc. *AP* 11.195 = *HE* 1691 ss. tra due epigrammi di Lucillio; Arat. *AP* 11.437 = *HE* 766 s. tra Lucillio e Menandro. Solo Call. *AP* 11.362 = *HE* 1311 ss. = 59 Pfeiffer, preceduto da un epigramma del "filippeo" Automedonte, è seguito da uno del "meleagreo" Dioscoride: la coppia *AP* 11.362–363 offre l'unico esempio di contiguità tra due epigrammi meleagrei in *AP* 11, ma non si può parlare, naturalmente, di una vera e propria sequenza.

Che un tema attestato soprattutto nella prima età imperiale non possa essere stato già trattato da un autore ellenistico è sostanzialmente una *petitio principii*, basata sul presupposto che la documentazione in nostro possesso sia sufficiente a farci tracciare sicure linee evolutive nello sviluppo del genere epigrammatico. D'altro canto, l'accordo di **P** e **Pl** nell'attribuzione a Edilo non può essere trascurato con leggerezza: figure di medici comparivano già in commedia (cfr. Ar. *PCG* 723; Antiph. *PCG* 106–107; Aristophon *PCG* 4–5; Theoph. *PCG* 4; Philemon *PCG* 35–36; vd. anche Philemon *PCG* 122; Galli Calderini 1984, p. 104, n. 147), genere a cui Edilo attinge negli epigrammi sui ghiottoni (cfr. **7**, **8** e **9** e comm. *ad locc.*), e anche se dagli scarsi frammenti superstiti non possiamo farci un'idea chiara di come fosse sviluppato il tema, la satira di un medico a questa altezza cronologica non crea difficoltà sul piano storico-culturale e non è incompatibile con l'attribuzione al poeta ellenistico. Galli Calderini 1984, p. 104 confronta il caso della satira dei barbieri, diffusa in età imperiale (cfr. Hor. *Sat.* 2.3.17; Mart. 3.74, 7.64, 7.83, 8.52, 11.84; Lucill. *AP* 11.191 = 75 Floridi; Pallad. *AP* 11.288; [Hierocl.] *Philog.* 198 Dawe; altri ess. in Brecht 1930, p. 49), ma già presente nel "meleagreo" Phan. *AP* 6.307 = *HE* 3010 ss. (anche se vi sono differenze rispetto ai più tardi attacchi contro i barbieri: il componimento dell'autore ellenistico parla di un barbiere che abbandona la professione per abbracciare la poesia, ma che è poi costretto a tornare sui suoi passi per mancanza di talento).

Il genere satirico doveva d'altronde avere una diffusione maggiore in età ellenistica di quanto la tradizione bizantina dell'*Anthologia* non lasci intendere (Floridi p.p.), come è ora dimostrato anche dal "Vienna Epigrams Papyrus" (CPR XXXIII), edito da Parsons-Maehler-Maltomini 2015, dietro i cui *incipit* sembra lecito cogliere una certa preponderanza delle tematiche scoptiche (Floridi-Maltomini 2014, in part. pp. 20–36). Proprio nel CPR XXXIII potrebbe esserci menzione di un medico alla col. VII, r. 7, se l'integrazione Ἑρμογένης ὁ ἰατρός, proposta dagli editori sulla base di Lucill. *AP* 11.114.1 = 37.1 Floridi e *AP* 11.257.1 = 102.1 Floridi Ἑρμογένην τὸν ἰατρόν (vd. anche Lucill. *AP* 11.131.4 = 40.4 Floridi), coglie nel segno. Per quanto sia impossibile ricostruire il contenuto dell'epigramma, la menzione di un medico, in una raccolta orientata in buona parte intorno a temi scoptici, potrebbe lasciar intravedere la presenza del tema del medico esiziale già nell'epigramma del III sec. e supportare quindi, in qualche modo, l'attribuzione di *AP* 11.123 a Edilo (Floridi-Maltomini 2014, pp. 32–33; Introduzione III.4).

In sintesi, non mi pare ci siano ragioni sufficienti per rigettare la paternità edilea del componimento: questa sarà probabilmente da considerare la prima attestazione a noi nota nell'epigramma di un motivo che sarà poi popolare soprattutto nella prima età imperiale (possibilisti circa la paternità edilea anche e.g. Ouvré 1894, p. 31; Aubreton 1972, pp. 251–252; Galli Calderini 1984, pp. 102–105; Gutzwiller 1998, pp. 171–172; Schatzmann 2012, p. 92; su tutta la questione vd. anche Floridi 2019a, in part. pp. 114–117).

L'epigramma ha struttura bipartita: il primo distico narra il "prodigio", sottolineando la rapidità con cui esso si verifica e l'economicità di mezzi impiegati dal medico esiziale per ottenere i suoi effetti; il secondo contiene il commento satirico, che si apre con un'osservazione circa il maggiore potere di Agide rispetto a una pianta velenosa come l'aconito e si conclude con l'appello diretto ai costruttori di bare, invitati a riservare al medico gli onori che di solito spettano agli atleti vincitori (e che coincidono, con macabra ironia, con quelli destinati ai morti: cfr. n. *ad* v. 4). È così suggerita una sorta di complicità tra le due categorie professionali, secondo un tema esplicitato in adesp. *AP* 11.125, un epigramma incentrato sul patto tra un becchino e un medico: il primo ruba le fasce dei riti funebri e le invia al secondo perché le utilizzi come bende per i malati; il secondo manda al primo tutti i suoi pazienti da seppellire. Per l'identificazione medico-becchino, vd. anche Mart. 1.30 (forse dipendente da un epigramma greco: cfr. Citroni 1975 *ad loc.*), 1.47.

v. 1 Ἆγις: cfr. **8**.2, dove è un omonimo ghiottone. Tenderei a escludere che il lemma di **P** e **Pl** si sia originato perché il nome compariva in un altro epigramma di Edilo: **8** è noto solo tramite Ateneo e verosimilmente non era in Cefala. Si dovrebbe ipotizzare che Cefala lo conoscesse tramite altra fonte e congetturasse, sulla base di essa, la paternità di un epigramma a lui pervenuto anonimo – il che è decisamente poco economico (e sostanzialmente contrario al modo in cui di solito Cefala operava). Viceversa, la coincidenza nel nome, per quanto non peregrino, soprattutto in area dorica (delle circa 50 occorrenze registrate in *LGPN* I–V.C, s.v., una trentina proviene dalla Laconia, nessuna dall'Attica e dall'Asia Minore; in *AP* ricorre in Antip. Sid. *AP* 7.424.1 = *HE* 370; Nic. *AP* 7.435.1 = *HE* 2717 = 105.1 Gow-Scholfield; cfr. anche ***13**.3, con n. *ad loc.*), potrebbe essere un ulteriore indizio dell'autenticità dell'epigramma (nei satirici della prima età imperiale è prassi comune quella di utilizzare uno stesso antroponimo per personaggi diversi: cfr. Page 1978, pp. 26–27; Floridi 2014a, p. 28; Introduzione IV.2).

La scelta di un nome "dorico" (cfr., per converso, il "regolare" vocalismo ionico in Ἀρισταγόρης) per un medico potrebbe non essere casuale, in vista della maschera comica dello ξενικὸς ἰατρός, che da una prospettiva attica identifica proprio in area dorica la patria di molti terapeuti: cfr. e.g. Alex. *PCG* 146; Epicr. *PCG* 10.27–28; Euphr. *PCG* 3.1–3; Men. *Aspis* 373–375 (come osservato da Rossi 1977, p. 82, «Il far parlare un dialetto straniero al medico in commedia era un espediente *in più* [...] per caratterizzare la figura tipo, mettendo in maggior rilievo quelle qualità comiche, che sono quasi sempre la ciarlataneria, l'esoterismo fumoso»). Poiché in età romana il medico straniero è invece, più genericamente, di origine greca, la doricità del nome di Agide, se effettivamente tesa a rimarcarne l'alterità geografica, potrebbe essere un ulteriore argomento a favore di una datazione ellenistica dell'epigramma.

Ἀρισταγόρην: la forma con vocalismo -η è attestata nell'area egea (*LGPN* I, s.v., registra una occorrenza a Samo e sei a Taso), nel Bosforo cimmerio e in Tracia (tre le occorrenze in *LGPN* IV, s.v., tutte del IV sec. a.C.), in Ionia (una occorrenza), in Misia (una: *LGPN* V.A, s.v.) e in Caria (due: *LGPN* V.B, s.v.). Per un altro antroponimo in -γορης in Edilo, cfr. **2**.2 Νικαγόρεω; vd. inoltre *****13**.3 Ἀνταγόρην e n. *ad loc.*

οὔτ' ἔκλυσεν οὔτ' ἔθιγ' αὐτοῦ: κλύζω, "purgo", è termine tecnico del linguaggio medico, comune nella satira degli ἰατροί: cfr. in part. Nicarch. *AP* 11.118.1 Οὔτ' ἔκλυσεν Φείδων μ' οὔθ' ἥψατο (per la somiglianza con l'*incipit* edileo vd. Schatzmann 2012, pp. 136–139), *AP* 11.119.1–2 Ἰητρὸς τὴν γραῦν εἴτ' ἔκλυσεν εἴτ' ἀπέπνιξεν, / οὐδεὶς γινώσκει; vd. anche *AP* 11.122.1 Πέντ' ἰητρὸς Ἄλεξις ἅμ' ἔκλυσε, πέντ' ἐκάθηρε. Anche quello del "tocco" esiziale del medico è un motivo topico, che deriva dal ruolo effettivo rivestito dal gesto nella pratica clinica (per il vocabolario del "toccare" nei testi medici greco-latini cfr. Boehm 2003): Lucill. *AP* 11.113.1 = 36.1 Floridi e *AP* 11.114.5 = 37.5 Floridi ἥψατο; Mart. 5.9.3; Auson. *epigr.* 77.5, 78.1 Green. In questi epigrammi satirici, in cui al "tocco" del terapeuta sono attribuite conseguenze devastanti, è possibile ravvisare anche il capovolgimento parodico del motivo laudativo della "mano guaritrice" del medico (Floridi 2019b, p. 111), attestato nella letteratura incubatoria, dove la capacità di sanare i malati semplicemente distendendo la mano è attribuita allo stesso Asclepio (Plastira-Valkanou 2004, pp. 455–456; vd. anche Magno *APl* 218.4 παιηονίῃ χειρί, dove la mano guaritrice è quella di Galeno e, all'opposto, Pallad. *AP* 11.280.2 τοῦ χειρουργοῦ ... παλάμας, dove le mani del chirurgo garantiscono morte).

v. 2 ἀλλ' ὅσον εἰσῆλθεν, κᾤχετ' Ἀρισταγόρης: la sottolineatura della velocità con cui si realizza la devastazione provocata dal medico esiziale è topica (cfr. e.g. Lucill. *AP* 11.114.5–6 = 5–6 Floridi; Nicarch. *AP* 11.119.2 δαιμόνιον τὸ τάχος) e ribalta il tema della rapidità con cui si verifica la guarigione negli *iamata* (cfr. e.g. Posidipp. 97.4 A.–B. νυκτὶ μιῇ, o la presenza formulare di avverbi come ἐξαπίνας o di espressioni temporali come ἁμέρας δὲ γενομένας ὑγιὴς ἐξῆλθε negli *iamata* di Epidauro).

κῷχετ': eufemismo comune per indicare la morte, soprattutto in contesti stilistici elevati: cfr. e.g. *Il.* 22.213; Eur. *Or.* 421; *LSJ*, s.v., II.1. L'innalzamento stilistico, in un epigramma dal tono sostanzialmente piano e colloquiale, contribuisce all'umorismo. Per il verbo, cfr. **6**.3 οἴχεται (di discusso significato: vd. n. *ad loc.*); καί sarà qui rafforzativo, con valore di *climax* (Denniston, *GP*², p. 293): "addirittura", "persino".

v. 3 ποῦ τοίην ἀκόνιτος ἔχει φύσιν;: l'interrogativa retorica implica che Agide è più efficace dell'aconito a provocare la morte; si realizza così una sorta di comparazione iperbolica, secondo uno schema comune in questi contesti: cfr. e.g. Lucill. *AP* 11.115 = 38 Floridi (l'oculista Simone toglie la vista ai pazienti più efficacemente delle divinità tradizionalmente deputate all'accecamento, come Iside).

ποῦ: difficile stabilire se il valore sia letteralmente locativo ("in quale parte del mondo…"), o più metaforicamente generico ("dov'è che…", i.e. "ha mai l'aconito un tale potere?"). Nel primo caso, l'espressione andrebbe intesa come mimesi parodica di una discussione "scientifica" sull'origine della pianta, analoga a quella "seria" che si trova in Nic. *Al.* 41–42 (dove si dice che l'aconito germoglia sulle montagne di Acone, città vicina a Eraclea in Bitinia). Per una simile parodia degli interessi della ricerca scientifico-filosofica in ambito scommatico, cfr. e.g. Lucill. *AP* 11.314.1 = 118.1 Floridi Ἐζήτουν, πινάκων πόθεν οὔνομα τοῦτο καλέσσω, dove sono mimate, tramite il nesso Ἐζήτουν … πόθεν, le movenze della ricerca erudita, o *AP* 11.190.1 = 74.1 Floridi ζητεῖ πόθεν, dove un'analoga ironia è utilizzata a proposito di un barbiere che "studia" come intervenire su un cliente particolarmente irsuto (cfr. le mie nn. *ad locc.*).

ἀκόνιτος: il sostantivo è di solito neutro (e come tale è tramandato in **Pl**), ma cfr. Euph. fr. 142 Powell = 41c Lightfoot; Nic. *Al.* 42; quella di Planude può essere probabilmente interpretata come una correzione normalizzante (in generale, per la tendenza di Planude alla normalizzazione, cfr. Introduzione III.1.2). Che l'aconito fosse una pianta molto velenosa era un fatto ben noto alla medicina antica. Gal. 14.39 Kühn suggerisce una serie di rimedi per contrastarne l'effetto.

Come suggerito da Appel 1992, dietro l'uso del termine si nasconde probabilmente anche un *double entendre*, basato sull'etimologia popolare che correlava ἀκόνιτος con ἀκονιτί, "senza polvere, senza neanche combattere", utilizzato a proposito di una vittoria ottenuta senza sforzo, da cui ἀκόνιτος inteso come aggettivo nel senso di "invincibile" (Jüthner 1941): il medico Aristagora, velocissimo nel provocare la morte dei suoi pazienti, è indirettamente descritto come una sorta di atleta dalle impareggiabili *performances*. Questa lettura è rafforzata dalla chiusa dell'epigramma, dove Aristagora sembra in effetti assimilato a un atleta vincitore (cfr. n. *ad* v. 4).

Per la metafora agonistica in una variazione epigrammatica sul tema del medico esiziale, cfr. Nicarch. *AP* 11.119, parodia di adesp. *APl* 53, sul corridore Lada (con Schatzmann 2012, pp. 154–158), dove, come nel nostro epigramma, un ruolo centrale è svolto dal tema della rapidità.

φύσιν: per l'uso del termine in relazione alle proprietà di una pianta medicinale, cfr. *Od.* 10.303, dove ha, come qui, il senso tecnico di "qualità naturale della pianta" (cfr. Heubeck 2003^9 *ad loc.*, con bibliografia). Per la "potenza" numinosa dei medici, che supera quella dei veleni e degli stessi dèi, cfr. Lucill. *AP* 11.115 = 38 Floridi.

σοροπηγοί: il termine, piuttosto raro (cfr. e.g. Ar. *Nub.* 846; adesp. *AP* 11.3.3), indica, propriamente, i costruttori di bare (cfr. schol. *ad* Ar., *l.c.*); nella serie sui medici compare anche in Nicarch. *AP* 11.122.3.

v. 4 καὶ μίτραις βάλλετε καὶ στεφάνοις: le bende e le corone sono gli onori riservati ai vincitori ai giochi atletici: per le prime cfr. e.g. Pind. *N.* 8.15, *O.* 9.84; per le seconde e.g. *O.* 8.76; per la loro associazione, *I.* 5.62 λάμβανέ οἱ στέφανον, φέρε δ' εὔμαλλον μίτραν. Per la *iunctura*, cfr. e.g. Pind. *P.* 8.57 Ἀλκμᾶνα στεφάνοισι βάλλω. Con immagine comica, il poeta suggerisce, appropriandosi del punto di vista dei becchini, beneficiari dell'azione del medico esiziale, l'assimilazione tra Agide e un atleta trionfatore (cfr. anche n. *ad* v. 3 ἀκόνιτος). D'altro canto, gli stessi oggetti sono utilizzati anche come corredo funerario, per cui l'immagine si carica di una macabra duplicità: per le corone sulle bare, cfr. Nicarch. *AP* 11.119.3–4 στεφανοῦτο / ἡ σορός (e vd. Soph. *El.* 893 ss.; Eur. *El.* 163); per le fasce, utilizzate per avvolgere i cadaveri (Hdt. 2.86.6), cfr. adesp. *AP* 11.125.3 ἐνταφίων τελαμῶνας.

Il termine μίτραι ricorre in **1.1** e **2.5**, dove ha il valore di "fasce (per il seno)"; cfr. inoltre **3.3**, con n. *ad loc.*

12 *HE* (1891–1892) = *AP* 11.414

Λυσιμελοῦς Βάκχου καὶ λυσιμελοῦς Ἀφροδίτης
γεννᾶται θυγάτηρ λυσιμελὴς Ποδάγρα.

P, Pl IIb.26.2 (f. 90r)

Ἡδύλου εἰς ποδάγραν P : s.a.n. Pl

Da Bacco che scioglie le membra e da Afrodite che scioglie le membra
è generata una figlia che scioglie le membra: Podagra.

Scherzosa genealogia della podagra, malattia diffusa nel mondo antico, che si credeva avere una correlazione con gli eccessi etilici ed erotici (cfr. e.g. Hipp. *Aphor.* 6.30 Littré παῖς οὐ ποδαγριᾷ πρὸ τοῦ ἀφροδισιασμοῦ; Cels. 1.9.2 *si cui vero dolere nervi solent, quod in podagra chiragrave esse consuevit ... Venus semper inimica est*, 4.31.1–2 *in manibus pedibusque articulorum vitia frequentiora longioraque sunt ... quidam quum toto anno a vino, mulso, venere sibi temperassent, securitatem totius vitae consecuti sunt*; Galen. 6.415 Kühn prescrive a chi abbia contratto il morbo una dieta controllata e l'astensione dagli atti sessuali; per il nesso tra la gotta e una vita sregolata, cfr. anche, e.g., Luc. *Gall.* 23, *Merc.* 31 e 39; [Luc]. *Oc.* 106; Cat. 71) e che è qui fatta risalire appunto all'unione tra Dioniso e Afrodite.

Il tema della podagra è diffuso nella poesia epigrammatica, che gioca intorno al nesso tra la malattia e le intemperanze erotiche/etiliche: cfr. Nicarch. *AP* 5.39 (se l'Ade è comune a tutti, tanto vale abbandonarsi all'edonismo più sfrenato, a costo di scendere podagrosi nel regno dei morti); Strat. *AP* 12.243 = 85 Floridi (dove la podagra è conseguenza dell'indefessa attività omoerotica praticata dalla *persona loquens*); Luc. *AP* 11.403 = 44 Macleod (la podagra, della quale al v. 5 è ricordato l'amore per l'Αὐσονίου πόμα Βάκχου, appare come una dea, che evita i poveri e si rifugia presso i piedi dei più abbienti: la correlazione tra gotta ed eccessi riconosciuta dalla medicina ippocratica faceva della podagra, nell'immaginario comune, una malattia per ricchi neghittosi, intenti a passare il loro tempo tra piaceri di ogni sorta: cfr. Tedeschi 1998, pp. 26–30); vd. inoltre Ammian. *AP* 11.229 (sulla gotta che troppo tardi colpisce un uomo che la meritava); Diog. Laert. *AP* 7.112 (sul filosofo peripatetico Licone di Troade, morto a causa della podagra); *POxy* 2532 (III sec. d.C., distici anonimi, forse di natura epigrammatica, in cui i podagrosi mascherano la vera natura del loro male per evitare lo scherno degli amici – atteggiamento che pare essere stato comune tra quanti erano colpiti dalla malattia: cfr. Langholf 1996, pp. 2806–2807); P.CtYBR inv. 4000, p. 4, rr. 20–37 (dove la podagra, come in Edilo e in Luc. *AP* 11.403

= 44 Macleod, assurge allo statuto di dea e dove è sottolineato il legame tra la malattia e gli eccessi, resi possibili da una vita agiata; vd. Wilkinson 2012, p. 131; Kanellou p.p.). Al tema sono inoltre dedicate la *Podagra* lucianea e l'*Ocypus*, altra *pièce* trasmessa nel *corpus* di scritti di Luciano ma senz'altro spuria e probabilmente riconducibile ad Acacio, amico e corrispondente di Libanio (Zimmermann 1909; Tedeschi 1998; Karavas 2005, pp. 235–327; Magnelli 2017). Per la satira dei podagrosi in ambito latino, vd. e.g. Mart. 1.98, 7.39; Juv. 13.96–99 (il corridore Lada, in perfetta salute ma senza un soldo, pur di sfuggire alla povertà arriva ad augurarsi la podagra, malattia dei ricchi, che sarebbe fatale per i suoi piedi di atleta olimpico, ma sarebbe indizio di stabilità economica).

Anche di questo epigramma, come di **11** (vd. n. intr. *ad loc.*), è stata messa in dubbio la paternità, sostanzialmente per ragioni tematiche (per le diverse posizioni degli studiosi, cfr. Galli Calderini 1984, pp. 105–106, in part. n. 154, che propende per l'autenticità del carme; di analogo parere Aubreton 1972, pp. 43 e 221–222; vd. inoltre Floridi 2019a, pp. 117–118): il motivo della podagra è diffuso soprattutto nella poesia satirica di età imperiale, per cui anche questo componimento, secondo Gow-Page 1965, II, p. 298, apparterrebbe «to a much later date than Hedylus». Ma il discorso di Penia nel *Pluto* di Aristofane, che immagina un grottesco corteo di podagrosi, dai ventri prominenti e dalle cosce pingui, al seguito di Pluto (vv. 559–560 παρὰ τῷ μὲν γὰρ ποδαγρῶντες / καὶ γαστρώδεις καὶ παχύκνημοι καὶ πιόνές εἰσιν ἀσελγῶς), dimostra che la malattia poteva essere vista come una fonte di comicità già in età classica; vd. inoltre Ar. *PCG* *322.5–11 κἀναθροῦντες τοὺς ἀδίκους / καὶ κλέπτας καὶ λωποδύτας / τούτοις μὲν νόσους δίδομεν· / σπληνιᾶν βήττειν ὑδερᾶν / κορυζᾶν ψωρᾶν ποδαγρᾶν / μαίνεσθαι λειχῆνας ἔχειν / βουβῶνας ῥῖγος πυρετόν, dove la podagra è tra le malattie inviate dal coro come punizione per gli ingiusti. Un gioco intorno a un'affezione correlata a eccessi erotico-etilici non appare d'altronde incompatibile con un poeta come Edilo, i cui carmi conservati rivelano una predilezione per le tematiche amorose e simposiali. Questo epigramma, che ironizza su una malattia, presenta inoltre un qualche nesso con **11**, su un medico incompetente, aprendo la possibilità che fra i temi trattati da Edilo giocassero un ruolo anche quelli legati *lato sensu* alle tematiche mediche. Anche il fatto che Ἡδύλου non fosse una congettura ovvia può deporre a favore dell'autenticità del lemma del Palatino. Che in Planude il componimento appaia senza lemma è invece poco significativo: il secondo blocco planudeo, Pl[b], è infatti notoriamente carente in materia di lemmi autoriali (cfr. Introduzione III.1.2; vd. anche Gow-Page 1965, II, p. 298: «Its anonimity in *A.Pl.* is less likely to reflect scepticism on the part of Planudes than the absence of ascription in the copy of Cephalas he was using»). Per quanto riguarda l'osservazione di Gow-Page 1965, II, p. 298, che la posizione del componimento tra epigrammi di Ammiano e di Antipatro o Nicarco «lends no support to the ascription», vd. quanto si è osservato a proposito dell'assenza di sequenze meleagree in *AP* 11 nella n. intr. *ad* **11**. Questo epigramma, in particolare, si trova nel secondo blocco di *AP* 11, organizzato *grosso modo* secondo un criterio alfabetico, ma è al di fuori delle tre sequenze κατὰ στοιχεῖον di cui esso è composto (*AP* 11.388-398, 11.399-413, 11.417-436) e non appare legato ai due epigrammi successivi, *AP* 11.415-416, anch'essi posti fuori dalla stringa, né da ragioni tematiche né di altro tipo.

Non ha avuto seguito la proposta di Reitzenstein 1893, p. 101 di attribuire questo epigramma e **11** a un grammatico di nome Edilo, presunto omonimo dell'epigrammista vissuto quattro secoli dopo e autore anche dell'opera sugli epigrammi di Callimaco menzionata in *Et. Gen.* AB α 551 = *Et. Magn.* α 960 Lasserre-Livaradas (**T2**): cfr. Galli Calderini 1982, pp. 368 e 370; Ead. 1984, p. 103 e n. 142, p. 105 e n. 154; vd. anche Introduzione I, n. 6.

Per quanto riguarda la lunghezza – è questo l'unico monodistico tramandato sotto il nome di Edilo – cfr. Introduzione IV.6. Per la presenza dell'epigramma in Σ, una delle "Sillogi Minori" di origine planudea, cfr. Introduzione III.1.3.

Nell'epigramma, il *Witz* è incentrato sulla smetaforizzazione dell'epiteto λυσιμελής, prima attribuito, secondo il consueto uso poetico, alle due divinità che "rilassano" le membra, e poi riservato, con improvvisa concretizzazione dell'immagine, alla Podagra che le indebolisce (cfr. n. *ad* vv. 1–2).

Per una scherzosa genealogia della Podagra, dai toni paratragici, vd. anche Luc. *Trag.* 1–8 Ὦ στυγνὸν οὔνομ', ὦ θεοῖς στυγούμενον, / Ποδάγρα, πολυστένακτε, Κωκυτοῦ τέκνον, / ἣν Ταρτάρου κευθμῶσιν ἐν βαθυσκίοις / Μέγαιρ' Ἐρινὺς γαστρὸς ἐξεγείνατο / μαζοῖσί τ' ἐξέθρεψε, καὶ πικρῷ βρέφει / εἰς χεῖλος ἐστάλαξεν Ἀλληκτὼ γάλα, / τίς τὴν δυσώνυμόν σε δαιμόνων ἆρα / εἰς φῶς ἀνῆκεν; ἦλθες ἀνθρώποις βλάβος. Concettualmente, per l'idea scoptica di un parto deviante rispetto alla norma, cfr. Pallad. *AP* 9.489 Γραμματικοῦ θυγάτηρ ἔτεκεν φιλότητι μιγεῖσα / παιδίον ἀρσενικόν, θηλυκόν, οὐδέτερον.

vv. 1–2 Λυσιμελοῦς ... λυσιμελοῦς ... / ... λυσιμελής: λυσιμελής è l'epiteto omerico del sonno (*Od.* 20.57, 23.343; vd. poi A.R. 4.1525; Mosch. *Eur.* 4; Nonn. *D.* 48.652), successivamente impiegato anche in relazione alla morte (Eur. *Suppl.* 46; *GVI* 1975.30 = *IMEG* 97 = 105 B 4 Vérilhac, Hermoupolis Magna, II sec. d.C.; Diotimo di Atene *AP* 7.420.2 = *HE* 1730 lo utilizza per Ade) e a tutte le entità che provocano uno "scioglimento" delle membra, nella duplice accezione di "rilassamento" e di "indebolimento" (e.g. è applicato a δίψα in Theogn. 838, alle Erinni in [Orph.] *h.* 70.9). È pertanto attributo di Dioniso (Nonn. *D.* 42.345; adesp. *APl* 99.4 ἁπαλῷ λυσιμελεῖ Βρομίῳ), tra i cui epiteti cultuali sono d'altronde annoverati quelli di Λύσιος (cfr. e.g. Paus. 2.2.6, 9.16.4; Plut. *Mor.* 613c, 654f; [Orph.] *h.* 50.2) e di Λυαῖος (cfr. e.g. Plut. *Mor.* 613c; Nonn. *D.* 9.18; D.L. *AP* 7.105.3–4 ne offre una spiegazione etimologizzante proprio con riferimento allo "scioglimento" delle membra: Διόνυσος ὅταν πολὺς ἐς δέμας ἔλθῃ, / λῦσε μέλη· διὸ δὴ μήτι Λυαῖος ἔφυ;). Sebbene non sia altrove attestato in relazione ad Afrodite, λυσιμελής ricorre nella poesia arcaica per qualificare Eros (Hes. *Th.* 121, 911; Sapph. fr. 130.1 Voigt; *Carm. pop. PMG* 27.3) e πόθος (Archil. fr. 196.1 West[2]; Alcm. *PMG* 3.61 = 26.61 Calame), a sottolinearne la forza distruttiva, anche in virtù dell'associazione con formule omeriche del tipo ὑπὸ γούνατ' ἔλυσε (*Il.* 11.579, 13.412, 15.291, 17.349, 24.498; *Od.* 14.69 [dove l'espressione è riferita a Elena, che, provocando la guerra di Troia, ha "sciolto le ginocchia" di molti eroi], 236), λῦσε δὲ γυῖα (*Il.* 4.469, 11.240, 260, 16.312, 400 etc.) e simili, utilizzate a proposito della morte (vd. Kanellou p.p., con bibliografia).

Se l'aggettivo indica dunque metaforicamente gli effetti del vino e dell'attività erotica, in relazione alla podagra acquista un concreto senso descrittivo (*pace* Gow-Page 1965, II, p. 298, secondo cui "its appropriateness to gout is not obvious"): il morbo, con le sofferenze di cui è causa (e che sono minuziosamente descritte, e.g., da Luc. *Trag.* 16–29), letteralmente "scioglie le membra" di chi ne è affetto, le indebolisce, fino a distruggerle.

v. 2 Ποδάγρα: in virtù della scherzosa genealogia offerta dall'epigramma, la podagra appare qui personificata ed elevata al ruolo di dea, grazie al potere che esercita sugli uomini (cfr. Luc. *AP* 11.403 = 44 Macleod; P.CtYBR inv. 4000, p. 4, rr. 20–37; la podagra è divinizzata anche nella *Tragodopodagra* lucianea e nell'*Ocypus* pseudo-lucianeo).

Da notare come il termine sia posto in *explicit*, con un ritardo funzionale alla *pointe*: solo l'ultima parola svela il tema del componimento – le conseguenze funeste degli eccessi etilici ed erotici – e chiarisce che le due divinità menzionate al v. 1 sono appunto da intendersi come indicazione metonimica, rispettivamente, del vino e del sesso.

Dubia

*13 = Asclep. *HE* 40 (996–1001) = *AP* 5.161

Εὐφρὼ καὶ Θαῒς καὶ Βοίδιον, αἱ Διομήδους,
    Γραῖαι, ναυκλήρων ὁλκάδες εἰκόσοροι,
Ἆγιν καὶ Κλεοφῶντα καὶ Ἀνταγόρην, ἕν' ἑκάστη,
    γυμνούς, ναυηγῶν ἥσσονας, ἐξέβαλον.
5 ἀλλὰ σὺν αὐταῖς νηυσὶ τὰ ληστρικὰ τῆς Ἀφροδίτης
    φεύγετε· Σειρήνων αἵδε γὰρ ἐχθρότεραι.

P, Pl Ia.70.2 (f. 17v)
In P hic (Pᵃ, p. 110) et post 11.9 (Pᵇ, p. 508)

Ἡδύλου οἱ δὲ Ἀσκληπιάδου εἰς Εὐφρὼ καὶ Θαίδα καὶ Βοίδιον Pᵃ : Σιμωνίδου Pᵇ, Pl

3 Ἆγιν C : Ἄγειν Pᵃ : Ἆπιν Pᵇ : Ἆπιν Pl ‖ ἕν' Stephanus 1566, p. 104 : ἓν Pᵃ, Pl : ἓν Pᵇ   6 ἐχθρότεραι Pᵇ, Pl : ἐχθρότεραι Pᵃ : ἐχθότεραι C

Eufro, Taide e Boidio, le figlie di Diomede,
    Graie, bastimenti a venti remi di nocchieri,
hanno scaricato Agide, Cleofonte e Antagora, uno ciascuna,
    nudi, più deboli dei naufraghi.
5 Ma voi fuggite con le vostre navi le corsare di Afrodite:
    queste (donne) sono infatti più funeste delle Sirene.

Sulla rapacità di tre etere, che riducono sul lastrico altrettanti clienti, provocandone il metaforico naufragio.

La paternità dell'epigramma non è sicura: in **P** è dapprima indicato come di Edilo o, in alternativa, di Asclepiade; compare una seconda volta nel manoscritto, nel libro 11, dopo un epigramma di Leonida di Alessandria (*AP* 11.9), con l'attribuzione a Simonide (su lemmi e attribuzioni nell'*Anthologia Graeca*, cfr. Gow 1958, in part. pp. 30 ss. per la formula Ἡδύλου οἱ δὲ Ἀσκληπιάδου, e pp. 59 ss. per i "doppioni" in **P** con discrepanza di indicazioni autoriali), condivisa anche da **Pl** (con cui Pᵇ mostra altri punti di contatto: cfr. vv. 3 e 6). Come notato da Boas 1905, p. 149, l'attribuzione a Simonide può essere sorta in ragione dell'affinità con Sim. *AP* 5.159 = *HE* 3300 ss. (cfr. *infra*); il tono umoristico del carme rende però probabile che si tratti di una sorta di parodia dell'epigramma simonideo, composto da un altro autore (così Galli Calderini 1982, pp. 249–253, della quale non è tuttavia condivisibile l'opinione che *AP* 5.159 debba essere assegnato a Edilo e *AP* 5.161 ad Asclepiade: cfr. Sens 2011, p. 268). Per quanto riguarda la doppia attribuzione ad Asclepiade e a Edilo, è difficile scegliere tra le due alternative, dati i punti di contatto tra i due poeti (cfr. Introduzione II.1), sebbene la maggior parte della critica si sia pronunciata a favore di Edilo: cfr., tra gli altri, Jacobs 1794–1814, I.1, p. 241; Ouvré 1894, pp. 23–24; Beckby 1965²–1967², I, p. 340; Luck 1968, pp. 399–403; più equilibrati Gow-Page 1965, II, pp. 143–144 e Sens 2011, che includono il componimento tra i *dubia* asclepiadei ma avvertono circa l'impossibilità di raggiungere la certezza sulla sua paternità; secondo Guichard 2004, pp. 415–418, infine, l'epigramma non apparterrebbe a nessuno dei due autori ellenistici, ma sarebbe opera di un poeta più tardo, come dimostrerebbe il riecheggiamento di un epigramma di Antipatro di Tessalonica: cfr. n. *ad* v. 6 ἐχθρότεραι. Il secondo degli argomenti addotti dallo studioso per negare la paternità dell'epigramma tanto ad Asclepiade quanto a Edilo è invece di tipo prosodico: in Βοίδιον sarebbe previsto l'allungamento di sillaba breve di fronte a dieresi bucolica, un fenomeno raro tra gli epigrammisti della prima età ellenistica (dati nello stesso Guichard 2004, p. 418). In realtà, la presunta irregolarità prosodica deriva dal fatto che Guichard stampa Θαῖς con dittongo; ma se si stampa Θαΐς, con dieresi, Βοίδιον si scandisce regolarmente come un dattilo, come in Simonide.

Il tema della cortigiana avida sembrerebbe a prima vista più asclepiadeo che edileo (cfr. Asclep. *AP* 5.162 = *HE* 842 ss. = 8 Sens, immediatamente successivo al nostro epigramma), ma questo può essere dovuto alla parzialità della nostra documentazione: figure di etere compaiono in Edilo – tali sembrerebbero le protagoniste di **1, 2, 3** e **9** (Introduzione IV.2) – e le tematiche erotiche non sono estranee al poeta (cfr. in part. **1** e **2**). D'altro canto, la rivisitazione di una tematica comica, pur non estranea ad Asclepiade (per gli elementi comico-mimici nei suoi epigrammi cfr. Sens 2011, pp. xlvi–xlviii), è tipica di Edilo, che, per quanto è possibile giudicare, attinge ampiamente al repertorio comico nei suoi epigrammi (cfr. in part. **7–9**). Anche la serie di *exempla* mitologici che compare nel carme, e in particolare il paragone presente nella chiusa, è confrontabile con altri epigrammi di Edilo (cfr. soprattutto **8–9**), sebbene non sia incompatibile con lo stile di Asclepiade (cfr. in part. *AP* 5.64 = *HE* 854 ss. = 11 Sens, che si chiude con un'allusione al mito di Danae). Il nome di Agide (v. 3) è anche in **8.2** e in **11.**1 e 4 (attribuito a personaggi diversi: cfr. n. *ad* **11.**1 Ἆγις), mentre quello di Cleofonte trova confronto in un epigramma di Asclepiade (*AP* 5.153.3 = *HE* 822 = 3.3 Sens); almeno in un caso, d'altronde, Asclepiade ed Edilo condividono un antroponimo (Nicagora, che compare sia in **2** sia in Asclep. *AP* 12.135 = *HE* 894 ss. = 18 Sens), per cui dai nomi non arrivano elementi utili a chiarire la paternità del carme. Neanche la somiglianza con l'*incipit* che si legge in CPR XXXIII, col. V, r. 22, Εὔφρων καὶ Θ...... δύ' ἀδελφεοί aiuta a risolvere la questione: la presenza, nel papiro, di un epigramma di Asclepiade non implica infatti che tutti gli epigrammi debbano essere ricondotti alla sua autorità e non si può escludere che Edilo fosse a sua volta presente nella raccolta (cfr. Introduzione III.4). Da notare, infine, che ai vv. 5–6 compare un tratto stilistico del tutto compatibile con l'attribuzione a Edilo (ἀλλά + imperativo a introdurre un'esortazione), ma che trova almeno un confronto anche in Asclepiade (cfr. *infra ad loc.*). La questione è pertanto destinata a rimanere aperta.

L'epigramma gioca con l'immaginario nautico, topicamente applicato alla sfera amorosa, dove è frequente la descrizione dell'amplesso nei termini di una navigazione: il *partner* attivo può essere indicato come un "rematore" e l'atto sessuale con la metafora del "remare" (un'immagine qui richiamata dall'agg. εἰκόσοροι, v. 2: cfr. n. *ad loc.*); quello passivo, e in particolare la prostituta, può essere descritto come una nave, che accoglie a bordo molti clienti (cfr. Alc. fr. 117 Voigt, dove compaiono le parole "nave", v. 21, "prostituta", v. 26, e "prostitute", v. 29; vd. inoltre fr. 306 Voigt, in part. v. 9, περαινομένης, ma cfr. Gentili 2006⁴, pp. 309–311; Mel. *AP* 5.204 = *HE* 4298 ss.; Rufin. *AP* 5.44 = 17 Page; vd. infine Antiphil. *AP* 9.415 = *GPh* 1051 ss., su una nave adibita a bordello, e la variazione che del tema offre Phil. *AP* 9.416 = *GPh* 2979 ss.). Le sofferenze d'amore, a loro volta, sono spesso rappresentate come un metaforico naufragio (cfr. e.g. Asclep. o Posidipp. *AP* 5.209.5–6 = *HE* 985–986 = *36.5–6 Sens; adesp. *AP* 12.156.5–8 = *HE* 3742–3745; adesp. *AP* 5.11 = *FGE* 1080 s.; Maced. *AP* 5.235.5 = 8.5 Madden) nel mare di Eros (cfr. e.g. Mel. *AP* 12.167.3–4 = *HE* 4570–4571; Philod. *AP* 10.21 = *GPh* 3246 ss. = 8 Sider; Gaetul. *AP* 5.16.5–6 = *FGE* 179–180; in generale, sulle metafore nautiche, vd. Murgatroyd 1995; Adams 1982, p. 167; Henderson 1991², pp. 49, 161–164; per il nesso mare/amore/sesso, ulteriore, ampia documentazione in Lapini 2007, p. 151, n. 19; vd. anche n. intr. *ad* 4).

Questo sfondo metaforico tradizionale è complicato dai riferimenti mitologici: le tre donne sono prima descritte come "figlie di Diomede" – con allusione a Diomede di Tracia, che costringeva i naviganti a far sesso con le sue figlie – mentre l'*incipit* del v. 2 rimanda alle Γραῖαι del mito (cfr. nn. *ad* v. 1 αἱ Διομήδους e *ad* v. 2 Γραῖαι); poi sono equiparate alle mitiche Sirene, di cui, con *comparatio* iperbolica, sono dichiarate ancora più pericolose (v. 6 e n. *ad loc.*).

Il componimento mostra forti legami con la commedia, e in particolare con Anaxil. *PCG* 22, un frammento della *Neottis*, dove alcune etere sono paragonate a varie figure del mito: cfr. in part. vv. 15–24 ἡ δὲ Νάννιον τί νυνὶ διαφέρειν Σκύλλης δοκεῖ; / οὐ δύ' ἀποπνίξασ' ἑταίρους τὸν τρίτον θηρεύεται / ἔτι λαβεῖν; ἀλλ' † ἐξέπεσε † πορθμὶς ἐλατίνῳ πλάτῃ. / ἡ δὲ Φρύνη τὴν Χάρυβδιν οὐχὶ πόρρω που ποιεῖ, / <u>τόν τε ναύκληρον λαβοῦσα καταπέπωκ' αὐτῷ σκάφει</u>; / <u>ἡ Θεανὼ δ' οὐχὶ Σειρήν ἐστιν ἀποτετιλμένη</u>; / βλέμμα καὶ φωνὴ γυναικός, τὰ σκέλη δὲ κοψίχου. / Σφίγγα Θηβαίαν δὲ πάσας ἔστι τὰς πόρνας καλεῖν, / αἳ λαλοῦσ' ἁπλῶς μὲν οὐδέν, ἀλλ' ἐν αἰνιγμοῖς τισιν, / ὡς ἐρῶσι καὶ φιλοῦσι καὶ σύνεισιν ἡδέως. Non solo l'equazione meretrice = Sirena, ma anche la *cumulatio* degli *exempla* è confrontabile con l'epigramma (cfr. Sens 2011, p. 269, che nota anche i punti di contatto con la scena finale delle *Ecclesiazuse* di Aristofane). Notevoli d'altronde i legami intertestuali con la poesia epigrammatica: il componimento è una rivisitazione umoristica di Sim. *AP* 5.159 = *HE* 3300 ss. Βοίδιον ηὐλητρὶς καὶ Πυθιάς, αἵ ποτ' ἐρασταί, / σοί, Κύπρι, τὰς ζώνας τάς τε γραφὰς ἔθεσαν. / ἔμπορε καὶ φορτηγέ, τὸ σὸν βαλλάντιον οἶδεν, / καὶ πόθεν αἱ ζῶναι καὶ πόθεν οἱ πίνακες, una dedica ad Afrodite da parte di due flautiste, la prima delle quali ha lo stesso nome dell'ultimo dei tre personaggi femminili qui citati; l'appello ironico ai marinai e ai mercanti, che hanno reso possibile, con il loro denaro, le dediche alla dea, nel nostro epigramma è trasformato nella descrizione iperbolica di una vera e propria spoliazione economica. Sens 2011, pp. liii, 272 suggerisce anche che l'*incipit* giochi con Leon. *AP* 6.289.1–2 = *HE* 2223–2224 Αὐτονόμα, Μελίτεια, Βοΐσκιον, αἱ Φιλολάδεω / καὶ Νικοῦς Κρῇσσαι τρεῖς, ξένε, θυγατέρες, dove tre sorelle dedicano ad Atena gli strumenti della filatura nel momento in cui si ritirano dalla professione. Le affinità non sono forse tali da permettere di postulare un rapporto diretto di dipendenza (anche se sono in effetti notevoli la somiglianza fonica tra Βοίδιον e Βοΐσκιον e la concomitanza tra i due *explicit* del v. 1 αἱ Φιλολάδεω/αἱ Διομήδους). È però senz'altro probabile che ci sia un più esteso gioco parodico nei confronti dell'epigramma tradizionale di dedica – di cui Leonida è l'esponente più illustre – nel quale sono spesso rappresentati umili lavoratori legati da rapporti di parentela (cfr. e.g. Leon. *AP* 6.288.1–2 = *HE* 2213–2214 Αἱ Λυκομήδευς παῖδες, Ἀθηνῶ καὶ Μελίτεια / καὶ Φιντὼ Γληνίς θ', αἱ φιλοεργόταται; vd. anche Arch. *AP* 6.39 = *GPh* 3620 ss. e Luc. *AP* 6.17 = 2 Macleod, che condividono entrambi, con il nostro epigramma, uno degli antroponimi: n. *ad* v. 1). La menzione, in *incipit*, di tre personaggi femminili, seguita da un'indicazione di patronimico (αἱ Διομήδους), crea l'attesa di una variazione sul motivo della dedica da parte di tre sorelle, puntualmente smentita dal seguito dell'epigramma. Vale la pena notare, in tale contesto, come all'elenco degli oggetti dedicati, tipico di questa tipologia di epigrammi anatematici, si sostituisca, nel componimento, quello degli uomini spogliati dalle avide etere; si ha così un effetto di ἀπροσδόκητον analogo a quello provocato, in **1**, dall'elencazione di indumenti (vv. 1–2), che non sono gli oggetti della dedica, come il lettore, in un primo momento, potrebbe essere indotto ad aspettarsi, ma i premi ricevuti da una fanciulla in seguito alla vittoria in un concorso (cfr. comm. *ad loc.*).

Il componimento ebbe una certa fortuna: Meleagro, nella chiusa di *AP* 5.204 = *HE* 4298 ss., riecheggia il v. 2 (cfr. n. *ad loc.*); Rufin. *AP* 5.44 = 17

Page cita quasi testualmente il secondo emistichio del v. 5 e l'*incipit* del v. 6 nei suoi vv. 3–4 (cfr. n. *ad loc.*).

v. 1 Εὐφρὼ καὶ Θαΐς καὶ Βοΐδιον: cfr. CPR XXXIII, col. V, r. 22, Εὔφρων καὶ Θ..... δύ' ἀδελφεοί (*supra*, n. intr.; Introduzione III.4).

Tutti e tre i nomi sono appropriati per delle cortigiane: Εὐφρώ, che rinvia all'area semantica della gioia e della letizia, è attestato come nome di etera in Luc. *AP* 6.17.3 = 2.3 Macleod, una scherzosa dedica di tipo "leonideo" a Cipride da parte di tre etere, e in Greg. Naz. *Carm.* I 2.10.869 (vd. anche Arch. *AP* 6.39.1 = *GPh* 3620, dove è una delle tre sorelle filatrici che dedicano ad Atena gli strumenti del mestiere). Esso crea l'attesa di una situazione di serenità e di piacere, destinata a essere tradita dal seguito (cfr. Sens 2011 *ad loc.*). Θαΐς è il nome dell'etera ateniese amata da Alessandro (e.g. Plut. *Alex.* 38.2; D.S. 17.72.2), che alla sua morte si unì a Tolomeo, al quale diede tre figli; cfr. inoltre e.g. Luc. *DMer.* 1.1 e 3.2; Philostr. *Ep.* 22; Aristaen. 2.16. Βοΐδιον infine, che ricorre in Sim. *AP* 5.159.1 = *HE* 3300 (cit. *supra*, n. intr.), rientra tra gli ipocoristici derivati da nomi di animali attribuiti alle etere (cfr. e.g., per il suffisso -ιον, Δόρκιον in Asclep. *AP* 12.161.1 = *HE* 902 = 20.1 Sens e n. *ad loc.*, Χελιδόνιον in Aristaen. 2.13; altri ess. in Headlam-Knox 1922, pp. 96–97; Drago 2007, p. 73).

αἱ Διομήδους: il riferimento è a Diomede di Tracia, che, secondo gli schol. *ad* Ar. *Ecc.* 1029, aveva delle figlie prostitute e costringeva gli stranieri a congiungersi con loro, per poi ucciderli (Ὅτι Διομήδης ὁ Θρᾲξ πόρνας ἔχων θυγατέρας τοὺς παριόντας ξένους ἐβιάζετο αὐταῖς συνεῖναι, ἕως οὗ κόρον σχῶσι καὶ ἀναλωθῶσιν οἱ ἄνδρες· ἃς καὶ ὁ μῦθος ἵππους ἀνθρωποφάγους εἶπεν). Di qui l'espressione proverbiale Διομήδειος ἀνάγκη (cfr. Clearch. fr. 68 Wehrli), a indicare chi è costretto a compiere un'azione suo malgrado (un'altra tradizione spiega invece il proverbio con il riferimento a un episodio della saga troiana: Odisseo, dopo aver rubato il Palladio insieme a Diomede, tentò di uccidere quest'ultimo, ma Diomede se ne accorse grazie all'ombra della spada riflessa dalla luce lunare. Costrinse dunque Odisseo a camminare di fronte a lui, puntandogli la spada in mezzo alla schiena; di qui l'espressione Διομήδειος ἀνάγκη per indicare chi fa qualcosa perché costretto: schol. *ad* Plat. *Rp.* 493d; Zenob. III.8 = *CPG* I.59–60; entrambe le spiegazioni nella tradizione lessicografica: Pausan. Att. δ 14 Erbse ~ Hsch. δ 1881 Latte-Cunningham ~ Phot. δ 637 Theodoridis ~ Suid. δ 1164 Adler). L'indicazione di patronimico, comune nei contesti di dedica, è funzionale al gioco parodico con la tradizione dell'epigramma anatematico: cfr. *supra*, n. intr.

Sens 2011 *ad loc.* (sulla scorta e.g. di Gow-Page e Paton) intende αἱ Διομήδους / Γραῖαι come un unico nesso, in cui Γραῖαι giunge inatteso in luogo di un termine per "figlie" («After the three females names in 1, αἱ

Διομήδους leads the reader to expect a word for 'daughters', 'children', or the like, and γραῖαι [literally 'old women'] comes as a surprise»). Ma si verrebbe così ad avere la conflazione, piuttosto bizzarra, tra due miti tra loro irrelati, che possono invece essere mantenuti distinti, con comico effetto di progressivo accumulo, ponendo una virgola dopo l'indicazione di patronimico (come fa, e.g., Beckby). L'effetto di sorpresa resta immutato: alla prima immagine se ne affianca una seconda, di cui non si capisce immediatamente la relazione con la prima (si è portati, in un primo momento, a intendere γραῖαι come indicazione anagrafica). Il senso dell'accostamento si chiarisce una volta riconosciuta l'allusione mitologica: le tre cortigiane sono descritte attraverso immagini che ne mettono in luce, ciascuna a suo modo, la pericolosità; cfr. n. seg.

v. 2 Γραῖαι: le Graie sono le terribili figlie di Forco e di Ceto, bellissime anche se canute sin dalla nascita (Hes. *Th.* 270–273 Φόρκυι δ' αὖ Κητὼ γραίας τέκε καλλιπαρήους / ἐκ γενετῆς πολιάς, τὰς δὴ Γραίας καλέουσιν / ἀθάνατοί τε θεοὶ χαμαὶ ἐρχόμενοί τ' ἄνθρωποι, / Πεμφρηδώ τ' εὔπεπλον Ἐνυώ τε κροκόπεπλον). In Esiodo sono due; la tradizione post-esiodea, a partire da Pherecyd. *FGrHist* 3F11, ne aggiunge una terza e ne fa delle creature mostruose con un solo occhio e un solo dente, che si scambiano a turno. Nella tradizione iconografica, tuttavia, queste figure sono sempre rappresentate come giovani donne attraenti (cfr. *LIMC* IV/1 [1988], s.v. *Graiai*, pp. 362–364). Il punto del confronto tra le tre figlie di Forco e le tre cortigiane dell'epigramma sta dunque, come ben coglie Sens 2011 *ad loc.*, non in una loro scarsa appetibilità («this does not seem a suitable point of comparison with three seemingly successful prostitutes», commentavano Gow-Page 1965, II, p. 144), ma nel loro carattere intrinsecamente ambiguo: come le Sirene della chiusa (v. 6), esercitano un fascino ammaliante e pericoloso – e questo a prescindere dalla loro età. Non possiamo d'altronde stabilire se fossero delle γραῖαι in senso anagrafico, anche se il lettore dell'epigramma, almeno in un primo momento, è senz'altro indotto a intendere il termine in questo senso e solo dopo è portato a cogliere il riferimento mitologico (cfr. Sens 2011 *ad loc.*).

Delle figlie di Diomede non conosciamo l'età (alcune fonti, se mai, insistono sulla loro bruttezza: cfr. Apost. VI.15 ὃς ἠνάγκαζε τοὺς ξένους αἰσχραῖς οὔσαις ταῖς θυγατράσιν αὐτοῦ μίγνυσθαι ~ Phot. δ 637 Theodoridis ~ Suid. δ 1164 Adler ~ Pausan. Att. δ 14 Erbse) e il fatto che in Ar. *Ecc.* 1029 sia una γραῖα ad appropriarsi dell'espressione proverbiale non implica necessariamente che fossero vecchie (ma la memoria del passo aristofaneo avrà verosimilmente influenzato il nostro autore). L'enfasi quindi, più che sull'età, è qui sulla *pericolosità* di questo trio di cortigiane, come il seguito della vicenda ben chiarisce. Se le tre etere fossero delle γραῖαι in senso anagrafico l'epigramma dovrebbe essere ricondotto al filone della difesa delle attrattive erotiche di una donna non più nel fiore degli anni (cfr. e.g. Nicarch. *AP* 5.39), tema che qui però non mi sembra esplicitato (diversamente Kanellou p.p.2, secondo la quale il componimento giocherebbe con il *topos* comico della rapacità sessuale delle vecchie, quale si ritrova, e.g., in Ar. *Ecc.* 976–1111). Mel. *AP* 5.204 = *HE* 4298 ss., ispirandosi a questo epigramma, declina la metafora della nave-etera in senso anagrafico, ma si tratta di una sua personale rilettura del modello.

v. 2 ναυκλήρων ὁλκάδες εἰκόσοροι: l'ὁλκάς è, propriamente, la nave da carico, utilizzata a scopi commerciali – il che ne rende particolarmente appropriato l'uso metaforico in relazione a tre prostitute, poiché suggerisce la natura venale dello scambio (Kanellou p.p.2). Può essere inoltre significativo, come suggerito da Sens 2011 *ad loc.*, che il termine sia correlato etimologicamente con ἕλκω, spesso utilizzato per indicare l'atto di "tirare", "trascinare", verso il rapporto sessuale (e.g. Ar. *Ecc.* 1087; Strat. *AP* 12.241.2 = 82.2 Floridi; Henderson 1991[2], p. 156, n. 25); εἰκόσοροι (da εἴκοσι + ἐρέσσω), "a venti remi", indica probabilmente la "ricettività" erotica di queste metaforiche navi mercantili, e chiarisce, con il riferimento alle dimensioni, l'entità del mercanteggiare, i.e. la quantità dei clienti che le rapaci prostitute sono disposte ad accogliere: cfr. e.g. Antiph. *AP* 9.415.8 = *GPh* 1058 πολλοὺς οἶδα φέρειν ἐρέτας; Phil. *AP* 9.416.6 = *GPh* 2984 ἐλθόντα δέχομαι πάντα (il termine è ripreso da Mel. *AP* 5.204.10 = *HE* 4307 ἐπιβὰς γραὸς ἐπ' εἰκοσόρου nella sua variazione dell'epigramma). Nella stessa direzione porta la specificazione ναυκλήρων, che indica la pluralità dei potenziali, danarosi, passeggeri: il ναύκληρος è infatti, propriamente, il proprietario della nave, l'armatore, il mercante (e.g. Hdt. 1.5.2; Thuc. 1.137.2; Soph. *Ph.* 128; Ar. *Av.* 595), o anche il nocchiero (Aesch. *Suppl.* 177); non, comunque, un semplice (e squattrinato) marinaio. Tutta l'espressione vale dunque, nel suo complesso, "grossi bastimenti da (ricchi) mercanti".

Per la metafora erotica del "remare", a indicare l'atto sessuale, cfr. e.g. Ar. *Ecc.* 37–39 (con Vetta 1989 *ad loc.*), 1082 κατελάσας, 1091 δικωπεῖν; Diosc. *AP* 5.54.4 = *HE* 1500 ἐρεσσομένης; Mel. *AP* 5.204.2 = *HE* 4299 Κύπριδος εἰρεσίην; Antiph., *l.c.* Cfr. anche Anaxil. *PCG* 22.19 (cit. *supra*, n. intr.).

v. 3 Ἄγιν: questa la lettura di **P** dopo l'intervento di C, che emenda il tradito Ἄγειν, prodottosi per itacismo; P[b] e **Pl** hanno invece Ἄπιν, nome egiziano non diffuso in Grecia (*LGPN* I–V.C, s.v., non ne registra alcuna occorrenza), che si è probabilmente introdotto nel testo per uno scambio ΑΠ/ΑΓ presente anche nella tradizione manoscritta di Theocr. 14.13 (Ἄπιν è invece preferibilmente da conservare in Lucill. *AP* 11.80.2 = 12.2 Floridi, dove pure Gow-Page 1965, II, p. 144 proponevano di correggere in Ἄγιν: cfr. la mia

n. *ad loc.*). Il nome, portato da vari personaggi storici, incluso un generale tolemaico vissuto alla fine del III sec. (cfr. Gow 1952² *ad* Theocr., *l.c.*), compare anche in **8**.2 e in **11**.1 e 4, rispettivamente per un ghiottone e un medico. Non necessariamente se ne dovrà però ricavare un argomento a favore della paternità edilea del componimento (cfr. *supra*, n. intr.).

Κλεοφῶντα: un nome con una diffusione geografica piuttosto irregolare, ma ben attestato nell'Egeo (22 le occorrenze in *LGPN* I, s.v.) e in area attica (22 in *LGPN* II, s.v.); cfr. Asclep. *AP* 5.153.3 = *HE* 822 = 3.3 Sens (e vd. *supra*, n. intr.).

Ἀνταγόρην: attestazioni del nome nella forma ionica solo a Taso (due occorrenze in *LGPN* I, s.v.) e a Colofone (due in *LGPN* V.A, s.v.); meno infrequente la forma con vocalismo in -α (26 occorrenze complessive in *LGPN* I–V.C, s.v., 21 delle quali nel vol. I [The Aegean Islands, Cyprus, Cyrenaica]). Nella *Palatina*, l'antroponimo ricorre anche in Mel. *AP* 4.1.52 = *HE* 3977 (-ου); Theaet. *AP* 7.444.1 = *HE* 3360 (-εω); Antip. Thess. *AP* 9.269.3 = *GPh* 689 (-ης); per la seconda componente, cfr. **2**.2 Νικαγόρεω (nome presente anche in Asclepiade: cfr. *supra*, n. intr.), **11**.1–2 Ἀρισταγόρην/Ἀρισταγόρης (dove compare anche un Ἆγις).

v. 4 γυμνούς ... ἐξέβαλον: la nudità è l'attributo tipico del naufrago (cfr. e.g. *Od.* 6.136; Hippon. fr. *115.5 West²; Damag. *AP* 7.497.6 = *HE* 1420; Pers. *AP* 7.501.2 = *HE* 2872; Antip. Thess. *AP* 7.286.2 = *GPh* 146; Tull. Flacc. *AP* 7.290.4 = *GPh* 3810), che qui si carica di una maliziosa polisemia: i tre naufraghi sono "nudi", perché metaforicamente spogliati dei loro beni, ma probabilmente lo sono anche in senso fisico, data l'attività alla quale si sono dedicati (per la nudità erotica cfr. e.g. adesp. *AP* 5.2.3 γυμνήν μοι διὰ νυκτὸς ὅλης παρέκλινεν; Long. 2.7.7 συγκατακλιθῆναι γυμνοῖς σώμασι, 2.8.5 κεῖσθαι γυμνοὺς χαμαί); ἐκβάλλω indica l'atto di "gettare fuori" dalla metaforica nave (nel senso di "gettare qualcuno in mare da una nave" compare in Hdt. 1.24.2, 8.119), ma anche di cacciare fuori da un edificio (cfr. e.g. Dem. 59.63; Diod. 12.18.1, dove è utilizzato a proposito dell'atto di ripudiare una moglie; Rufin. *AP* 5.43.1 = 16.1 Page Ἐκβάλλει γυμνήν τις, ἐπὴν εὕρῃ ποτὲ μοιχόν).

vv. 5–6 ἀλλὰ ... / φεύγετε: la chiusa è ripresa, con leggera variazione, da Rufin. *AP* 5.44.3–4 = 17.3–4 Page ἀλλά, νέοι, πανδημὶ τὰ λῃστρικὰ τῆς Ἀφροδίτης / φεύγεθ' (su cui cfr. Höschele 2006, pp. 123–124); vd. anche Philod. *AP* 5.13.7 = *GPh* 3172 = 9.7 Sider ἀλλὰ πόθους ὀργῶντας ὅσοι μὴ φεύγετ', ἐρασταί.

L'esortazione introdotta da ἀλλά + imperativo trova vari confronti negli epigrammi di sicura paternità edilea: cfr. **4**.9 ἀλλά ... τίετε (con n. *ad loc.*); **5**.3 ἀλλά ... με κατάβρεχε καὶ λέγε; **10**.9–10 ἀλλά ... / ... εἴπατε. Per Asclepiade, cfr. *AP* 5.145.4–5 = *HE* 863–864 = 12.4–5 Sens ἀλλ' ὅταν οἰγομένης αὐτὸν ἴδητε θύρης, / στάξαθ' ὑπὲρ κεφαλῆς ἐμὸν ὑετόν.

v. 6 Σειρήνων αἵδε γὰρ ἐχθρότεραι: l'immaginario nautico-mitico dei versi precedenti culmina in questa *comparatio* iperbolica, che sintetizza in un'unica metafora i due temi dell'esperienza erotica come naufragio e della cortigiana avida come pericolosa creatura superumana. Queste corsare di Afrodite (αἵδε, femminile, segna il passaggio dalla metafora della nave-pirata, espressa dal neutro τὰ ληστρικά – sott. πλοῖα, σκάφη o simili – alla concretezza del suo referente) sono più temibili delle Sirene – mitici mostri dalla natura ibrida, dotati di straordinari poteri di fascinazione, finalizzati però alla distruzione dell'uomo. Il confronto tra una cortigiana e una Sirena è già presente in commedia (cfr. Anaxil. *PCG* 22.20, cit. *supra*, n. intr.), dove, secondo la ben nota tendenza a inserire i personaggi del mito in una dimensione antieroica, di vita quotidiana, le Sirene sono rappresentate come seduttrici capaci di ricorrere a lusinghe "umane" per ottenere i loro obiettivi (nelle *Sirene* di Epicarmo, ad esempio, le Sirene attiravano Odisseo con una serie di prelibatezze culinarie: cfr. *PCG* 122). Questa riduzione parodica è alla base di un'interpretazione evemeristica del mito, che trasforma le creature della *fabula* in avide meretrici: il paradossografo Eraclito (I–II sec. d.C.), ad esempio, spiega l'aspetto delle Sirene, per metà donne e per metà uccelli, come allusione metaforica al fascino esercitato da queste colte intrattenitrici (la musica e il canto sono prerogative tipiche delle etere), rapide però (di qui le ali) nello spogliare i loro clienti (*de incredibilibus* 14 Περὶ Σειρήνων. Ταύτας διφυεῖς μυθολογοῦσι τὰ μὲν σκέλη ὀρνίθων, τὸ δὲ <λοιπὸν> σῶμα γυναικῶν ἐχούσας, ἀπολλύειν δὲ τοὺς παραπλέοντας. ἦσαν δὲ ἑταῖραι ἐκπρεπεῖς τῇ τε δι' ὀργάνων μούσῃ καὶ γλυκυφωνίᾳ, κάλλισται, αἷς οἱ προσερχόμενοι κατησθίοντο τὰς οὐσίας. ὀρνίθων δὲ σκέλη ἐλέγοντο ἔχειν, ὅτι ταχέως ἀπὸ τῶν ἀποβαλόντων τὰς οὐσίας ἐχωρίζοντο); per analoghe letture allegoriche cfr. e.g. Tzetzes *ad* Lyc. 653, II, p. 219.2–4 Scheer ἀλληγορικώτερον δὲ αἱ σειρῆνές εἰσιν αἱ ἡδοναί. ὁ δὲ νεώτερος Πλούταρχος ἑταιρίδας ταύτας φησὶ κατεχούσας αἱμυλίαις τοὺς παραπλέοντας; Suid. σ 280 Adler οἱ μυθολόγοι Σειρῆνας φασὶ θηλυπρόσωπά τινα ὀρνίθια εἶναι, ἀπατῶντα τοὺς παραπλέοντας, ᾄσμασί τισι πορνικοῖς κηλοῦντα τὰς ἀκοὰς τῶν ἀκροωμένων; Liban. *Or*. 1.22 Foerster Σειρήνων δεινοτέρας γείτονας, ἑταίρας μελῳδούσας, αἳ πολλοὺς ἐξέδυσαν; Serv. *ad* Verg. *Aen*. 5.864, fino ai mitografi vaticani (cfr. in part. *Mythographus Vaticanus* 2.123 *secundum veritatem autem meretrices fuerunt, quae quoniam transeuntes ducebant ad egestatem, his fictae sunt inferre naufragia*. Σειρῆνες *igitur Graece, Latine trahitoriae dicuntur*), all'apologetica cristiana (Clem. Alex. *Protr.* 12.118 fa ad esempio della Sirena una πόρνη, simbolo della voluttà del piacere che irretisce il cristiano e gli impedisce di giungere a Dio; sulle Sirene nella patristica cfr. e.g. Piccinini 1996; Pace 1998) e oltre (l'equazione Sirena = prostituta arriva fino all'Europa moderna, con le sirene tatuate sul corpo dei marinai e dipinte sulle insegne delle taverne inglesi di fine Ottocento). Tra l'ampia bibliografia su questo tema, cfr. almeno Courcelle 1975; Bettini-Spina 2007 (soprattutto pp. 131–171) e, da ultimo, Moro 2019.

ἐχθρότεραι: forma di comparativo più rara rispetto a ἐχθίων: cfr. Soph. *TrGF* 730b.15; Dem. 5.18, 40.3; Antip. Thess. *AP* 7.640.2 = *GPh* 378 (epigramma relativo a un episodio di pirateria: Guichard 2004, pp. 417–418 ipotizza un rapporto intertestuale tra i due carmi, con *13 che volgerebbe in parodia Antipatro e che sarebbe dunque da ricondurre ad autore diverso da Asclepiade o Edilo; cfr. *supra*, n. intr.); Basso *AP* 9.289.6 = *GPh* 1628; Plut. *Mor.* 332d; Ael. Arist. Πρὸς Πλάτωνα ὑπὲρ ῥητορικῆς 2.440 (vol. 2, p. 282, r. 20 Lenz-Behr); *EM* 405.55 Gaisford; cfr. anche ἐχθρότατος (cfr. e.g. Pind. *N.* 1.65; Soph. *OT* 1345; Dem. 19.300; [Plat.] *AP* 6.43.4 = *FGE* 653; Maced. *AP* 11.370.4 = 37.4 Madden; D.S. 9.12.3, 11.23.3, 14.45.2, 15.82.4; Arrian. 11.1 [*bis*]), superlativo più raro rispetto a ἔχθιστος, condannato da Moer. ε 2 Hansen come non attico (ἔχθιστος Ἀττικοί, ἐχθρότατος Ἕλληνες).

Il testo sano è trasmesso da P^b e **Pl**, che, come già al v. 3 (cfr. n. *ad* Ἄγιν), si mostrano vicini (per quanto la coincidenza nella lezione giusta sia ovviamente meno significativa della coincidenza in errore).

*14 = *SH* 459 = Strab. 14.6.3 (683c)

Ἱραὶ τῷ Φοίβῳ, πολλὸν διὰ κῦμα θέουσαι,
    ἤλθομεν αἱ ταχιναὶ τόξα φυγεῖν ἔλαφοι,
<—∪∪> Κωρυκίης ἀπὸ δειράδος, ἐκ δὲ Κιλίσσης
    ἠόνος εἰς ἀκτὰς <—∪∪> Κουριάδας.
5 μυρίον ἀνδράσι θαῦμα νοεῖν πάρα, πῶς ἀνόδευτον
    χεῦμα δι' εἰαρινῶν ἐδράμομεν ζεφύρων.

Strab. 14.6.3 (683c): cfr. **T4**

1 ἱραὶ FDB : ἱεραὶ C ‖ πολλὸν codd. : πολιὸν Hecker 1852, p. 69   **6** χεῦμα codd. : κῦμα Hecker, ibid. ‖ δι' εἰαρινῶν ... ζεφύρων Xylander : δι' ἐρίνων (διερίνων FCB) ... ζεφύρων codd. : δι' εἰαρινῷ ... ζεφύρῳ Meineke : δι' εἰαρινοῖς ... ζεφύροις Hecker, ibid.

Sacre a Febo, fendendo gli ampi flutti del mare,
    venimmo, cerve veloci, a cercare riparo dalle frecce.
... dalle creste del Corico, dalla riva
    Cilicia alle spiagge ... curiadi.
5 Infinito prodigio per gli uomini è dato contemplare: come
    attraversammo flutti invalicabili, grazie agli zefiri primaverili.

I versi, in cui un gruppo di cerve afferma di aver attraversato a nuoto, grazie allo zefiro primaverile, il difficile tratto di mare che separa la Cilicia da Cipro, sono citati da Strabone: dopo aver descritto la costa cipriota procedendo da occidente verso oriente e dopo averne chiarita la posizione rispetto alla Cilicia Trachea, il geografo li riporta per biasimarne l'inesattezza geografica (**T4**). Per arrivare alle spiagge di Curio, a Cipro, partendo da capo Corico, sulle coste dell'Asia Minore, non esiste infatti alcuna traversata diretta (δίαρμα) – quale parrebbe presupposta dalle parole delle cerve – dal momento che Curio non si trova dirimpetto alla Cilicia, ma dalla parte opposta, sulla costa sud di Cipro (vd. la carta geografica a p. 250). Il geografo poi afferma che è possibile arrivare via mare da capo Corico a capo Curio, ma facendo il periplo (περίπλους) dell'isola. Il senso dell'obiezione, a questo punto, diviene meno chiaro. Il tradito οὔτε ζεφύρῳ δέ, οὔτε ἐν δεξιᾷ ἔχοντι τὴν νῆσον, οὔτ' ἐν ἀριστερᾷ, con la triplice sequenza di οὔτε, fa difficoltà (ne tenta tuttavia una elaborata difesa Cairns 2016, pp. 106–114). Radt 2005, pp. 134–135 accoglie la correzione di Causaubon 1620, ἐν ἀριστερᾷ δέ, che elimina il terzo οὔτε e introduce una distinzione tra due opposti percorsi marittimi, uno solo dei quali sarebbe corretto: Strabone affermerebbe che, per andare da capo Corico a capo Curio, zefiro, vento che soffia da ovest, non è di alcun aiuto e che il tragitto corretto prevede che si tenga l'isola a sinistra, e non a destra. Un'alternativa attraente al testo stampato da Radt è la correzione di Meineke, οὐ, in luogo del primo οὔτε. In questo caso Strabone affermerebbe che, per effettuare il περίπλους necessario ad arrivare da capo Corico a capo Curio, zefiro non è utile mai, che si scelga di procedere tenendo l'isola sulla destra o sulla sinistra. Questa seconda soluzione è forse più economica e restituisce una sequenza οὐ ... οὔτε, dove «the addition is an afterthought» (Denniston, *GP²*, pp. 509–510; si cita da p. 509), perfettamente compatibile con il contesto: Strabone contesterebbe Edilo per la sua affermazione circa l'utilità di zefiro (e, quindi, circa il δίαρμα che le cerve implicitamente dicono di aver fatto); poi aggiungerebbe un'osservazione sulle possibili direzioni da prendere per effettuare il periplo – osservazione non strettamente sollecitata dal passo edileo – che, non menzionando alcun periplo, di direzioni ovviamente non parla – ma giustificata dal più generale contesto geografico.

Avrà poi probabilmente ragione Biffi 2009, p. 330 a sostenere che in questo caso la citazione non sia altro che pretestuosa, e che sia inserita nel testo «allo scopo di far sfoggio di erudizione, per quanto attiene non solo alla conoscenza diretta dell'autore citato, ma anche all'opportunità di ribadire che di norma i poeti non vanno utilizzati come fonte in materia di geografia (o di storia), considerato lo spazio che i loro scritti concedono alla fantasia» (una simile attitudine è d'altronde mostrata da Strabone anche nei confronti di altri poeti: cfr. Dueck 2005, in part. pp. 95–96, 107).

Come che sia, Strabone, che si mostra piccato per l'approssimativa leggerezza (ῥᾳθυμία) con cui è tracciato il percorso geografico, asserisce esplicitamente di non essere sicuro che l'autore sia Edilo: εἴθ' Ἡδύλος ἐστὶν εἴθ' ὁστισοῦν. La formulazione potrebbe essere interpretata come una forma di snobistica censura nei confronti di un poeta poco accurato – anche se è improbabile che il geografo abbia inserito il dubbio sulla paternità del testo senza un'anteriore diatriba su questo punto. Strabone sarà stato a conoscenza di un dubbio nell'attribuzione, e lo avrà riportato, con il tono spazientito di chi non ritiene la questione degna di essere discussa (da dove Strabone ricavasse il passo di Edilo non è dato sapere: Biffi 2009, p. 20 esclude però che i versi fossero già in Artemidoro, fonte dichiarata del geografo per questa sezione dell'opera). Meno probabile che Strabone rifiuti l'attribuzione a Edilo perché i versi non gli parevano all'altezza delle sue qualità artistiche (così Cairns 2016, p. 102). L'autore infatti corregge spesso gli errori di geografia commessi dai poeti, e anche da poeti della levatura di Alceo, Pindaro, Bacchilide, Sofocle, Euripide (qualche esempio in Biffi 2009, p. 330; diverso invece il trattamento riservato a Omero, che Strabone, contro Eratostene e altri, esalta come geografo e come storico, considerandolo una sorta di illustre predecessore: cfr. e.g. Dueck 2000, spec. pp. 31–40; Biraschi 2005; Kim 2010, pp. 14, 47–84). Cameron 1993, pp. 374–375, rifacendosi alla teoria di Reitzenstein 1893 relativa al Σωρός – vd. Introduzione I – sostiene che

Strabone trovava i versi in una raccolta comprendente epigrammi di Edilo, Posidippo e Asclepiade, con indicazioni di paternità assenti o confuse, e per questo non era sicuro dell'attribuzione. Ma un'attribuzione alternativa sarebbe stata forse segnalata dal geografo, specie considerata la notorietà di Asclepiade e di Posidippo. Anche se è verosimile che Strabone si esprima in questo modo perché aveva alle spalle una *querelle* circa la paternità del testo, il fatto che menzioni Edilo indica che quella doveva essere l'attribuzione di base.

Sebbene la paternità edilea del componimento non possa dunque essere considerata certa, alcuni elementi la rendono senz'altro verosimile. Sul piano stilistico, c'è almeno un punto di contatto evidente con la produzione poetica di Edilo: v. 5 ἀνδράσι θαῦμα, da confrontarsi con **3**.1 (vd. *infra ad loc.*); cfr. anche la menzione dello zefiro al v. 6, che trova confronto nell'epiteto per Arsinoe, φιλοζεφύρου, utilizzato in **4**.1 (*infra ad loc.*), nonché l'iperbato, tipicamente ellenistico, ma particolarmente caro a Edilo (Introduzione IV.6), tra aggettivo e sostantivo alla fine dei due emistichi del pentametro (vv. 2, 4 e 6); degno di nota, inoltre, l'*enjambement* tra aggettivo e sostantivo a cavallo tra esametro e pentametro ai 3–4 (Κιλίσσης / ἠόνος) e vv. 5–6 (ἀνόδευτον / χεῦμα), che ha vari confronti negli epigrammi di Edilo: cfr. **1**.1–2 Λάκωνες / πέπλοι; **3**.1–2 θαῦμα, / κοὐ ψευδές; **8**.5–6 Ζεὺς / χρυσορόης; **9**.5–6 ἀπλάτου / οὐ Γοργοῦς. Sul piano tematico, da rilevare che il tragitto percorso a nuoto dalle cerve è presentato nei termini di un prodigio, θαῦμα (v. 5): l'attenzione per un fenomeno naturale che appare fuori dall'ordinario rientra nel gusto per la paradossografia tipico della prima età ellenistica, che si riscontra anche nella produzione edilea (cfr. comm. *ad* **3** e **4**).

Lo specifico tema trattato in questo epigramma – il nuoto delle cerve (anche se con esito diverso) – trova confronto, in un contesto di paradosso (a colpire le vittime è proprio ciò da cui cercano di fuggire), in un poeta della *Corona* di Filippo, Apollonid. *AP* 9.244 = *GPh* 1209 ss.: le cerve fuggono dai monti innevati per cercare scampo dal gelo nelle acque dei fiumi, ma finiscono intrappolate nei ghiacci e così preda dei cacciatori. Più in generale, l'epigramma "epidittico" dalla forte impronta retorica, incentrato su aneddoti paradossali, curiosità, vicende peregrine, che hanno spesso per protagonisti gli animali, è considerato tipico dell'età filippea più che del primo ellenismo (Rossi 2002). Il componimento, che pur si differenzia, per la struttura, dagli epigrammi di forma narrativo-aneddotica della prima parte del libro 9, se effettivamente di Edilo, fornirebbe un'ulteriore conferma di come certe tipologie, che tendiamo a ritenere appannaggio pressoché esclusivo di una determinata fase, potessero essere già rappresentate in un'epoca precedente (sulla questione, cfr. nn. intr. *ad* **11**, **12**; Introduzione III.3).

Si è discusso se il termine ἐλεγεῖον, con cui Strabone introduce i versi (e che nella sua opera compare solo qui: cfr. Introduzione I), si riferisca a una vera e propria elegia, di una certa estensione, oppure a un epigramma, indicato tramite la sua forma metrica *par excellence* (Introduzione I e n. 37). Propende per l'ipotesi che si tratti di un'elegia Galli Calderini 1983, p. 370, mentre Lloyd-Jones e Parsons *ad SH* 459 rubricano cautamente i versi sotto l'etichetta «Hedyli elegia? epigramma?», anche se poi commentano «disticha tria: fort. ita sine intervallo accipienda, ut epigramma integrum efficiant: si recte, dedicantur cervae (pictae, sculptae) a cive Corycio in templo Curiensi?»; considera il testo un epigramma anche Cairns 2016, p. 103.

Non si può determinare con sicurezza l'originaria estensione del componimento: Strabone, utilizzando una tipica espressione pinacografica (per cui cfr. anche Strab. 10.3.13), afferma che i vv. 1–2 ne sono l'inizio (τὸ ἐλεγεῖον ... οὗ ἡ ἀρχή), ma questo non implica che il carme proseguisse oltre i tre distici (e in ogni caso non ci direbbe di quanto). Il testo, così come è tramandato, presenta anzi una sua coerenza, per cui potrebbe essere in sé concluso, nonostante la forma della citazione (i tre distici non sono riportati di fila, ma sono interrotti dalle parole del geografo; i vv. 3–4, inoltre, non sono completi, come risulta evidente dalla metrica); in particolare, i vv. 5–6, con il loro tono insieme esclamativo e moraleggiante (contengono un invito a riflettere sul θαῦμα oggetto del componimento), potrebbero senz'altro rappresentare la chiusa.

I confini tra epigramma ed elegia, specie a quest'altezza cronologica, non sono peraltro precisabili in modo netto, per cui la distinzione tassonomica è un problema sostanzialmente anacronistico: cfr. il caso inverso di Posidipp. *114 A.–B. = *SH* 961, che per la sua misura eccezionale (almeno 24 versi) la critica moderna spesso preferisce definire "elegia", ma che è esplicitamente trasmesso sotto la dicitura Σύμμεικτα ἐπιγράμματα nel testimone, P.Petr. II 49*a* (su cui vd. Introduzione I), o il "Vienna Epigrams Papyrus", dove sono definiti ἐπιγράμματα anche testi di lunghezza eccezionale rispetto agli standard a cui ci ha abituato la selezione meleagrea (Introduzione IV.6); vd. infine 118 A.–B. = *SH* 705 (28 versi), la cosiddetta "elegia delle Muse", o "testamento" di Posidippo (un tentativo di precisare contenuti e funzioni dell'epigramma *longum* ellenistico è effettuato da Cairns 2008; sul rapporto tra epigramma ed elegia, vd. in generale Gentili 1968; Bowie 2007).

Il componimento trasmesso da Strabone potrebbe però in effetti essere un carme anatematico: ἱραὶ τῷ Φοίβῳ, al v. 1, potrebbe far riferimento all'atto della dedica (Cairns 2016, p. 105); da notare anche come, sul piano formale, il testo sia costruito secondo la convenzione dell'oggetto parlante (Burzachechi 1962; Wachter 2010), tipicamente epigrammatica (anche se non esclusivamente: basti pensare alla *Chioma di Berenice* callimachea).

Cairns 2016, p. 105 formula inoltre la suggestiva ipotesi che il componimento, destinato a essere effettivamente iscritto, commemori la fondazione stessa del tempio di Apollo a Curio: la storia del gruppo di cerve che riesce

*14 = *SH* 459 = Strab. 14.6.3 (683c)

miracolosamente ad arrivare dalla Cilicia a nuoto per sfuggire ai cacciatori sarebbe l'*aition* alla base del legame tra il santuario e gli animali. Lo studioso ne desume che l'epigramma sia stato commissionato dalle autorità di Curio per accompagnare la dedica di una scultura o di un dipinto raffigurante le cerve da collocare nel tempio stesso, dove la fonte di Strabone lo avrebbe trovato inciso. Per una commissione pubblica, è verosimile ipotizzare che ci si sia rivolti a un poeta rinomato, e poiché Cipro – e Curio in particolare – aveva un'importanza strategica nei domini tolemaici, un poeta con comprovate connessioni con la dinastia lagide, come Edilo (cfr. **4**), sarebbe stato una scelta appropriata. Nel tempio di Apollo fece una dedica anche Callicrate di Samo (Mlynarczyc 1990, p. 116, n. 68; per questo personaggio, in relazione a Edilo, cfr. Introduzione I e II.2; n. intr. *ad* **4**), i cui legami con Curio sono comprovati anche da altre iscrizioni (Mitford 1971, nn. 40 e 47); ad Apollo Hylates è rivolta inoltre una dedica di Apollonio, διοικητής di Tolomeo II Filadelfo (*I.Portes* 47; cfr. Rigsby 2011, soprattutto pp. 131–136; vd. anche Guarducci 1970, pp. 139–140) – tutti elementi che rendono la paternità edilea quanto meno del tutto verosimile.

vv. 1–2 Ἱραὶ τῷ Φοίβῳ ... / ... ἔλαφοι: il legame privilegiato tra le cerve e Apollo, venerato sul promontorio di Curio, a Cipro, dove sorgeva un suo tempio, è confermato da Ael. *NA* 11.7, il quale racconta che gli animali pascolavano tranquillamente in quel luogo confidando istintivamente nella protezione del dio, mentre i cani lanciati al loro inseguimento abbaiavano, ma non osavano avvicinarsi; in *NA* 5.56 Eliano parla dell'abitudine delle cerve della Siria di migrare a nuoto dalla loro terra di origine per recarsi a Cipro, spinte dal desiderio dell'erba che nasce in quell'isola. Ex-voto animali rinvenuti nei pressi del santuario sembrano confermare il nesso: i cervi sono attestati soprattutto per il VI sec. a.C. (cfr. Young-Young 1955, p. 3), ma se ne trovano anche nel V e nel IV (Young-Young 1955, p. 221), a testimonianza di un legame ancora vitale tra gli animali e il dio, venerato, a Cipro, come Ὑλάτης, epiteto cultuale che rinvia a un'originaria divinità dei boschi, della vegetazione e degli animali selvaggi (cfr. Mlynarczyc 1980, p. 243; secondo Rigsby 1996, pp. 257–260, da Ael. *NA* 11.7 si ricaverebbe che l'epiteto non è connesso con ὕλη, ma con ὑλάω).

v. 2 ταχιναὶ ... ἔλαφοι: la dislocazione in *Sperrung* di aggettivo e sostantivo alla fine dei due emistichi del pentametro è un tratto stilistico del tutto compatibile con Edilo, che adotta spesso nei suoi epigrammi questo vezzo, pur non esclusivo del poeta: cfr. *supra*, n. intr.; Introduzione IV.6. In questo stesso componimento, compare anche al v. 4 ἀκτὰς ... Κουριάδας e al v. 6 εἰαρινῶν ... ζεφύρων.

v. 3 Κωρυκίης ἀπὸ δειράδος: capo Corico, oggi Korgos (un toponimo chiaramente derivante dalla corruzione del nome antico), è un promontorio sulle coste della Cilicia Trachea (vd. Smith, *DGRG* I, s.v. *Corycos*, 2).

vv. 3–4 ἐκ δὲ Κιλίσσης / ἠόνος: per l'*enjambement*, cfr. *supra*, n. intr.; *infra ad* vv. 5–6; Introduzione IV.6.

v. 4 εἰς ἀκτὰς ... Κουριάδας: il termine Κουριάς può essere usato sia in riferimento al promontorio vicino alla città di Curio, a Cipro (Strab. 14.6.3), sia, più in generale, al territorio di Curio: cfr. Steph. Byz. 380.4–6, κ 195 III.110 Billerbeck Κούριον· πόλις Κύπρου [...] τὸ ἐθνικὸν Κουριεύς [...] τὸ θηλυκὸν Κουριάς· καὶ ἡ χώρα. Poiché il tempio di Apollo Ὑλάτης si trovava appunto sul promontorio, mi pare più probabile che qui ci si riferisca a quest'ultimo (*pace* Cairns 2016, p. 104). Per il santuario, e per il bosco sacro che vi sorgeva vicino, cfr. Soren 1987, pp. 30–31, 35–39, 42–45, 49; Sinos-Wenzel-Kalliri-Ieronymidou 1990, pp. 19–21; Buitron-Oliver 1996.

Si rileva, a margine, che Radt non considera εἰς parte della citazione, così come sembrerebbe ritenere separati i nessi Κωρυκίης ἀπὸ δειράδος e ἐκ δὲ Κιλίσσης ἠόνος, stampati invece da Lloyd-Jones e Parsons, che qui seguiamo, come parte di uno stesso distico (questo il testo dell'editore straboniano: "Κωρυκίης ἀπὸ δειράδος", "ἐκ δὲ Κιλίσσης ἠϊόνος" εἰς "ἀκτὰς" διανήξασθαι "Κουριάδας").

Per l'iperbato ἀκτὰς ... Κουριάδας, cfr. *supra*, n. intr. e n. *ad* v. 2 ταχιναὶ ... ἔλαφοι.

v. 5 ἀνδράσι θαῦμα: il nesso trova esatto confronto in **3**.1 (se pur in diversa sede metrica): cfr. n. *ad* **3**.1–2 Ἡ διαπινομένη ... / κοὐ ψευδές; per θαῦμα e derivati come termini tecnici della letteratura paradossografica, n. *ad* **3**.1–2 θαῦμα, / κοὐ ψευδές.

Il "prodigio" cui si fa qui riferimento è quello dell'attraversamento a nuoto, da parte delle cerve, di un tratto di mare di difficile navigazione, quando i venti lo permettono; cfr. Ael. *NA* 5.56, che offre una descrizione dettagliata del nuoto del branco sottolineando a sua volta il ruolo determinante dei venti (ὅταν δὲ βουληθῶσι περαιώσασθαι τὴν θάλατταν, ἐπὶ τὰς ἠόνας ἀφικνοῦνται ἡ ἀγέλη, καὶ ἀναμένουσι τοῦ πνεύματος τὴν φθίσιν, καὶ ἡνίκα ἂν αἴσθωνται πρᾶον αὐτὸ καὶ ἥσυχον καταπνέον, τηνικαῦτα ἐπιθαρροῦσι τῷ πελάγει). Nonostante la critica di Strabone (cfr. *supra*, n. intr.), l'autore dei versi, come Eliano, intende evidentemente suggerire uno scenario marino in cui i venti soffiano calmi. La menzione dello zefiro, tipico della primavera (cfr. n. *ad* v. 6 δι' εἰαρινῶν ... ζεφύρων), è funzionale allo scopo, a prescindere dall'effettiva direzione del vento (una più elaborata difesa geografica dei versi è tentata da Cairns 2016, pp. 108–113, secondo il quale l'autore menzionerebbe lo zefiro in luogo di borea, sfruttando la conoscenza che il suo colto pubblico aveva della discussione erudita incentrata su *Il.* 9.3–6, dove si afferma che sia borea sia zefiro soffiano dalla Tracia, ma mi pare una spiegazione forzata). Sul nuoto dei cervi vd. anche, per quanto l'ambientazione geografica sia diversa (dalla Sicilia a Reggio), Max. Tyr. *Diss.* 6.3. In generale, per le straordinarie doti natatorie dei cervi, cfr. Plin. *NH* 8.114 (sul nuoto di un gruppo di cervi dalla Cilicia a Cipro, come nel nostro epigramma); Oppian. *Cyn.* 2.217–232; Solin. 19.12; vd. anche Apollonid. *AP* 9.244 = *GPh* 1209 ss. (menzionato *supra*, n. intr.).

νοεῖν: se è corretta l'ipotesi che i versi accompagnassero un quadro o una scultura (cfr. *supra*, n. intr.), il verbo indicherà, propriamente, la riflessione suggerita dalla vista dell'oggetto (per l'idea, veicolata da νοέω, della percezione intellettuale come conseguenza di quella sensoriale, e in particolare visiva, cfr. e.g. *Il.* 11.599 τὸν δὲ ἰδὼν ἐνόησε, 15.422 ὡς ἐνόησεν ἀνεψιὸν ὀφθαλμοῖσιν, 24.294 = 312 αὐτὸς ἐν ὀφθαλμοῖσι νοήσας).

πάρα: equivale qui a πάρεστι.

vv. 5–6 ἀνόδευτον / χεῦμα: per l'*enjambement* cfr. *supra*, n. intr.; n. *ad* vv. 3–4; Introduzione IV.6.

Ἀνόδευτον è, propriamente, «trackless» (*LSJ*, s.v., II), "privo di strade" (cfr. Lyd. *Mag.* 1.50), e quindi "impervio, intransitabile", a sottolineare l'eccezionalità dell'impresa. Χεῦμα è *hapax* omerico (*Il.* 23.561), due volte in Pindaro (*P.* 5.100, *N.* 9.39), frequente in tragedia (dove indica le correnti marine, come qui, in e.g. Aesch. *TrGF* 192.2; Eur. *TrGF* 316.2) e in poesia ellenistica (Call. *Iov.* 32 e 37, *Del.* 110; A.R. 4.1242, 1569; Lyc. 647, 705, 1276, 1334).

v. 6 δι' εἰαρινῶν ... ζεφύρων: zefiro è il vento tipico della primavera; per il nesso cfr. e.g. Pancrat. *FGrHist* 625F1 = *GDRK* XV 3.3 ῥόδον εἰαρινοῖσιν ἀνοιγόμενον ζεφύροισιν; Opp. *Hal.* 3.244 εἰαρινοῦ ζεφύρου; Heliod. 5.22.8 ἤδη ζεφύρων ἐαρινῶν ὑπηχούντων; per l'aggettivo, vd. e.g. Antip. Sid. *AP* 7.713.8 = *HE* 567. Per lo zefiro in Edilo, vd. **4**.1 φιλοζεφύρου (dove è epiteto di Arsinoe); per il significato che assume in questo epigramma cfr. n. *ad* v. 5 ἀνδράσι θαῦμα. La menzione del vento potrebbe anche qui risultare particolarmente pregnante in vista delle connessioni tolemaiche di Cipro, e in special modo della diffusione, nell'isola, del culto di Arsinoe (documentazione e bibliografia in Lapini 2007, pp. 182–187; cfr. anche Cairns 2016, p. 114 e pp. 123–124). Non vedo invece come, *pace* Cairns 2016, pp. 111–112, il nesso εἰαρινῶν ... ζεφύρων possa evocare l'etimologia che connette ζέφυρος con ζῆν.

Il plurale, già ripristinato nell'edizione straboniana di Xylander 1571, è paleograficamente preferibile al singolare di Meineke 1843, p. 119 (stampato da Radt), che comporterebbe peraltro uno iato alla cesura mediana del pentametro, dove esso è «contrary to the rule» (Gow-Page 1968, I, p. XLI. In *HE* c'è una sola eccezione a tale regola, adesp. *AP* 12.130.4 = *HE* 3765). Anche se i versi sono di incerta attribuzione, può valere la pena notare che negli epigrammi conservati di Edilo lo iato non è mai attestato (vd. Introduzione V.3).

Per l'iperbato εἰαρινῶν ... ζεφύρων, cfr. *supra*, n. intr. e n. *ad* v. 2.

Auctarium lectionum

1

1 Αἱ μίτραι om. Suid.^SM (s.v. ἀλουργά)   **4** θάλος] θ. καὶ ἄμαχον κάλλος Suid.^S (s.v. ἀμβρόσιον)   **5** τοὶ γὰρ Q ‖ Πριαμῶν Suid.^F (s.v. καλλιστεῖα)

2

1 πρόποσις Ap.G, Paris. suppl. gr. 886, Ap.B [sed προπόσεις in margine] ‖ κατεκοίμησαν Ap.G^ac   **4** κεῖνος Ap.L

11

3 ποῦ τοίνυν Q   **4** μήτραις Q

Appendix coniecturarum

1

1 ὑπενδυτὸν Meineke 1859, p. 34   **6** πρόχοον Pierson 1830, p. 271

3

1 Ἡ διατεινομένη dubitanter Meineke 1867, p. 226   **3** ἧστο δὲ οἱ Musurus 1514, p. 197 ‖ ζωρὸν μετροῦσα· θυωθὲν Musurus, ibid. : ζωρὸν μετροῦσα θυῶεν Casaubon 1621², col. 808 : ζωρὸν μετροῦν θυόεντα Porson 1814, p. 113   **4** αἰεὶ π. λ. Casaubon 1621², col. 807   **5** ἦν <γε> σάου edd. vet. : ἦν σώου Meineke 1858–1859, II, p. 388   **6** τεῖχοι Musurus, ibid.

4

1 ναὶ τοῦτο Meineke 1858–1859, II, p. 409 ‖ φίλον ζεφύρου Musurus 1514, p. 203   **3** βῆσαν Casaubon 1621², col. 817   **4** ἡττομένου Musurus, ibid. : ἱεμένου Casaubon, ibid. : ἀττομένου Scaliger   **5** σύσσημα Meineke, ibid. (sed vide Meineke 1867, p. 229 "σύνθημα ... fortasse servandum erat") ‖ γεγωνεῖ edd. vet.   **6** σύνθεμα] κληδόνα vel φροίμια dubitanter Gow in Gow-Page 1965, II, p. 293   **8** ἀδύτων Scaliger ‖ In fine carminis lacunam indicavit Meineke 1858–1859, II, p. 409

9

1 Κλειοῖ Heraldus 1605, p. 19   **4** τὸ δ' ὁρᾶν ὡς μόρον ὀκνέομεν Jacobs 1813–1817, II, p. 763 : τόδ' ὁρᾶν μὴ μόνον οὐ μένομεν Toup 1775, p. 78   **5** λ. δ' ὡς τὰ πάλαι που Jacobs, ibid.

10

2 μίμῳ κἢν Stephanus 1566, p. 521   **3** κυφὸς ὑπαὶ γήρως vel τυφλός, ὑπέργηρως Meineke 1867, p. 84   **3–6** γήρως· εἶχεν τὸν Σκίρπαλος υἱόν / νηπιαχόν τ' ἐκάλει Σκίρπαλος Εὐπάλαμον / ἀείδων α. τ. γ. τ. γ. εἶπε / τοὔνομα, τὰν μολπὰν ἥδυμα σ. Casaubon 1621², col. 311 : οἴχωκε [sive ᾤχωκε] Σκιρπάλου υἱός / νήπιον ὄν γ' ἐκάλει Σκίρπαλος

Εὐπάλαμον, / κυδαίνων Jacobs 1813–1817, II, p. 766 **4** νήπιόν τ' ἐκάλει Musurus 1514, p. 49 : νήπιον ὄντ' ἐκάλει Dindorf 1827, I, p. 393 : νήπιον ὄν τ' ἐκάλει Volckmar 1860, p. 337 ‖ Σκίρπαλον Εὐπάλαμον dubitanter Kaibel 1887–1890, I, p. 396 : Σκίρπαλον, εὖ καλάμῳ Volckmar, ibid. : v. οὐκ αὐλεῖν, Σκίρπαλον εὐπάλαμον Toup 1767, p. 25 **5–6** δ' ἔθηκε / τὰν παλαμῶν [παλαμᾶν Schweighäuser 1801–1807, II, p. 657] ἀρετὰν τοὔνομα σ. Jacobs 1794–1814, I.2, p. 342 : εἶχεν [fort. εἷλεν] / τὰν παλαμᾶν ἀρετὰν αἴσιμα σ. Jacobs 1813–1817, II, p. 766 : εἶπεν / αὐτοῦ dubitanter Schweighäuser 1801–1805, II, p. 184 : εἷλεν / πᾶν ἄν νιν μάρψειν ἡδύ τι σημανέων Volckmar, ibid. **6** τοῦτο πανημέριων ἡδὺ μάσημα νέων Toup 1767, pp. 25–26 : πᾶσαν τὰν ἀρετὰν αἴσιμα σ. Schweighäuser 1801–1807, II, p. 657 **7** η. δὴ γλεύκους μ. π. M. Casaubon, ibid. : η. δ' ἢ Γλαῦκ' ἢ μ. π. Μουσῶν Volckmar, ibid. **8** νὴ τὸν Musurus, ibid. : καὶ τὸν Stephanus, ibid. ‖ ἐν ἀκρήβοις Toup, ibid. (probante Volckmar) ‖ ἡδυπαθῆ Volckmar, ibid.

Bibliografia

I Opere di consultazione e abbreviazioni

CGL:
Corpus Glossariorum Latinorum, ed. G. Goetz (et al.), I–VII, Lipsiae-Berolini 1888–1923

DELG:
P. Chantraine, *Dictionnaire étymologique de la langue grecque. Histoire des mots*; achevé par J. Taillardat-O. Masson-J.-L. Perpillou; avec en supplément les Chroniques d'étymologie grecque (1–10) rassemblées par A. Blanc (et al.), I–II, Paris 2009

Denniston, *GP*^{2}:
J.D. Denniston, *The Greek Particles*, Oxford 1954^2

DGE:
Diccionario Griego-Español, redactado bajo la dir. de F.R. Adrados, Madrid 1980–

FGE:
Further Greek Epigrams. Epigrams before A.D. 50 from the Greek Anthology and Other Sources, not included in 'Hellenistic Epigrams' or 'The Garland of Philip', ed. by D.L. Page, rev. and prep. for publication by R.D. Dawe-J. Diggle, Cambridge 1981

FGrHist:
F. Jacoby, *Die Fragmente der griechischen Historiker*, I–III, Berlin-Leiden 1923–1958

GI:
F. Montanari, *Vocabolario della lingua greca*, Torino 2013^3

GPh:
The Greek Anthology. The Garland of Philip and Some Contemporary Epigrams, ed. by A.S.F. Gow-D.L. Page, I–II, Cambridge 1968

HE:
The Greek Anthology. Hellenistic Epigrams, ed. by A.S.F. Gow-D.L. Page, I–II, Cambridge 1965

LGPN:
A Lexicon of Greek Personal Names (I: The Aegean Islands, Cyprus, Cyrenaica, ed. by P.M. Fraser-E. Matthews; II: Attica, ed. by M.G. Osborne-S.G. Byrne; III.A: The Peloponnese, Western Greece, Sicily and Magna Graecia, ed. by P.M. Fraser-E. Matthews; III.B: Central Greece, ed. by P.M. Fraser-E. Matthews; IV: Macedonia, Thrace, Northern Regions of the Black Sea, ed. by P.M. Fraser-E. Matthews, ass. editor R.W.V. Catling; V.A Coastal Asia Minor: Pontos to Ionia, ed. by T. Corsten, ass. editors R.W.V. Catling-M. Ricl; V.B Coastal Asia Minor: Caria to Cilicia, ed. by J.-S. Balzat-R.W.V. Catling-É. Chiricat-F. Marchand,

ass. editor T. Corsten); V.C Inland Asia Minor, ed. by J.-S. Balzat-R.W.V. Catling-E. Chricat-T. Corsten, Oxford 1987–2018

LIMC:
Lexicon Iconographicum Mythologiae Classicae, I–VIII, Zürich-München 1981–1999

LSJ:
H.G. Liddell-R. Scott, *A Greek-English Lexicon*, rev. and augm. throughout by H. Stuart Jones with the assist. of R. McKenzie and with the cooperation of many scholars, Oxford 1940 + *A Supplement*, ed. by E.A. Barber, with the assist. of P. Maas-M. Scheller-M.L. West, Oxford 1968 + *Revised Supplement*, ed. by P.G.W. Glare, with the assist. of A.A. Thompson, Oxford 1996

Page, *EG*:
D.L. Page, *Epigrammata Graeca*, Oxford 1975

PCG:
R. Kassel-C. Austin, *Poetae Comici Graeci*, Berolini-Novi Eboraci 1983–

PMG:
Poetae Melici Graeci, ed. by D.L. Page, Oxford 1962

RE:
Paulys Realencyclopädie der classischen Altertumswissenschaft, hrsg. v. G. Wissowa-W. Kroll-K. Mittelhaus-K. Ziegler, I–XXIV, I/A–X/A, Suppl. I–XV, Stuttgart (I–Suppl. XII), München (Suppl. XIII–XV), 1893–1978

Schwyzer, *GG* I:
E. Schwyzer, *Griechische Grammatik*, I, München 1959^3

SH:
H. Lloyd-Jones-P. Parsons, *Supplementum Hellenisticum*, Berlin-New York 1983

Smith, *DGRG*:
W. Smith, *A Dictionary of Greek and Roman Geography*, I–II, London 1854–1857

Traill, *PAA*:
J.S. Traill, *Persons of Ancient Athens*, IX, Toronto 2000

TrGF:
Tragicorum Graecorum Fragmenta, I (R. Kannicht-B. Snell), II (R. Kannicht-B. Snell), III (S. Radt), IV (S. Radt), V.1–2 (R. Kannicht), Göttingen 1981 (II), 1986^2 (I, 1971^1), 2009^2 (III, 1985^1), 1999^2 (IV, 1977^1), 2004 (V.1–2)

II Edizioni, commenti e traduzioni

II.1 *Anthologia Palatina*

Aubreton 1972:
R. Aubreton, *Anthologie Grecque. Première partie. Anthologie Palatine*, X (livre XI), Paris 1972

Beckby 1965^2–1967^2:
H. Beckby, *Anthologia Graeca*, I–IV, München 1965^2–1967^2

Brunck 1772–1776:
R.F.P. Brunck, *Analecta Veterum Poetarum Graecorum*, I–III, Argentorati 1772–1776

Conca-Marzi 2005–2011:
Antologia Palatina, trad. a cura di M. Marzi; introduzioni e note a cura di F. Conca (tomo I con la collaborazione di G. Zanetto), I–III, Torino 2005–2011

Cougny 1890: vd. Dübner 1864–1890

Dübner 1864–1890:
F. Dübner, *Epigrammatum Anthologia Palatina cum Planudeis et appendice nova epigrammatum veterum ex libris et marmoribus ductorum, annotatione inedita Boissonadii, Chardonis de la Rochette, Bothii, partim inedita Jacobsii, metrica versione Hugonis Grotii, et apparatu critico*, I–III (III vol. instr. Cougny), Parisiis 1864 (I), 1872 (II), 1890 (III)

FGE: vd. *supra*, I Opere di consultazione e abbreviazioni

GPh: vd. *supra*, I Opere di consultazione e abbreviazioni

HE: vd. *supra*, I Opere di consultazione e abbreviazioni

Jacobs 1813–1817:
F. Jacobs, *Anthologia Graeca ad fidem codicis olim Palatini, nunc Parisini ex apographo Gothano edita*, I–III, Lipsiae 1813–1817

Page, *EG*: vd. *supra*, I Opere di consultazione e abbreviazioni

Paton 1916–1918:
W.R. Paton, *The Greek Anthology*, I–V, London-Cambridge, Mass. 1916–1918 (vol. I rivisto da M. Tueller, 2014)

Pontani 1978–1981:
F.M. Pontani, *Antologia Palatina*, I–IV, Torino 1978–1981

Preisendanz 1911:
K. Preisendanz, *Anthologia Palatina. Codex Palatinus et Codex Parisinus phototypice editi*, I–II, Lugduni Batavorum 1911

Reiske 1752–1753:
J.J. Reiske, *Anthologia Graeca nunc primum e codice manuscripto edita*, studio I.I. R., in «Miscellanea Lipsiensia Nova» IX, Lipsiae 1752–1753, pp. 80–148, 297–323, 434–481, 661–697

Reiske 1754:
J.J. Reiske, *Anthologiae Graecae a Constantino Cephala conditae libri tres, duo nunc primum, tertius post Iensium iterum editi, cum Latini interpretatione, commentariis et notitia poetarum*, Lipsiae 1754

Reiske 1766:
J.J. Reiske, *Anthologiae Graecae conditae libri tres ad editionem Lipsiensem J.J. Reiske expressi. Accedunt interpretatio latina, poetarum anthologicorum notitia, indices necessarii*, Oxonii 1766

Stadtmüller 1894–1906:
H. Stadtmüller, *Anthologia Graeca epigrammatum Palatina cum Planudea*, I–III/1, Lipsiae 1894–1906

Stephanus 1566:
Florilegium diversorum epigrammatum veterum in septem libros divisum, magno epigrammatum numero et duobus indicibus auctum, excudebat H. Stephanus, <Genuae> 1566

Waltz 1931:
P. Waltz, *Anthologie Grecque. Première partie. Anthologie Palatine*, III (livre VI), Paris 1931

II.2 Ateneo ed Epitome

AA.VV. 2001:
AA. VV., Ateneo. *I Deipnosofisti. I dotti a banchetto*, Prima traduzione italiana commentata su progetto di L. Canfora. Introduzione di C. Jacob, I–IV, Roma 2001

Casaubon 1612:
I. Casaubon, *Athenaei Deipnosophistarum libri XV*, Lugduni 1612

Degani 2010:
E. Degani, *Ateneo di Naucrati. Deipnosofisti (Dotti a banchetto). Epitome dal libro I*, introduzione, traduzione e note di E.D. Premessa di G. Burzacchini, Bologna 2010

Desrousseaux 1956:
A.M. Desrousseaux, *Athénée de Naucratis. Les Deipnosophistes*, Paris 1956

Dindorf 1827:
W. Dindorf, *Athenaeus*, I–III, Lipsiae 1827

Gulick 1927–1941:
C.B. Gulick, *Athenaeus. The Deipnosophists, with an English translation by*, I–VII, London-Cambridge, Mass. 1927–1941

Kaibel 1887–1890:
G. Kaibel, *Athenaei Naucratitae Dipnosophistarum libri XV*, I–III, Lipsiae 1887–1890

Meineke 1858–1859:
A. Meineke, *Athenaei Deipnosophistae*, I–III, Lipsiae 1858–1859

Meineke 1867:
A. Meineke, *Analecta critica ad Athenaei Deipnosophistas*, Lipsiae 1867

Musurus 1514:
M. Musurus, *Athenaei Deipnosophistarum libri XV Graece*, Venetiis (apud Aldum et Andream socerum) 1514

Olson 2006–2012:
S.D. Olson, *Athenaeus. The Learned Banqueters*, I–VIII, Cambridge, Mass. 2006–2012

Olson 2019:
S.D. Olson, *Athenaeus Naucratites. Deipnosophistae*, IVA (ll. XII–XV), Berlin–Boston 2019

Peppink 1937–1939:
S.P. Peppink, *Athenaei Dipnosophistarum Epitome*, I (ll. III–VIII) – II (ll. IX–XV), Lugduni Batavorum 1937–1939

Schweighäuser 1801–1805:
I. Schweighäuser, *Athenaei Naucratitae Deipnosophistarum libri XV*, I–V, Argentorati 1801–1805

Schweighäuser 1801–1807:
I. Schweighäuser, *Animadversiones in Athenaei Deipnosophistas*, I–IX, Argentorati 1801–1807

III Altre opere citate

Achilli 2009:
I. Achilli, *Frammenti sofoclei fra Atene e l'Occidente*, in G. Salanitro (ed.), *Il teatro greco. Politica e società*. Atti del Convegno Internazionale di Studi, Catania, 28–29 maggio 2007, «Sileno» 35, 2009, pp. 147–160

Acosta–Hughes-Kosmetatou-Baumbach 2004:
B. Acosta–Hughes-E. Kosmetatou-M. Baumbach (eds.), *Labored in Papyrus Leaves: Perspectives on an Epigram Collection Attributed to Posidippus (P.Mil. Vogl. VIII 309)*, Cambridge, Mass.-London 2004

Adams 2007:
C.E.P. Adams, *Travel and the Perception of Space in the Eastern Desert of Egypt*, in M. Rathmann (hrsg.), *Wahrnehmung und Erfassung geographischer Räume in der Antike*, Mainz 2007, pp. 211–266

Adams 1982:
J.N. Adams, *The Latin Sexual Vocabulary*, London 1982

Agati 1984:
M.L. Agati, *Note paleografiche all'Antologia Palatina*, «BollClass» s. III.5, 1984, pp. 43–59

Albiani 2002:
M.G. Albiani, *Ancora su 'bevitori d'acqua' e 'bevitori di vino' (Asclep. XLV, Hedyl. V G.-P.)*, «Eikasmós» 13, 2002, pp. 159–164

Aldick 1928:
K.G. Aldick, *De Athenaei Dipnosophistarum Epitomae codicibus Erbacensi, Laurentiano, Parisino*, Münster 1928

Alfieri Tonini 2003:
T. Alfieri Tonini, *Iscrizioni funerarie greche: l'apostrofe al passante*, «Acme», 56.1, 2003, pp. 62–71

Ambühl 2007:
A. Ambühl, *Tell, All Ye Singers, My Fame: Kings, Queens and Nobility in Epigram*, in Bing-Bruss 2007a, pp. 275–294

Ameling 1985:
W. Ameling, φάγωμεν καὶ πίωμεν. *Griechische Parallelen zu zwei Stellen aus dem Neuen Testament*, «ZPE» 60, 1985, pp. 35–43

Andreassi 2004:
M. Andreassi, *Le facezie del Philogelos. Barzellette antiche e umorismo moderno*, Lecce 2004

Angiò 2003:
F. Angiò, *Posidippo di Pella, Ep. IX, 3086–3093 Gow-Page (*Anth. Pal. *XII 168)*, «MH» 60, 2003, pp. 6–21

Angiò 2015:
F. Angiò, *Epitymbia (52–54)*, in Seidensticker-Stähli-Wessels 2015, pp. 215–224

Appel 1992:
W. Appel, ΑΚΟΝΙΤΟΣ *(zu Hedylos, Anthol. Pal. XI 123 und Quintus Smyrnaeus IV 319)*, «ZPE» 94, 1992, pp. 221–223

Argentieri 1998:
L. Argentieri, *Epigramma e libro. Morfologia delle raccolte epigrammatiche premeleagree*, «ZPE» 121, 1998, pp. 1–20

Arnott 1996:
W.G. Arnott, *Alexis. The Fragments*, Cambridge 1996

Arnott 2000:
W.G. Arnott, *Athenaeus and the Epitome. Texts, Manuscripts and Early Editions*, in Braund-Wilkins 2000, pp. 41–52

Asper 1997:
M. Asper, *Onomata allotria: Zur Genese, Struktur und Funktion poetologischer Metaphern bei Kallimachos*, Stuttgart 1997

Aubreton 1967:
R. Aubreton, *Sur une édition de l'Anthologie Palatine*, «BAGB», 4e série, 3, 1967, pp. 347–350

Aubreton 1968:
R. Aubreton, *La tradition manuscrite des épigrammes de l'Anthologie Grecque*, «REA» 70, 1968, pp. 32–82

Aubreton 1980:
R. Aubreton, *La tradition de l'Anthologie Palatine du XVIe au XVIIIe siècle. I. La tradition germano-hollandaise*, «RHT» 10, 1980, pp. 1–53

Aubreton 1981:
R. Aubreton, *La tradition de l'Anthologie Palatine du XVIe au XVIIIe siècle. II. La tradition française*, «RHT» 11, 1981, pp. 1–46

Austin-Bastianini 2002:
C. Austin-G. Bastianini, *Posidippi Pellaei quae supersunt omnia*, Milano 2002

Bakola 2010:
E. Bakola, *Cratinus and the Art of Comedy*, Oxford 2010

Barbantani 2005a:
S. Barbantani, *Osservazioni sull'Inno ad Afrodite-Arsinoe dell'antologia PGoodspeed 101*, in R. Pretagostini-E. Dettori (edd.), *La cultura ellenistica. L'opera letteraria e l'esegesi antica*. Atti del Convegno COFIN 2001, Università di Roma "Tor Vergata", 22–24 settembre 2003, Roma 2005, pp. 137–153

Barbantani 2005b:
S. Barbantani, *Goddess of Love and Mistress of the Sea. Notes on a Hellenistic Hymn to Arsinoe-Aphrodite (P.Lit.Goodsp. 2, I–IV)*, «AncSoc» 35, 2005, pp. 135–165

Barbantani 2008:
S. Barbantani, *Arsinoe II Filadelfo nell'interpretazione storiografica moderna, nel culto e negli epigrammi del P.Mil.Vogl. VIII 309*, in L. Castagna-C. Riboldi (edd.), Amicitiae templa serena. *Studi in onore di Giuseppe Aricò*, I, Milano 2008, pp. 103–134

Barron 1962:
J. Barron, *The Tyranny of Duris of Samos*, «CR» 12, 1962, pp. 189–192

Bartol 1993:
K. Bartol, *Greek Elegy and Iambus. Studies in Ancient Literary Sources*, Poznań 1993

Bastianini 2002:
G. Bastianini, *Presentazione*, in G. Bastianini-A. Casanova (a cura di), *Il papiro di Posidippo un anno dopo*. Atti del Convegno Internazionale di Studi, Firenze, 13–14 giugno 2002, Firenze 2002, pp. 1–5

Bastianini-Gallazzi 2001:
G. Bastianini-C. Gallazzi (adiuv. C. Austin), *Posidippo di Pella. Epigrammi (P.Mil.Vogl. VIII 309)*, Milano 2001

Bergk 1841:
T. Bergk, *Schedae Criticae IV*, «Zeitschrift für die Alterthumswissenschaft» 11, 1841, coll. 84–94

Bernand 1972:
A. Bernand, *Le Paneion d'El Kanais: les inscriptions grecques*, Leiden 1972

Beta 2017:
S. Beta, *Io, un manoscritto (L'Antologia Palatina si racconta)*, Roma 2017

Bettini-Spina 2007:
M. Bettini-L. Spina, *Il mito delle Sirene. Immagini e racconti dalla Grecia a oggi*, Torino 2007

Biffi 2009:
N. Biffi, *L'Anatolia meridionale in Strabone. Libro XIV della Geografia*, Bari 2009

Biles 2002:
Z.P. Biles, *Intertextual Biography in the Rivalry of Cratinus and Aristophanes*, «AJPh» 123, 2002, pp. 169–204

Bing 2002–2003:
P. Bing, *Posidippus and the Admiral: Kallikrates of Samos in the Milan Epigrams*, «GRBS» 43, 2002–2003, pp. 243–266

Bing 2004:
P. Bing, *Posidippus' Iamatika*, in Acosta–Hughes-Kosmetatou-Baumbach 2004, pp. 276–291

Bing 2009:
P. Bing, *The Scroll and the Marble. Studies in Reading and Reception in Hellenistic Poetry*, Ann Arbor 2009

Bing 2017:
P. Bing, *Homer in the Σωρός*, in Y. Durbec-F. Trajber (édd.), *Traditions épiques et poésie épigrammatique*. Actes du colloque des 7, 8 et 9 novembre 2012 à Aix-en-Provence, Leuven-Paris-Bristol, CT 2017, pp. 99–113

Bing-Bruss 2007a:
P. Bing-J.S. Bruss (eds.), *Brill's Companion to Hellenistic Epigram*, Leiden-Boston 2007

Bing-Bruss 2007b:
P. Bing-J.S. Bruss, *Introduction*, in Bing-Bruss 2007a, pp. 1–26

Bingen 2002a:
J. Bingen, *Posidippe: le poète et les princes*, in AA.VV., *Un poeta ritrovato: Posidippo di Pella*, Atti della Giornata di Studio, Milano, 23 novembre 2001, Milano 2002, pp. 47–59

Bingen 2002b:
J. Bingen, *La victoire pythique de Callicratès de Samos (Posidippe, P.Mil.Vogl. VIII 309, XI.33–XII.7)*, «CE» 77, 2002, pp. 185–190

Biraschi 2005:
A.M. Biraschi, *Strabo and Homer: a Chapter in Cultural History*, in Dueck-Lindsay-Pothecary 2005, pp. 73–85

Blomqvist 1998:
J. Blomqvist, *The Development of the Satirical Epigram in the Hellenistic Period*, in M.A. Harder-R.F. Regtuit-G.C. Wakker (eds.), *Genre in Hellenistic Poetry*, Groningen 1998, pp. 45–60

Boas 1905:
M. Boas, *De epigrammatis Simonideis I. Commentatio critica de epigrammatum traditione*, Groningae 1905

Boehm 2003:
I. Boehm, *Toucher du doigt. Le vocabulaire du toucher dans les textes médicaux grecs et latins*, in F. Gaide-F. Biville (édd.), *Manus medica. Actions et gestes de l'officiant dans les textes médicaux latins. Questions de thérapeutique et de lexique.* Actes du Colloque tenu à l'Université Lumière-Lyon-II, les 18 et 19 septembre 2001, Aix-en-Provence 2003, pp. 229–240

Bonati 2016:
I. Bonati, *Il lessico dei vasi e dei contenitori greci nei papiri. Specimina per un repertorio lessicale degli angionimi greci*, Berlin-Boston 2016

Bonneau 1964:
D. Bonneau, *La crue du Nil, divinité égyptienne à travers mille ans d'histoire, 332 av.–641 ap. J.-C.*, Paris 1964

Bowie 2000:
E.L. Bowie, *Athenaeus's Knowledge of Early Greek Elegiac and Iambic Poetry*, in Braund-Wilkins 2000, pp. 124–135

Bowie 2007:
E.L. Bowie, *From Archaic Elegy to Hellenistic Sympotic Epigram?*, in Bing-Bruss 2007a, pp. 95–112

Brancolini 1978:
A. Brancolini, *Le calzature in Eroda 7.57–61*, «Prometheus» 4, 1978, pp. 227–242

Braund-Wilkins 2000:
D. Braund-J. Wilkins (eds.), *Athenaeus and his World: Reading Greek Culture in the Roman Empire*, Exeter 2000

Brecht 1930:
F.J. Brecht, *Motiv- und Typengeschichte des griechischen Spottepigramms*, Leipzig 1930

Bremmer 1997:
J. Bremmer, *Jokes, Jokers and Jokebooks in Ancient Greek Culture*, in J. Bremmer-H. Roodenburg (eds.), *A Cultural History of Humour. From Antiquity to the Present Day*, Cambridge 1997, pp. 11–28

Brinkerhoff 1958:
D.M. Brinkerhoff, *The Identification of the Venus Who Binds Her Sandal and Related Works of Hellenistic Sculpture*, «AJA» 62, 1958, p. 222

Broccia 1974:
G. Broccia, *Il linguaggio amoroso di Archiloco e la terminologia guerresca della tradizione omerica*, «AFLM» 7, 1974, pp. 312–321

Bruss 2005:
J.S. Bruss, *Hidden Presences: Monuments, Gravesites, and Corpses in Greek Funerary Epigram*, Leuven 2005

Buchheit 1962:
V. Buchheit, *Studien zum Corpus Priapeorum*, München 1962

Bühler 1960:
W. Bühler, *Die Europa des Moschos*, Wiesbaden 1960

Buitron-Oliver 1996:
D. Buitron-Oliver (ed.), *The Sanctuary of Apollo Hylates at Kourion: Excavations in the Archaic Precinct*, Jonsered 1996

Bulloch 1970:
A.W. Bulloch, *A Callimachean Refinement to the Greek Hexameter*, «CQ» n.s. 20, 1970, pp. 258–268

Bulloch 1985:
A.W. Bulloch, *Callimachus. The Fifth Hymn*, Cambridge 1985

Burnikel 1980:
W. Burnikel, *Untersuchungen zur Struktur des Witzepigramms bei Lukillios und Martial*, Wiesbaden 1980

Burzachechi 1962:
M. Burzachechi, *Oggetti parlanti nelle epigrafi greche*, «Epigraphica» 24, 1962, pp. 3–54

Cairns 2008:
F. Cairns, *The Hellenistic Epigramma longum*, in Morelli 2008a, I, pp. 55–80

Cairns 2016:
F. Cairns, *Hellenistic Epigram. Contexts of Exploration*, Cambridge 2016

Cameron 1987:
A. Cameron, *Sir Thomas More and the Greek Anthology*, in K.-L. Selig-R. Somerville (eds.), *Florilegium Columbianum. Essays in Honor of Paul Oskar Kristeller*, New York 1987, pp. 187–198

Cameron 1991:
A. Cameron, *How Thin was Philitas?*, «CQ» n.s. 41, 1991, pp. 534–538

Cameron 1993:
A. Cameron, *The Greek Anthology from Meleager to Planudes*, Oxford 1993

Cameron 1995:
A. Cameron, *Callimachus and his Critics*, Princeton 1995

Canart 1977–1979:
P. Canart, *Démétrius Damilas, alias le «librarius Florentinus»*, «RSBN» n.s. 14–16, 1977–1979, pp. 281–347

Caneva 2013:
S.G. Caneva, *Arsinoe divinizzata al fianco del re vivente Tolemeo II. Uno studio di propaganda greco-egiziana (270–246 a.C.)*, «Historia» 62, 2013, pp. 280–322

Caneva 2014a:
S.G. Caneva, *Ruler Cults in Practice: Sacrifices and Libations for Arsinoe Philadelphos, from Alexandria and Beyond*, in T. Gnoli-F. Muccioli (edd.), *Divinizzazione, culto del sovrano e apoteosi. Tra Antichità e Medioevo*, Bologna 2014, pp. 85–116

Caneva 2014b:
S.G. Caneva, *Courtly Love, Stars, and Power. The Queen in 3rd-century Royal Couples, through Poetry and Epigraphic Texts*, in M.A. Harder-R.F. Regtuit-G.C. Wakker (eds.), *Hellenistic Poetry in Context*, Leuven 2014, pp. 25–58

Caneva 2014c:
S.G. Caneva, *Paradoxon! Perception de la puissance divine et du pouvoir royal dans l'Alexandrie des Ptolémées*, in S.G. Caneva-S. Paul (édd.), *Des hommes aux dieux. Processus d'héroïsation et de divinisation dans la Méditerranée hellénistique*, Caltanissetta 2015 = «Mythos» 8, 2014, pp. 55–75

Caneva 2015:
S.G. Caneva, *Costruire una dea. Arsinoe II attraverso le sue denominazioni divine*, «Athenaeum» 103, 2015, pp. 95–122

Canfora 2003:
L. Canfora, *Vita di Chardon de la Rochette, commissario alle biblioteche seguita dal Carteggio inedito (1800-1807; 1811-1814) a cura di Maria Stefania Montecalvo e dalla Vita inedita scritta da René Tourlet a cura di Paulo Butti de Lima*, Messina 2003

Cantilena 1995:
M. Cantilena, *Il ponte di Nicanore*, in Fantuzzi-Pretagostini 1995, I, pp. 9–67

Capel Badino 2018:
R. Capel Badino, *Polemone di Ilio e la Grecia. Testimonianze e frammenti di periegesi antiquaria*, Milano 2018

Capriotti Vittozzi 2006:
G. Capriotti Vittozzi, *Bes, balli e ubriachezza*, «Archeogate» 21.12.2006

Carney 2013:
E.D. Carney, *Arsinoë of Egypt and Macedon. A Royal Life*, Oxford 2013

Caroli 2007:
M. Caroli, *Il titolo iniziale nel rotolo librario greco-egizio*, Bari 2007

Caroli 2017:
M. Caroli, *Il velo delle parole. L'eufemismo nella lingua e nella storia dei Greci*, Bari 2017

Casaubon 1620:
I. Casaubon, *Strabonis rerum geographicarum libri XVII*, Lutetiae Parisiorum 1620

Casaubon 1621[2]:
I. Casaubon, *Isaaci Casauboni animaduersionum in Athenaei Dipnosophistas libri XV. Opus nunc primum in lucem editum*, Lugduni 1621[2]

Chadwick 1996:
J. Chadwick, *Lexicographica Graeca. Contributions to the Lexicography of Ancient Greek*, Oxford 1996

Chandler 1881[2]:
H.W. Chandler, *A Practical Introduction to Greek Accentuation*, Oxford 1881[2]

Cipolla 2015:
P. Cipolla, *Marginalia in Athenaeum. Lemmi, scoli e note di lettura del codice Marc. Gr. 447 dei Deipnosofisti*, Amsterdam 2015

Citroni 1975:
M. Citroni, *M. Valerii Martialis Epigrammaton liber I*, Firenze 1975

Citroni 1988:
M. Citroni, *Pubblicazione e dediche dei libri in Marziale*, «Maia» 40, 1988, pp. 3–39 (rist. con modifiche in M. Citroni-M. Scàndola-E. Merli, *Marziale. Epigrammi*, Milano 1996, I, pp. 5–64)

Citroni 2019:
M. Citroni, *What Is an Epigram?: Defining a Genre*, in Henriksén 2019, pp. 21–42

Clarysse 1998:
W. Clarysse, *Ethnic Diversity and Dialect among the Greeks of Hellenistic Egypt*, in A.M.F.W. Verhoogt-S.P. Vleeming (eds.), *The two Faces of Graeco-Roman Egypt. Greece and Demotic and Greek-Demotic Texts and Studies presented to P.W. Pestman*, Leiden-Boston-Köln 1998, pp. 1–13

Clausen 1994:
W. Clausen, *Virgil. Eclogues*, Oxford 1994

Cobet 1847:
C.G. Cobet, *Oratio de arte interpretandi grammatices et critices fundamentis innixa primario philologi officio*, Lugduni Batavorum 1847

Collard 1969:
C. Collard, *Athenaeus, the Epitome, Eustathius and Quotations from Tragedy*, «RFIC» 97, 1969, pp. 157–179

Condello 2003:
F. Condello, *Amore infelice o insuccesso politico? Theogn. 949–954 tra Sol. fr. 33 W.[2] e Agath. AP 5, 294*, «ARF» 5, 2003, pp. 5–27

Conte 1985[2]:
G.B. Conte, *Memoria dei poeti e sistema letterario. Catullo, Virgilio, Ovidio, Lucano*, Torino 1985[2]

Cortesi 2012:
L. Cortesi, *Il mondo dei Tolomei nella grande visione artistico-letteraria di Posidippo di Pella*, Torino 2012

Courcelle 1975:
P. Courcelle, *L'interprétation euhémériste des Sirènes-courtisanes jusqu'au XIIe siècle*, in K. Bosl (hrsg.), *Gesellschaft - Kultur - Literatur. Rezeption und Originalität im Wachsen einer europäischen Literatur und Geistigkeit. Beiträge Luitpold Wallach gewidmet*, Stuttgart 1975, pp. 33–48

Cozzoli 2015:
A.T. Cozzoli, *Duride di Samo e i circoli letterari contemporanei*, in Naas-Simon 2015, pp. 57–69

Crowther 1979:
N.B. Crowther, *Water and Wine as Symbols of Inspiration*, «Mnemosyne» s. IV, 32, 1979, pp. 1–11

Cultraro-Torelli 2009:
M. Cultraro-M. Torelli, *Status femminile e calzature*, «Ostraka» 18, 2009, pp. 175–192

Dalby 2000:
A. Dalby, *Lynceus and the Anecdotists*, in Braund-Wilkins 2000, pp. 372–394

D'Arcy Thompson 1947:
W. D'Arcy Thompson, *A Glossary of Greek Fishes*, London 1947

Dasen 1993:
V. Dasen, *Dwarfs in Ancient Egypt and Greece*, Oxford 1993

Davidson 1997:
J.N. Davidson, *Courtesans and Fishcakes. The Consuming Passions of Classical Athens*, London 1997

Degani-Burzacchini 2005[2]:
E. Degani-G. Burzacchini, *Lirici greci. Antologia* (a cura di); aggiornamento bibliografico a cura di M. Magnani, Bologna 2005[2] (I edizione Firenze 1977)

De Marchi 1907:
E. De Marchi, *Di un altro oscuro epigramma attribuito a Virgilio*, «RFIC» 35, 1907, pp. 492–497

De Stefani 2008:
C. De Stefani, *Per un'edizione critica dei poemi ecfrastici di Paolo Silenziario*, «RFIC» 136, 2008, pp. 396–411

De Stefani 2011:
C. De Stefani, *Paulus Silentiarus. Descriptio Sanctae Sophiae; Descriptio Ambonis*, Berlin-New York 2011

Di Lello-Finuoli 2000:
A.L. Di Lello-Finuoli, *Per la storia del testo di Ateneo*, «Miscellanea Bibliothecae Apostolicae Vaticanae» 7, 2000, pp. 129–182

Diller 1974:
A. Diller, *The Age of Some Early Greek Classical Manuscripts*, in J.L. Heller-J.K. Newman (eds.), *Serta Turyniana. Studies in Greek Literature and Palaeography in Honor of Alexander Turyn*, Urbana-Chicago-London 1974, pp. 514–524 (= *Studies in Greek Manuscript Tradition*, Amsterdam 1983, pp. 309–319)

Dillon 1994:
M.P.J. Dillon, *The Didactic Nature of the Epidaurian Iamata*, «ZPE» 101, 1994, pp. 239–260

Dilthey 1863:
C. Dilthey, *De Callimachi Cydippa*, Lipsiae 1863

Di Marco-Palumbo Stracca-Lelli 2005:
M. Di Marco-B.M. Palumbo Stracca-E. Lelli (edd.), *Posidippo e gli altri. Il poeta, il genere, il contesto culturale e letterario.* Atti dell'Incontro di Studio, Roma, 14–15 maggio 2004, Pisa-Roma 2005 (= «ARF» 6, 2004)

Di Nino 2005:
M.M. Di Nino, *Posidippo e la letteratura incubatoria*, in Di Marco-Palumbo Stracca-Lelli 2005, pp. 47–76

Di Nino 2006:
M.M. Di Nino, *Tra aretalogia e gioco letterario: l'ottava sezione del P. Mil. Vogl. VIII 309*, «ZPE» 155, 2006, pp. 26–36

Di Nino 2010:
M.M. Di Nino, *I fiori campestri di Posidippo: ricerche sulla lingua e lo stile di Posidippo di Pella*, Göttingen 2010

Drachmann 1948:
A.B. Drachmann, *Ktesibios, Philon and Heron: a Study in Ancient Pneumatics*, Copenhagen 1948

Drago 2007:
A.T. Drago, *Aristeneto. Lettere d'amore*, Lecce 2007

Dueck 2000:
D. Dueck, *Strabo of Amasia. A Greek Man of Letters in Augustan Rome*, London 2000

Dueck 2005:
D. Dueck, *Strabo's Use of Poetry*, in Dueck-Lindsay-Pothecary 2005, pp. 86–107

Dueck-Lindsay-Pothecary 2005:
D. Dueck-H. Lindsay-S. Pothecary (eds.), *Strabo's Cultural Geography: The Making of a* Kolossourgia, Cambridge 2005

Ehrhardt 1974:
P. Ehrhardt, *Satirische Epigramme auf Ärzte. Eine medizinhistorische Studie auf der Grundlage des XI. Buches der AP*, diss. Erlangen 1974

Elderkin 1941:
G.W. Elderkin, *The Hero on a Sandal*, «Hesperia» 10.4, 1941, pp. 381–387

Ellis 1890:
R. Ellis, *On Some Epigrams of the Greek Anthology*, «JPh» 18, 1890, pp. 211–224

Fajen 1999:
F. Fajen, *Oppianus. Halieutica*, Stuttgart-Leipzig 1999

Fantuzzi 1988:
M. Fantuzzi, *Ricerche su Apollonio Rodio. Diacronie della dizione epica*, Roma 1988

Fantuzzi 1995:
M. Fantuzzi, *Variazioni sull'esametro in Teocrito*, in Fantuzzi-Pretagostini 1995, I, pp. 221–264

Fantuzzi 2000:
M. Fantuzzi, *Convenzioni epigrafiche e mode epigrammatiche: l'esempio delle tombe senza nome*, in R. Pretagostini (ed.), *La letteratura ellenistica. Problemi e prospettive di ricerca*, Atti del Colloquio Internazionale, Università di Roma "Tor Vergata", 29–30 Aprile 1997, Roma 2000, pp. 163–182

Fantuzzi 2002:
M. Fantuzzi, *La tecnica versificatoria del P.Mil.Vogl. VIII 309*, in G. Bastianini-A. Casanova (edd.), *Il papiro di Posidippo un anno dopo*. Atti del Convegno Internazionale di Studi, Firenze, 13–14 giugno 2002, Firenze 2002, pp. 79–97

Fantuzzi-Hunter 2002:
M. Fantuzzi-R. Hunter, *Muse e modelli. La poesia ellenistica da Alessandro Magno ad Augusto*, Roma-Bari 2002

Fantuzzi-Hunter 2004:
M. Fantuzzi-R. Hunter, *Tradition and Innovation in Hellenistic Poetry*, Cambridge 2004

Fantuzzi-Pretagostini 1995:
M. Fantuzzi-R. Pretagostini (edd.), *Struttura e storia dell'esametro greco*, I, Pisa-Roma 1995

Faulkner 2008:
A. Faulkner, *The Homeric Hymn to Aphrodite*, Oxford 2008

Fearn 2007:
D. Fearn, *Narrating Ambiguity: Murder and Macedonian Allegiance (5.17–22)*, in E. Irwing-E. Greenwood (eds.), *Reading Herodotus: A Study of the Logoi of Book 5 of Herodotus' Histories*, Cambridge 2007, pp. 98–127

Fernández-Galiano 1987:
E. Fernández-Galiano, *Posidipo de Pela*, Madrid 1987

Ferreri 2006:
L. Ferreri, *Della giusta misura del bere (Anacreonte, fr. 356 Page)*, «PP» 61, 2006, pp. 185–219

Floridi 2007:
L. Floridi, *Stratone di Sardi. Epigrammi*, Alessandria 2007

Floridi 2014a:
L. Floridi, *Lucillio. Epigrammi*, Berlin-Boston 2014

Floridi 2014b:
L. Floridi, *La silloge di epigrammi "lucianei" del codice Riccardiano 25*, «RFIC» 142, 2014, pp. 103–120

Floridi 2016:
L. Floridi, *The Language of Greek Skoptic Epigram of the I–II centuries A.D.*, in E. Sistakou-A. Rengakos (eds.), *Dialect, Diction, and Style in Greek Literary and Inscribed Epigram*, Berlin-Boston 2016, pp. 71–101

Floridi 2017:
L. Floridi, *Proteo tra esegesi razionalistiche, paradossografia e credulità popolare. A proposito di Luc.* DMar. *4*, «Acme» 70.2, 2017, pp. 131–144

Floridi 2018–2019:
L. Floridi, *Edile,* Scilla *(SH 456)*, «IFC» 18, 2018–2019, p.p.

Floridi 2019a:
L. Floridi, *Edilo nella storia dell'epigramma greco*, in M. Tulli (a cura di), *Lirica, epigramma e critica letteraria. Consulta Universitaria del Greco, Seminari, 3*, Pisa-Roma 2019, pp. 107–122

Floridi 2019b:
L. Floridi, *Wondrous Healings in Greek Epigram (and their Parodic Counterparts)*, in G. Kazantzidis (ed.), *Medicine and Paradoxography in the Ancient World*, Berlin-Boston 2019, pp. 95–115

Floridi p.p.
L. Floridi, *Early Hellenistic Epigram: Themes and Genres*, in B. Cartlidge-J. Kwapisz-M. Perale-G. Taietti (eds.), *Hellenistic Poetry before Callimachus*, Oxford, p.p.

Floridi-Maltomini 2014:
L. Floridi-F. Maltomini, *Sui contenuti e l'organizzazione interna di P. Vindob. G 40611 (CPR XXXIII)*, «Aegyptus» 94, 2014 [*re vera* 2016], pp. 19–62

Foglia 2005:
F. Foglia, *Edilo di Samo: una notte d'amore (*AP *V 199)*, «Hellenikà» 55.1, 2005, pp. 19–31

Foglia 2009:
F. Foglia, *Un citarista ghiottone. Hedylus VII Gow-Page*, in C. Braidotti-E. Dettori-E. Lanzilotta (edd.), Οὐ πᾶν ἐφήμερον. *Scritti in memoria di Roberto Pretagostini offerti da colleghi, dottori e dottorandi di ricerca della Facoltà di Lettere e Filosofia*, Roma 2009, I, pp. 199–208

Fontaine-Scafuro 2014:
M. Fontaine-A.C. Scafuro (eds.), *The Oxford Handbook of Greek and Roman Comedy*, Oxford 2014

Fraenkel 1950:
E. Fraenkel, *Aeschylus. Agamemnon*, I–III, Oxford 1950

Fragaki 2012:
H. Fragaki, *Automates et statues merveilleuses dans l'Alexandrie antique*, «Journal des Savants» 1, 2012, pp. 29–67

Fragaki 2013:
H. Fragaki, *Court Engineering in Ptolemaic Alexandria*, in R. Pisano-D. Capecchi-A. Lukešová (eds.), *Physics, Astronomy and Engineering: Critical Problems in the History of Science and Society (Proceedings of the 32nd International Congress of the SISFA, Roma 2012)*, Šiauliai 2013, pp. 265–270

Fraser 1972:
P.M. Fraser, *Ptolemaic Alexandria*, I–III, Oxford 1972

Funaioli 2004:
M.P. Funaioli, *Linceo di Samo*, in E. Cavallini (ed.), *Samo: storia, letteratura, scienza.* Atti delle Giornate di Studio, Ravenna, 14-16 novembre 2002, Pisa-Roma 2004, pp. 197–208

Gallavotti 1933:
C. Gallavotti, *Il prologo e l'epilogo degli* Aitia, «SIFC» n.s. 10, 1933, pp. 231–246

Gallavotti 1960:
C. Gallavotti, *Planudea II*, «BollClass» 8, 1960, pp. 11–23

Galli Calderini 1982:
I.G. Galli Calderini, *Su alcuni epigrammi dell'Antologia Palatina corredati di lemmi alternativi*, «AAP» n.s. 31, 1982, pp. 239–280

Galli Calderini 1983:
I.G. Galli Calderini, *Edilo epigrammista*, «AAP» n.s. 32, 1983, pp. 363–376

Galli Calderini 1984:
I.G. Galli Calderini, *Gli epigrammi di Edilo. Interpretazione e esegesi*, «AAP» n.s. 33, 1984, pp. 79–118

Gamillscheg-Harlfinger 1981:
E. Gamillscheg-D. Harlfinger, *Repertorium der griechischen Kopisten 800–1600*, 1: *Handschriften aus Bibliotheken Grossbritanniens*, Wien 1981

Gandini 2016:
C. Gandini, *Il cardinale Durini, l'abate Spalletti e l'*Apographon Gothanum *dell'*Anthologia Graeca, «A&R» n.s. 10.3-4, 2016, pp. 173–209

Gandini 2018:
C. Gandini, *Epitimbi crinagorei. Tradizione, testo, temi degli epigrammi sepolcrali di Crinagora di Mitilene*, Nordhausen 2018

Gärtner 2007:
T. Gärtner, *Textkritische Überlegungen zu hellenistischen Epigrammen*, «Ex Class» 11, 2007, pp. 19–82

Garulli 2005:
V. Garulli, *Posidippo e l'epigrafia sepolcrale greca*, in Di Marco-Palumbo-Lelli 2005, pp. 23–46

Garulli 2012:
V. Garulli, *BYBLOS LAINEE. Epigrafia, letteratura, epitafio*, Bologna 2012

Garulli 2016:
V. Garulli, *Posidippe, auteur épigraphique?*, in E. Santin-L. Foschia (édd.), *L'épigramme dans tous ses états: épigraphiques, littéraires, historiques*, Lyon 2016, pp. 60–87

Garulli 2019:
V. Garulli, *The Development of Epigram into a Literary Genre*, in Henriksén 2019, pp. 267–286

Gentili 1968:
B. Gentili, *Epigramma ed elegia*, in AA.VV., *L'épigramme grecque*, Entretiens Hardt XIV, Vandœuvres-Genève 1968, pp. 37–90

Gentili 2006[4]:
B. Gentili, *Poesia e pubblico nella Grecia antica. Da Omero al V secolo*, Milano 2006[4]

Giangrande 1967:
G. Giangrande, rec. a Gow-Page 1965, «CR» 17, 1967, pp. 17–24

Giangrande 1968:
G. Giangrande, *Sympotic Literature and Epigram*, in AA.VV., *L'épigramme grecque*, Entretiens Hardt XIV, Vandœuvres-Genève 1968, pp. 93–177

Giannini 1963:
A. Giannini, *Studi sulla paradossografia greca (I). Da Omero a Callimaco: motivi e forme del meraviglioso*, «RIL» 97, 1963, pp. 247–260

Giannini 1964:
A. Giannini, *Studi sulla paradossografia greca (II). Da Callimaco all'età imperiale: la letteratura paradossografica*, «Acme» 17, 1964, pp. 99–140

Giannini 1966:
A. Giannini, *Paradoxographorum Graecorum reliquiae*, Milano 1966

Gigante Lanzara 1995:
V. Gigante Lanzara, *La conchiglia di Selenea (Call. Ep. V Pf. = XIV G.-P.)*, «SIFC» 13, 1995, pp. 23–28

Gigante Lanzara 2003:
V. Gigante Lanzara, *Per Arsinoe*, «PP» 58, 2003, pp. 337–346

Girone 1998:
M. Girone, *Iamata. Guarigioni miracolose di Asclepio in testi epigrafici*, Bari 1998

Gomme-Sandbach 1973:
A.W. Gomme-F.H. Sandbach, *Menander. A Commentary*, Oxford 1973

González González 2010:
M. González González, *La muerte de las doncellas en Posidipo P.Mil.Vogl. VIII 309 (A.–B. 49–55)*, «Prometheus» 36, 2010, pp. 223–238

Gow 1952[2]:
A.S.F. Gow, *Theocritus*, I–II, Cambridge 1952[2]

Gow 1958:
A.S.F. Gow, *The Greek Anthology. Sources and Ascriptions*, London 1958

Gow 1965:
A.S.F. Gow, *Machon. The Fragments*, Cambridge 1965

Gow-Page 1965: vd. *HE*, *supra*, I Opere di consultazione e abbreviazioni

Gow-Page 1968: vd. *GPh*, *supra*, I Opere di consultazione e abbreviazioni

Graevius 1697:
T.J.G.F. Graevius, *Callimachi Hymni, epigrammata, et fragmenta, ex recensione Theodori J.G.F. Graevii cum eiusdem animadversionibus*, Ultrajecti 1697

Graham 1998:
A.J. Graham, *The Woman at the Window: Observations on the 'Stele from the Harbour' of Thasos*, «JHS» 118, 1998, pp. 22–40

Grewing 1997:
F. Grewing, *Martial. Buch VI. Ein Kommentar*, Göttingen 1997

Groskurd 1831–1834:
C.G. Groskurd, *Strabons Erdbeschreibung in siebenzehn Büchern*, I–IV, Berlin-Stettin 1831–1834

Guarducci 1970:
M. Guarducci, *Epigrafia greca*, II, *Epigrafi di carattere pubblico*, Roma 1970

Guichard 2004:
L.A. Guichard, *Asclepíades de Samos. Epigramas y fragmentos*, Bern-Berlin-Bruxelles-Frankfurt am Main-New York-Oxford-Wien 2004

Guichard 2006:
L.A. Guichard, *Posidipo y los prodigios. Una interpretación de P. Mil. Vogl. VIII 309*, «SEP» 3, 2006, pp. 121–133

Guichard 2014:
L.A. Guichard, *Paradox and the Marvellous in Greek Poetry of the Imperial Period*, in L.A. Guichard-J.L. García Alonso-M. Paz de Hoz (eds.), *The Alexandrian Tradition. Interactions between Science, Religion, and Literature*, Bern-Berlin-Bruxelles-Frankfurt am Main-New York-Oxford-Wien 2014, pp. 141–156

Gutzwiller 1992a:
K.J. Gutzwiller, *The Nautilus, the Halcyon, and Selenaia: Callimachus's 'Epigram' 5 Pf. = 14 G.-P.*, «ClAnt» 11, 1992, pp. 194–209

Gutzwiller 1992b:
K.J. Gutzwiller, *Callimachus' Lock of Berenice. Fantasy, Romance, and Propaganda*, «AJPh» 113, 1992, pp. 359–385

Gutzwiller 1993:
K.J. Gutzwiller, *Callimachus and Hedylus. A Note on Catullus 66.13–14*, «Mnemosyne» 46, 1993, pp. 530–532

Gutzwiller 1998:
K.J. Gutzwiller, *Poetic Garlands. Hellenistic Epigrams in Context*, Berkeley-Los Angeles-London 1998

Gutzwiller 2005a:
K.J. Gutzwiller (ed.), *The New Posidippus. A Hellenistic Poetry Book*, Oxford 2005

Gutzwiller 2005b:
K. J. Gutzwiller, *Introduction*, in Gutzwiller 2005a, pp. 1–16

Gutzwiller 2005c:
K.J. Gutzwiller, rec. a Nisbet 2003, «BMCR» 2005.01.19

Gutzwiller 2007:
K.J. Gutzwiller, *The Paradox of Amatory Epigram*, in Bing-Bruss 2007a, pp. 313–333

Gutzwiller 2014:
K.J. Gutzwiller, *Poetic Meaning, Place, and Dialect in the Epigrams of Meleager*, in R. Hunter-A. Rengakos-E. Sistakou (eds.), *Hellenistic Studies at a Crossroads. Exploring Texts, Contexts and Metatexts*, Berlin-Boston 2014, pp. 75–95

Gutzwiller 2019:
K.J. Gutzwiller, *Posidippus and Ancient Epigram Books*, in Henriksén 2019, pp. 351–370

Halliwell 2008:
S. Halliwell, *Greek Laughter. A Study of Cultural Psychology from Homer to Early Christianity*, Cambridge 2008

Hammer-Jensen 1910:
I. Hammer-Jensen, *Die Druckwerke Herons von Alexandria*, «Neue Jahrbücher für das klassische Altertum» 25, 1910, pp. 413–427, 480–503

Hansen 1998:
W. Hansen, *Anthology of Ancient Greek Popular Literature*, Bloomington-Indianapolis 1998

Hanses 2014:
M. Hanses, *The Pun and the Moon in the Sky: Aratus'* Leptê *Acrostic*, «CQ» 64, 2014, pp. 609–614

Harder 2012:
A. Harder, *Callimachus. Aetia*, I–II, Oxford 2012

Hauben 1970:
H. Hauben, *Callicrates of Samos. A Contribution to the Study of Ptolemaic Admiralty*, Leuven 1970

Hauben 2013:
H. Hauben, *Callicrates of Samos and Patroclus of Macedon, Champions of Ptolemaic Thalassocracy*, in K. Buraselis-M. Stefanou-D.J. Thompson (eds.), *The Ptolemies, the Sea and the Nile*, Cambridge 2013, pp. 39–65

Havelock 1995:
C.M. Havelock, *The Aphrodite of Knidos and Her Successors: A Historical Review of the Female Nude in Greek Art*, Ann Arbor 1995

Headlam-Knox 1922:
W. Headlam-A.D. Knox, *Herodas. The Mimes and Fragments*, Cambridge 1922

Hecker 1852:
A. Hecker, *Commentationis Criticae de Anthologia Graeca pars prior*, Lugduni Batavorum 1852

Henderson 1991[2]:
J. Henderson, *The Maculate Muse. Obscene Language in Attic Comedy*, New York-Oxford 1991[2]

Henderson 2014:
J. Henderson, *Comedy in the Fourth Century II: Politics and Domesticity*, in Fontaine-Scafuro 2014, pp. 181–198

Henriksén 2012[2]:
C. Henriksén, *A Commentary on Martial, Epigrams Book 9*, Oxford 2012[2]

Henriksén 2019:
C. Henriksén (ed.), *A Companion to Ancient Epigram*, Hoboken, NJ 2019

Henry 1992:
M.M. Henry, *The Edible Woman: Athenaeus's Concept of the Pornographic*, in A. Richlin (ed.), *Pornography and Representation in Greece and Rome*, Oxford 1992, pp. 250–268

Heraldus 1605:
D. Heraldus, *Polilogus, de Calvinismo vehementer suspectus. Eius ad Arnobij Libros VII. Animadversiones, et Castigationes*, Parisiis 1605

Heringa 1749:
A. Heringa, *Observationum criticarum liber singularis, in quo passim veteres Auctores, Graeci maxime, emendantur*, Leovardiae 1749

Herrmann 1951:
L. Herrmann, *L'âge d'argent doré*, Paris 1951

Herter 1932:
H. Herter, *De Priapo*, Giessen 1932

Herter 1957:
H. Herter, *Proteus (1)*, in *RE* 23, 1957, coll. 940–975

Herzog 1931:
R. Herzog, *Die Wunderheilungen von Epidauros. Ein Beitrag zur Geschichte der Medizin und der Religion*, Leipzig 1931

Hesberg 1981:
H. von Hesberg, *Archäologische Denkmäler zu den römischen Göttergestalten*, «ANRW», II, 17.2, 1981, pp. 1120–1121

Hesberg 1987:
H. von Hesberg, *Mechanische Kunstwerke und ihre Bedeutung für die höfische Kunst des frühen Hellenismus*, in *Marburger Winckelmann-Programm*, 1987, pp. 47–72

Heubeck 2003⁹:
A. Heubeck, *Omero. Odissea*, III (libri IX–XII), a cura di A.H., trad. di G.A. Privitera, Milano 2003⁹

Hollis 1972:
A.S. Hollis, *Two Notes on Callimachus*, «CR» 22, 1972, p. 5

Hollis 2009²:
A.S. Hollis, *Callimachus. Hecale*, Oxford-New York 2009²

Holst 1926:
H. Holst, *Demosthenes' Speech-impediment*, «Symbolae Osloenses» 4, 1926, pp. 11–25

Holzberg 2018:
N. Holzberg, *From Priapus to Cytherea: A Sequential Reading of the Catalepton*, «CQ» 68, 2018, pp. 557–565

Hopkinson 1982:
N. Hopkinson, *Juxtaposed Prosodic Variants in Greek and Latin Poetry*, «Glotta» 60, 1982, pp. 162–177

Höschele 2006:
R. Höschele, *Verrückt nach Frauen. Der Epigrammatiker Rufin*, München 2006

Höschele 2010:
R. Höschele, *Die blütenlesende Muse. Poetik und Textualität antiker Epigrammsammlungen*, Tübingen 2010

Howard 1893:
A.A. Howard, *The Αὐλός or Tibia*, «HSPh» 4, 1893, pp. 1–60

Howell 1980:
P. Howell, *A Commentary on Book One of the Epigrams of Martial*, London 1980

Hultsch 1882²:
F. Hultsch, *Griechische und römische Metrologie*, Berlin 1882²

Hunter 1983:
R.L. Hunter, *Eubulus. The Fragments*, Cambridge 1983

Hunter 2009:
R.L. Hunter, *Critical Moments in Classical Literature*, Cambridge 2009

Hutton 1946:
J. Hutton, *The Greek Anthology in France and in the Latin Writers of the Netherlands to the Year 1800*, Ithaca-New York 1946

Huys 1995:
M. Huys, *The Tale of the Hero who was Exposed at Birth in Euripidean Tragedy; a Study of Motifs*, Leuven 1995

Irigoin 1967:
J. Irigoin, *L'édition princeps d'Athénée et ses sources*, «REG» 80, 1967, pp. 418–424

Irigoin 1975–1976:
J. Irigoin, *Philologie grecque*, «AEHE» IVᵉ sect. 108, 1975–1976, pp. 281–297 (= *L'Anthologie Grecque*, in Id., *Tradition et critique des textes grecs*, Paris 1997, pp. 89–103)

Izzo D'Accinni 1984:
A. Izzo D'Accinni, *Erodoto. Storie*, IV (libri VIII–IX), trad. di A.I.D., note di D. Fausti, Milano 1984

Jacob 2001:
C. Jacob, *Ateneo, o il dedalo delle parole*, intr. a AA.VV. 2001, I, pp. XI–CXVI

Jacobs 1794–1814:
F. Jacobs, *Animadversiones in epigrammata Anthologiae Graecae secundum ordinem Analectorum Brunckii*, I–XIII, Lipsiae 1794–1814

Jacobs 1809:
F. Jacobs, *Additamenta animadversionum in Athenaei Deipnosophistas*, Jenae 1809

Jacques 1960:
J.M. Jacques, *Sur un acrostiche d'Aratos (Phén., 738–787)*, «REA» 62, 1960, pp. 48–61

James-Vassis 2012:
L. James-I. Vassis, *Constantine of Rhodes. On Constantinople and the Church of the Holy Apostles*, ed. by L.J., with a New Edition of the Greek Text by I.V., Farnham-Burlington 2012

Johnson 2005:
W. Johnson, *The Posidippus Papyrus: Bookroll and Reader*, in Gutzwiller 2005a, pp. 70–80

Jüthner 1941:
J. Jüthner, Ἀκόνιτον-ἀκονιτί, «Glotta» 29, 1941, pp. 73–77

Kambylis 1965:
A. Kambylis, *Die Dichterweihe und ihre Symbolik. Untersuchungen zu Hesiodos, Kallimachos, Properz und Ennius*, Heidelberg 1965

Kanellou 2019:
M. Kanellou, *Mythological Burlesque and Satire in Greek Epigram. A Case-Study: Zeus' Seduction of Danae*, in M. Kanellou-I. Petrovic-C. Carey (eds.), *Greek Epigram from the Hellenistic to the Early Byzantine Era*, Oxford 2019, pp. 249–271

Kanellou p.p.:
M. Kanellou, *Suffering from Gout: Intermingling Greek and Latin Material in the Yale Papyrus Codex*, in M. Kanellou-C. Carey (eds.), *Palladas and the Yale Papyrus Codex*, p.p.

Kanellou p.p.2:
M. Kanellou, *Unveiling Erotic Greek Epigram: A Diachronic Approach*, Oxford p.p.

Karamanou 2006:
I. Karamanou, *Euripides.* Danae *and* Dictys, München-Leipzig 2006

Karavas 2005:
O. Karavas, *Lucien et la tragédie*, Berlin-New York 2005

Kebric 1977:
R.B. Kebric, *In the Shadow of Macedon: Duris of Samos*, Wiesbaden 1977

Kenny 1932:
E.J.A. Kenny, *The Date of Ctesibius*, «CQ» 26, 1932, pp. 190–192

Keydell 1968:
R. Keydell, *Zur Sprache des Epigrammatikers Lukillios*, «Philologus» 112, 1968, pp. 141–145 (= *Kleine Schriften zur hellenistischen und spätgriechischen Dichtung*, Leipzig 1982, pp. 315–319)

Kidd 1997:
D. Kidd, *Aratus. Phaenomena*, Cambridge 1997

Kim 2010:
L. Kim, *Homer between History and Fiction in Imperial Greek Literature*, Cambridge 2010

Kleingünther 1933:
A. Kleingünther, Πρῶτος εὑρετής. *Untersuchungen zur Geschichte einer Fragestellung*, Leipzig 1933

Knaack 1891:
G.K. Knaack, *Zu den griechischen Epigrammatikern (I. Poseidippos; II. Asklepiades und Hedylos; III. Theokritos und Aratos; IV. Leonidas von Tarent; V. Apollonios von Rhodos; VI. Theodoridas und Euphorion; VII. Krinagoras)*, «JCPh» 143, 1891, pp. 769–775

Knaack 1892:
G.K. Knaack, *Lyrik und Epigramm*, in Susemihl 1892, pp. 517–573

Knox 1985:
P.E. Knox, *Wine, Water, and Callimachean Polemics*, «HSPh» 89, 1985, pp. 107–119

Konstantakos 2014:
I.M. Konstantakos, *Fourth Century I: Mythological Burlesques*, in Fontaine-Scafuro 2014, pp. 160–180

Krentz 1991:
P. Krentz, *The Salpinx in Greek Warfare*, in V.D. Hanson (ed.), *Hoplites: The Classical Greek Battle Experience*, London 1991, pp. 110–120

Krevans 2005:
N. Krevans, *The Editor's Toolbox. Strategies for Selection and Presentation in the Milan Epigram Papyrus*, in Gutzwiller 2005a, pp. 81–96

Künzl 1970:
E. Künzl, *Venus vor dem Bade – ein Neufund aus der Colonia Ulpia Traiana und Bemerkungen zur Typus der 'sandalenlösenden Aphrodite'*, «Bonner Jahrbücher» 170, 1970, pp. 102–162

Künzl 1994:
E. Künzl, *Aphrodite Untying her Sandals: A Hellenistic Terracotta and a Roman Alabaster Statuette*, «Sefunim» 8, 1994, pp. 35–44

Kurz 1970:
D. Kurz, *Ἀκρίβεια. Das Ideal der Exaktheit bei den Griechen bis Aristoteles*, Göttingen 1970

Kwapisz 2019:
J. Kwapisz, *The Technê of Aratus' Leptê Acrostich*, in L. Floridi-L. Neri-C. Torre (edd.), *Giochi e giocattoli: parole, oggetti e immaginario*, «Enthymema» 23, 2019, pp. 374–389

Lamagna 1998:
M. Lamagna, *Menandro. La donna di Samo*, Napoli 1998

Lambin 1982:
G. Lambin, *Le surnom ΒΆΤΑΛΟΣ et les mots de cette famille*, «RPh» 56, 1982, pp. 249–263

Landucci Gattinoni 1997:
F. Landucci Gattinoni, *Duride di Samo*, Roma 1997

Landucci Gattinoni 2010:
F. Landucci Gattinoni, *La cleruchia ateniese di Samo nelle fonti letterarie ed epigrafiche*, «SAIA – Annuario della scuola archeologica di Atene» 88, s. III, 10, 2010 [re vera 2012], pp. 427–438

Langholf 1996:
V. Langholf, *Lukian und die Medizin: Zu einer tragischen Katharsis bei den Abderiten (De historia conscribenda § 1)*, «ANRW» II 37.3, 1996, pp. 2793–2841

Lapini 2007:
W. Lapini, *Capitoli su Posidippo*, Alessandria 2007

Lasserre 1959:
F. Lasserre, *Aux origines de l'Anthologie. I. Le papyrus P.Brit.Mus. inv. 589 (= Pack 1121)*, «RhM» 102, 1959, pp. 222–247

Lattimore 1942:
R. Lattimore, *Themes in Greek and Latin Epitaphs*, Urbana 1942

Laurens 2012[2]:
P. Laurens, *L'abeille dans l'ambre*, Paris 2012[2]

Lausberg 1982:
M. Lausberg, *Das Einzeldistichon. Studien zum antiken Epigramm*, München 1982

Lauxtermann 1998:
M.D. Lauxtermann, *What is an Epideictic Epigram?*, «Mnemosyne» s. IV, 51, 1998, pp. 525–537

Lauxtermann 2003:
M.D. Lauxtermann, *Byzantine Poetry from Pisides to Geometres*, I, Wien 2003

Lauxtermann 2007:
M.D. Lauxtermann, *The Anthology of Cephalas*, in M. Hinterberger-E. Schiffer (hrsg.), *Byzantinische Sprachkunst. Studien zur byzantinischen Literatur gewidmet Wolfram Hörandner zum 65. Geburtstag*, Berlin-New York 2007, pp. 194–208

Lauxtermann 2009:
M.D. Lauxtermann, *Janus Lascaris and the Greek Anthology*, in S. de Beer et al. (eds.), *The Neo-Latin Epigram. A Learned and Witty Genre*, Leuven 2009, pp. 41–65

Lavoro 2016:
A. Lavoro, *Sull'epitome di Ateneo. Il codice H*, «Peloro» 1, 2016, pp. 5–19

Lehnus 2002:
L. Lehnus, *Posidippean and Callimachean Queries*, «ZPE» 138, 2002, pp. 11–13 (= *Maasiana & Callimachea*, Milano 2016, pp. 173–175)

Letrouit 1991:
J. Letrouit, *A propos de la tradition manuscrite d'Athénée: une mise au point*, «Maia» 43, 1991, pp. 33–40

LiDonnici 1989:
L.R. LiDonnici, *Tale and Dream: the Text and Compositional History of the corpus of Epidaurian Miracle Cures*, Ann Arbor 1989

LiDonnici 1992:
L.R. LiDonnici, *Compositional Background of the Epidaurian Iamata*, «AJPh» 113, 1992, pp. 25–41

LiDonnici 1995:
L.R. LiDonnici, *The Epidaurian Miracle Inscriptions. Text, Translation and Commentary*, Atalanta 1995

Lilja 1972:
S. Lilja, *The Treatment of Odours in the Poetry of Antiquity*, Helsinki 1972

Linant de Bellefonds-Prioux 2017:
P. Linant de Bellefonds-É. Prioux, *Voir les Mythes. Poésie hellénistique et arts figurés*, Paris 2017

Linnenkugel 1926:
A. Linnenkugel, *De Lucillo Tarrhaeo, epigrammatum poeta, grammatico, rhetore*, diss. Paderbornae 1926

Lissarague 1989:
F. Lissarague, *L'immaginario del simposio greco*, Roma-Bari 1989 (tit. or. *Un flot d'images. Une esthétique du banquet grec*, Paris 1987)

Livrea 1968:
E. Livrea, *Colluto. Il ratto di Elena*, Bologna 1968

Livrea 1973:
E. Livrea, *Apollonii Rhodii Argonauticon. Liber quartus*, Firenze 1973

Livrea 1989:
E. Livrea, *Due epigrammi callimachei*, «Prometheus» 15, 1989, pp. 199–206 (= ΚΡΕΣΣΟΝΑ ΒΑΣΚΑΝΙΗΣ. *Quindici studi di poesia ellenistica*, Messina-Firenze 1993, pp. 95–100)

Livrea 1991:
E. Livrea, *Il piede di Eupalamo*, «GIF» 31, 1979, pp. 325–329 (= *Studia Hellenistica*, I, Firenze 1991, pp. 267–270)

Lloyd-Jones 2003:
H. Lloyd-Jones, *All by Posidippus?*, in D. Accorinti-P. Chuvin (édd.), *Des Géants à Dionysos. Mélanges de mythologie et de poésie grecques offerts à Francis Vian*, Alessandria 2003, pp. 277–280 (= *The Further Academic Papers of Sir Hugh Lloyd-Jones*, Oxford 2005, pp. 246–249)

Longo 1998:
O. Longo (ed.), *La porpora. Realtà e immaginario di un colore simbolico*. Atti del Convegno di Studio, Venezia, 24 e 25 ottobre 1996, Venezia 1998

Longo 1967:
V. Longo, *L'epigramma scoptico greco*, Genova 1967

Longo 1986:
V. Longo, *Dialoghi di Luciano*, II, Torino 1986

Lorenzoni 1998:
A. Lorenzoni, *Marginalia comica II*, «Eikasmós» 9, 1998, pp. 69–79

Louyest 2012:
B. Louyest, *L'épitomé du* Banquet des sophistes *d'Athénée. Vers une étude comparative entre l'épitomé et le Marcianus*, «Rursus» 8, 2012 (https://journals.openedition.org/rursus/1045)

Luck 1968:
G. Luck, *Witz und Sentiment im griechischen Epigramm*, in AA.VV., *L'épigramme grecque*, Entretiens Hardt XIV, Vandœuvres-Genève 1968, pp. 389–408 (= *Opera Minora Selecta*, Huelva 2002, pp. 175–186)

Ludwig 1968:
W. Ludwig, *Die Kunst der Variation im hellenistischen Liebesepigramm*, in AA.VV., *L'épigramme grecque*, Entretiens Hardt XIV, Vandœuvres-Genève 1968, pp. 299–348

Luppe 1997:
W. Luppe, *Kallimachos, Aitien-Prolog V. 7–12*, «ZPE» 115, 1997, pp. 50–54

Maas 1935:
P. Maas, *Eustathios als Konjekturalkritiker (I)*, «ByzZ» 35, 1935, pp. 299–307 (= *Kleine Schriften*, München 1973, pp. 505–515)

Maas 1952:
P. Maas, *Verschiedenes zu Eustathios*, «ByzZ» 45, 1952, pp. 1–3 (= *Kleine Schriften*, München 1973, pp. 520–523)

Maas 1979[2]:
P. Maas, *Griechische Metrik*, in A. Gercke-E. Norden (hrsgg.), *Einleitung in die Altertumswissenschaft*, Leipzig-Berlin 1929[3]; tr. it. *Metrica greca*, Firenze 1979[2] (rist. Cesena 2016, con ampio aggiornamento di M. Ercoles)

Maffei 1994:
S. Maffei, *Luciano di Samosata. Descrizioni di opere d'arte*, Torino 1994

Magini 2000:
D. Magini, *Asclepiade e le origini dell'epigramma erotico greco*, «Acme» 53.3, 2000, pp. 17–37

Magnelli 1995:
E. Magnelli, *Le norme del secondo piede dell'esametro nei poeti ellenistici e il comportamento della 'parola metrica'*, «MD» 35, 1995, pp. 135–164

Magnelli 1997:
E. Magnelli, rec. a Massimilla 1996, «RFIC» 125, 1997, pp. 445–459

Magnelli 1999:
E. Magnelli, *Alexandri Aetoli testimonia et fragmenta*, Firenze 1999

Magnelli 2001:
E. Magnelli, *Petr. Sat. 119 (Bell. civ. 9)*, «Eikasmós» 12, 2001, pp. 259–262

Magnelli 2002:
E. Magnelli, *Studi su Euforione*, Roma 2002

Magnelli 2005:
E. Magnelli, rec. a Nisbet 2003, «Prometheus» 31, 2005, pp. 282–285

Magnelli 2007:
E. Magnelli, *Meter and Diction. From Refinement to Mannerism*, in Bing-Bruss 2007, pp. 165–183

Magnelli 2011–2012:
E. Magnelli, *Sui monosillabi nel pentametro: elegia ed epigramma*, «IFC» 11, 2011–2012, pp. 253–266

Magnelli 2015:
E. Magnelli, *A Note on Castorion's Hymn to Pan (SH 310): Metre and Syntax, Reading and Listening*, «G&R» 62, 2015, pp. 87–91

Magnelli 2017:
E. Magnelli, *L'Ocypus pseudo-lucianeo, tra tragedia e commedia*, in L. Cristante-V. Veronesi (edd.), *Il calamo della memoria* VII, 2017, pp. 1–20

Mairs 2011:
R. Mairs, *Egyptian 'Inscriptions' and Greek 'Graffiti' at El Kanais in the Egyptian Eastern Desert*, in J.A. Baird-C. Taylor (eds.), *Ancient Graffiti in Context*, New York 2011, pp. 153–164

Maltomini 2001:
F. Maltomini, *Nove epigrammi ellenistici rivisitati (PPetrie II 49b)*, «ZPE» 134, 2001, pp. 55–66

Maltomini 2008:
F. Maltomini, *Tradizione antologica dell'epigramma greco. Le sillogi minori di età bizantina e umanistica*, Roma 2008

Maltomini 2011a:
F. Maltomini, *Selezione e organizzazione della poesia epigrammatica fra IX e X secolo: la perduta antologia di Costantino Cefala e l'Antologia Palatina*, in P. Van Deun-C. Macé (eds.), *Encyclopedic Trends in Byzantium? Proceedings of the International Conference held in Leuven, 6-8 May 2009*, Leuven 2011, pp. 109–124

Maltomini 2011b:
F. Maltomini, *Nouvelles recherches sur les Sylloges Mineures d'épigrammes grecques*, «RPh» 85.2, 2011, pp. 295–318

Maltomini 2016:
F. Maltomini, *La raccolta epigrammatica di P.Freib. I 4 (SH 973): una rilettura*, «MD» 76, 2016, pp. 185–196

Maltomini 2019:
F. Maltomini, *Greek Anthologies from the Hellenistic Age to the Early Byzantine Era: A Survey*, in Henriksén 2019, pp. 211–227

Männlein-Robert 2015:
I. Männlein-Robert, *Iamatika*, in Seidensticker-Stähli-Wessels 2015, pp. 370–409

Marchiori 2000:
A. Marchiori, *Between Ichthyophagists and Syrians: Features of Fish-eating in Athenaeus' Deipnosophistae Books Seven and Eight*, in Braund-Wilkins 2000, pp. 327–338

Masaracchia 1978:
A. Masaracchia, *Erodoto. La sconfitta dei Persiani. Libro IX delle* Storie, Milano 1978

Massimilla 1996:
G. Massimilla, *Callimaco,* Aitia*. Libri primo e secondo*, Pisa 1996

Massimilla 2010:
G. Massimilla, *Callimaco,* Aitia*. Libri terzo e quarto*, Pisa-Roma 2010

Masson 1970:
O. Masson, *En marge du mime II d'Hérondas: les surnoms ioniens BÀTTAPOI et BATTAPÀI*, «REG» 83, 1970, pp. 356–361

Mathiesen 1999:
T.J. Mathiesen, *Apollo's Lyre: Greek Music and Music Theory in Antiquity and the Middle Ages*, Lincoln-London 1999

Matteo 2007:
R. Matteo, *Apollonio Rodio. Argonautiche, libro II*, Lecce 2007

McCredie 1984:
J.R. McCredie, *The "Lantern of Demosthenes" and Lysikrates, son of Lysitheides, of Kikynna*, in A.L. Boegehold et. al. (eds.), *Studies Presented to Sterling Dow on his Eightieth Birthday*, Durham, NC 1984, pp. 181-183

McDonald 2013:
G. McDonald, *Thomas More, John Clement and the Palatine Anthology*, «Bibliothèque d'Humanisme et Renaissance» 75, 2013, pp. 259-270

McLure 2003:
L. McLure, *Subversive Laughter: The Sayings of Courtesans in Book 13 of Athenaeus'Deipnosophistae*, «AJPh» 124, 2003, pp. 259-294

Medda 2017:
E. Medda, *Eschilo. Agamennone*, II, Roma 2017

Meineke 1843:
A. Meineke, *Analecta Alexandrina*, Berolini 1843

Meineke 1852-1853:
A. Meineke, *Strabonis Geographica*, I-III, Lipsiae 1852-1853

Meineke 1859:
A. Meineke, *Kritische Blätter*, «Philologus» 14, 1859, pp. 1-44

Meliadò 2008:
C. Meliadò, *'E cantando danzerò'. PLitGoodspeed 2. Introduzione, testo critico, traduzione e commento*, Messina 2008

Meschini 1982:
A. Meschini, *Lattanzio Tolomei e l'Antologia greca*, «BollClass» III.3, 1982, pp. 23-62

Meschini 2002:
A. Meschini, *Per l'esegesi umanistica greca dell'Antologia Planudea*, in V. Fera-G. Ferraù-S. Rizzo (edd.), *Talking to the Text: Marginalia from Papyri to Print*, Messina 2002, II, pp. 557-613

Mioni 1975:
E. Mioni, *L'"Antologia Greca" da Massimo Planude a Marco Musuro*, in *Scritti in onore di Carlo Diano*, Bologna 1975, pp. 263-307

Mioni 1985:
E. Mioni, *Bibliothecae Divi Marci Venetiarum codices Graeci manuscripti*, II (*Thesaurus antiquus, codd. 300-625*), Roma 1985

Mitford 1971:
T.B. Mitford, *The Inscriptions of Kourion*, Philadelphia 1971

Mlynarczyc 1980:
J. Mlynarczyc, *The Paphian Sactuary of Apollo Hylates*, in *Report of the Department of Antiquities Cyprus*, Nicosia 1980, pp. 239-252

Mlynarczyc 1990:
J. Mlynarczyc, *Nea Paphos III: Nea Paphos in the Hellenistic Period*, Warsaw 1990

Morelli 2000:
A.M. Morelli, *L'epigramma latino prima di Catullo*, Cassino 2000

Morelli 2008a:
A.M. Morelli (ed.), Epigramma longum. *Da Marziale alla tarda antichità / From Martial to Late Antiquity.* Atti del Convegno Internazionale, Cassino, 29–31 maggio 2006, I–II, Cassino 2008

Morelli 2008b:
A.M. Morelli, Epigramma longum: *in cerca di una* básanos *per il genere epigrammatico*, in Morelli 2008a, I, pp. 17–51

Morgan 2019:
L. Morgan, *The Meters of Epigram: Elegy and Its Rivals*, in Henriksén 2019, pp. 127–143

Moro 2019:
E. Moro, *Sirene. La seduzione dall'antichità ad oggi*, Bologna 2019

Murgatroyd 1975:
P. Murgatroyd, Militia amoris *and the Roman Elegists*, «Latomus» 34, 1975, pp. 59–79

Murgatroyd 1995:
P. Murgatroyd, *The Sea of Love*, «CQ» 45, 1995, pp. 9–25

Naas-Simon 2015:
V. Naas-M. Simon (édd.), *De Samos à Rome: personnalité et influence de Douris*, Paris 2015

Nenci 1994:
G. Nenci, *Erodoto. Le Storie. Libro V. La rivolta della Ionia*, Milano 1994

Neri 2003:
C. Neri, *Panfilo e i pesci di... scolio*, in P. Volpe Cacciatore (ed.), *La erudizione scolastico-grammaticale a Bisanzio (lessicografia, trattatistica grammaticale, esegesi, ecc.)*. Atti della VII Giornata di Studi Bizantini, Salerno, 11–12 aprile 2002, Napoli 2003, pp. 89–109

Nicosia 1992:
S. Nicosia, *Il segno e la memoria*, Palermo 1992

Nisbet 2003:
G. Nisbet, *Greek Epigram in the Roman Empire. Martial's Forgotten Rivals*, Oxford 2003

Nisbet-Hubbard 1978:
R.G.M. Nisbet-M. Hubbard, *A Commentary on Horace. Odes Book II*, Oxford 1978

Nisbet-Rudd 2004:
R.G.M. Nisbet-N. Rudd, *A Commentary on Horace. Odes Book III*, Oxford 2004

Nocchi p.p.:
F.R. Nocchi, Oratori finitimus comoedus: *modelli di gestualità nell'oratoria antica*, in G. Moretti (a cura di), *Il teatro dell'oratoria: parole, immagini, scenari e*

drammaturgia nell'oratoria antica, tardoantica e medievale. Atti del Convegno di Studi, Genova, 23–24 ottobre 2019, p.p.

O'Connor 1989:
E.M. O'Connor, *Symbolum Salacitatis: A Study of the God Priapus as a Literary Character*, Frankfurt am Main-Bern-New York-Paris 1989

Olson 1998:
S.D. Olson, *Aristophanes. Peace*, Oxford 1998

Olson 2007:
S.D. Olson, *Broken Laughter: Select Fragments of Greek Comedy*, Oxford 2007

Olson-Sens 2000:
S.D. Olson-A. Sens, *Archestratos of Gela. Greek Culture and Cuisine in the Fourth Century BCE*, Oxford 2000

Orinsky 1922:
K. Orinsky, *Ktesibios (2)*, in *RE* 11.2, 1922, coll. 2074–2076

Ornaghi 2003:
M. Ornaghi, *Linceo di Samo in Ateneo e Ateneo in Suda: casi di amplificazione della tradizione indiretta*, «Quaderni del Dipartimento di Filologia Linguistica e Tradizione Classica "Augusto Rostagni"» n.s. 2, 2003, pp. 49–79

Orsini 2000:
P. Orsini, *Lo scriba J dell'Antologia Palatina e Costantino Rodio*, «BBGG» 54, 2000, pp. 425–435

O'Sullivan 1992:
N. O'Sullivan, *Alcidamas, Aristophanes and the Beginnings of Greek Stylistic Theory*, Stuttgart 1992

Ouvré 1894:
H. Ouvré, *Quae fuerint dicendi genus ratioque metrica apud Asclepiaden, Posidippum, Hedylum*, Parisiis 1894

Pace 1998:
N. Pace, *Il canto delle Sirene in Ambrogio, Gerolamo e altri Padri della Chiesa*, in L.F. Pizzolato-M. Rizzi (edd.), *Nec timeo mori.* Atti del Congresso Internazionale di Studi Ambrosiani nel XVI centenario della morte di Sant'Ambrogio. Milano, 4–11 aprile 1997, Milano 1998, pp. 673–695

Page 1978:
D.L. Page, *The Epigrams of Rufinus*, Cambridge 1978

Pajón Leyra 2011:
I. Pajón Leyra, *Entre ciencia y maravilla. El género literario de la paradoxografía griega*, Zaragoza 2011

Papachrysostomou 2016:
A. Papachrysostomou, *FrC20. Amphis. Introduction, Translation, Commentary*, Heidelberg 2016

Papalexandrou 2004:
N. Papalexandrou, *Reading as Seeing: P.Mil.Vogl. VIII 309 and Greek Art*, in Acosta–Hughes-Kosmetatou-Baumbach 2004, pp. 247–258

Parsons 1999:
P.J. Parsons, *4501–2. Epigrams. Nicarchus II?*, in *The Oxyrhynchus Papyri*, LXVI, London 1999, pp. 38–57

Parsons-Maehler-Maltomini 2015:
P.J. Parsons-H. Maehler-F. Maltomini, *The Vienna Epigrams Papyrus (G40611). Corpus Papyrorum Raineri 33*, Berlin-München-Boston 2015

Pattie-McKendrick 1999:
T.S. Pattie-S. McKendrick, *The British Library Summary Catalogue of Greek Manuscripts*, I, London 1999

Pédech 1989:
P. Pédech, *Trois historiens méconnus: Théopompe – Duris – Phylarque*, Paris 1989

Pellegrino 2015:
M. Pellegrino, *Aristofane. Frammenti*, Lecce 2015

Pellegrino 2016:
M. Pellegrino, *Le commedie perdute di Aristofane*, «Studia Philologica Valentina» 18, n.s. 15, 2016, pp. 275–288

Pelliccio 2017:
F. Pelliccio, *Alla ricerca della brevità: l'ὀλιγοστιχία nella Corona di Filippo*, in D. Meyer-C. Urlacher-Becht (édd.), *La rhétorique du « petit » dans l'épigramme grecque et latine. Actes du Colloque de Strasbourg, 26–27 mai 2015*, Paris 2017, pp. 101–112

Pellizer 1983:
E. Pellizer, *Della zuffa simpotica*, in M. Vetta (ed.), *Poesia e simposio nella Grecia antica*, Roma-Bari 1983, pp. 29–41 (= K. Fabian-E. Pellizer-G. Tedeschi [edd.], *OINHRA TEYXH. Studi triestini di poesia conviviale*, Alessandria 1991, pp. 31–41)

Pfeiffer 1932:
R. Pfeiffer, Βερενίκης πλόκαμος, «Philologus» 87, 1932, pp. 179–228 (= A. Skiadas [hrsg.], *Kallimachos*, Darmstadt 1975, pp. 100–152)

Pfeiffer 1949–1953:
R. Pfeiffer, *Callimachus*, I–II, Oxonii 1949–1953

Pfrommer 2002:
M. Pfrommer, *Königinnen vom Nil*, Mainz 2002

Pfrommer 2004:
M. Pfrommer, *Arsinoe II und ihr magnetischer Tempel*, in P.C. Bol-G. Kaminski-C. Maderna (hrsgg.), *Fremdheit-Eigenheit, Ägypten, Griechenland und Rom, Austausch und Verständnis, Symposion des Liebieghauses*, Frankfurt am Main vom 28–30 November 2002 und 16–19 Januar 2003, «Städel-Jahrbuch» 19, 2004, Stuttgart, pp. 455–462

Piccinini 1996:
E. Piccinini, *Le Sirene nella patristica latina*, «VetChrist» 33, 1996, pp. 353–370

Pickup 2019:
S. Pickup, *A Slip and a Slap: Aphrodite and her Footwear*, in Pickup-Waite 2019, pp. 229–246

Pickup-Waite 2019:
S. Pickup-S. Waite (eds.), *Shoes, Slippers, and Sandals: Feet and Footwear in Classical Antiquity*, London 2019

Pierson 1830:
J. Pierson, *Moeridis Atticistae Lexicon Atticum*, Lipsiae 1830

Pirenne-Delforge 1994:
V. Pirenne-Delforge, *L'Aphrodite grecque. Contribution à l'étude de ses cultes et de sa personnalité dans le panthéon archaïque et classique*, Athènes-Liège 1994

Plant 2004:
I.M. Plant, *Women Writers of Ancient Greece and Rome. An Anthology*, Norman, OK 2004

Plastira-Valkanou 2003:
M. Plastira-Valkanou, AP *11.281. A Satirical Epitaph on Magnus of Nisibis*, «AC» 72, 2003, pp. 187–194

Plastira-Valkanou 2004:
M. Plastira-Valkanou, *The Praise of Eminent Physicians in the* Greek Anthology, in A.P. Vasileiadis-P. Kotzia-A.D. Mavroudis-D.A. Christidis (eds.), Δημητρίῳ στέφανος. Τιμητικός τόμος για τον καθηγητή Δημήτρη Λυπουρλή, Thessaloniki 2004, pp. 441–474

Porson 1814:
R. Porson, *Ricardi Porsoni Adversaria. Notae et emendationes in poetas Graecos quas ex schedis manuscriptis Porsoni apud Collegium ss. Trinitatis Cantabrigiae repositis deprompserunt et ordinarunt nec non indicibus instruxerunt Iacobus Henricus Monk A.M. Carolus Iacobus Blomfield A.M. Editio nova emendatior et auctior*, Lipsiae 1814

Porter 2011:
J.I. Porter, *Against leptotes: Rethinking Hellenistic Aesthetics*, in A. Erskine-L. Llewellyn Jones-E.D. Carney (eds.), *Creating a Hellenistic World*, Swansea 2011, pp. 271–312

Porter 2016:
J.I. Porter, *The Sublime in Antiquity*, Cambridge 2016

Pretagostini 2000:
R. Pretagostini, *Vino, amore e... violenza sessuale. Hedyl. AP 5.199*, in M. Cannatà Fera-S. Grandolini (edd.), *Poesia e religione in Grecia. Studi in onore di G. Aurelio Privitera*, Napoli 2000, pp. 571–574 (= *Ricerche sulla poesia alessandrina II. Forme allusive e contenuti nuovi*, Roma 2007, pp. 199–202)

Prioux 2007:
E. Prioux, *Regards alexandrins. Histoire et théorie des arts dans l'épigramme hellénistique*, Louvain 2007

Prioux 2015:
E. Prioux, *Douris et Posidippe: similitudes et dissemblances de quelques éléments de critique d'art et de critique littéraire*, in Naas-Simon 2015, pp. 91–120

Prioux 2019:
E. Prioux, *Meleager of Gadara*, in Henriksén 2019, pp. 389–405

Reinhold 1970:
M. Reinhold, *History of Purple as a Status Symbol in Antiquity*, Bruxelles 1970

Reitzenstein 1893:
R. Reitzenstein, *Epigramm und Skolion*, Giessen 1893

Reitzenstein 1931:
E. Reitzenstein, *Zur Stiltheorie des Kallimachos*, in E. Fraenkel et al. (hrsgg.), *Festschrift Richard Reitzenstein zum 2. April 1931*, Leipzig-Berlin 1931, pp. 23–69

Rice 1983:
E.E. Rice, *The Grand Procession of Ptolemy Philadelphus*, Oxford 1983

Rigsby 1996:
K.J. Rigsby, *Missing Places*, «CP» 91, 1996, pp. 254–260

Rigsby 2011:
K.J. Rigsby, *Two Texts of the* dioiketes *Apollonius*, «BASP» 48, 2011, pp. 131–139

Rochas 1884:
A. de Rochas, *La Science dans l'Antiquité. Les origines de la science et ses premières applications*, Paris 1884

Rolleston 1914:
J.D. Rolleston, *The Medical Aspects of the* Greek Anthology *(Part II)*, «Janus» 19, 1914, pp. 35–45

Rossi 2001:
L. Rossi, *The Epigrams Ascribed to Theocritus. A Method of Approach*, Leuven-Paris-Sterling 2001

Rossi 2002:
L. Rossi, *Composition and Reception in* AP *9.1–583:* Aphegheseis*,* epideixeis *and* progymnasmata, in M.A. Harder-R.F. Regtuit-G.C. Wakker (eds.), *Hellenistic Epigrams*, Leuven-Paris-Dudley, Mass. 2002, pp. 151–174

Rossi 1977:
L.E. Rossi, *Un nuovo papiro epicarmeo e il tipo del medico in commedia*, «A&R» 22, 1977, pp. 81–84

Rostagni 1916:
A. Rostagni, *Poeti alessandrini*, Torino 1916

Rubensohn 1891:
M. Rubensohn, *Gegen die Wassertrinker*, «Hermes» 26, 1891, pp. 153–156

Ruhnken 1749:
D. Ruhnken, *Epistola critica in Homeridarum Hymnos et Hesiodum*, I, Lugduni Batavorum 1749

Salmasius 1629:
C. Salmasius, *Plinianae exercitationes in Caii Julii Solini Polyhistora. Item Caii Julii Solini Polyhistor ex veteribus libris emendatus*, I, Parisiis 1629

Sánchez Ruipérez 1947:
M. Sánchez Ruipérez, *Etimología de* ΞΥΝ, ΣΥΝ, «Emerita» 15, 1947, pp. 61–70

Santin 2009:
E. Santin, *Autori di epigrammi sepolcrali greci su pietra. Firme di poeti occasionali e professionisti*, Roma 2009

Sbardella 2000:
L. Sbardella, *Filita. Testimonianze e frammenti poetici*, Roma 2000

Scarcella 1985:
A.M. Scarcella, *Luciano, le* Storie Vere *e il* furor mathematicus, «GIF» 37, 1985, pp. 249–257 (= *Romanzo e romanzieri. Note di narratologia greca*, Napoli 1993, II, pp. 419–427)

Schaps 2016:
D.M. Schaps, *Our Medusa: A Gorging Gorgon in Hedylus 9*, «SCI» 35, 2016, pp. 59–64

Schatzmann 2012:
A. Schatzmann, *Nikarchos II. Epigrammata. Einleitung, Texte, Kommentar*, Göttingen 2012

Schepens-Delcroix 1996:
G. Schepens-K. Delcroix, *Ancient Paradoxography: Origin, Evolution, Production and Reception*, in O. Pecere-A. Stramaglia (edd.), *La letteratura di consumo nel mondo greco-latino*. Atti del Convegno Internazionale, Cassino 14–17 settembre 1994, Cassino 1996, pp. 375–460

Schneider 1873:
O. Schneider, *Callimachea*, II, Lipsiae 1873

Schürmann 1991:
A. Schürmann, *Griechische Mechanik und antike Gesellschaft*, Stuttgart 1991

Schürmann 2003:
A. Schürmann, *Automata*, in H. Cancik-H. Schneider (eds.), *Brill's New Pauly* 2, Leiden-Boston 2003, coll. 415–417

Segrè 1928:
A. Segrè, *Metrologia e circolazione monetaria degli antichi*, Bologna 1928

Seidensticker-Stähli-Wessels 2015:
B. Seidensticker-A. Stähli-A. Wessels (hrsgg.), *Der Neue Poseidipp. Text – Übersetzung – Kommentar*, Darmstadt 2015

Selden 1998:
D.L. Selden, *Alibis*, «ClAnt» 17, 1998, pp. 289–412

Sens 1997:
A. Sens, *Theocritus. Dioscuri (Idyll 22)*, Göttingen 1997

Sens 2004:
A. Sens, *Doricisms in the New and Old Posidippus*, in Acosta–Hughes-Kosmetatou-Baumbach 2004, pp. 65–83

Sens 2011:
A. Sens, *Asclepiades of Samos. Epigrams and Fragments*, Oxford-New York 2011

Sens 2015:
A. Sens, *Hedylus (4 and 5 Gow-Page) and Callimachean Poetics*, «Mnemosyne» 68, 2015, pp. 40–52

Sens 2016:
A. Sens, *Party or Perish: Death, Wine, and Closure in Hellenistic Sympotic Epigram*, in V. Cazzato-D. Obbink-E.E. Prodi (eds.), *The Cup of Song. Studies on Poetry and the Symposion*, Oxford-New York 2016, pp. 230–246

Sens 2019:
A. Sens, *Asclepiades of Samos*, in Henriksén 2019, pp. 337–350

Sider 1997:
D. Sider, *The Epigrams of Philodemus*, New York-Oxford 1997

Sider 2004:
D. Sider, *Posidippus Old and New*, in Acosta–Hughes-Kosmetatou-Baumbach 2004, pp. 29–41

Sinos-Wenzel-Kalliri-Ieronymidou 1990:
S. Sinos-F. Wenzel-E. Kalliri-M. Ieronymidou, *The Temple of Apollo Hylates at Kourion and the Restoration of its South-West Corner*, Athens 1990

Sissa 1990:
G. Sissa, *Greek Virginity*, Cambridge, Mass. 1990

Slings 1993:
S.R. Slings, *Hermesianax and the Tattoo Elegy (P.Brux. inv. E 8934 and P.Sorb. inv. 2254)*, «ZPE» 98, 1993, pp. 29–37

Snell 1953:
B. Snell, *The Discovery of the Mind. The Greek Origins of European Thought*, Oxford 1953

Solodow 1986:
J.B. Solodow, *Raucae, tua cura, palumbes: Study of a Poetic Word Order*, «HSCP» 90, 1986, pp. 129–153

Sommerstein 2013:
A.H. Sommerstein, *Menander. Samia*, Cambridge 2013

Soren 1987:
D. Soren (ed.), *The Sanctuary of Apollo Hylates at Kourion, Cyprus*, Tucson, AZ 1987

Sourvinou-Inwood 1995:
C. Sourvinou-Inwood, *'Reading' Greek Death: To the End of the Classical Period*, Oxford 1995

Spanoudakis 2002:
K. Spanoudakis, *Philitas of Cos*, Leiden-Boston-Köln 2002

Stephanis 1988:
I.E. Stephanis, *ΔΙΟΝΥΣΙΑΚΟΙ ΤΕΧΝΙΤΑΙ*, Heraklion 1988

Stephens 2003:
S.A. Stephens, *Seeing Double. Intercultural Poetics in Ptolemaic Alexandria*, Berkeley-Los Angeles-London 2003

Stephens 2004:
S.A. Stephens, *For You, Arsinoe*, in Acosta–Hughes-Kosmetatou-Baumbach 2004, pp. 161–176

Stephens 2005:
S.A. Stephens, *Battle of the Books*, in Gutzwiller 2005a, pp. 229–248

Stephens 2010:
S. Stephens, *Ptolemaic Alexandria*, in J.J. Clauss-M. Cuypers (eds.), *A Companion to Hellenistic Literature*, Chichester-Malden, Mass. 2010, pp. 46–61

Stern 2007:
E.M. Stern, *Ancient Glass in a Philological Context*, «Mnemosyne» 60, 2007, pp. 341–406

Struffolino 2003:
S. Struffolino, *L'evoluzione dell'apostrofe al passante nelle iscrizioni d'età ellenistico-romana*, «Acme» 56.1, 2003, pp. 99–103

Susemihl 1892:
F. Susemihl, *Geschichte der griechischen Literatur in der Alexandrinerzeit*, II, Leipzig 1892 (rist. Hildesheim 1965)

Tarán 1979:
S.L. Tarán, *The Art of Variation in the Hellenistic Epigram*, Leiden 1979

Tedeschi 1998:
G. Tedeschi, *Luciano di Samosata. La Podagra; in appendice il Piè Veloce*, Lecce 1998

Telò 2006:
M. Telò, Αἰγίπυρρος *(Eup. fr. 20 K.-A.)*, «SemRom» 9, 2006, pp. 63–66

Thompson 1973:
D.B. Thompson, *Ptolemaic Oinochoai and Portraits in Faience: Aspects of the Ruler Cult*, Oxford 1973

Thompson 2000:
D.J. Thompson, *Philadelphus Procession: Dynastic Power in a Mediterranean Context*, in L. Mooren (ed.), *Politics, Administration and Society in the Hellenistic and Roman World. Proceedings of the International Colloquium*, Bertinoro 19–24 July 1997, Leuven 2000, pp. 365–388

Thraede 1962a:
K. Thraede, *Das Lob des Erfinders. Bemerkungen zur Analyse der Heuremata-Kataloge*, «RhM» 105, 1962, pp. 158-186

Thraede 1962b:
K. Thraede, *Erfinder II*, in *RAC* 5, 1962, coll. 1191-1278

Toup 1767:
J. Toup, *Epistola critica ad celeberrimum virum Gulielmum Episcopum Glocestriensem*, Londini 1767

Toup 1775:
J. Toup, *Curae novissimae sive appendicula notarum et emendationum in Suidam, in quibus plurima loca veterum Graecorum, Sophoclis et Aristophanis in primis, cum explicantur, tum emaculantur*, Londini 1775

Trédé 1983:
M. Trédé, Ἀκρίβεια *chez Thucydide*, in *Mélanges Édouard Delebecque*, Aix-en-Provence 1983, pp. 405-415

Trowbridge 1930:
M.L. Trowbridge, *Philological Studies in Ancient Glass*, Urbana 1930

Turyn 1972-1973:
A. Turyn, *Demetrius Triclinius and the Planudean Anthology*, «EEBS» 39-40, 1972-1973, pp. 403-450

Valckenaer 1773:
L.C. Valckenaer, *Theocriti decem eidyllia, Latinis pleraque numeris a C.A. Wetstenio reddita, in usum auditorum cum notis edidit, eiusdemque Adoniazusas uberioribus adnotationibus instruxit*, Lugduni Batavorum 1773

Valerio 2013a:
F. Valerio, *Ione di Chio. Frammenti elegiaci e melici*, Bologna 2013a

Valerio 2013b:
F. Valerio, *Agazia e Callimaco*, in D. Gigli-E. Magnelli (edd.), *Studi di poesia greca tardoantica*, Firenze 2013, pp. 87-107

Valerio 2014:
F. Valerio, *Agazia Scolastico, Epigrammi. Introduzione, testo critico e traduzione*, diss. Venezia 2014

van Dieten 1993-1994:
J.-L. van Dieten, *Zur Herstellung des Codex Palat. gr. 23/Paris. Suppl. gr. 384*, «ByzZ» 86-87, 1993-1994, pp. 342-362

van Miert 2011:
D. van Miert, *Joseph Scaliger, Claude Saumaise, Isaac Casaubon and the Discovery of the Palatine Anthology (1606)*, «JWI» 74, 2011, pp. 241-261

van Raalte 1986:
M. van Raalte, *Rhythm and Metre: Towards a Systematic Description of Greek Stichic Verse*, Assen-Maastricht-Wolfeboro 1986

van Raalte 1988:
M. van Raalte, *Greek Elegiac Verse Rhythm*, «Glotta» 66, 1988, pp. 145-178

Vegetti 2006:
M. Vegetti, *Platone. Repubblica*, Milano 2006

Vergados 2013:
A. Vergados, *The Homeric Hymn to Hermes*, Berlin-Boston 2013

Vetta 1980:
M. Vetta, *Theognis. Elegiarum liber secundus*, Roma 1980

Vetta 1989:
M. Vetta, *Aristofane. Le donne all'assemblea*, a cura di M.V., trad. di D. Del Corno, Milano 1989

Vian 1961:
F. Vian, *Apollonios de Rhodes. Argonautiques. Chant III*, Paris 1961

Vogt 1967:
E. Vogt, *Das Akrostichon in der griechischen Literatur*, «A&A» 13, 1967, pp. 80–95

Volckmar 1860:
C. Volckmar, *Hedyli epigramma (Athen. IV, 176)*, «Philologus» 15, 1860, pp. 335–338

Volk 2012:
K. Volk, *Letters in the Sky: Reading the Signs in Aratus' Phaenomena*, «AJPh» 133, 2012, pp. 209–240

Vox 1991:
O. Vox, *Poetesse di Teocrito*, in F. De Martino (ed.), *Rose di Pieria*, Bari 1991, pp. 197–220

Wachter 2010:
R. Wachter, *The Origin of Epigrams on 'Speaking Objects'*, in M. Baumbach-A. Petrovic-I. Petrovic (eds.), *Archaic and Classical Greek Epigram*, Cambridge 2010, pp. 250–260

Waite-Gooch 2019:
S. Waite-E. Gooch, *Sandals on the Wall: the Symbolism of Footwear on Athenian Painted Pottery*, in Pickup-Waite 2019, pp. 19–89

Wallace-Wallace 1939:
W. Wallace-M. Wallace, *Meleager and the "Soros"*, «TAPhA» 70, 1939, pp. 191–202

Waszink 1974:
J.H. Waszink, *Biene und Honig als Symbol des Dichters und der Dichtung in der griechisch-römischen Antike*, Opladen 1974

West 1966:
M.L. West, *Hesiod. Theogony*, Oxford 1966

West 1974:
M.L. West, *Studies in Greek Elegy and Iambus*, Berlin-New York 1974

West 1982:
M.L. West, *Greek Metre*, Oxford 1982

West 1992:
M.L. West, *Ancient Greek Music*, Oxford 1992

Westendorp Boerma 1949–1963:
R.E.H. Westendorp Boerma, *P. Vergili Maronis libellus qui inscribitur Catalepton conspectu librorum, prolegomenis, notis criticis, commentario exegetico instruxit*, I–II, Assen 1949–1963

Weyman 1924:
C. Weyman, rec. a W. Kroll, *C. Valerius Catullus*, Leipzig 1923, «BBGG» 60, 1924, pp. 216–224

Wifstrand 1926:
A. Wifstrand, *Studien zur griechischen Anthologie*, Lund 1926

Wilamowitz 1924:
U. von Wilamowitz, *Hellenistische Dichtung in der Zeit des Kallimachos*, I–II, Berlin 1924

Wilamowitz 1925:
U. von Wilamowitz, *Lesefrüchte*, «Hermes» 60, 1925, pp. 280–316 = K. Latte (ed.), *Kleine Schriften*, IV, *Lesefrüchte und Verwandtes*, Berlin 1935, pp. 368–403

Wilkins 2000:
J. Wilkins, *The Boastful Chef. The Discourse of Food in Ancient Greek Comedy*, New York-Oxford 2000

Wilkinson 2012:
K.W. Wilkinson, *New Epigrams of Palladas. A Fragmentary Papyrus Codex (P.CtYBR inv. 4000)*, Durham, NC 2012

Williams 1978:
F.J. Williams, *Callimachus. Hymn to Apollo*, Oxford 1978

Wilson 1962:
N. Wilson, *Did Arethas read Athenaeus?*, «JHS» 82, 1962, 147–148

Wilson 1996[2]:
N.G. Wilson, *Scholars of Byzantium*, London 1996[2]

Xylander 1571:
G. Xylander, *Strabonis rerum geographicarum libri septemdecim*, Basileae 1571

Young 1955:
D.C.C. Young, *On Planudes' Edition of Theognis and a Neglected Apograph of the* Anthologia Planudea, «PP» 10, 1955, pp. 197–214

Young-Young 1955:
J.H. Young-S.H. Young, *Terracotta Figurines from Kourion in Cyprus*, Philadelphia 1955

Ypsilanti 2018:
M. Ypsilanti, *The Epigrams of Crinagoras of Mytilene. Introduction, Text, Commentary*, Oxford 2018

Zanetto 2000²:
G. Zanetto, *Inni omerici*, Milano 2000²

Zanetto 2002:
G. Zanetto, *Posidippo e i miracoli di Asclepio*, in AA.VV., *Un poeta ritrovato: Posidippo di Pella*, Atta della Giornata di Studio, Milano, 23 novembre 2001, Milano 2002, pp. 73–78

Zanker 2007:
G. Zanker, *Characterization in Hellenistic Epigram*, in Bing-Bruss 2007a, pp. 233–249

Zanker 2001:
P. Zanker, *Un art pour le plaisir des sens. Le monde figuré de Dionysos et d'Aphrodite dans l'art hellénistique*, Paris 2001 (tit. or. *Eine Kunst für die Sinne – Zur Bilderwelt des Dionysos und der Aphrodite*, Berlin 1998)

Zatta 1997:
C. Zatta, *Incontri con Proteo*, Venezia 1997

Zimmermann 1909:
J. Zimmermann, *Luciani quae feruntur Podagra et Ocypus*, Lipsiae 1909

Index verborum[1]

Ἆγις 8.2, 11.1; -ιν 11.4, *13.3
Ἀγλαονίκην 2.1
ἀείδειν 10.5 (fort. corruptum)
Αἰγύπτιον 4.3
ἀκόνιτος 11.3
ἀκρήτοις 10.8 (coni.)
Ἀκρισίου 8.6
ἀκτάς *14.4
ἀλλ'(ά) 4.9, 5.3, 6.3, 8.3, 10.9, 11.2, *13.5
ἀλουργές 1.1
ἅμα 1.3
ἀμβρόσιον 1.4
ἄν 5.2
ἄναξ 4.7
ἀνδράσι 3.1, *14.5
ἀνόδευτον *14.5
Ἀνταγόρην *13.3
ἅπας 9.2
ἀπλάτου 9.5 (coni.)
ἀπ'(ό) 3.5, *14.3
ἀπόκλειε 8.3
Ἀρισταγόρης 11.2; -ην 11.1
Ἀρσινόης 4.2, 4.10
(αὐλέω) ηὔλει 10.7
αὐλητής 10.2
αὐτοῦ 10.5 (fort. corruptum), 11.1; -αῖς *13.5
Ἀφροδίτης 12.1, *13.5

Βάκχου 12.1
βαλανάγραν 8.1
βάλλετε 11.4
Βάτταλον 10.8
Βησᾶν 4.3
Βοίδιον *13.1
βούλεται 8.3

γάρ 1.3, 5.1 (bis), 7.2, 8.5, 10.5 (fort. corruptum), *13.6; vd. anche τοιγάρ
γενέθλια 10.5 (fort. corruptum)
γεννᾶται 12.2
γήρως 10.3 (fort. corruptum)
γίνεθ' 8.3; γέγωνεν 4.5
Γλαύκης 10.7
γλυκερῶν 3.6
γλυκύς 10.1
γόγγρος 9.2; -ου 9.6
Γοργοῦς 9.6
Γραῖαι *13.2
γράφε 6.6
γυμνούς *13.4

δ'(έ) 4.5, 6.5 (bis), 7.1, 9.1, 9.4, 9.6, 10.7, *14.3
δειράδος *14.3
δεῦτ'(ε) 4.2, 4.10
δή 6.5 (corruptum)
δι'(ά) 4.5, *14.1, *14.6
διαπινομένη 3.1

---

1 Le sigle suppl. e coni., tra parentesi, indicano che un termine è frutto, rispettivamente, di integrazione o di correzione (a meno che non si tratti di interventi palmari e universalmente accolti); sono inoltre segnalate le *variae lectiones* e le correzioni indicate, in apparato, come possibilmente corrette, anche se non accolte a testo, nonché i termini oggetto di corruttela.

Διομήδους *13.1
δόλιαι 2.2
δραχμῆς 9.2

(ἐγώ) με 5.3
εἰαρινῶν *14.6 (coni.)
εἰδείης 4.2 (corruptum)
εἰκόσοροι *13.2
(εἰμί) ἐστι(ν) 6.5, 7.2, 9.2; ἦν 1.3
(εἷς) ἕν' *13.3
εἰς 6.1, 6.2, *14.4; ἐς 5.4
(εἰσέρχομαι) -ἦλθεν 11.2
εἶτ' 6.3
ἐκ 6.1; ἐξ 3.4, 4.8, 6.1, *14.3
ἑκάστη *13.3
(ἐκβάλλω) ἐξέβαλον *13.4
ἐκδύματα 2.5
ἐκείνης 3.5
(ἐκπίνω) ἔκπιε 1.3 (corruptum);
    ἐξέπιεν 3.2
ἔλαφοι *14.2
ἔμβαλε 8.1
ἐν 10.8; κἠν 10.2 (coni.)
ἐνώτιον 9.3
ἐξ vd. ἐκ
ἐξαίφνης 6.3
ἐπί 8.6
ἐπιλάμπει 6.5
ἔπος 5.2
(ἔρχομαι) ἔλθῃ 8.2; ἤλθομεν *14.2
ἔρως 2.2; Ἐρώτων 1.3
ἐς vd. εἰς
ἔσθε 9.2
ἔτι 2.3
εὐοδίης 4.2 (in app. dubit. conieci)
Εὐπαλάμου 10.4 (fort. corruptum)
εὕρεμα 4.9

εὗρε 4.8; εὕροιμ' 5.2
Εὐφρώ *13.1
ἐφθός 8.1
ἔχει 11.3; -ομεν 9.4 (coni.); εἶχε(ν)
    10.3 (fort. corruptum), 10.5 (fort.
    corruptum)
ἐχθρότεραι *13.6

Ζεύς 8.5
ζεφύρων *14.6
ζῆν 5.4 (coni.)
ζώνην 9.3
ζωραῖς 3.3 (coni.)
ζωροπόται 4.1

ἤ 9.3 (ter, ἤ² suppl.), 10.8, 10.9 (bis)
Ἡδύλε 5.4
ἡδυπότην 10.8
ἡδύς 2.2
ἥδυσμα 10.6 (fort. corruptum)
ἡμετέρη 9.5
ἥν 9.1
ἥξει 8.5
ἠόνος *14.4
ἠοῦς 6.1; -οῦν 6.2
ἠρίον 10.1
ἥσσονας *13.4
ἦχον 4.3

θ'(ε) vd. τε
Θαΐς *13.1
θαλίης 4.6
θάλος 1.4
θαῦμα 3.1, *14.5
θείων 4.8
θελήσῃς 9.1
θέουσαι *14.1

Θέων 10.1 (nom.), 10.10 (voc.);
    Θέωνα 10.9
(θιγγάνω) ἔθιγ' 11.1
θυγάτηρ 12.2
θυμέλῃσι 10.2
θυωθέν 3.3

ἱεραγωγοῖς 4.7
ἱραί *14.1

κάδοις 5.3, 6.2
καί 1.2, 1.4, 1.6, 2.1, 2.2, 2.5, 2.6,
    3.5, 4.1, 4.6, 5.1 (bis), 5.2, 5.3,
    6.1, 6.6 (bis), 8.3 (bis), 10.3 (fort.
    corruptum), 10.9 (bis); κἢν 10.2
    (coni.), 11.4 (bis), 12.1, *13.1
    (bis), *13.3 (bis); κοὐ 3.2; κᾦχετ'
    11.2
καλαμαυλητήν 10.10
κάλαμοι 1.2
(καλέω) καλεῖ 10.4 (fort. corruptum)
καλλιστεῖα 1.5
Καλλίστιον 3.1
κάλλιχθυς 8.1
κατά 4.1
κατάβρεχε 5.3
(κατακοιμίζω) κατεκοίμισαν 2.1
καταμύομεν 9.1
κεῖται 3.4; -νται 2.4
κενόν 5.4
Κιλίσσης *14.3
Κλειώ 9.1
Κλεοφῶντα *13.3
(κλύζω) ἔκλυσεν 11.1
Κουριάδας *14.4
κρίναντι 1.5
κρουνοῦ 4.4
Κτησιβίου 4.9

κῦμα *14.1
Κύπριδι 2.3
κώδωνος 4.6
κώμου 4.6
Κωρυκίης *14.3
Κώταλον 10.9 (fort. corruptum)

Λάκωνες 1.1
λάφυρα 2.4
λέγε 5.3; εἴπατε 10.10
λεπτόν 5.2
λέσβιον 3.4
ληρῶν 1.2 (λήρων Pl, fort. recte)
ληστρικά *13.5
λιγύν 4.3
λιθούμεθα 9.5
λοπάδι 9.6; -α 8.6; -ων 8.2
λυσιμελής 12.2; -οῦς 12.1 (bis)

μά 9.4 (coni.)
μαλακαί 2.5
μαρτύρια 2.6
μαστῶν 2.5
Μέδουσα 9.5
μέθυε 6.6; μεθύων 5.4; μεμεθυσμένα
    10.7
μέλεοι 9.6
μελιχρόν 5.2; -ότερον 6.4
μέλος 4.8
μεταπλασθείς 8.5
μή 8.2
μίμων 10.2 (coni.)
μισῶ 5.4 (coni.)
μίτραι 1.1, 2.5; -ῃσι 3.3 (coni.); -αις
    11.4
μόναυλος 10.1
μόνη 9.2; μόνον 9.3

Μουσέων 10.7
μυδῶντα 2.3
μυρίον *14.5
μύροις 2.3
μύσταις 4.7

ναί 9.4 (coni.)
ναυηγῶν *13.4
ναυκλήρων *13.2
νεβρίδα 1.6
Νεῖλος 4.7
νέον 5.1; -οι 4.10
νήπιον 10.4 (fort. corruptum)
νῆστις 3.2
νηυσί *13.5
νηῷ 4.10; -όν 4.1
Νικαγόρεω 2.2
Νικονόη 1.3 (coni.)
νοεῖν *14.5
νυκτός 6.1 (coni.); νύκτα 6.1
νῦν 8.1

ὁ 2.2, 7.2, 8.1, 8.2, 9.2, 10.1 (bis); τῷ 1.5, *14.1; τόν 9.4 (coni.), 10.8, 10.10; ἡ 1.4, 3.1, 6.6; τῆς *13.5; τήν 8.1; τό 1.1, 4.2, 9.4; οἱ 1.2, 9.6; τοί 1.1; τῶν 2.6, 3.5, 8.2; αἱ 1.1, 2.2, *13.1, *14.2; τά 1.5, 10.5 (fort. corruptum), *13.5
(ὅδε) τῷδε 4.10; τήνδ' 1.6, 8.6; τόδε 3.3 (coni.); αἵδε *13.6
οἰγομένου 4.4 (coni.)
οἰκεῖ 10.1
οἶνος 2.1; -ον 5.1, 6.3
οἴχεται 6.3; κᾤχετ' 11.2
ὁκοῖον 4.7 (coni.)
ὁλκάδες *13.2
ὁρᾶν 9.4; ἴδετ' 4.2

ὀρχηστήν 4.3
ὅσον 11.2
ὅς 4.3; ἧς 2.3, 3.3; ἥν 3.5; ὅ 8.3
οὐ(κ) 4.5 (coni.), 5.4, 9.4, 9.6
οὔτ' 11.1 (bis)
(οὗτος) τοῦτο 4.1, 4.9, 10.1 (suppl.), 10.5 (fort. corruptum); ταῦτα 2.3
Ὀψοφάγει 9.1
ὀψοφάγος 7.2

παίγνια 10.7
παίζει 6.4; παῖζε 5.3
παῖς 1.4
Πάκαλον 10.9 (fort. corruptum)
πάλι 3.5 (coni.), 6.1 (coni.)
πανμαρπᾶν 10.6 (corruptum)
παρ' 4.10, 5.1, 6.3
πάρα 2.3, *14.5
παρθενίων 2.4
(πᾶς) πάντες 9.5; -α 2.3; πάνθ' 1.3; -ως 3.5
πάτριον 4.8
Παφίη 3.3
πέπλοι 1.2
πίνει 6.2; -ωμεν 5.1
Ποδάγρα 12.2
πόθων 2.4, 3.6
πολέμου 4.5
πολλόν *14.1; πολύ 6.5 (fort. corruptum); πουλύ 6.4 (coni.)
πορφυρέης 3.4
ποῦ 11.3
που 6.3
Πριάπῳ 1.5
προπόσεις 2.1
πρός 4.4
προχόην 1.6

Πρωτεύς **8.2**
πῦρ **8.3**
πῶς ***14.5**

ῥύσιν **4.4**
ῥυτόν **4.2**

σαλπίζει **4.4**
σάνδαλα **2.5**
σάου **3.5**
Σειρήνων ***13.6**
σημανέων **10.6** (fort. corruptum)
Σικελίδου **6.4**
Σκίρπαλον **10.3** (fort. corruptum), **10.4** (fort. corruptum)
σκυλμῶν **2.6**
σοροπηγοί **11.3**
σοφόν **4.9**
στεφάνοις **11.4**
στιβαρώτερος **6.5**
σύ **3.5** (suppl.), **9.5**; σοί **3.3** (coni.), **3.6**
σῦλα (an σκῦλα?) **3.6**
σύν **1.3** (corruptum), ***13.5**
σύνθεμα **4.6** (coni.)
σύνθημα **4.5**
σύσσημον **9.4**
Σωκλῆς **6.1**

ταχιναί ***14.2**
τε **1.1**, **10.4** (fort. corruptum); θ' **1.1**, **7.2** (suppl.)
τετραχόοισι **6.2**
τίετε **4.9**
(τίθημι) ἔθετο **1.6**; θές **9.3**
(τις) τι **1.4**, **5.1** (bis), **5.2**, **9.3**
τοιγάρ **1.5**

τοίην **11.3**
τοιοῦτον **9.3**; -α **8.5**
τοῖχοι **3.6**
τόξα ***14.2**
τότε **2.6**
τρεῖς **3.2**
(τρέχω) ἐδράμομεν ***14.6**
τυφλός **10.3** (fort. corruptum)
τυχόν **6.3**, **8.5**

ὑγρά **2.4**
ὕδωρ **8.3**; ὑδάτων **4.8**
ὑέλου **3.4**
υἱόν **10.3** (fort. corruptum)
ὑπ' **10.1**
ὑπαί **10.3** (fort. corruptum)
ὑπένδυμα: **1.1**
ὕπνου **2.6**

Φαίδων **7.1**
φέρωσι **3.6**; ἐνείκαι **7.1** (coni.)
φεύγετε ***13.6**; φυγεῖν ***14.2**
φιλοζεφύρου **4.1**
φίλος **6.6** (coni.); -ον **4.7**
Φοίβῳ ***14.1**
φύκι' **7.1** (coni.)
φύσιν **11.3**

χαῖρε **10.10**
χάρις **6.6**, **10.2**; Χαρίτων **1.4**
χεῦμα ***14.6**
Χίου **5.3**
χόας **3.2**
χορδάς **7.2**
χρυσέου **4.5**; -ην **1.6**; χρύσεοι **1.2**
χρυσορόης **8.6**

ψάλτης 7.2
ψευδές 3.2

ὦ 11.3
ὡς 3.5, 6.5, 8.5
ὥστε 6.6

Index locorum

Ach. Tat. 2.3.1–2: 93

Adesp. *AP* 5.200 = *HE* 3804 ss.: 56, 64, 69, 75, 76, 78

Adesp. *AP* 5.201 = *HE* 3808 ss.: 56, 69, 75, 78, 83

Adesp. *AP* 5.205 = *HE* 3798 ss.: 56, 69

Adesp. *AP* 11.125: 163, 166

Adesp. *TrGF* 361: 134–135

Ael. fr. 113 Domingo-Forasté = 110 Hercher (= Suid. α 3213 Adler): 86–87

Ael. *NA* 1.6: 155

Ael. *NA* 5.29: 155

Ael. *NA* 8.11: 155

Ael. *NA* 11.7: 185

Ael. *VH* 2.41: 37, 87, 144

Ael. *VH* 9.39: 155

Agath. *AP* 5.289.3–4 = 89.3–4 Viansino: 103

Agath. *AP* 5.294.17–18 = 90.17–18 Viansino: 75–76, 79

Anaxil. *PCG* 22: 173–174, 177, 179

Antip. Thess. *AP* 9.77.6 = *GPh* 704: 95–96

Antip. Thess. *AP* 7.640.2 = *GPh* 378: 180

Antiphan. *PCG* 164: 144

Apollonid. *AP* 9.244 = *GPh* 1209 ss.: 183, 187

A.R. 3.867–868: 90, 92

Ar. *Ecc.* 1029: 175, 176

Ar. *Nub.* 983: 144

Ar. *Pax* 810: 135, 136, 144

Ar. *PCG* *322.5–11: 168

Ar. *Plut.* 559–560: 168

Archil. fr. 196 West[2]: 82, 170

Asclep. *AP* 5.64 = *HE* 854 ss. = 11.5–6 Sens: 141, 172

Asclep. *AP* 12.46 = *HE* 876 ss. = 15 Sens: 7, 11, 33, 122

Asclep. *AP* 12.50 = *HE* 880 ss. = 16 Sens: 10–11, 79, 116, 117, 121, 124, 126

Asclep. *AP* 12.135 = *HE* 894 ss. = 18 Sens: 10, 21, n. 66, 33, 74, 76–77, 172

Asclep. *AP* 12.163 = *HE* 916 ss. = 24 Sens: 14

Athen. 3.125c: 39, n. 122

Athen. 7.297b–c (**T1**): 1, 9, 32, 56, 59, 118

Call. *Aet.* fr. 1 Pfeiffer = Massimilla = Harder: 12, 13, 107–108, 115, 117, 118

Call. *Aet.* fr. 67.1 Pfeiffer = Harder = 166.1 Massimilla: 14

Call. *Aet.* fr. 75.30–31 Pfeiffer = Harder = 174.30–31 Massimilla: 14

Call. *Aet.* fr. 178 Pfeiffer = Harder = 89 Massimilla: 13, 102, 103

Call. *AP* 6.148.1 = *HE* 1125 = 37.1 Pfeiffer: 15, 88

Call. *AP* 6.347 = *HE* 1149 s. = 33 Pfeiffer: 14–15, 43, n. 133, 93

Call. *AP* 7.415 = *HE* 1185 s. = 35 Pfeiffer: 43, n. 133, 114, 115, 117

Call. *AP* 7.454 = *HE* 1325 s. = 36 Pfeiffer: 43, n. 133, 88, 114

Call. *AP* 9.507.2–4 = *HE* 1298–1300 = 27.2–4 Pfeiffer: 12, 114–115, 118

Call. *HE* 1109 ss. = 5 Pfeiffer: 13, 98, 99

Call. *h.* 2: 13, 101–102, 113–114

Call. *Iamb. inc. sed.* fr. 215 Pfeiffer: 108

Callix. *FGrHist* 627F2 (*ap.* Athen. 5.197d–203b): 69, 71, 92, 100, 107

Cat. 66.13–14: 14, 75, 79, 83, 84

Colluth. 109: 82

Cratin. *PCG* 198: 120

Crinag. *AP* 6.232 = *GPh* 2014 ss. = 42 Ypsilanti: 69, 70

Dion. *AP* 12.108 = *HE* 1453 ss.: 119, 128–129

D.L. *AP* 7.105.3–4: 170

Enn. *Ann.* 532: 119

Et. Gen. AB α 551 = *Et. Magn.* α 960 Lasserre-Livaradas (**T2**): 2–3, 14, 60, 169

Eupol. *PCG* 175: 137

GVI 1151.21 (Erode): 106

Hdt. 5.18.2: 86–87

Hdt. 9.16.2: 86

Heraclit. *de incredibilibus* 14: 179

h.Merc. 24 ss.: 110

Hor. *Carm.* 3.29.1–2: 119

Hor. *Serm.* 2.8.39: 119

Juba Rex *FGE* 239 ss. = Athen. 8.343e–f: 132

Leon. *AP* 6.289.1–2 = *HE* 2223–2224: 174

Marc. Arg. *AP* 6.201 = *GPh* 1379 ss.: 65, 80

Mel. *AP* 5.144.3–4 = *HE* 4158–4159: 82

Mel. *AP* 5.175 = *HE* 4354 ss.: 83–84

Mel. *AP* 5.204 = *HE* 4298 ss.: 173, 174–175, 177

Mel. *AP* 12.49.1 e 3 = *HE* 4598 e 4600: 102

Nicarch. *AP* 11.71.1: 67

Od. 4.351–569: 137, 139

Paul./Fest. p. 115 M. = 102.23 Lindsay: 65

Paul./Fest. p. 115 M. = 102.24 Lindsay: 93

Paul. Sil. *AP* 5.259 = 77 Viansino: 84

Phalaec. *HE* 2935 ss.: 8, n. 35, 30, n. 105, 37, 87, 144

Phan. *AP* 6.307 = *HE* 3010 ss.: 162

Philipp. *APl* 215.2 = *GPh* 3119: 79, 95, 96

Philod. *AP* 5.13 = *GPh* 3166 ss. = 9 Sider: 64, 68, 178

Philod. *AP* 11.318 = *GPh* 3334 ss. = 31 Sider: 132, 136

Plat. *Rp.* 420e: 86

Plaut. *Stich.* 721: 119

Plin. *NH* 8.114: 187

Plin. *NH* 10.51: 155

Plin. *NH* 14.144: 89

Plut. *Mor.* 711d: 86

Plut. *Mor.* 715d: 86

Plut. *Mor.* 972f: 155

Poll. 6.19–20: 87

Posidipp. 36 A.–B.: 11, 98

Posidipp. 37 A.–B.: 11, 98, 99

Posidipp. 38 A.–B.: 11, 98

Posidipp. 39 A.–B.: 3–4, n. 11, 11, 12, 98, 105

Posidipp. *HE* 3110 ss. = 116 A.–B.: 3–4, n. 11, 11, 12, 31, n. 110, 98, 99, 102, 104, 111

Posidipp. *HE* 3120 ss. = 119 A.–B.: 3–4, n. 11, 11, 12, 31, n. 110, 98, 102, 104

Posidipp. *HE* 3126 ss. = 120 A.–B.: 11, 30, n. 105, 132

Posidipp. *HE* 3134 ss. = 121 A.–B.: 11, 30, n. 105, 132, 133

Posidipp. 143 A.–B.: 11, 89

Rufin. *AP* 5.44 = 17 Page: 173, 174–175, 178

Scholia Florentina ad Call. fr. 1 Pfeiffer = Massimilla = Harder: 3, 125, 128

Sim. *AP* 5.159 = *HE* 3300 ss.: 171, 174, 175

Strab. 14.6.3 (**T4**): 8, 9, 29, 60, 161, 181–188

Theocr. 7.37–41: 2, 128

Theocr. 14.13: 177–178

[Verg.] *Cat.* 4: 127

[Verg.] *Cat.* 11: 126–127

Index nominum et rerum notabilium

Lingua, morfologia e sintassi
  anacoluto: 62
  coordinazione: 44
  dorico: 43, 65, 94, 128, 163–164
  ionico(-attico): 23, 43, 65, 66, 70, 163, 178
  medio per l'attivo: 86
  paratassi: 44
  preziosismi linguistici: 28, 42–43, 64

Luoghi e ambienti
  Afrodite-Arsinoe, tempio di: 2, 3, 11, 13, 31, 41, 86, 97–112, 151
  Alessandria d'Egitto: 1, n. 3, 2, 3, 31, 36, 67, 68–69, 70, 92–93, 100, 104, 111, 151; vd. anche Faro, di Alessandria
  Atene: 1, 59, 81, 149, 151
  Canopo: 99, 104, 109
  Cilicia: 9, 181–188
  Cipro: 9, 36, 181–188
  Corico, capo: 60, 181–188
  Curio: 60, 181–188
  Egitto: 31, n. 108, 36, 67, 99, 103, 110; vd. anche *Topoi*, immagini e temi: interculturalità greco-egizia
  Etna: 59
  Faro, di Alessandria: 31, 100; isola: 104
  Heidelberg: 16, n. 49, 17, 18, 21
  Lesbo: 63, 68, 80, 85, 93
  Macedonia (patria dei Tolomei): 36, 66–67, 99, 110
  Nilo: 12, 13, 97, 99, 100, 101, 103, 104, 107, 109, 110, 112; vd. anche *Topoi*, immagini e temi: fiume (simbolo di poesia torrenziale)
  Samo: 1, 2, 3, 4, 11, 36, 59, 98, 125, 128, 133, 164; cleruchia ateniese a: 1, 128
  Sicilia: 1, n. 2, 128, 157, 187
  Waterloo: 18
  Zefirio, capo: 2, 3, 11, 31, 97–112

Manoscritti
  BM Add. 16409 (**Q**): 23–24, 57, 70
  British Library, Royal 16 D X (**H**): 26
  Erbacensis 4 (**R**): 26
  Gott. Phil. 3: 20
  Heid. Pal. gr. 23 (**P**): 15–21, 57, passim
  Laur. 57.29: 24
  Laur. plut. 60.2 (**E**): 26, passim
  Leid. B.P.G. 34B (**Ap.S**): 19, 21
  Leid. B.P.G. 87 (**Ap.R**): 20, 21
  Leid. B.P.G. 88 (**Ap.Ln**): 21
  Leid. Voss. gr. O. 8 (**Ap.V**): 19–20, 21, 72, 82
  Lips. Rep. I.4.55 (**Ap.L**): 19, 57, 189
  Paris. gr. 1773: 24
  Paris. gr. 2742 (**Ap.G**): 20, 21, 57, 189
  Paris. suppl. gr. 557 (**Ap.B**): 20, 57, 189
  Paris. suppl. gr. 841 (**C**): 26, passim
  Paris. suppl. gr. 886: 57
  Vat. gr. 1169: 17

Venet. Marc. gr. 447 (**A**): 25–27, passim

Venet. Marc. gr. 481 (**Pl**): 21–23, passim

Metrica e prosodia

   Bulloch, legge di: 50–51, 52

   cesura: 48–49, 55, 187–188; C1 dopo terzo piede spondiaco, senza C2: 50–52; scavalcamento della cesura centrale: 48, 55, 158

   correptio Attica: 53–54

   correptio epica: 53

   crasi: 54, 153

   dieresi bucolica: 48–49, 53, 55, 138, 172

   elisione: 53, 127

   Giseke, legge di: 50–51, 158

   Hermann, ponte di: 50–51, 52

   Hilberg, legge di: 50–51, 52

   iato: 53, 139, 187–188

   Meyer, I legge di: 50–51, 55

   Meyer, II legge di, nell'esametro: 50–51, 55; nel pentametro: 52, 55

   monosillabo finale: 50–51

   Naeke, legge di: 50–51, 52

   parola accentata alla fine di pentametro: 52

   prodelisione: 53, 153

   sandhi: 53, 54

   sillaba breve a conclusione del primo *hemiepes* del pentametro: 52, 130

   sinizesi: 54

   σπονδειάζων: 47

   Tiedke–Meyer, legge di: 50–51, 52

   "tripartizione" dell'esametro: 158

Papiri

   BKT V 1 75–76 + V 2 146: 5

   CPR XXXIII ("Vienna Epigrams Papyrus"): 7–8, 9, n. 37, 32–34, 44, 77, 88, 138, 145, 162, 172, 175, 184

   P.CtYBR inv. 4000: 7, n. 28, 167–168, 170

   P.Freib. 4 (*SH* 973): 6

   P.Mil.Vogl. VIII 309: 6, n. 22, 7, n. 28, 12, 31

   P.Oxy. IV 662 (*SH* 42–44): 5

   P.Oxy. LXIV 3725: 7, n. 28

   P.Oxy. LXVI 4501–4502: 7, n. 28

   P.Oxy. XLVII 3324: 7, n. 28

   P.Petr. II 49*a* (P.Lond.Lit. 60 = *SH* 961): 6–7

   P.Petr. II 49*b*: 7

   P.Tebt. I 3 (*SH* 988): 5

Personaggi mitici/divinità

   Acrisio: 137, 141–142

   Afrodite: 10, 62, 64, 67, 70, 72, 73, 76, 78, 79, 80, 85, 90–91, 94, 95, 104, 167, 170, 171, 174, 175, 179; con il sandalo: 80–81; γαμοστόλος: 80; Καλλίπυγος: 63–64; vd. anche Personaggi storici, Arsinoe II Filadelfo

   Anubi: 99

   Api: 109

   Apollo: 60, 90, 118, 135, 181, 184–185; A. Hylates: 36, 41, 185, 186

   Asclepio: 161, 164

   Atena: 36, 63, 174, 175

   Bacco: vd. Dioniso

   Bes: 12, 13, 97–112

   Cariti: 61, 67

   Cipride: vd. Afrodite

   Cocalo: 157–158

Danae: 137–142, 144, 172
Demetra: 63, 68
Diomede di Tracia: 173, 175–177
Dioniso: 69, 70, 100, 156, 167, 169
Eidotea: 140
Era: 68, 70, 90
Eros: 67, 77, 79, 80, 81, 170, 173; Eroti: 61, 67
Febo: vd. Apollo
Glauco: 1, 9, 32, 59
Gorgone: 143–149
Graie: 171, 176–177
Hermes: 69, 87, 110
Iside: 99, 100, 109, 165
Maia: 110
Medusa: vd. Gorgone
Melicerte: 9, 59
Nilo: vd. Luoghi e ambienti
Nisa: 100
Osiride: 109, 152
Pafia: vd. Afrodite
Pan: 5, n. 17, 69–70, 81, 106, 152
Perseo: 141, 144, 148
Priapo: 36, 61, 62, 64, 68, 69, 70, 71, 76, 86, 92
Proteo: 137, 139–140
Scilla: 1, 9, 56, 59
Serapide: 109
Sirene: 59, 171, 173–174, 176, 179
Zeus: 110, 137, 138, 140–141, 160

Personaggi storici
   Agide, cuoco rodio: 140; autore di un libro di ricette: 140
   Aglaide (?): 11, 89
   Alessandro Magno: 69, 81, 98, 175
   Antimaco di Colofone: vd. *Lide* (di Antimaco)

Apollonio (διοικητής di Tolomeo II Filadelfo): 185
Aristarco: 4
Arsinoe II Filadelfo: 2, 3, 11, 13, 31, 41, 45, 83, 86, 97–112, 151, 183, 187
Bartolomeo Comparini da Prato: 24
Bedrotus, Jacobus: 27
Bessarione: 25
Bouhier, Jean: 19
Brunck, Richard François Philippe: 20, passim
Callicrate di Samo: 3, 12, 97–98, 99, 110, 185
Callistio (etera): 37, 38, 88, 140
Casaubon, Isaac: 19, 27, passim
Clement, John: 17–18
Costantino Cefala: 15–16, 18, n. 54, 21, 30, n. 106, 163
Costantino di Rodi: 16
Ctesibio: 13, 25, 36, 37, 41, 97, 99, 100, 101, 105, 107, 110, 111, 112
de Bosch, Hieronymus: 20, 21
Demetrio Damilas: 26
Demostene: 156
Duride di Samo: 3, 35, 36, 133,
Edile: 1, 9, 56, 59, 118
Erasmo da Rotterdam: 17
Estienne, Henri: vd. Stephanus
Eustazio di Tessalonica: 25, 28, 91, 138
Fonteine, Peter: 20, 21
Gaulmin, Gilbert: 20
Giovanni Aurispa: 25
Giovanni il Calligrafo: 25
Giuba II, re di Mauretania: 152
Glauce di Chio: 2, 31, n. 108, 36, 37, 150, 151, 155–156, 157, 158
Gruter, Jan: 18, 19

Guyet, François: 19, 20
Herlinus, Christianus: 27
Hoeschel, David: 26
Lagidi: 31, 36, 67, 100, 101, 185
Linceo di Samo: 35, 37, n. 118, 133
Michele Damasceno: 26
Michele ὁ χαρτοφύλαξ: 16
More, Thomas: 17, n. 53
Moschine: 1, 59
Musuro, Marco: 27, passim
Pierson, Johann: 20
Planude, Massimo: 21–24, passim
Questenberg, Jacob Aurelius: 26
Reiske, Johann Jacob: 19, passim
Ruhnken, David: 20, 76
Salmasius (Claude de Saumaise): 19, 20, passim
Scaliger, Joseph: 19, 20, passim
Schneider, Johann Gottlob: 21
Schrader, Johannes: 20
Schweighäuser, Gottfried: 27
Schweighäuser, Jean (o Johann): 27, passim
Sostrato di Cnido: 100
Stephanus (Henri Estienne): 18, 134, 171, 189, 190
Sylburg, Friedrich: 18, 19, 20
Taide (etera): 175
Tarin, J.: 20
Teagene di Taso: 11, 132
Telchini: 3, 12, 13, 14, 115, 129
Teone (auleta, monumento coregico di Lisicrate): 151
Teone Tebano (auleta): 151
Tolomei, Lattanzio: 17–18
Tolomeo Filopatore: 106

Tolomeo II Filadelfo: 2, 3, 12, 31, n. 108, 70, 71, 92, 97, 100, 105, 107, 111, 151, 185
Tolomeo Soter: 69
Tolomeo VIII Evergete II: 106
van Lennep, Jan Daniel: 21

Poetica, stile e generi
  allitterazione: 43, 102, 119, 135
  allocuzione in seconda persona: 10–11, 41, 42, 121, 137–138; vd. anche interlocutore anonimo
  anafora: 116
  anastrofe: 90
  antonomasia: 37, n. 118, 88, 117, 140, 156
  aposiopesi: 146–147
  apposizione: 44; vd. anche "parenthetic apposition"
  ἀπροσδόκητον: 40, 64, 147–148, 174
  bisticcio verbale: 43, 108
  burlesque mitologico: 43, 138
  calembour: 43, 82, 91, 92, 95, 154
  colloquialismo: 42–43, 125–126, 127, 146–147, 165
  commedia (influsso sull'epigramma): 30, 31–32, 35, 41, 43, 73, 133–136, 137–142, 143–149, 157–158, 161, 162, 163–164, 173–174, 179
  comparatio iperbolica: 37, 128, 165, 173, 179
  complicità apparente tra il poeta e la vittima dello σκῶμμα: 41, 143–144, 145
  contrasto stilistico: 42–43, 148–149, 165
  dialogo (struttura dialogica nell'epigramma): 42, 118, 123,

137–138; tra tomba e passante: 158–159

double entendre: 35, 132, 136, 165

ἐλεγεῖον: 9 (ἔλεγος, ἐλεγεία: n. 36), 60, 183–184

elegia: 1, 8, n. 33, 9, 32, 39, 41, 60, 183–184; latina: 79

enallage: 91, 141

endiadi: 83

enjambement: 45, 121, 183, 186, 187

epillio mitologico: 9, 32

etimologia popolare: 165

generi epigrammatici:

    anatematico: 2, 9, 10, 12, 13, 16–17, 22, n. 74, 28, n. 99, 29, 34, 36, 38, 40, 41, 61, 62, 64, 65, 68, 69, 71, 72, 74, 75, 76, 78, 79, 80, 81, 85, 86, 87, 90, 91, 92, 93, 95, 97, 98, 99, 103, 104, 105, 106, 111, 174, 175, 184, 185

    "epidittico": 16, n. 49, 22, 29, n. 102, 32, 183

    erotico(-simposiale): 9, 16–17, 29, 31, 40, n. 127, 68, 84, 155

    funerario: 16, n. 49, 29, 38, 40, 41, 102, 106, 114, 121, 126, 132, 149, 150, 151, 153, 158

    scoptico: 9, 16, n. 49, 17, 22, n. 24, 29–34, 35, 36, 37, 39, 41, 42, 116, 132, 133, 135, 140, 143, 144, 145, 156, 160–170

gioco etimologico: 43, 108

hapax: 42, 82, 152, 187

improvvisazione poetica: 38–40, 124, 131

inno (movenze innodiche nell'epigramma): 41, 102, 111

interlocutore anonimo: 41, 118, 121, 123, 124, 137; vd. anche allocuzione in seconda persona

iperbato: 44–45, 71, 77, 79, 93, 94–95, 106, 111, 142, 183, 185, 186, 188

iperbole: 119, 126, 127, 160, 161, 174; vd. anche *comparatio* iperbolica

lunghezza degli epigrammi 43–45; vd. anche monodistico

lusus in nomine: 141; vd. anche nome parlante

misdirection: 64

monodistico: 43, 169

neologismo: 42, 102, 104

nome parlante: 38, 118, 125, 157

nominativo per il vocativo: 130–131, 145

oggetto parlante: 184

onomatopea: 43, 108

oppositio in imitando: 13, 115

oralità: 7, 38–40, 131

"parenthetic apposition": 82

recitazione poetica: 38–40, 41, 124, 131

scrittura (ed epigramma): 38–40, 124, 131

simposio: 38–40, 41, 73, 85, 86, 87, 92, 94, 116, 118, 123, 124, 126, 127, 128, 131; destinazione simposiale dell'epigramma: 38–40, 124; vd. anche improvvisazione poetica

skolia: 39

Sperrung: vd. iperbato

"tu" anonimo: vd. interlocutore anonimo

Index nominum et rerum notabilium 247

Raccolte poetiche
  Anacreontiche (*editio princeps*): 18
  Anthologia Palatina: 15–21, passim
  Anthologia Planudea: 21–24, passim
  antologie epigrammatiche, mono- o pluriautoriali (vd. anche *libellus* monoautoriale): 4–8
  Filippo, *Corona* di: 32, 51, 52, 54, 114, 183
  lemmi autoriali (nelle antologie epigrammatiche): 2, 5–7, 16, 17, 23, 168, 171
  libellus monoautoriale: 4, 8
  Meleagro, *Corona* di: 4, 5, 6, n. 23, 7, n. 28, 8, 11, 15, 29, 39, 44, 161; sequenze meleagree: 129, 161–162, 169
  Silloge Σ: vd. "Sillogi Minori"
  "Sillogi Minori": 24
  Σύμμεικτα ἐπιγράμματα: 6–7
  Σωρός: 4–8, 182–183

Topoi, immagini e temi
  acqua (simbolo di stile poetico): vd. fiume (simbolo di poesia torrenziale); vino *vs* acqua
  aldilà: 159
  amore = guerra: vd. "bottino" erotico
  ape = poeta: 118
  asino, raglio dell': 13, 107
  auleta: 25, 37, 121, 150, 151, 152, 154
  auxesis del defunto: 151
  avvinazzato: vd. beone
  barbiere: 162, 165
  βάταλος = ano: 156
  becchino: 163, 166

beone: 30, n. 105, 33, 34, 35, 62, 85–96, 102, 116, 127, 144
"bottino" erotico: 79, 96
cantore, cieco: 153; che esercita il proprio controllo sulla natura: 155
catalogo: culinario 134, 145–146; di ghiottoni 88, 133; di indumenti 40, 42, 64, 71; di calzature 81; di θαύματα simposiali 35, 88
cervo: 9, 32, 36, 60, 181–188
cicala (frinire della): 13, 107–108
citaredo: 132, 133, 135, 135
concorsi di bellezza: vd. gare, di bellezza
cornucopia (attributo della statua di culto di Arsinoe II): 100, 105, 109
coppe/recipienti: 34, 66, 71, 87, 91–92, 98, 103, 106; κάδος: 89, 113, 118–119, 123, 126; λέσβιον: 24–25, 85, 90, 91, 93; ῥυτόν: 12, 13, 25, 31, 36, 41, 45, 86, 97, 99, 100, 101, 105, 107, 109, 110, 111; χοῦς 85, 89; di vetro: 85, 92–93
cortigiana: vd. etera
cuoco: 137–138, 140
deflorazione: vd. verginità, perdita della
diluvio di parole: 120
dio inventore di un canto/uno strumento musicale: 110, 112, 152
dolcezza (poetica): 2, 10, 12, 35–36, 101–102, 116, 118, 119, 124, 128–129, 130, 151, 153; connessa al nome di Edilo: 118, 121
do ut des: 94
ebbrezza (fonte di ispirazione poetica): 10–11, 13–14, 122, 123–124, 150–151, 156–157

eccessi etilici: 11, 29, 33–34, 116–117, 122, 157–158, 167–168, 170

etera: 35, 37, 38, 63, 64, 69–70, 73, 74, 81, 88, 95, 133, 140, 171, 172, 173–174, 175, 176, 179; iniziazione al mestiere: 38, 68, 73–74, 80 (vd. anche «Weaver Who Turns Hetaera»); fine della professione: 74, 80; ipocoristici: 88, 175

fiume (simbolo di poesia torrenziale): 13, 101, 110

flautista: 151, 156, 174; vd. anche auleta

flauto: 106, 152; vd. anche πλαγίαυλος

gare, di bellezza: 34, 38, 61–62, 63–64, 66, 68, 70; di bevute: 86–88

ghiottone: 2, 11, 25, 30, n. 105, 35, 37, 88, 89, 116, 132–149, 162, 163, 178

grande *vs* piccolo: vd. piccolo *vs* grande

gravitas: vd. σεμνότης/*gravitas*

iamata/iamatikà: 160–161, 164

incompetenza professionale: 34, 160–166

ingordo: vd. ghiottone

investitura poetica: 118, 123

interculturalità greco–egizia/*intercultural politics*: 11–12, 36, 99–101, 103, 110, 156–157

καλαμαύλης: 25, 150, 152

λεπτότης: 12, 114, 114–115, 116, 117–118

Lide (di Antimaco): 13, 124, 129, 131

mano guaritrice: vd. "tocco" del medico

mare (dell'eros): 98; vd. anche naufragio erotico; nave = prostituta; remare = βινεῖν

massime, di etere e parassiti: 35, 133

medico: 29, 34, 35, 37, 160–166, 168, 178; rapidità (del medico esiziale): 163, 164, 165, 166; straniero (maschera comica del): 163–164

μελιχρότης: vd. dolcezza (poetica)

militia amoris: vd. "bottino" erotico

mirabilia: vd. paradossografia

μονοσιτία: 143, 144, 145

naufragio erotico: 171, 173, 178, 179; vd. anche mare (dell'eros); nave = prostituta; remare = βινεῖν

nave = prostituta: 173, 177, 178, 179

norme conviviali, infrazione delle: 35, 135, 143, 144; vd. anche μονοσιτία

novità (poetica): 10, 113, 116, 117, 118

nudità (del naufrago): 171, 178

ὄψον: 135–136

ὀψοφάγος: vd. ghiottone

padrone di casa: 127, 137–138

paradossografia: 32, 35, 36, 40, 85, 88, 89, 100, 104, 183, 186; vd. anche catalogo, di θαύματα simposiali

parassita: 11, 35, 132, 133, 137

pesci: 133–134, 135, 137, 139, 140, 143–144, 145–146, 147

piccolo *vs* grande: 12, 13, 101, 103, 107, 110

πλαγίαυλος: 152

podagra: 29, 34, 167–170

prodigi: vd. paradossografia
professioni di poetica: 10, 12, 34, 103, 113, 122, 124
profumi, legati alla sfera erotica: 72, 73, 78, 79, 80, 84, 85, 91; legati all'atto di dedica: 72, 85, 90–91
prostituta: vd. etera
πρῶτος εὑρετής: 40, n. 127, 112
raffinatezza (poetica): vd. λεπτότης
remare = βινεῖν: 173, 177
sandalo, valenza erotica del: 72, 80–81
σεμνότης/*gravitas*: 12, 101, 114, 129
sepolcro = dimora del defunto: 152–153
servo: 41, 137–138
shopping poems: 138
sincretismo greco-egizio: vd. interculturalità greco-egizia/*intercultural politics*
σκῶμμα: 29, 31–32, 35, 41, 116, 132, 133, 135, 143, 144

σοφὸς ἀνήρ: 112
σφραγίς: 11–12, 121
θαύματα: vd. paradossografia
"tocco" del medico: 164
τραγήματα: 135
tromba (simbolo di poesia roboante): 13, 107–108
unità di misura (di liquidi): 119, 126
verginità, perdita della: 10, 34, 38, 62, 68, 72–74, 79, 84, 95
vigore (stilistico): 123, 129–130
vino, alleato di Afrodite/Eros: 91, 95; di Chio: 119; *vs* acqua: 12–13, 101, 103, 110, 113–114, 120; vd. anche eccessi etilici; ebbrezza (fonte di ispirazione poetica); ζωροποτεῖν
«Weaver Who Turns Hetaera»: 74; vd. anche etera
zefiro: 60, 97, 104, 181–182, 183, 186–187
ζωροποτεῖν: 13, 97, 99, 102–103, 156–157

Carta geografica

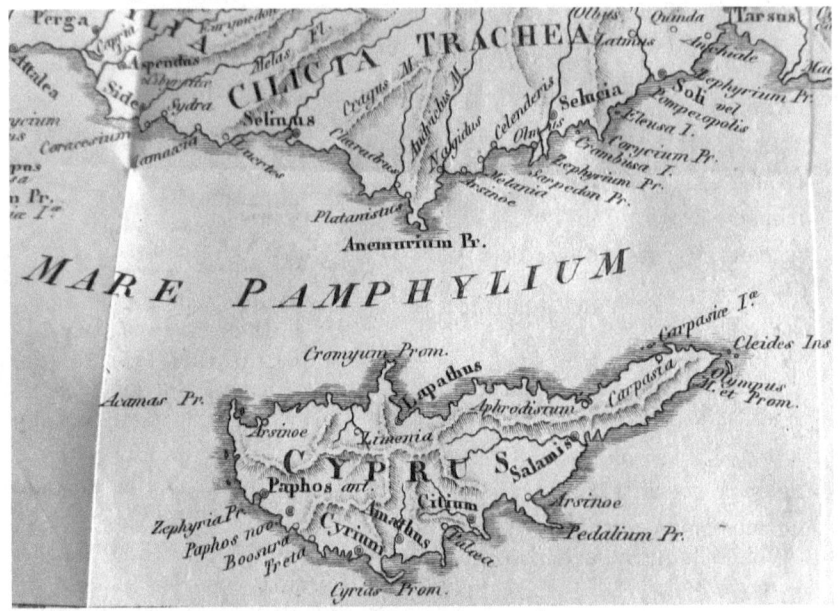

Cilicia Trachea e Cipro (cartina tratta da *Della Geografia di Strabone libri XVII volgarizzati da Francesco Ambrosoli*, vol. IV, Milano 1834, particolare).

www.ingramcontent.com/pod-product-compliance
Lightning Source LLC
Chambersburg PA
CBHW031806220426
43662CB00007B/544